제 6 권

수레바퀴 자국 속의 물고기

울분의 세월

제 ❻ 권

수레바퀴 자국 속의 물고기
울분의 세월

초판 1쇄 발행 2021년 1월 18일

편저 임갑혁
펴낸이 장길수
펴낸곳 지식과감성#
출판등록 제2012-000081호

감수 문종호, 임민형
디자인 윤혜성
편집 윤혜성
교정 김혜련, 김연화
마케팅 고은빛, 정연우

주소 서울시 금천구 벚꽃로298 대륭포스트타워6차 1212호
전화 070-4651-3730~4
팩스 070-4325-7006
이메일 ksbookup@naver.com
홈페이지 www.knsbookup.com

ISBN 979-11-6552-650-4(04910)
ISBN 979-11-6552-644-3(세트)
값 15,000원

ⓒ 임갑혁 2021 Printed in Korea

잘못된 책은 구입하신 곳에서 바꾸어 드립니다.
이 책의 전부 또는 일부 내용을 재사용하려면 사전에 저작권자와 펴낸곳의 동의를 받아야 합니다.

 홈페이지 바로가기

제 **6** 권

수레바퀴 자국 속의 물고기

울분의 세월

이순신의 탄생부터 선조의 죽음까지

— 임갑혁 편저 —

지식감정

차례

01 **전쟁은 끝났으나 달라지는 것이 없다** : 선조 32년 (1599 기해년)   7
    명의 주력은 철수하고, 정승들은 사직을 청했다 7 |
    파에 파가 갈리는 당파 싸움은 여전하다 33 |
    각종 폐단은 심해지고, 중국군의 폐해도 심해지다 48

02 **아직도 국가회복은 요원하다** : 선조 33년 (1600 경자년)   67
    파당은 여전하고, 대마도 왜적은 강화 요구를 하다 67 |
    명군은 모두 철수하나 나라의 방비는 전혀 이루어지지 않았다 92

03 **선조 40년의 세월은 허사였다** : 선조 34~41년   124
    선조의 나약함, 비겁함, 부덕함으로 국가 재건의 길을 잃다 125 |
    파당은 여전하고, 왕자들의 횡포는 극심해지다 174 |
    국가에 되는 일은 없고, 북쪽 오랑캐는 강해지고 있다 210 |
    선조의 학정은 심해지고, 사명당 유정이 도일하다 259 |
    북변이 소란스럽고, 유정이 일본에서 돌아오다 292 |
    선조는 허수아비 같았다. 일본에는 강화 사신을 보냈다 306 |
    온갖 폐단은 난무하고, 선조는 죽음의 문턱에 들어섰다 337 |
    잘못에 대한 응분의 대가는 바로 자신의 죽음이었다 366

참고문헌   375
60간지   378
관직 직위표   380
단어 뜻풀이   382

01
전쟁은 끝났으나 달라지는 것이 없다 :
선조 32년 (1599 기해년)

전쟁이 끝났으니 조정과 백성들이 모두 분발하고 힘을 합쳐 국가 재건에 모든 노력을 기울여야 한다. 그러기 위해서는 먼저 국가의 지도층인 사대부들이 앞장서 솔선수범해야 할 것이다. 그러나 그런 일을 기대할 수 있을까.

|| 명의 주력은 철수하고, ||
|| 정승들은 사직을 청했다 ||

1월 1일 새해 벽두부터 선조는 중국 장수들을 찾아다니며 인사하기에 바쁜 시간을 보내고 있다. 선조가 형 군문, 만경리의 아문에 거둥하였다.

형 군문이 적장 석만자를 살해했고 풍신정성은 사로잡았으며 적선에 있던 금병과 금선 등 많은 물건을 노획하였다고 하였는데, 모두 과장되고 허황된 말이었다. 후에 선조가 한탄하기를 "지난번 서 급사의 말에 '군문과 같은 사람은 천조에서도 많이 얻기가 쉽지 않다' 하기에, 나는 군문이 관후한 장자라고 여겼었는데, 그 초기를 보니 그는 매우 무리한 사람이었다. 조정을 기망하여 스스로 3로를 정벌하였다고 하였으니, 군문이 이와 같은데 그 나머지 다른 무부들이야 탓할 것도 없다. 군문 대인의 마음가짐과 행사가 이와 같으니 천하의 의리는 이제 어두워진 것이다" 하였다.

1월 9일 마 제독을 맞이하였다. 그는 역전의 장사로서 권응수, 김응서, 성윤문은 모두 양장이라고 칭찬하고, 이순신이 혈전을 벌이다가 죽었는데 탄복할 만하다고 하였다. 그리고 "이번에 왜적이 물러간 것은 관백의 죽음으로 말미암은 듯합니다. 조만간 다시 쳐들어올 것인데 그 해독은 반드시 더욱 심할 것입니다. 그러니 방수하는 데에 십분 마음을 써야 할 것입니다. 적채의 배치와 형세의 험난하고 평이함은 배신이 직접 보았으니 제가 말하지 않겠습니다. 이 땅에는 좋은 사람들이 많습니다. 경주·울산 등지에 정병이 많으니 훈련을 시키면 사람이 없다고 걱정할 것은 없을 것입니다. 그리고 지금 군문 노야가 3로의 병마를 재촉하여 왔으니, 오늘날의 행군은 전날의 경우와 다릅니다. 전날에는 양식이 부족하여 약탈하는 폐단이 많았으나 지금은 이르는 곳마다 서로들 술과 고기를 가지고 와서 영접하니, 이곳의 백성들도 천조의 성대한 은혜를 안 것입니다" 하였다. 솔직한 표현이었다. 또 정 주사, 조각로, 석상서, 심유격, 서 급사 등이 주화했다는 이유로 모두 탄핵을 받았다고 하고, 특히 정응태는 국왕을 무함한 것 등의 일 때문에 죄를 받았다고 하였다.

1월 10일 서 급사를 만났다. 서 급사는 부산의 임진년 이전 왜호에 대해 묻고, 선조는 원통함은 풀리지 않았다고 하였다. 서 급사는 정 주사가 무함한 일을 지나치다고 생각한다고 하면서 보고하는 날 자세히 밝혀 원통함을 씻을 것이니 만에 하나라도 의심하지 말라 하였다. 그는 또 이순신의 자손들을 중용할 것을 청하고, 대궐의 풍수에 대해서도 말하였다. 서 급사는 21일에 돌아갔다.

철수하는 군대에 대한 환대를 조언하는 장수도 있었다. "저는 여러 번 현왕의 두터운 은혜를 입었으니 어찌 감히 한 사람이라도 소란을 피우게 하겠습니까. 다만 군중이 분노하게 되면 달래기가 어려운 것으로 그 화가 몹시 크게 됩니다. 다시 차관을 파견하여 각별히 독려, 수송하도록 하십시오" 하였다.

비변사에서는 남방의 방비를 위하여 전함을 정비하고 군병을 나누어 방어하고 요해처를 장악하는 등의 계획을 마련하여 도원수와 통제사 및 감사·병사·수사에게 통첩하였다고 하였다. 그리고 면천시킨 사람들을 정군으로 충정하는데, 그들을 모두 찾아내어 명부를 작성해서 그중 젊고 건장한 자는 포수나 살수에 소속시키고, 병사로 삼기에 합당하지 않은 자는 1년에 적당한 양의 쌀을 내게 하여 봉족의 경우와 같이 양향을 보충하도록 하였다.

이순신의 시신은 그가 죽은 곳 관음포 부근에 잠시 임시 매장하였다가 다시 고금도 통제영으로 옮겨졌다. 그리고 다시 아산 집으로 운구하였다. 운구가 이르는 곳마다 백성들이 곳곳에서 제를 지내고 수레를 잡고 울며, "공이 실로 우리를 살렸는데, 이제 공이 우리를 버리고 어디로 가시오" 하였다. 길이 막혀 수레가 나아갈 수 없었고, 길 가는 사람들도 눈물을 흘리지 않은 이가 없었다.

도독 진린은 서울로 올라가는 도중에 아산에 들러 조문하려고 하였다. 그런데 형 군문이 급하게 부르므로 들르지는 못하고 아들 회를 불러 백금 수백 냥을 주고 위로하였다. 그리고 준비한 돼지와 양 및 맑은 술로 제사하였다.

'어허! 통제여. 나라가 피폐해졌는데 누구와 함께 바로잡으며 군사들이 낭패가 되었는데 어느 누가 일으키리오. 어찌 저 왕의 장수를 잃어버

림만이랴. 조선의 큰 성을 잃었도다. 생각이 이에 미치니 어찌 눈물을 흘리지 않으리오. 영혼이 어둡지 않으리니 이 제사를 받으소서.'

이원익이 중국에서 돌아와 그곳 상황을 보고하였다. 북경에서는 모두 정응태가 망령되고 그르다 하면서, 허풍장이 응태의 망령된 말을 굳이 변명할 필요가 없다는 의견이었다고 하였다. 그리고 "우리나라의 일을 중국 조정에서 모르는 것이 없으니, 모든 일은 솔직한 것이 좋습니다. 응태를 그르다고 하는 공론이 여러 곳의 상본에서 나왔는데, 모두 조선에 대한 근거 없는 조사는 하지 말아야 한다고 하였답니다. 그러나 성지는 어떠한지 모르겠습니다. 조사를 하느냐의 여부는 서 급사에게 통보가 왔을 것으로 생각됩니다" 하였다.

1월 14일 이원익이 유성룡이 탄핵을 받아 귀향하고 조정에 없다는 것을 알았다. 이에 가만히 있을 수가 없었다.

"성룡은 10년 동안 정사를 보필하면서 한 가지 도움도 없었다는 것으로 죄를 주면 그도 무슨 말을 하겠습니까. 그런데 지금 '널리 사당을 심고 임금의 권세를 참람하게 사용해 뇌물이 집에 가득하고, 간사 탐욕하여 기강을 어지럽혔다'는 등의 말로 공격하여 낭자한 죄악이 한두 가지가 아니니, 비록 옛날 크게 간사하고 교활하여 군부를 우롱하고 나라를 전복시킨 자도 이보다 더할 수 없습니다. 아, 이것이 어찌 정확한 논의라 하겠습니까.

그가 강화를 주장했다는 한 가지 일로 비난하는 것은 그 논의가 진실로 정당하지만, 그러나 그간의 곡절 역시 상당히 서로 부합하지 않은 것이 있습니다. 신이 일찍이 보건대 성룡은 청렴 개결한 것으로 자처하였으니, 우국하는 한 가지 정성만은 실로 본받을 만합니다. 이번에 성룡이 배척되자 그와 친하다 하여 배척된 자도 있고, 논의가 다르다 하여 배척된 자도 있습니다. 이른바 친하고 논의가 다른 자는 사류 가운데 진실로 많은데, 그들을 하루아침에 모조리 배척하는 것은 조정의 복이 아닐 듯합니다" 하였다.

선조가 "차자를 살펴보고 경의 뜻을 잘 알았다. 더욱 힘써 보필하라" 하였다. 그러나 이원익은 병을 핑계하고 나오지 않았다.

헌납 박승업과 정언 문홍도가 이원익의 차자를 반박하였다. "지금 영의정 이원익의 차자를 보건대, 지난번 논한 바 있는 당을 만들고 화친을 주장하였다는 등의 말에 대해 성룡을 위하여 변명하였고, 마치 신들이 무함을 한 것처럼 말하였습니다. 신들이 논한 것은 모두 성룡의 실상임에도 원익은 성룡의 죄가 아니라고 할 뿐 아니라, 도리어 신들이 논한 것을 확실한 의논이 아니라고 하였습니다. 신들이 어찌 스스로 감히 실책이 없다 하면서 뻔뻔스레 직에 있을 수 있겠습니까. 신들의 직을 파척하소서" 하였다. 대사헌 정창연, 대사간 정광적도 사직을 청했다.

1월 16일 교리 이이첨이 이원익이 유성룡을 변호한 것을 일일이 다시 반박하며 성토하였다. "아, 투미한 짓이 날로 심하고 구차스런 일이 습성이 되어 아첨하는 자는 활개를 치고 정론이 외롭고 위태하게 되었습니다. 이러한 때를 당하여 비록 말을 하도록 장려한다 하더라도 오히려 말을 다 하지 않을까 걱정인데 하물며 여러 말을 끌어모아 공격하는 데이겠습니까. 원하옵건대, 성명께서는 깊이 살피시고 밝게 분변하시어 시비를 위에서 정하여 공론이 아래에서 행해지게 하신다면, 사기가 점점 떨쳐지고 국맥이 북돋아져서 중흥의 근본이 이룩될 것입니다" 하였다. 말을 잘하고 자신에게 해당되는 일을 상대에게 뒤집어씌우는 것은 간신들의 전형적인 수법이었다.

1월 18일 홍문관이 유성룡의 화의 주장에 찬조한 자에 대해 아뢨다.

"윤국형은 바로 우성전과 유성룡의 심복이며 또한 이성중과 한집안 사람입니다. 국형은 성전의 처남인 허성 등과 더불어 감정을 품고 늘 기회를 틈타 보복할 생각을 가졌었습니다. 유성룡이 다시 상신이 되자 국형 등이 손뼉을 치고 일어나서 구별을 일삼아 자기들에게 붙는 자를 남인이라 하고 뜻을 달리하는 자를 북인이라 하여 드디어 당쟁의 실마리를 크게 열어 놓았습니다. 이처럼 성룡이 사당을 부식하고 사류를 배척하는 데에 모두 국형 등이 도왔던 것입니다" 하였다.

1월 27일 이덕형에게, 영상은 사퇴를 원하고 호조판서는 나오지 않고 경상감사는 자리를 비운 지 여러 달이라 하였다. 선조 자신의 자업자득이었다.

이이첨을 이조좌랑으로 삼았다.

군공 문제는 항상 어려운 일이다. 중국 장수들이 없는 군공을 만들려 하니까 더욱 어려웠다.

군문도감이, 사은 주본에 기록한 중국군의 전공에 관한 내용 때문에 군문이 화가 났으므로 걱정스럽다고 하였다. 그리고 중군의 말을 전했다. '유 제독이 거느린 자들은 모두 토관인데, 그들은 매우 대우하기가 어렵다. 지금 토관의 공을 모두 숨기고 거론하지 아니하면 반드시 격변이 일어날 우려가 있다. 당신네 나라에서는 어찌하여 이렇게 큰일들을 헤아리지 않는단 말인가. 지금 노야께서 매우 화가 나 있으니 당신이 뵙는 것을 다시는 허락하지 않을 것이고 모든 일을 당신네 나라가 스스로 알아서 하라고 할 것이다' 하였다. 협박이나 다름없었다. 그리고 '서로의 수륙병이 반달씩이나 포위되어 고통을 겪었으며 우리 병사의 사상자도 많았는데 어찌 그 공을 묻어둘 수 있겠는가. 마 제독의 병사가 부산으로 진군하여 싸웠고, 천총 세 사람이 총에 맞아 죽었는데 어찌 모두 거론하지 않는단 말인가' 하였다. 말하는 것이 평탄치 못한 점으로 보아 중군이 야단을 맞고 나온 듯싶고 자신의 의견은 아닌 것 같다고 하였다.

이 군공을 탐하는 일에는 전투에서는 가장 한심한 작태를 보인 제독 유정이 적극적이고 악랄하였다.

1월 29일 선조가 유 제독을 만났다. 선조는 유 제독이 무덤을 파헤치고 시신의 머리를 잘라 공리를 바랐다고 비난하기도 하였지만 만나서는 위로하지 않을 수 없었다.

유 제독은 "감사합니다. 재차 나와서 아무것도 이룬 것이 없습니다. 이순신 같은 자들은 나라를 위하여 몸을 바쳤으니 참으로 애석한 일입니다. 저의 군사가 대첩을 거둘 수 있었음에도 하늘의 뜻은 알 수 없는 것이어서 길을 잘못 들어 마침내 적추로 하여금 전군을 철수하여 건너가게 하였으니, 한스럽습니다. 대개 대소 장관들이 각자 생각이 다르고 호령이 여러 곳에서 나와 제동이 걸리는 경우가 많았으므로 성공하기가 어려웠습니다. 저는 조금도 자랑할 만한 공이 없습니다" 하였다. 그래도 선조에게는 바른말을 하여서 그나마 다행이었다.

그러나 유정의 부하 장수 중에는 노골적으로 협박성 말을 하는 자도 있었다. 도사 주돈길의 관소에 거둥하였는데, 그가 말하기를 "어제 복건의 통보에 따르면 왜노가 흉계를 그만두지 않고 다시 움직이려고 한다고 하였으니 귀국이 필시 독부를 다시 볼 날이 있을 것인데 어찌 이처럼 박정할 수 있습니까. 독부의 심사는 하늘이 환히 알고 있으니 여러 말 할 것도 없습니다. 저들 적의 성지와 기계는 극히 견고하여 결코 쉽사리 상대할 수 없으니 등 총병과 이 통제가 죽은 것을 보면 그 병력이 강한 것을 알 수 있습니다" 하였다.

한응인을 사은사로 삼아 중국에 보냈다. 재차 군사와 군량을 보내 구원해 주어 나라가 다시 회복된 것을 감사드리고자 하는 사신이었다.

이때 병조판서는 홍여순이었다. 임진왜란 발발 시 무능하고 부패하다고 교체된 인물이 이제 전쟁이 끝나니 다시 제자리로 돌아왔다. 과연 무슨 일을 잘할 것인가.

2월 1일 중국군이 많이 남을 것을 걱정하였다.

군문은 군공 주문의 일로 화를 내고, 장관과 군병들은 시초, 방자, 식량 등의 일로 화를 내고 있었다.

선조는 3만의 군사는 많다 하고, 군문은 그 이하이면 수비가 어렵다며 머물러 둘 수 없다고 하였다.

도사 오종도가 남아 있을 중국군 수에 대한 대책을 말해 주었다. '왜적이 다시 올지는 예정할 수 없으며, 또 다시 오더라도 양남만 해를 당하겠지만 만약 3만 명의 군사가 주둔하여 나쁜 짓을 한다면 내륙이 모두 해를 보게 되어 피해가 왜적보다 더 심할 것이니 이 점이 매우 염려스럽다. 마땅히 응답하기를 「우리나라는 중국 군사가 아니었다면 이제까지 지탱할 수 없었다. 3만 명도 적은 듯하니 4~5만 명을 주둔시키는 것이 우리나라의 소원이다」는 뜻으로 말을 꾸며 만야의 마음을 흡족하게 해 주고, 끝에 가서 「우리나라는 각도의 식량을 이미 전부 긁어다가 써 버렸으므로 추수 전까지 지탱할 것은 어쩔 수 없이 중국 대인께 기대해야겠으니 끝까지 주선하여 구제해 달라」고 해야 한다' 하였다. 걱정하던 차에 아주 좋은 조언이었다. 비변사에서는 그의 말을 참작하여 군문, 경리, 어사에게 자문을 보내 수륙병 1만 5천을 주둔시켜 달라 하고 식량까지 요청하였다.

진도독을 접견하였는데, 부산성의 중요함을 말하고 노량 싸움에 대해서는 자랑스러워하였다.

2월 2일 대신과 육경, 비변사 당상을 인견하였는데, 선조는 진도독과 유 제독이 한마음이 되어 강화한 것이 아닌가 하고 의심하였다.

이덕형이 "이순신이 진인에게 말하기를 '적의 구원병이 수일 내에 당도할 것이니 나는 먼저 가서 요격하겠다' 하니, 진인이 허락하지 않았으나 이순신은 듣지 않고 요격하기로 결정하고서 나팔을 불며 배를 몰아가자 진인은 어쩔 수 없이 그 뒤를 따랐는데, 중국 배는 선체가 작은 데다 뒤쪽에 있으므로 그저 성세만 보였을 뿐이고 등자룡과 진인 두 사람이 판옥선을 타고 가서 싸웠다고 합니다" 하였다.

선조가 "수병이 대첩을 거두었다는 설은 과장된 말인 듯하다" 하니

이덕형이 "수병의 대첩은 거짓말이 아닙니다. 종사관을 보내 알아보니 부서진 배의 판자가 바다를 뒤덮어 흐르고 포구에는 무수한 왜적의 시체가 쌓여 있다고 하였습니다. 이로 보면 굉장한 승리였음을 알 수 있습니다" 하였다.

선조는 또 왜적이 다시 쳐들어올 것을 걱정하고 나아가 국내의 변란이 있을 것도 크게 걱정하였다. 의심하고 걱정하고 그런 면에는 탁월한 왕이었다. 또 중국 군사들의 대우에 최선을 다하라고 하였다. 군현의 수를 줄일 것도 말하였다.

2월 8일 형조좌랑 윤양이 고금도를 다녀와서 아뢨다. '임금의 말씀을 선포하니 모든 장수가 기뻐하고 감격해 마지않았고, 소청한 일이 있었는데 그 내용 중에 노량의 전공은 모두 이순신이 힘써 싸워 이룬 것으로서 불행히 탄환을 맞자 군관 송희립 등 30여 인이 상인의 입을 막아 곡성

을 내지 않고 재촉하여 생시나 다름없이 영각을 불어 모든 배가 주장의 죽음을 알지 못하게 함으로써 승세를 이루었다. 저 손문욱은 하찮은 졸개로 우연히 한배에 탔다가 자기의 공으로 가로챘으므로 온 군사의 마음이 모두 분격해한다' 하였다.

2월 11일 아산에서는 이순신의 장례식이 치러지고 있었다. 장지는 아산 금성산 밑 서방에 자리 잡은 언덕 위였다. 이 묘는 이후 16년 뒤 어라산 임방에 자리 잡은 언덕 위로 이장하게 된다.

2월 20일 유 제독이 이덕형을 해치려고 한다고 하였다. 이덕형이 순천에 있을 때 비밀 장계를 올려 유정의 못된 점을 말하였는데 선조가 일찍이 군문을 접견하면서 그 장계를 군문에게 보인 일이 있었다. 이를 알게 된 유정이 분노한 것이다.

이덕형이 '요즘 그의 상태를 살펴보니 각 아문에 모함하여 모든 장사로 하여금 우리나라가 박정하게 대한다고 원망하게 하였는데, 특히 군문에 대해 더 심하게 하니 나중 환난이 이로 인하여 심각해지지 않는다고 장담할 수 없습니다. 그는 자신의 세력을 믿고 기탄없이 오만방자하여 존엄한 군문에까지 장수를 보내 무기를 가지고 오종도를 위협하기까지 하였으니, 군문에 기강이 없고 제독의 방자함을 대강 알 수 있습니다' 하였다.

그런데 제독 유정은 정말 악랄한 사람이었다. 감군어사 진효가 형 군문과 마 제독 이하 여러 아문과 힘공연(공을 치하하는 잔치)을 하다가 갑자기 죽었는데, 제독 유정이 자기의 공죄가 진상대로 드러날 것을 두려워하여 독약 섞은 술을 먹였다 한다.

도사 오종도가 계첩을 올렸다. 책사답게 말솜씨도 좋았지만 성의가 있는 사람이었다. 정 주사의 악랄함을 말하고 이어 "오종도가 보건대 대왕의 나라 형세는 마치 사람의 종양이 금방 터져 기혈이 다 허한 것과 같으니 반드시 약성이 순한 삼출을 복용하고 양육으로 보양하여 원기가 충실하게 해야 비로소 회복할 수 있으며, 만약 용렬한 의원이 약성이 강한 망초와 대황을 잘못 투여한다면 필시 즉사할 것입니다. 대왕께서 보기에 지금 쓰고 계신 약은 과연 삼출과 양육입니까, 아니면 망초와 대황입니까? 그 이해가 몸에 핍절하여 생사가 즉시 결판이 나는 것인데 대왕은 어찌 관심을 가지지 않을 수 있겠습니까.

　이별의 말씀으로 드릴 것은 와신상담을 잊지 마시라는 것입니다. 그렇지 않아 미리 방비하는 일이 조금 소홀하시어 참소하는 말이 크게 일어난다면 사람들은 대왕께서 문을 열어 놓고 도적을 맞아들인다고 할 것이니, 제 뜻을 이해해 주시기 바랍니다" 하였다.

2월 24일 형 군문을 접견하니, 그는 여전히 3만 명을 남겨 주둔시킨다고 하고, 요동의 달자와 요서의 노호 때문에 돌아간다고 하였다. 또 정응태와 서 급사가 함께 자신을 모함했다고 하였는데, 은 5천 냥으로 왜장 석만자를 매수하여 퇴각하게 하였다는 것이었다.

　다음 날 형 군문이 회례하여, 삼로의 공을 인정하지 않은 것에 강한 불만을 표시하였다. 그리고 유 제독의 일에도 서운함을 말하고 후하게 해 줄 것을 말하였다.

　군문 형개 이하 부총병 이방춘, 참장 양소조와 왕국동 등이 병부의 부름으로 군사를 거느리고 돌아갔다.

　이때에 주사 정응태는 도급사 조완벽이 탄핵하여 파직되었는데, 응태가 그것을 알고, 요동에 이르러 하점을 경유하여 배를 타고 집으로 돌아갔다.

명을 받고도 올라오지 않는 경기방어사 고언백에 대하여 비망기로 질책하였다. '고언백은 제수의 명을 내린 지 여러 달이 지났고 서울과는 하루의 길인데도 아직까지 명을 받들지 않고 교만 방자하게 임금을 업신여겨 남의 신하로서의 예가 없으니 국법에 있어 반드시 벌을 줘야 한다. 이런 자를 치죄하지 않으면 어찌 제어하여 부릴 것인가.'

중국군 따라 중국으로 가고자 하는 자가 많았다.

윤근수가 유 제독의 군병들 중에 조선 사람이 많다고 하였다. 유 제독의 군병에 우리말을 할 줄 아는 사람이 많아 그들의 거주지를 물어본 결과 대부분 영남 사람이었다. 비변사에서도 그러한 내막을 알고, 사적으로 방자를 끼고 있는 자들을 특별히 한 사람의 관원을 정하여 각 아문의 사후 통사와 함께 힘껏 잡아내게 하고 그 수효의 많고 적은 것에 따라 상벌을 시행하자고 하였다. 경상과 대동강·압록강 등지에 역관을 차정하여 군문·경리가 보낸 관원과 협력하여 잡아내게 하되 30명이 차지 않은 자는 각별히 치죄하고 그중에 가장 많이 잡아낸 자는 논상하겠다고 하였다.

중국인을 가장하여 행패를 부리는 자도 있었다. 그런 행패를 부린 막동을 체포한 것을 아뢨다. "이 부총의 표하군 한 사람이 매우 포악하여 여러 사대부 집에 뛰어 들어가 부녀자를 협박하여 재물을 약탈하기도 하고, 혹은 야간에 습격하여 그 집의 계집종을 겁탈하기도 하는데 한 번이라도 불만이 있으면 달자를 거느리고 무리 지어 난동을 부리는 등 여염에서 난리를 일으키는 폐해는 사람들이 견딜 수 없을 정도였습니다. 오랫동안 자세히 살펴보니 진짜 중국인이 아니고 수원 사는 방자 막동으로 이 부총의 표하에 있는 사람을 따라다니면서 의복과 언어를 중국인처럼 가장, 사람들이 구별하지 못해 감히 손을 못 쓰게 하고 제멋대로 한 것이었습니다. 신들은 그 말을 듣고 너무도 원통하여 그가 혼자서 밖에 나가는 것을 살피다가 비밀히 체포하여 수금하였는데 요즘 금형의 명으로 인하여 아직 곤장을 때리지 못하고 있습니다."

3월 3일 만경리를 접견하였는데, 주둔할 장수는 총병 이승훈, 유격 모국기, 해생, 진잠, 남방위 등이고 올겨울에 절반이 철수하고 명년에 또 절반이 철수하여 3년 뒤에는 모두 철수할 것이라 하였다.

지휘 황응양이 시어소에 이르자 상이 접견하였다. 황응양이 옥배를 바치며 말하기를, "이 물건은 한나라 때부터 전해 오는 보물입니다" 하였다. 선조가 예물을 주니 인삼만 받아 가지고 갔다. 떠날 때 선조는 '본심을 보존하고 성품을 배양하며 도를 밝히고 몸을 진실되게 한다[存心養性明道誠身]'라는 여덟 글자를 손수 써서 선사하였다. 임진년 초기부터 많은 도움을 준 데 대한 보답이었다.

낭중 동한유는 동정군 군량을 관장하였는데 외모가 온화하고 성품과 도량이 너그러워 사람으로 하여금 존경심을 갖게 하였다. 서울에 들어온 뒤에는 아랫사람을 잘 단속하여 조금도 피해를 끼치는 일이 없었으며 일이 마무리되자 훌쩍 먼저 돌아가 서로 공을 다투는 틈에 끼어들지 않았다.

부총병 장방은 절강 사람으로 나이가 50세였다. 도성에 들어온 뒤에 몸가짐이 검소하고 부하들에 대한 호령이 엄명하였으며 도감이 지공하는 물품을 일체 받지 않았으니, 병란 이후 여러 장수 가운데 제일가는 사람이었다.

3월 6일 도원수 권율이 배설을 선산에서 잡아 차꼬를 채워 서울로 보냈다. 즉시 참수하였다.

이달에,

김명원을 형조판서로, 윤승훈을 대사헌, 권응수를 겸 밀양부사로, 곽재우를 겸 진주목사로, 이경전을 홍문관 교리로 삼았다.

김늑을 예조참판으로 삼았다. 《실록》을 상고하면 '목묘가 뜻을 얻으면서부터 도깨비 같은 무리들이 대낮에 날뛰었는데 늑과 같은 자는 그 위세를 빌리고 빙산을 믿어 스스로 굳게 지켰다'라고 하였다. 유성룡이 논핵을 입자 늑이 차자를 올려 구원하니 군소배들이 미워하여 드디어 이유 없는 말로 이처럼 헐뜯고 욕하였다. 사관은 매우 가슴 아픈 일이라고 논하였다.

홍여순을 사헌부 대사헌으로 삼았다. 남이공을 이조정랑으로 허균을 병조좌랑으로 삼았다.

사간원이 북병사 이일을 파직하라 하니 비변사가 장수가 모자란다며 반대하였다. 그런데 함경감사 송언신의 보고에, "회령의 번호 명간로 등이 우리 국경을 침범하였는데 북병사 이일이 강억필 등 30여 인을 보내어 그들을 유인하다가 습격을 받아 모두 죽었습니다" 하였다. 이에 사헌부가 다시 이일을 정죄할 것을 아뢰니 결국 따랐다.

4월 11일 세자에게 전위하겠다는 것을 황제에게 고해 달라고 군문에게 요청하는 어첩을 대신들에게 내보였다. 이산해, 윤두수 등이 적극적으로 만류하였다. 며칠을 두고 중단할 것을 아뢨다. 각 사에서도 돌아가며 아뢨다.

영상 이원익이 아홉 번 정사하자, "내가 만일 따를 만한 일이라면 이처럼 간절한데 듣지 않겠는가. 이 같은 때에 영상이 어떻게 사퇴할 수 있겠는가. 조용히 조리할 것을 유시한다" 하였다.

명 조정에 이겼다는 소식이 전해졌는데, 이때 파주의 묘군 양응룡이 다시 반란을 일으켰다. 이에 유정에게 명하여 먼저 떠나오게 하고, 마귀·진린·동일원 세 장수도 돌아오게 하였다.

4월 20일 모화관에서 유 제독의 전별연을 베풀었다. 마 제독과 동 제독은 경리가 전별연을 베풀었다.

부총병 오유충을 접견하였다. 선조가 "대인께서 지난번 평양 전투에서 먼저 성에 올라 돌격을 감행하여 공을 삼한에 남겼고, 그 뒤 도산에서 승첩하여 적들이 다시 세력을 펴지 못하도록 하였으니, 대인의 덕을 소국이 어찌 잊을 수 있겠습니까. 소국의 백성들의 마음은 모두 대인이 주둔하면서 뒷수습을 잘 해주기를 원하기에 도원에 자문으로 요청하였으나 도원이 허락하지 않고 있습니다. 이는 소국에 복이 없는 탓인가 봅니다" 하며 감사의 인사를 하였다. 몸가짐이 청간했고 하졸을 잘 단속하였으니, 역시 쉽게 얻을 수 없는 장수였다.

4월 23일 유격 허국위를 접견하였다. 정응태 때문에 고생이 많았다. 선조가 이별의 선물로 손수 시를 지어 쓴 부채를 주었다. 아주 드문 일이었다. 그만큼 양경리 문제에 뜻이 맞았고 고마움을 느꼈기 때문이었다.

중국의 장사꾼들이 군병에 들어와 장사하고 있었는데 폐해도 생겼다. 당초 양경리가 중국 군사들이 먼 길을 나와 잔파된 무인지경에 머물기가 어려울 뿐만 아니라 일용품 따위와 의복과 음식물 등도 사서 쓸 수가 없으므로 그 실정이 불편하다고 여겼다. 그래서 장사꾼들에게 요동의 포정사로부터 노인을 받고 경리아문에서 확인을 받아 군병이 주둔하고 있는 곳에 다니면서 매매할 것을 허락하였다. 실시 결과 실제로 양쪽에 모두 이로운 점이 있었다. 그러나 지금은 장사꾼들이 높은 값을 받을 수 있는 데에 맞들여 분잡스럽게 출입하면서 어떤 자는 관병을 사칭하고 연로에 폐해를 일으키는데, 그 피해가 크게 늘어났다. 근자에는 장사꾼들이 황해·경기·충청도 등의 연해에 흩어져 들어가 민가의 수철을 긁어모으는데, 농기구와 부정을 모두 강탈하여 거두어 모아 배에 실으므로 바닷가 백성들의 원망하는 소리가 자자하게 되었다. 또 한동지가 호조에 공문을 보내 장사꾼이 수철을 싣고 갈 배의 지급을 요청하여 이미 3척을 지급했는데도 또 더 보내 줄 것을 요청하고 있었다.

비변사가 "아산·공관·용안·지세포 같은 곳에는 수철이 산처럼 쌓여 있는데 만일 법을 만들어 금단하지 않는다면 그 폐해가 날로 더해 갈 것입니다. 즉시 전후의 사리를 경리아문에 명백하게 자문하여 금후로는 장사꾼들의 노인을 분명히 조사하고 확인해 시행토록 하소서" 하였다. 그리고 이미 거두어 모아들인 수철로 화기를 주조하여 바다를 방어하는 데 쓰게 한다면 매우 편리하고 유익할 것이라고 하였다.

그 후 경리도감이 중국인이 무쇠를 매매하면서 생긴 또 다른 문제를 아뢨다.

"중국인 조유경 등 몇 명이 강화·남양 등지에서 민간의 무쇠를 모아 공정한 값으로 무역해 왔으니, 이는 처음부터 탈취한 것과는 다른 것입니다. 그러나 배가 없어 실어가지 못하고 강변에 버려두게 되었고, 궁한 백성들은 그들로부터 받은 원가를 다 써서 본주에게 배상할 방법이 없게 되었습니다" 하였다.

중국 상인들이 무쇠를 사들이면서 약탈하는 자들도 있었다. 그러나 조유경 등은 공정하게 한 자들이었는데 실어갈 배가 없어 문제가 된 것이었다.

참정 방발이 상에게 첩문을 보냈는데 양곡 운반 시 백성들의 고충과 그 충의에 감화를 받았음을 말하였다. "지난해 8월 남정할 적에 미쳐서는 날뛰는 적이 앞에 있고 천병이 경내에 눌러있었으니 이때가 어떠한 때이었겠습니까. 국내의 노인과 어린이 및 부녀자들이 양곡을 운송하는 데 있어 밤낮으로 왕래가 끊이지 않았고 눈서리 속에 잠을 자며 살갗이 터지고 발이 찢겨져도 끝내 원망하는 말 한마디 없었습니다. 이에 저는 창을 메고 서서 감탄하기를 '얻기 어려운 것이 인심이며 잃기 쉬운 것도 인심이다. 이러한 처지에 당해서도 인심이 이와 같은 것은 대개 오직 윗사람을 친애하고 어른에게 목숨을 바치는 의리가 중함만 알 뿐 다른 생각은 아예 갖지 않아서이다. 평소에 교양이 없었고 깊은 감화를 받지 않았다면 어떻게 여기에 이를 수가 있겠는가. 참으로 문헌과 예의로 이름난 나라이다' 하고 경복했었습니다" 하였다.

홍문관이 이순신의 사당을 세우는 일에 관해 아뢨다. 전례를 고찰한 것을 아뢴 것인데, 알았다고 하였다.

윤4월 3일 중국 군사들이 각처에서 작폐하는 일이 끝이 없었다. 사람들이 그 고통을 견디지 못하여 민심이 흩어져 나라의 근본이 흔들릴 정도였다. 이에 선조가 접반사들이 말로나 글로 상사에게 고하여 엄중히 금지시키도록 하라고 하였다. 그러나 자신이 직접 경리를 만나 강하게 요청했어야 했다. 접반사에게 미루어 될 일이 아니었다. 경리는 성격이 느슨하여 단속을 하지 않고 있었다.

경리 접반사 심희수가 "근래 중국군이 피해를 끼침에 사대부 집으로부터 여염집 백성들까지 몹시 원망하며 괴로워합니다. 종묘·사직·능침·문묘·장생전 및 경각사도 그 해독을 입지 않은 데가 없습니다. 이에 신이 전후로 글을 올리거나 면대하여 호소하였는데, 경리는 성품이 온순하고 공손한 듯하여 모든 진달에 대해 빠짐없이 경청하고 거침없이 응답하였지만 결국 착실하게 시행한 실상은 하나도 없어서 순라를 돌거나 고시하는 등의 일이 다 헛말로 돌아가고 말았습니다. 만약 금법을 어겨 붙잡힌 자가 있으면 아문의 야불수가 뇌물을 받고 풀어 주기를 마치 게를 잡았다가 바로 놓아주는 것처럼 합니다" 하였다.

지평 남탁은 "변을 겪은 뒤로 도하의 저자 백성들이 뿔뿔이 흩어져 그 본업을 잃었는데, 게다가 중국군이 연락부절이어서 갖가지로 침해를 받습니다. 심지어는 일체의 무역에 대해 값을 지급하지 않은 채 장만하여 바치게 하니, 호소하는 소리가 길에 가득하여 차마 들을 수 없습니다. 해조로 하여금 무역 일체를 적당히 줄이게 하고, 진헌과 청구하는 물품은 다 값을 지급하게 하여 한 푼의 혜택이라도 받게 하소서" 하였다.

그러나 선조는 중국군은 천상에서 온 천군으로 여겨 조치할 생각은 하지 않고 오히려 당하는 우리 백성을 더 책하였다.

그 뒤로도 중국 장수, 군사들의 횡포는 여전하였다. 접반사 심희수가 또 아뢰기를 "경리의 성품이 완만하여 법도가 없으므로 많은 문하 장관들이 경외하는 바가 없는 데다가, 돌아갈 기한이 멀지 않아 사람마다 각각 청구하는 일이 형형색색이고 온갖 방법으로 토색하고 있으니, 평시의 물력으로도 감당해 내기 어려운 형편인데, 더구나 오늘날에 있어서이겠습니까. 상례로 약간의 은자를 보내고서는 십 배나 중한 가격의 물건을 토색해 가니 무어라고 말할 수가 없습니다. 첩지를 보내어 간절히 구걸하기도 하고 대면하여 협박하기도 하면서 온갖 추태를 부리는데 못하는 짓이 없습니다. 낭료가 욕을 당하고 색리가 곤장을 맞는 일이 전후 잇달아서 형언하기도 어렵습니다. 신 희수는 깊이 생각건대, 나라의 저축이 탕갈되고 방시가 텅 비었는데, 뿔 없는 양을 찾아내게 하고 거북의 털을 긁어내는 것 같아 도무지 묘책이 없습니다" 하였다.

반면 중국 군사들은 접대가 박대하다고 불만이었다. 낭중 가유약이 불만을 토로하기를 "왜적이 있을 적에는 매우 주밀하게 접대하다가 왜적이 물러가니 점점 박대한다고 하는데, 내가 처음에는 그것을 믿지 않았습니다. 요즈음에 와서 나 자신이 그것을 직접 보았지만 사소한 일에 관계되는 것이니 말할 거리가 못 된다고 여겼습니다. 그러나 날마다 만나는 진·도의 여러 장수들도 늘 말하기를 '명지에 이미 관병을 일찍 철수하지 못하도록 하였는데 조선에서는 싫어하고 박대하는 것이 날로 심해진다. 심지어는 하찮은 땔나무와 숯·기름·촛불까지도 주지 않으며, 관인들에게도 억제하고 또 저자에서도 금지시켜 우리들로 하여금 어두운 방에 앉아 있게 하고 차가운 침상에서 자도록 한다. 성천자께서 조선 사람들에게 무엇을 잘못하였기에 그들이 이와 같이 박대하는가' 합니다" 하였다. 명나라 군사들도 고생하는 사람들이 많았다.

윤4월 8일 도원수 권율이 글을 올렸다. "군대를 훈련시키고 둔전을 설치하는 등의 항목은 대개 논정했으므로 지금은 별달리 처리할 일이 없습니다. 영남에서 마련한 양곡은 흩어 주어서 거의 떨어졌는데 각 고을 또한 양곡을 이어 댈 길이 없습니다. 호남에 조금 판매할 양곡이 있으므로 보리가 익을 때에 옮겨다 먹으려고 합니다. 그런데 신은 2년 겨울을 추운 곳에서 거처하였으므로 지금 와서는 온갖 병이 발생하여 날로 더욱 위중해지니 변방의 귀신이 될까 걱정입니다. 특별히 전리에 돌아가라고 명하여 여생을 잇게 하소서" 하였다.

근본이 무인도 아닌 사람이 장수 중의 장수로서 무진 고생을 하였다. 이제 긴장이 풀어진 것인가. 몸이 말을 듣지 않았다. 선조가 전교하기를, "경의 장계를 보니 경에게 병이 있는 것 같다. 그래서 올라와 복명하게 하니, 경은 그리 알라" 하였다.

윤4월 12일 진주사 이항복과 이정구가 돌아와 복명하니 별전에서 인견하였다.

성지를 받들었는데 '국체와 군정은 모두 조정의 큰일이니 짐이 어찌 한 소신이 사사로이 분노하고 망령되이 참소한 것으로 인하여 오랫동안 노고한 장사들과 속국 군민이 눈물을 흘리며 호소하는 고정을 생각하지 않겠는가. 정응태는 거동이 잘못되고 어긋나 위협으로 조사함으로써 큰일을 그르칠 뻔하였다. 우선 그의 직을 파하고 평민으로 만들어 본적에 돌려보내어 벌을 받도록 했다는 것을 너희 예부에서는 조선왕에게 이자하여 위유해 짐이 시종 보살펴 준 덕의를 알게 하고 아울러 국인을 훈계하여 공순한 절의를 더욱 굳게 지키게 하라' 하였다.

이항복이 "황제가 변론하는 주본을 보고 즉시 구경과 육부에 내려 회의하게 하니, 모두들 본국의 충순함을 말하였습니다. 바야흐로 중국에서 정응태를 그르다 하며 뭇 의논이 공격하는 판에 신의 사행이 마침 이 기회를 만났기 때문에 시원하게 설원한 것입니다. 다만 뒷날에 만일 응태가 득세한다면 매우 우려할 일입니다" 하였다.

선조는 "우리가 사리상 옳으니, 나더러 응태와 변론하라고 해도 조금도 두려워할 것이 없다. 그중에 존호에 대한 문제는 과연 참람하긴 하나 이미 먼저 바른대로 고하였으니 이치상 달리 꿀릴 일은 없다" 하였다.

사람 살리는 일은 능력이 없어 못하지만 죽이는 능력은 탁월하니 이제 죽이는 일을 시작한다. 선조의 야비한 행위의 하나이다.

윤4월 15일 선조가 "《해동제국기》를 정주에서 얻었다고 하는데, 우리나라의 간인이 일부러 기증했을 가능성도 없지 않다. 대개 이 일은 국가의 막중한 일인 만큼 옥사의 사체가 가볍지 않으니, 궐정에서 추국하든지 삼성추국하든지 해야 한다" 하였다. 그리고 다음 날, 위관에게 죄인 백유함을 추국하라고 명하였다. 백유함은 바로 백인걸의 아들인데 불운하게 정응태의 접반사가 된 것이 죄였다.

선조는 또 '백유함은 접반사의 신분으로서 우윤진의 말을 듣고도 숨긴 채 보고하지 않았으니 그 자취가 이미 의심할 만하다' 하였다.

백유함 등의 옥사는 단지 《해동기》의 출처를 캐묻고자 하는 것이다. 그런데 직접 증인으로 물어볼 만한 사람은 당시에 정응태를 사후한 아문의 접반사와 역관 등 몇 사람만이 있을 뿐이었다. 그래서 당초 백유함과 윤진 등을 바로 국문했던 것인데, 윤진은 장하에서 죽었다. 해원부원군 윤두수가 아뢰기를 '윤진이 장하에서 죽었고 장예충도 형문을 받고 변명만 하는데, 접반사 등이 무슨 수로 이 책의 출처를 알 수 있겠는가. 이 옥사는 단서를 찾을 길이 없다. 매질하여 실정을 구하는 것은 매우 억울하다. 죄가 의심스러울 때는 가벼이 처결하여 차라리 범인을 놓치는 편을 택하는 것이 성스런 임금의 제도이다. 삼가 상의 결단을 바란다' 하였다. 윤두수가 조정에 있어서 다행이었다. 백유함은 살게 되었고 귀양을 갔다.

윤4월 25일 미시에 중전이 수안에서 환도하였다.

영의정 이원익이 또 다시 차자를 올려 자신을 파직시켜 줄 것을 청했다.

"신이 전후로 누누이 아뢴 것은 모두 신의 실상으로서 감히 거짓으로 군부를 속이는 것이 아닙니다. 대체와 무관한 어떤 한 가지 일을 논하다가 의논이 다를 경우는 본디 해 될 것이 없습니다만, 근일의 일 같은 경우는 조정의 대의론이었는데 신이 대신의 신분으로서 이미 시류들과 대립되어 한 시대의 지적을 받게 되었습니다. 이러한데도 버젓이 자리에 앉아 물러나지 않는다면 이것이야말로 부끄러움을 잊고 출세를 탐하는 사람이니, 국가가 어찌 이런 사람을 수상의 지위에 두어 국사를 그르치게 할 수 있겠습니까. 신은 단연코 재직할 수 없으니, 성상께서는 빨리 파직을 명하여 공사 간에 온평하게 하소서. 재가를 바랍니다."

윤4월 26일 도제조 이항복 등이 임금의 건강을 근심하여 아뢨다. "삼령백출산에 건갈·맥문동·모과·오미자를 가미하여 드시는 것이 어떻겠습니까?"

송순을 대사성으로, 신흠을 사인으로, 문홍도를 지평으로 삼았다.

사헌부가, 능성현령 나대용은 도임한 뒤 오직 음주만을 일삼아 일체의 관청 사무를 오로지 하리에 위임시키고 백성을 침학하여 자신을 살찌우기만을 일삼는다 하며 파직을 청했다.

요동에서는 누르하치가 아주 강성해지고 있었다. 의주의 통군정에서 중국 장수가 군문 접반사 김명원에게 말하기를, '요양 지방은 달자들이 크게 치성하여 대릉하·소릉하와 선부 대동까지 침범하여, 철수한 군사 2천여 명이 사로잡혔다'고 하였다. 돌아가는 명군은 대부분 싸울 의지가 없는 패잔병 같았을 것이니 강성해진 누르하치의 군대를 당할 수가 없었을 것이다.

5월 4일 비망기로 이르기를 "영돈녕이 앞뒤로 누차 상차하여 계책을 진술하였으니, 나는 나라를 위하는 그의 간절한 정성을 애틋이 여긴다. 차자의 사연을 의논하여 아뢰라. 대체로 왜적이 물러간 지 지금 몇 달이 지났는데, 무슨 일을 했는지 모르겠다. 우리나라 일은 본래 이렇다는 것을 내가 익히 안다. 이 때문에 전일 적이 물러간 초기에 본사가 적을 막는 방법을 조목조목 진달했을 때 답하면서 결론 부분에 끝내 그 효과가 없을까 두렵다'고 했던 것인데, 불행히도 나의 망언이 들어맞기라도 한다면 이는 생민들의 복이 못 된다. 이 일은 묘당에서 잘 도모하기에 달렸다. 비변사에 이르라" 하였다.

비변사가 아뢰기를, "판돈녕부사 송찬의 차자를 보았습니다. 인재 양성은 평소 배양하는 데에 달렸습니다. 현재 국가가 다사다난한데 장수될 재목은 부족하여 곤수가 일단 결원이 되면 전관이 매양 인물이 없다고 아뢰곤 합니다. 그리고 심지어는 관인을 매만지며 위촉할 사람이 없다고 탄식하기까지 하는데, 이것은 미리 양성하지 않아서 그렇습니다. 무반 중에 재주와 지략이 있는 자를 선발하여 선전관에 보임하고 형조·호조·공조의 낭관에 승진시켰다가 수령을 역임시켜 성적을 보아 가며 승진시키고 발탁한다면 안 될 것이 없습니다. 이 일이야말로 전부터 준행해 오던 옛 법전이니, 지금 차자의 내용대로 해조에 신칙하여 각별히 거행하게 하는 것이 어떻겠습니까?" 하니,

답하기를 "윤허한다. 과연 행할 수 있겠는가. 내가 두고 보겠다" 하였다.

5월 5일 이번에는 좌의정 이덕형이 사직을 청했다.

5월 7일 홍문관이 차자를 올려 유성룡을 변호한 이원익을 반박하고 성토하였다. 그 차자 가운데의 말을 가지고 선조가 정원에 말하기를, "차자에 간신의 우두머리라고 하였는데 누구를 가리킨 것인가" 하니, 답하기를, "간신은 유성룡을 가리킨다고 하였습니다" 하였다.

유성룡을 간신이라고 공격했는데 대부분의 백성들이 그렇지 않다고 생각하니 자신들이 간신이 될 수밖에 없었다. 한심한 자들이었다.

5월 11일 이항복이 소를 올렸다. 북경에서 돌아와 보니 유성룡은 파직을 당하여 귀향하였고, 이어 이원익은 계속 사직을 요청하고 있었다. 그래서 소를 올려 대신들을 차례로 베어 없애고 있다는 말을 하였다. 이에 홍문관이 유성룡과 이원익을 다시 성토하며 변명하였다. "영의정 이

원익은 자기 견해만 고집하고 공론은 돌아보지도 않은 채 앞뒤로 상차하면서 유성룡을 위해 옹호하지 않은 적이 없는데, 심지어는 유성룡을 옳게 여기지 않으면 다시는 전하의 조정에 서고 싶지 않다고 하였습니다. 그래서 신들이 윤리가 무너지고 공론이 사라질까 두려워하여 대의의 소재를 대략 진술하였을 뿐이니 어찌 그 사이에 털끝만큼이라도 딴 뜻이 있겠습니까" 하였다.

'딴 뜻이 없었다.' 전형적인 이산해 일당의 수법이었다. 말을 돌리는 데에도 선수들이었다.

5월 15일 사헌부가 차자를 올려 유성룡과 이원익을 논박하였다. 사간원도 뒤를 이어 논박하였다.

영의정 이원익이 18번째 사직서를 제출하니 드디어 체차하라고 답하였다. 우의정 이항복의 첫 번째 사직 요청에는 윤허하지 않는다고 하였다.

좌의정 이덕형도 계속 차자를 올려 사직을 청하고 있었다. 이덕형은 장인 이산해와 처남 이경전의 행태에 크게 실망하여 그들을 멀리하였다. 당시 이덕형은 명을 받고 남쪽에 있었는데, 항왜의 처리가 잘못되었다고 비난이 크게 일었다. 누가 하는 짓인가를 알았다. 그래서 사직 차자를 올리고 있었다.

부제학 이유중, 교리 박이서 등이 유성룡을 변호한 이원익을 탄핵하였다. 이에 대하여 이항복은 자기를 먼저 파직하라 하였다.

5월 20일 훈련도감이 군졸들의 봉급과 봉족에 관하여 아뢰었다. 식량이 부족하여 이들에게도 봉급을 후하게 줄 수가 없으니 유지하기가 힘들었다.

"도감의 현존 군액이 대략 1천7백여 인인데 한 명당 1인을 급보할 경우 신량 1천7백여 인이 있어야 되고 한 명당 2인을 급보할 경우 3천 4백여 인이 있어야 정해 줄 수 있습니다. 이렇게 많은 신량을 쉽사리 뽑아내기란 지금으로선 어려운 형편입니다. 우선 도제조가 출사하기를 기다려 급보하거나 분번하거나 하여 군졸들이 원망하고 괴로워하지 않게 하는 것이 온당할 듯합니다" 하였다.

훈련도감은 유성룡이 심혈을 기울인 것이었기 때문에 북인 측에서는 없애려고 별짓을 다하였다. 그러나 훈련도감은 선조의 작품이기도 하였다. 그래서 명맥을 유지할 수 있었다.

다음 날 전교하기를 "포수·살수를 권장해야만 하는데, 권장하는 데는 과거보다 좋은 게 없다. 포수·살수를 정원 내에서 아울러 시취해야 할 듯하다. 병조와 훈련도감은 함께 의논하여 아뢰라" 하였다.

병조가 포수를 시재하는 방안에 대해 아뢰었다. "평상시 도감의 포수는 조총만 익히고 다른 포는 연습하지 않기 때문에 조총만 써서 아뢰었던 것인데, 지금 하교를 받게 되었습니다. 여러 포 중에서 호준이나 불랑기 등은 포환이 많이 들어가므로 중수의 시험에는 방해될 듯합니다. 오직 삼안총이나 소승자총통이 시재에 적합합니다. 그러나 쏘는 법을 터득시키려 한다면 이 네 가지 포를 모두 써서 아뢰어 낙점받아 시취하는 것이 괜찮겠습니다. 조총은 6병을 시방하되 변 3중 및 관 1중·변 1중 이상을, 살수는 3기 중이나 2기 상하 이상의 입격자를 시취하는 것이 온당할 듯합니다" 하니,

전교하기를 "아뢴 대로 사목에 써넣으라. 그리고 중자는 분자로 하고, 백자총도 낙점 단자에 써넣으라, 득중한 자는 시취하지 말고 그 쏘는 법만을 시험 삼아 보는 것이 좋겠다."

5월 24일 사은사 한응인의 서장과 황제의 칙서가 도착하였다.

"왕이 옛 강토를 되찾았다고는 하나 실지로는 새 국가를 창설하는 것과 같으니, 쇠약한 것을 일으키고 폐단을 제거하는 데 배나 되는 노력을 기울이라. 왜적이 달아나긴 했으나 그 족속은 살아 있으니, 다시 침략할 마음을 먹을지 또한 알 수 없다. 이에 경략상서 형개에게 명하여 군대를 거둬 개선하게 하는 한편, 경리 도어사 만세덕 등은 남아 있게 하여 일부 군대를 분포함으로써 왕을 위해 방어하게 하였다. 왕은 군략을 자문하여 선후책을 함께 상의하고 와신상담하여 전의 수치를 잊지 말라. 검소하게 생활하고 영구한 계책을 크게 도모하라.

우리 장수와 사졸은 귀국하기를 생각하고 군량 보급도 불편하니 조만간 철수하게 될 것이다. 그대는 빨리 도모하여 왜적으로 하여금 소문을 듣고서 감히 다시는 오지 못하게 하고, 또 침입한다 하더라도 다시는 걱정이 없게 하라. 동해 바닷가가 우뚝 금성탕지의 요새가 되어 길이 국가 보위의 안녕을 누리고 번방으로서의 정성을 바치라. 충성과 효도로 선대의 아름다움을 이어야 할 것이니, 왕은 힘쓰고 힘쓰며 공경하라."

이에 만경리가 가을에는 잔류병도 다 철수할 것이라 하고 방비에 힘쓰라 하였다.

이달에,
허균을 황해 도사로 삼았다.
경기감사 김신원이 교동 거주인 고언백이 현감을 구타한 일을 아뢨다. 백사림을 도로 가두고 엄히 국문한 뒤 율에 따라 죄를 정함으로써 이미 무너진 기강을 진작시키고 요행히 면하려는 길을 막자고 한다 하니 아뢴 대로 하라 하였다. 뒤에 북도에 보내 공을 세워 보답하게 하라 하였다.

7년 동안의 병란을 치른 데다 군량 수송의 고통까지 겹쳐 기근과 부역으로 거의 다 죽거나 고향을 떠나고 겨우 살아남은 백성들은 대부분 허기진 몸으로 먹을 것을 찾는데 오직 바라는 것은 추수뿐이었다. 그런데 가뭄이 심하고 불볕이 기승을 부리며 봄부터 여름까지 비가 내리지 않아 골짜기에는 마른 풀만 있고 들에는 푸른 풀이 없는 실정이었다. 다행히 이달 중순에 이르러 큰비가 3일이나 내렸으므로 민생이 조금 추수할 희망을 가지게 되었다. 전쟁은 끝났지만 어려운 세월이었다.

우리나라에서는 태평관 서쪽에 큰 사당을 짓고 군문 형개와 경리 양호를 제사 지내게 하고, 임금의 친필로 '재조번방(再造藩邦)'이라는 네 글자를 크게 써서 걸어 놓게 하였다.

‖ 파에 파가 갈리는 ‖
‖ 당파 싸움은 여전하다 ‖

선조가 신하들과 직접 대하는 경연에 3년 동안이나 나아가지 아니하여 대신과 대간 및 시종들이 천안을 가까이하여 좋은 말을 진술하지 못한 지가 아주 오래되었다. 군국대사를 그저 문부로 출입하고 긴급한 명령도 언제나 환관을 통한 구전에 의지할 뿐이었다. 국사가 제대로 될 리가 없었다.

6월 6일 사관은 '국사가 매우 어렵고 갖가지 재이가 계속 발생하는데도 신하들은 그것을 바로잡는 실상이 없다. 변방의 방비가 점차 해이해지는 틈을 타 섬 오랑캐들은 재침할 흔단만 노리고 있는데도 조신들은 날마다 서로 다투고 있고 수령들은 거의 모두 백성을 침탈하기만 한다. 그런데 3년이 지난 지금까지도 오히려 경연을 정지하고 아래 신하들을 만나지 않고 있다. 조석으로 친하게 대하는 것은 궁첩에 불과하고 좌우에서 모시는 자들은 모두 내시들일 뿐 구중궁궐 깊숙이 들어앉아 현신을 한 번도 접견하지 않은 채 상하가 태평하게 목전의 안일만 구차하게 도모할 뿐 세월만 허송하고 있다. 그리하여 나라 일이 쇠미해져 장차 구할 수 없는 지경에 이르게 되었으니 너무도 애석한 일이다' 하고 논하였다.

세상은 북인 세상인데 거기서도 다시 파가 갈려 치열한 당파 싸움이 재현되고 있었다. 각 파의 정점에는 이산해, 홍여순, 남이공 등이 있었다.

6월 12일 이조 낭청은 정랑은 이필형, 좌랑은 이이첨과 이경전이었다.

남이공이 홍여순을 공격하였다. 그러자 홍여순은 감정을 품고 반드시 남이공을 쫓아내려고 하였다. 그래서 밤낮으로 함정에 빠뜨릴 계책을 생각하다가 그 일가 사람인 정언 홍식을 교사하여 옥당에서 척화한 말을 빌어 사실을 날조하여 모함하였다. 그러고는 그 설을 교묘하게 바꾸어 '전 보덕 김신국이 남이공과 심복으로 결탁하여 유성룡과 윤국형을 다시 복귀시키려고 한다'고 하였다. 이에 사헌부가 홍여순과 남이공을 탄핵하였다.

6월 17일 사간원이 또 홍여순 등의 파직을 청했다.

선조가 이르기를 "아, 지금이 어떤 때인데 그대들이 국사를 생각하지는 않고 오로지 서로 배격하기만 일삼고 있는가. 만약 그대들의 날카로운 독설의 칼날을 왜적을 쳐부수는 데 이용했다면, 행장과 청정의 머리가 벌써 북궐 아래에 효수된 지 오래였을 것이다. 나는 고질병이 들어 실성한 사람으로 인사를 잘 모르긴 하나 그대들이 하는 짓을 차마 보지 못하겠고 중국 장수들의 귀에 들어갈까 부끄럽기만 하다" 하였다.

6월 19일 헌납 경섬이 와서 아뢰기를, "홍여순은 파직시키고 이유중은 체차시키소서" 하니, 모두 아뢴 대로 하라고 하였다.

6월 26일 사간원이 유성룡, 윤국형, 홍여순의 죄를 용서하지 말 것을 아뢰니,

선조가 "직첩을 삭탈한 것은 원래 과중했다. 어떻게 끝내 직첩을 주지 않을 수 있겠는가. 윤국형도 어찌 끝내 서용하지 않을 수 있겠는가. 홍여순은 이미 파직된 이상 다음 날에 서용하더라도 괜찮다. 논한 것이 너무 심하다. 모두 윤허하지 않는다" 하였다.

사간원이 또 유성룡과 윤국형에게 직첩을 내린 명을 환수할 것을 청했다.

선조가 "유성룡은 바로 기구 대신인데 어찌 나라를 위한 공로가 없겠는가. 삭탈관직까지 한 것은 실로 과중하다. 이제 수년이 지났으니 환급할 수 있다. 재론할 필요 없다. 윤국형은 아뢴 대로 하라. 홍여순 등에 대해서도 한때의 대단치도 않은 일을 가지고 분분하게 소요를 일으키는 것은 온당치 않다. 대개 오늘날의 도리는 부박한 풍조를 진정시키고 조그만 잘못은 서로 감싸 줘서 같이 국사를 도모해야 할 것이지, 진실로 이렇게 해서는 안 된다. 내 말을 새겨들으라" 하였다.

동서로 분당하여 서로 싸우다가 서인이 약해지자 동인이 갈라져 남인 북인이 되었다. 이후 유성룡을 탄핵하고 북인이 득세하자 또 갈라졌다. 구의강과 홍식이 김신국과 남이공을 논핵한 후부터는 신국과 이공을 지목하여 소북이라 하였으며, 구의강과 홍식은 홍여순의 당으로 대북이라고 하여 서로 모함하고 공격하기를 마치 원수처럼 하였다. 이산해 일당은 대북에 속했다.

사관은 '그 정상을 따져 보려 하면 말하는 입이 더러운데, 말류의 폐

단이 끝내는 공도를 무너뜨리고 사를 이루었으며, 임금을 잊고 국사를 그르쳤으니, 통분함을 금할 수 있겠는가' 하고 통탄하였다.

한동지가 조선이 군량을 댈 수 없으므로 중국군이 철수하는 것이 낫다고 하는 공문을 보냈다.

대신들이 중국군 머물 숫자를 논의하였다. 권준 등은 우선 철병하는 것이 무방한 듯하다고 하였다. 비변사가 의견을 종합하여 5천 병력을 주둔시키도록 요청하자고 하였다.

이달에,
심희수를 예조판서로, 유영경을 병조판서로, 김상용을 승정원 좌부승지로, 윤형을 승정원 우부승지로, 이홍로를 승정원 동부승지로 하였다.

의금부가 권응수의 범죄에 대하여 아뢨다. 장계의 내용 중에 유감을 품고 살인했다고 하였으나 살인했다고 한 사람이 누구인지 성명을 거론하지 않았기 때문에 지적해서 논하기가 어려웠다. 역전의 용장인데 이렇게 결과가 이랬다. 뒤에 권응수를 방송하라고 전교하였다.

7월 4일 옥당이 유성룡, 홍여순 등의 일을 아뢰니 선조가 유성룡에 대하여 확실하게 변론하였다.

"일을 논하는 것이 실정에 지나치면 그들이 마음으로 복종하지 않을 뿐 아니라 방관자 역시 수긍하지 않는 법이다. 유성룡을 논박하는 데 있어서 주화라는 두 글자로 집언하는 바탕을 삼아 진회에게 비유하기까지 하였다. 설사 유성룡이 화의를 주장하였다 한들 어찌 진회에 비할 수 있겠는가. 진회는 남몰래 오랑캐의 지시를 받아 처자를 보전하고자 송나라에 잠입하여 금나라 사람을 위해 계책을 써서 화의를 힘써 주장하고 악비 등을 죽였던 것이다. 지금 유성룡이 또한 왜적의 뜻을 받아 남몰래 음모를 통하고 그 처자를 보호하기 위하여 화의를 주장하였던가. 이런 주장이 족히 인심을 복종시키고 국시를 안정시키겠는가.

　대개 그의 마음은 종묘사직이 장차 망할까 걱정되던 판에 중국 조정에서도 이미 화의를 허락하였기 때문에 임기응변책으로 그 일을 주장하였던 것이다. 곧이곧대로 따진다면 나 역시 그가 잘못되었다고 하지 않을 수 없겠으나, 그 속마음을 살펴보면 이와 같음에 불과하다. 아, 그 당시 누구인들 이러하지 않았던가. 그런데 지금 와서는 서로들 빠져나가려고 하면서 '나는 이런 일이 없다. 나는 이런 일이 없다'고 한다면 모두가 우상의 죄인이 될 것이다(당시 우상 이항복이 차자를 올려 그 강화의 논의에 스스로 참여하였음을 진술하였다). 그리고 중론을 배격하고 밤중에 사신을 보냈다는 말은 더욱 말이 안 된다. 그 당시 널리 정의를 수렴하여 결정한 일로 그 내용에 대해서는 지금 정원에서 상고할 수 있다. 과연 중론을 어기고 혼자 밤중에 사자를 보냈단 말인가. 이런 이야기들은 모두가 따져 보지 않아도 자명한 것들이다. 더구나 전에 이미 공론에 따라 혁파하였는데 세월이 많이 지난 지금 와서 어찌하여 그 관직을 회복하지 못한단 말인가.

　홍여순의 일에 관해서는 서로 배격하는 습성에서 나온 것에 불과하다. 전에 이미 중의에 따라 그 직을 파면하였는데, 지금 서용하라는 명이 내리자 감히 가죄할 것을 추론하여 삭탈을 청하기까지 하다니 이럴 수가 있는가.

　요즈음 시사를 보건대 백성을 보호하고 병사를 훈련시키고 적을 방어하는 일들은 도외시하고 오직 분분히 다투는 것만을 일삼고 있다. 나같이 불민한 사람이 위에 무릅쓰고 있자니 절로 탄식만 할 뿐이다" 하였다.

　갈라져 싸우기만 하고 되는 일이 없으니 선조가 유성룡이 그리운 모양이었다. 유성룡의 직첩을 다시 주라고 명했는데, 양사가 번갈아 가며 글을 올려 논박하였다. 4개월이 지나서 결국 선조가 따랐다.

7월 5일 우의정 이항복이 11번째의 사직서를 올렸다. 이에 답하였다.
"누차 사직서를 살펴보아 그 충심을 충분히 안다. 그러나 경의 뜻은 병으로 인해 자신을 보전하려는 것이요, 나의 뜻은 위망을 걱정하여 나라를 보전하려는 것이니, 그 걱정하는 것은 경이나 나 마찬가지이다. 그렇다면 자신의 몸을 보전하겠는가, 국가를 보전하겠는가."

7월 7일 도원수 권율이 졸하였다. 그는 마지막 힘까지 다하였고 전쟁이 끝나자 힘이 다하여 갔다. 그의 나이 60세였다. 조금 더 살아도 되는데 너무도 아쉽고 슬픈 일이었다.
'권율은 임진년 변란을 당하여 몸을 던져 싸움터에 달려가 전투 때마다 견고하게 지역을 지켜 승리를 이끌었다. 그 이치의 승리와 행주의 대첩은 비록 옛날 명장이라 하더라도 어찌 그보다 더하겠는가. 국가가 중흥의 업을 이룬 것은 실로 이에 힘입은 것이니, 위대하다고 할 수 있다.'
선조는 "병이 그처럼 심중했다면 정원이 계달하여 의원과 약을 보내주었어야 마땅했다" 하고 특별히 부의를 내렸다.
권율을 추증하도록 하였다. 윤두수와 정탁이 '권율이 변란 초에 일개 수령으로 군사를 이끌고 들어왔으니 그 의기를 상상할 만하다. 그러므로 상께서 특별히 가상하게 여겨 방면의 책임을 맡겼던 것이다. 행주에서의 승리는 난리가 일어난 후의 일대 승첩으로서 경성을 수복한 것은 오직 이 사람의 공로라고 모두들 말하고 있다. 8년 동안 적과 대치하며 풍상을 겪으면서 심력을 다해 나라에 보답했으니 어떤 신하가 이보다 더할 수 있겠는가. 성상께서 진념하시어 추증함으로써 공에 보답하려 하시니 참으로 훌륭한 일이다' 하였다.

7월 18일 좌의정 이덕형이 사직을 청하니 선조가 영의정은 축출되고 우상은 나오지 않는데 이것이 무슨 도리이며 어떻게 된 체통인가 하였다.

7월 21일 이항복을 오성부원군으로 하였다.

7월 24일 윤두수를 영의정으로 하였다. 그러나 사헌부, 사간원이 반대하였다. 몇 개월을 두고 논쟁을 그치지 않았으나 선조가 듣지 않았다.
　윤두수는 선조의 인정을 받아 영의정에 임명되었는데, 반대파인 북인들이 매우 미워하여 쫓아내기 위해 헐뜯고 욕하는 등 별 작태를 다 부렸다. 몇 개월 뒤 결국 윤두수는 병을 핑계하여 사직하게 된다.

7월 26일 이호민이 유성룡의 일로 해직을 청했다. "지금 조정의 의논은 유성룡을 다 함께 주벌해야 할 간인으로 지목하고 신을 그의 심복 앞잡이라고까지 하고 있습니다. 만약 법의 기강이 조금쯤 펴지게 되면 신의 죄는 자연히 밝혀질 것입니다. 어찌 감히 성은만 믿고 재상의 자리를 차지하고 있으면서 탄핵에도 잘 견뎌 낸다는 비난을 더 하겠습니까" 하였다. 윤허하지 않았다.

7월 27일 선조가 '근래에 대간 등이 동조자를 편들고 이론자를 공격하여 서로 치고 배척하는 것을 일삼는다'고 하였다. 이에 사간 송일, 지평 안종록, 정언 유경종이 아뢰기를, "신들이 모두 보잘것없는 자질로 언관에 재직하면서 일국의 공론을 가지고 논열한 지 이미 한 달이 되어 가는데도 성의가 천박하여 성상의 마음을 감동시키지 못하였을 뿐만 아니라 도리어 이와 같은 하교까지 받들게 되었으니 지극히 두려운 마음에 몸 둘 바를 모르겠습니다. 그러나 신들이 구구하게 논한 것이 어찌 그 사이에 털끝만치라도 다른 뜻이 있어서겠습니까. 진실로 하루라도 이목의 반열에 있으면서 말을 다 하지 않음으로써 성명을 저버릴 수가 없어서였는데, 스스로 성상을 기망하는 죄에 빠지는 것은 알지 못하였으니 신들의 죄가 큽니다. 다시 무슨 면목으로 뻔뻔스럽게 직위를 차지하고 있겠습니까. 속히 신들의 직을 파직하소서."

7월 29일 사간원이 이제는 윤두수가 최영경을 죽게 만들었다고 모함하였다.

이에 선조가 유성룡, 윤두수에 대하여 변론하였다. '유성룡이 어떤 사람인지는 알 수 없다만 그가 떠나간 후로 국사가 날로 엉성해지고 더욱 해이되는 것은 무슨 까닭인지 알 수 없다. 윤두수의 경우는 어찌 그와 같겠는가. 늘 최영경의 일을 가지고 논하는데, 그때는 헌부뿐만이 아니라 사간원 이해수 등도 그렇게 논했으니 그 당시의 시론이 그러하였던 것이다. 우리나라 습속은 옳든 그르든 간에 시론으로 귀결될 뿐인데, 이것이 어찌 유독 윤두수만이 한 것이겠는가. 지금 수상에 합당한 인물로는 이 사람만 한 자가 없다. 지나치게 논하지 말라.'

이달에,
제독 이승훈이 모화관에 도착하였다. 새로이 조선에 주둔할 군사를 이끌고 온 것이다. 제독이 중군 도사 양조선에게 사병 천여 명을 통솔케 하고, 수비 주이덕에게 관병 3천을 통솔케 하고, 중부 천총 주면에게 보병 2천5백을 거느리게 하고, 유격 이향에게 남병 3천5백을 거느리게 하여 압록강을 건너왔고, 또 격서를 보내 천진도독부 표하중군수비 이응창은 수병 2천을 거느리고, 유격 도지휘첨사 만방부는 수병 2천을 거느리고 유격 도지휘첨사 장양상은 수병 1천5백 명을 거느리고, 유격 도지휘첨사 백사청은 수병 1천5백을 거느리고, 도지휘사 장방은 보병 4천5백을 거느리고, 유격 오종도는 수병 2천 명을 거느리고 요해지에 나누어 주둔케 하고, 제독은 왕경에 머무르면서 모든 일을 관리하기로 하였다.

경상좌수사 이운룡이 6월 20일에 우리나라 사람 45명이 남대양에서 나왔다고 보고하였다.

함경감사 윤승훈이 북벌할 것을 청했다. 다음 날 선조가 북벌에 대해 위태롭게 여겨진다며 이일을 불러서 물어 답을 아뢰라 하였다.

"노적의 부락이 상당히 강성한 것 같고 또 그 형세가 험악한 것 같다고 들었다. 북도의 잔약한 군졸로 만일 한 번 실패하게 되면 이는 곧 패망을 재촉하는 것이 될 것이다. 어제 비변사의 회계를 보니 자못 소루한 것 같았는데 그저 계청한 대로 시행해 보자고 하였을 뿐이다. 그러나 내 생각에는 위태롭게 여겨진다. 밭을 갈 때는 농노에게 물어야 하는 법이니, 이일을 불러서 서하한 조항을 물어 아뢰라."

이후 "이일의 계사를 보니 자못 병가다운 판단으로 내 생각 또한 그렇게 여겨진다. 따라서 우리에게 충분한 승산이 없다는 것이 명백하니 어찌 위태로운 일이 아니겠는가. 전교 및 회계한 내용을 비변사에 내리는 한편 갖추어 기록하여 함경감사 및 병사에게 보내 알려서 참작하여 시행하게 하라. 그리고 경중의 포수·화기·군기 및 경중과 근도의 무용 있는 군사 다수를 정선하여 제때에 북도로 들여보낼 것으로 비변사와 병조에 말하여 주의해서 시행하게 하라. 그리고 전쟁이란 국가의 대사이므로 가장 엄격히 지켜야 할 것은 군기이다. 지금 북도의 일을 만약 태만히 하여 즉시 거행하지 않거나 혹시 사정을 두어 정선하지 않을 경우, 해조의 낭관은 하옥하여 군율에 의해 처벌할 것이며 당상 역시 중죄로 다스려야 할 것이니, 이 뜻을 아울러 비변사와 병조에 이르라" 하였다.

이때 북도의 거사를 위하여 강원감사 정윤우에게 하서하여 본도의 무사로서 정예하고 용감한 사람을 선출하여 함경도로 들여보내게 하였는데, 정윤우가 선출하여 보낸 무사 80명 중 출신은 9명뿐이고 그중에 춘천 출신 박귀서는 나이 60이 넘어 쇠모가 너무 심하였다. 그리고 강릉의 보인 김득추는 발병이 나서 걸을 수가 없었으며, 그 나머지는 모두 기병·보병으로 구차히 보충하여 보낸 것으로 모두 방수에 합당치 못하였다. 선조가 '나라의 대사가 싸움에 있는데 윤우가 방백이 되어 이처럼 소홀히 한다' 하고, 잡아다가 추문하라고 하였다.

사헌부가 북벌의 중지를 청했다. 선조가 답하기를 이미 조정의 계책이 정해졌다 하였다. 그리고 비밀 비망기로 이덕형에게 이일과 북벌 출병의 일을 의논하도록 하였다. 그 후 이덕형이 북벌 출병에 대한 의견을 아뢨다.

'지금 이 거사는 북도의 존망이 달렸을 뿐 아니라 실로 국가에 있어 막중한 기회라 하겠습니다. 이것을 그만둘 수는 없다 할지라도 인사를 십분 완벽하게 하지 않는다면 쉽사리 동병할 수 없습니다. 다시 해관에 신칙하여 허수로 첨방하지 말게 하고 본도에 많은 군량을 비축하도록 알려 전승을 기한 연후에 동병하여야 후회를 면할 것입니다.'

8월 4일 이정구가 상황이 좋을 때 북벌할 것을 청하니 비변사에게 의논하라 하였다.

비변사가 '타도에서 보충하는 군사는 필시 정예병이 아닐 것인데, 기한에 임박하여 들여보내면 곧 지치고 병들어 쓸모 없는 군사가 될 것입니다. 이처럼 지치고 병든 군사로는 적의 소굴에 깊이 들어가려 하여도 그 계책을 세울 길이 없습니다. 또 북도에서 온 사람의 말을 듣건대 한재와 충재가 일어 전연 추수의 희망이 없으므로 일로의 인마도 지공하기 어렵다고 하니, 급급히 군사를 동원할 때가 아닌 성싶습니다' 하며 사실상 북벌을 반대하였다.

　유성룡에게 직첩을 다시 준 것을 환급하라 하고, 윤두수를 영의정으로 한 것을 체차하라고 양사가 날마다 줄기차게 요구하고 있었다.
　8월 9일 유성룡의 일은 아뢴 대로 하라 하였다.

　8월 21일 만경리에게 세자 책봉을 빨리 내려 주게 해 줄 것을 청했다.

　군공청은 군공 논상의 일을 전담하는 곳이니 그 책임이 매우 중하다. 그런데 그 일을 맡은 관리들은 재물만을 탐하고 군공을 임의로 조종하기까지 하였다. 심지어 전공도 없고 참여하지도 않은 오응태를 노량해전에 참전한 것으로 주본에 올렸다가 선조의 질책을 당하기도 하였다. 늘 하는 짓이 그랬다.
　간사한 서리들 또한 법을 농간해 경중이 전도되게 하고 선후의 순서를 어긋나게 하였기 때문에, 공이 있는 자가 뇌물을 주지 않아서 그 이름이 등록되지 않기도 하고 공이 없는 자가 요로에 청탁을 넣어 수급을 바친 반열에 끼이기도 하였다. 참으로 한심한 작태였다.
　사관은 '변장이 수급을 과장하여 조정을 기만한 죄는 말하기도 참으로 추악한데, 유사된 자가 사심에 따라 혼잡하게 시행하는 폐단이 많으니, 융정이 쇠퇴해지고 장사가 해이해진 것은 실로 당연하다' 하고 논하였다.

　8월 30일 좌의정 이덕형이 여덟 차례에 걸쳐 사직을 청하니 윤허하였다. 이헌국을 우의정으로 하였다.

이달에,

사헌부가 부호군 권응수가 포학을 저질렀다고 추국을 청했다. 선조가 권응수의 나국을 대신과 의논하라 하며 군공이 있는 장수인데 새가 없어지자 활이 폐기된다는 한탄이 있을까 염려된다고 하였다.

사간원이, 결성현감 정사준은 도임한 후 오직 사욕을 채우는 데만 전력하여 심지어 지권과 어속 등 미세한 물건까지도 민간에 나누어 주고 미두를 받아들이면서 조금이라도 뜻과 같지 않으면 마구 매질을 하여 온 경내에 원망이 차서 거의 다 흩어졌습니다. 하루를 직에 있으면 하루의 해를 끼치니 파직을 명하소서 하였다. 정사준은 이순신의 사람이었다. 쫓아내기 위한 모함 같았다.

계속 중국군에 대한 군량 보급이 문제였다.

제독 이승훈이, '대미가 떨어져서 장차 소미를 실어다가 보충해 줄 계획이라고 답하는 것으로 보아 많은 군사가 아마도 견디지 못할 것 같다. 또 현재 왕경에 있는 두 표병 역시 굶주리며 군량을 기다리고 있다. 은이 있어도 쌀을 살 수 없으니 어찌하겠는가' 하였다.

군대 철수, 군량 등에 관하여 낭중 가유약이 게첩을 올렸다.

'대체로 명지에 제시한 것과 같이 1만여 명의 군대를 머물게 하여 춘신을 방비하면서 3월까지 머문다고 해도 식미가 4만여 석에 불과할 것이니, 지난해와 비교해 보면 한 달 치 식량에도 미치지 않습니다. 그런데 갑자기 부족하다고 핑계를 대니 누가 그것을 믿겠습니까. 심지어는 대병이 압록강으로 되돌아가 머물다가 경보가 있으면 와서 구원해 달라고 하였는데, 그것은 사리에 맞는 의논이 아닙니다' 하였다.

9월 1일 사간원이 계속 윤두수의 체차를 요구하였다.

9월 12일 이항복을 좌의정으로 하였다. 영의정 윤두수가 사직을 청하나 윤허하지 않았다. 이항복이 병으로 좌의정 임명을 면직해 달라고 하였다.

9월 19일 영의정 윤두수가 세 차례 사직을 청하니 체차할 뜻을 유시하라고 정원에 전교하였다. 드디어 체직시킨 것이다.

9월 20일 김우옹을 형조참판, 남이공을 응교, 이이첨을 문학으로 하였다.

사관은 '이이첨은 바른 사람이다. 문예에 능했는데 그 문장이 웅장하고 화려했으며, 위인이 단정하고 명민하여 조행과 언어가 분명하였다. 친상을 당하여서는 6년 동안 죽을 먹으면서 연명하고 염장과 과채를 먹지 않았으며, 그 수심 띤 안색과 슬피 곡읍하는 것은 우매한 백성들도 모두 감동하는 바였다. 급기야 벼슬하자 조정에 우뚝 서서 바른말 강직한 논박이 맨 먼저 정승 유성룡에게 미치므로 죽지 않은 권간의 간담이 모두 서늘해졌다. 어버이 섬김을 효로 하고 임금 섬김을 충으로 하는 것 중 그 하나도 오히려 쉽게 얻을 수 없는데 하물며 이를 모두 겸한 자임에랴. 그러므로 당세에 제일가는 사람이라 한다' 하고 논하였다.

그런데 《수정실록》에서는 '이것이 무슨 말인가. 이이첨은 간사하고 악독한 성품으로 일찍이 대각에 들어가 오직 공격하고 해치는 것을 능사로 삼았다. 혼조에 이르러서는 위험한 말로 임금을 놀라게 하고 미혹시켜 여러 차례 큰 옥사를 일으켰으니, 영창 대군이 제 명에 죽지 못한 것은 실로 이 적에게서 말미암은 것이며, 옥사를 조작하여 죄를 얽어 무함함이 모후에 미치도록 해서 유폐시키고 곤욕을 치르도록 함으로써 불측한 지경에 이를 뻔하였으니, 어찌 충·효 두 자를 이런 적에게 붙일 수 있겠는가. 또 자신이 문병을 잡아 실제로 《실록》 편수를 전담하였는데, 자기를 기리는 말이 이처럼 낭자하니, 정말 꺼리는 바가 없는 소인이라 하겠다' 하였다.

《실록》의 사관의 논은 이이첨 자기 자신이 쓴 것이었다. 자기 스스로 제일가는 사람이라고 썼는데 역시 잘 쓴 말이었다. 제일가는 간신이 분명하였다. 이것을 또한 스스로 말한 것이었다.

이원익을 다시 영의정으로 하였다. 그렇다고 받아들일 이원익이 아니었다.

9월 28일 정탁이 차자를 올려 부모님 묘소에 성묘하러 갈 것을 청하여, 윤허를 받아 그날 떠났다. 이때 변방의 우려는 점차 안정되어 갔지만, 조정에서는 좋지 않은 조짐이 있었기 때문에 마침내 용퇴를 결행한 것이다. 비록 전례대로 휴가를 청했지만, 실제로는 벼슬에서 물러나 여생을 마칠 계획이었다.

윤두수가 한강에서 송별하면서, "급류에서 용퇴하니, 고니가 구름 밖으로 날아가네" 하였고, 귀향 후 또 편지를 보내어 말하기를 "대감과 작별한 이후 세상일이 구름처럼 변하여 사람으로 하여금 더욱 견디기 어렵게 합니다. 멀리 떠나가려고 하여도 그렇게 할 수 없으니, 대감의 선견지명은 따라잡을 수 없다는 것을 확실히 알게 되었습니다" 하였다.

지봉 이수광도 작별시를 지어 주었는데 "옷에는 8년 동안 원안의 눈물이요, 가슴속의 한 계책 가부의 글이었네. 황각에서의 새로운 사업을 부질없이 그만두고 창주에서 다시 옛 나무꾼과 어부를 찾는구나"라고 하였다.

정탁의 나이 74세였다. 이후 80세까지 살았다.

이달에

곽재우를 경상좌병사로 삼았다.

경기방어사 고언백의 파직을 청하니 소문이 너무 지나친 점이 없지 않다고 하였다.

전라우수사 김억추의 장계에 철수해 돌아가는 명군의 배가 8천여 척인데 1척마다 우리 군정 6, 7명씩 잡아 배에 싣는다고 하니 매우 놀랍다고 하였다.

명나라는 이미 망할 조짐에 들어갔다. 환관의 무리가 판을 치고 있었다. 고태감의 차인이라고 하는 자가 와서 요구하는 것이 한이 없었다. 저잣거리 백성들이 호소하기를, '중국 장수의 여러 아문에 무납하는 물건은 날로 배로 늘어가는데 물력이 고갈되어 거의 저자를 파할 지경에 이르렀다. 그런데 지금 또 고태감의 차관이 와서 별조 인삼을 요구하는데, 시중에 품절되어 비록 많은 값을 주어도 사들이기가 극히 어려운 처지라 이로 인해 어제부터 가게를 철시하였다'고 하였다.

경리 만세덕이 동정의 공로로 병부시랑 우부도어사로 승진되었다. 그냥 멀리 온 것만으로 승진하였으니 운이 참 좋은 사람이었다.

비망기로 오랑캐와 왜적에 대한 방비를 지시하였다. '마치 연작이 불나려는 집 처마에서 지저귀면서도 닥쳐오는 화의 막심함은 알지 못하는 격이다. 알 수 없거니와 육지에는 병갑이 고루 분포되고 군량이 비축되었으며 믿음직한 신하와 굳센 병졸이 요해처에 분포되었는가. 또 수로에는 누선 1천 척을 해곡에 배치하여 이미 남쪽 나라의 물길을 차단하였는가 그리하지 않았다면 국사가 어찌 위태롭지 않겠는가' 하였다.

각종 폐단은 심해지고, 중국군의 폐해도 심해지다

10월 8일 공조좌랑 정영국이 당파의 일을 상소하였다. 홍여순을 탄핵한 김신국과 남이공을 공격한 것이었다.

이에 장령 최동립이 정영국의 상소와 관련하여 사직을 청했다. '신이 정영국을 공격한 것은 이러한 데에 불과한데 김신국과 남이공에게 무슨 관련이 있으며, 홍여순에게 무슨 관계가 있는지 모르겠습니다.'

유영경을 대사헌으로, 기자헌을 병조참의로, 신흠을 전한으로 하였다.

10월 13일 사은사 신식이 중국 장수들의 관직 상황을 아뢨다. '상서 석성이 옥중에서 병으로 인해 죽었으나 아직 위에 아뢰지 않았다'고 들었으며, 심유경은 서시에서 목을 베어 시체는 버리게 하였고, 또 '동정의 공로 서열을 그저께 내렸는데, 경리 양호는 용병하는 데에 비록 손실이 있었으나 다만 왕경이 거의 망할 때에 단기로 적진에 나아가 힘껏 싸워 조선을 보존케 하였으니, 공로 역시 무시할 수 없다 하여 그전 관직대로 서용하라 하여 기용되고, 진 제독은 세습되었으며, 유 제독은 승진되고, 동지 서 급사도 기용되었으며, 정응태는 상으로 은 50냥을 받았을 뿐이다' 하였다.

10월 17일 도사 오종도가 시어소에 와서 배알하였다. "중국 조정도 재정이 텅 비고 변경에는 일이 많으며, 각사가 궁핍하게 되었으므로 귀국을 돌볼 형편이 못됩니다. 그러니 병기와 군량을 즉시 조비하시면 매우 다행이겠습니다" 하였다.

정원이 물품을 매매하면서 횡포를 부리는 중국 아문에 대해 아뢨다.

"지금 철수할 기약은 없으며, 각 아문에서 침탈하는 것은 날이 갈수록 더욱 심해가고 있습니다. 게다가 여러 도감과 각 사후소에서는 온갖 필요한 물자를 구함에 있어 해조에는 알리지도 않고 곧바로 평시서에 공문을 발송하기도 하며 혹 차직을 보내어 시전에다 독촉하기도 하는데, 그 사이에 간혹 속이는 폐단이 없지 않으며 조금이라도 지체하면 마구 매질을 가하므로 인심이 허물어져 유산하는 자가 잇달고 있습니다" 하였다.

중국 군사는 모두 빨리 철수했어야 했다. 겁 많은 선조가 왜적이 다시 쳐들어올까 두려워 감당할 수 없는 인원을 남게 하니 백성들만 죽어나고 있었다.

경리 만세덕이 이자하여 군대 철수에 관한 의견을 말했다.

'장방이 거느리는 보병 4천여 명, 제독의 표병 3천여 명, 본원의 표병과 잡류 2천 명 및 앞서 머물기로 결정한 진잠·장양상 등의 수륙 군사 등 총 1만 7천여 명을 잠시 머물면서 방어하게 하였다가 명년 춘신이 완전히 끝나고 여름철로 접어들 때에 모두 철수하게 해야 합니다. 거기에 소요되는 양료는 귀국에서 조사하여 준비해야 합니다. 만약 귀국의 힘으로 스스로 방어할 수 있어 춘신 때라도 중국 군사의 힘을 의지할 필요가 없어서 병사가 머무는 것을 원하지 않는다면 분명하게 말씀해 주시기 바랍니다. 그러면 본원에서 다시 소를 올려 주청하여 연말에 육병을 먼저 철수시키고, 내년 봄에 수병을 모두 철수시켜 비용을 줄이도록 하겠습니다' 하였다. 우리 조정에서는 중국 군사 8천 명만 머물러 있어 줄 것을 요청하였다

10월 23일 이덕형을 좌의정으로, 이기를 이조판서, 심희수를 대제학으로 하였다. 기자헌을 병조참지로 삼았다.

《실록》에서는 '자헌은 사람됨이 과묵하고 올바름을 지켜 아부하지 않았다' 하였는데, 《수정실록》에서는 '아, 자헌은 일개 음험하고 흉악한 사람일 뿐인데 과묵하고 올바름을 지켰다고 지목하니, 비록 헛된 명예를 만들어 후세를 속이려 한 것이지만 사람의 말이 어찌 이처럼 상반되는가. 통탄스러운 일이다' 하였다.

포도대장 이순신은 또 탄핵을 당했다. 자신의 종에게 피해를 당한 사람을 오히려 장살하였다는 이유였다.

11월 1일 도성 안에서 무뢰배들이 중국 복장을 하거나 중국인을 유인하여 밤을 틈타 거리낌 없이 도적질을 자행하고 있었다. 우마를 도살하기도 하고 남의 의복을 탈취하기도 하는데 도성문 밖에서까지 행인들의 소지품을 공공연히 노략질하고 있으므로 해가 진 뒤에는 사람들이 통행을 하지 못했다. 이 때문에 전쟁에서 간신히 살아남은 백성들이 편안한 생활은 생각도 할 수 없었다.

사간원이 '좌우 포도대장이 부하들을 엄하게 신칙하여 날마다 순검하면서 체포하여 통렬히 다스리게 하였던들 여염에 적도가 제멋대로 횡행하지 못할 뿐만 아니라 중국 군사들도 고소를 당할까 염려하여 두려워하는 마음이 있게 되었을 것입니다. 그런데도 중국인들의 소행이니 어떻게 할 수 없다고 핑계대면서 전혀 체포하지 않고 있으니 매우 경악스럽습니다' 하고 질책하며 좌우 포도대장을 추고하여 치죄하자고 하였다.

당고개·동산·청파 등 처에 복병했던 군관이 와서 고하기를 '말을 탄 달자 10여 명이 각기 궁시를 지니고서 행인의 소지품을 공공연히 겁탈하고, 동작강 가에서는 달자들이 우척을 겁탈하기까지 한다' 하였다.

포도대장 이윤덕이 아뢰기를 "지극히 해괴하고 경악스럽습니다. 이런 자들을 잡을 수는 있지만 사로잡자면 부상자가 필시 많이 발생할 뿐만 아니라 중국과 관계되는 일이므로 사세가 매우 난처하여 잡을 길이 없으니 참으로 안타깝고 걱정스럽습니다. 승문원으로 하여금 경리에게 각별히 이자하여 엄금토록 하는 것이 어떻겠습니까?" 하니,

답하기를 "이런 것을 가지고 경솔하게 이자하기는 어려울 듯하다. 우선은 조심해서 피할 따름이다" 하였다. 이윤덕이 한 말도 정말 답답하고 한심하지만, 선조가 한 말은 이게 한 나라의 임금이 할 말은 아니었다.

11월 10일 유생 채겸길이 상소하여 김신국과 남이공을 배척할 것을 청했다. '그동안 조정이 조용하지 못했던 것은 단지 김신국과 남이공이 서로 어지럽게 만들었기 때문입니다. 신국이 처가를 남몰래 보호하느라 시종 반복한 정상은 온 나라 사람들이 함께 알고 있는 바이고 성감께서도 환하게 알고 계시는 사실입니다. 그리고 이공의 경우는 천지 사이에 용납하기 어려운 악을 지니고 있으니, 그를 입에 담아 시비를 따지는 자체가 이미 너무도 욕되다고 하겠습니다. 그런데 더구나 당당한 조정의 권병이 도리어 이 사람의 손에 농락당하고 있으니, 어찌 매우 부끄럽고 통탄할 일이 아니겠습니까' 하였다.

11월 17일 이원익과 이헌국이 채겸길, 유성룡의 일을 아뢨다.

"신들이 말씀드린 사류는 유성룡 한 사람만을 지적한 것이 아닙니다. 성룡의 행위가 꼭 다 옳다고 할 수도 없고 그 이른바 사류들도 모두 꼭 훌륭하다고 할 수는 없습니다. 그러나 멸사봉공의 자세로 직무를 수행한 것만은 다른 사람에 비해 월등했는데도 횡의가 일제히 일어나 까닭 없이 모두 배척하였으므로 이때부터 조정이 크게 어지러워져 국가의 체통을 세울 수 없게 되었습니다. 그래서 신들이 오늘날의 일을 논하면서 전날의 일까지 언급한 것인데, 당시의 일에 대해서는 성감께서 이미 환히 아

시는 바이거늘 신들이 어찌 감히 두려워하여 발설하지 않겠습니까" 하였다.

선조는 "경들의 뜻이 지극하고도 극진하다만 나 또한 한마디 할 말이 있으니 이에 감히 번거롭게 말해 볼까 한다. 오늘날의 국사는 철류와 같은 형세로 위태롭기가 머리카락으로 당기는 것과 같아 나라 안에서는 생령들이 살아갈 길이 막연한데 담 밖에서는 흉악한 도적이 엿보고 있는 형편이다. 저 야만스런 왜적들이 필시 조만간 들이닥쳐 마치 질풍이 낙엽을 쓸듯 장구해 올 것인데, 모르겠다만 제경들은 어떤 계책으로 막아 낼 것이며 무슨 군대로 지켜 낼 것인가? 개진하려고 하니 기가 먼저 막히고 말을 하려고 하니 저절로 오열이 터져 나온다. 그저 축지라도 해 보고 싶은 심정이다만 장방의 술법이 부족하여 들어갈 구멍도 없으니, 아, 이런데도 차마 말할 수 있겠는가.

…… 예로부터 나라가 보존되지 못하는데 자기 집만 보존된 적은 있지 않았다. 그러니 조정에서 칼날을 겨누는 것보다는 변진에서 군사를 훈련시키는 것이 낫지 않겠는가. 감정을 쌓아 당을 나누는 것보다는 성곽을 수비하고 요새지에 웅거하는 것이 낫지 않겠는가. 칼을 매만지면서 서로 노려보기보다는 창을 베고 변란을 대비하는 것이 낫지 않겠는가. 구차하게 말로만 승부를 다퉈 한때의 패권을 잡으려고 개인적인 계책에 골몰하기보다는 일찌감치 병농의 제도를 계획하여 영세의 수범이 될 큰 법규를 만들기에 급급하는 것이 낫지 않겠는가. ……

내가 전후하여 누누이 말하는 것은 국가를 위하고 종묘사직을 위해서이다. 《서경》에는 대신을 고굉과 주즙이라 하였고, 《사기》에는 주석과 교악으로 비유하였다. 이극은 '나라가 어지러울 때는 어진 정승을 생각한다' 하였고, 두보는 '안위는 대신에게 달려 있다' 하였다. 경들에게 기대하는 바가 무척 크다" 하였다.

말만 좋았을 뿐이다. 유성룡 같은 대신을 삭탈관작까지 하였고 정승을 아주 우습게 갈아 치우면서 기대하는 바가 크다고 하니 누가 믿겠는가. 기대할 수는 전혀 없었다. 그래도 가능한 한 현명한 판단과 강한 마음으로 올바른 길을 지속적으로 실행하고 헤쳐 나가야 할 텐데 그럴 생각도 마음도 없었으니 되는 일이 있을 수가 없었다.

11월 22일 민몽룡이 유영경, 송응순의 체차와 남이공, 김신국의 파직을 청했다.

"근래 일을 만들기 좋아하는 연소배들로 남이공·김신국 같은 자들이 붕당을 지어 권세를 제멋대로 농락함으로써 조정을 조용하지 못하게 하고 국사를 와열시키고 있는데도 사헌부 대사헌 유영경, 집의 송응순, 지평 유희분과 사간 송일 등은 언관의 신분으로서 그 죄를 규탄하여 바로잡는 한마디 말도 한 적이 없습니다. 직무를 수행하지 못한 잘못이 크니 모두 체차를 명하소서.

종부시 정 남이공과 사복시 정 김신국은 낭관으로 있으면서 국권을 잡으려고 부박한 무리와 결탁하고서 남을 무함하고 헐뜯는 흉악한 행동을 제멋대로 행함으로써 조정을 날로 더욱 어지럽게 하였으므로 여정이 통분하게 여기지 않음이 없습니다. 아울러 파직을 명하소서" 하였다. 모두 윤허하였다.

11월 25일 영의정 이원익이 차지로 입계하기를, "대개 조정이 안정되지 못하면 신하의 분의에 있어서는 물러가 엎드려 있는 것이 마땅하나 신의 구구한 우충을 말씀드리지 않을 수 없습니다. 삼가 바라건대 성명께서 한번 등대하여 신이 충정을 고할 기회를 주소서. 그리하여 신의 말이 혹 편당되거나 무망스러우면 부월의 아래에 처형을 하시더라도 달게

받겠습니다" 하니,

답하기를, "나도 정말 만나 보고 싶다. 오늘은 승여가 이미 떠날 차비를 갖추었고 내일은 어느 곳으로 갈지 모르는 상황이니 우선 며칠만 기다리라" 하였다.

그러나 다음 날 이원익을 인견하였다. 이원익이 당파의 문제를 말하고 또 제반 문제를 논의하였다.

"조정에서의 의논이 제·초의 전장을 방불케 하며 서로 엎치락뒤치락하고 있으므로 나랏일이 잘못되어 가고 있는데, 이를 위해서 어떻게 할 수 있겠습니까. 신이 이른바 '지난번 한 떼의 사류'라고 한 것이 어찌 유성룡의 한 패거리를 모두 사류로 생각해서 그런 것이었겠습니까. 다만 그 당시 사람들은 그래도 국사를 염려하였기 때문에 한꺼번에 배척하여 축출하는 것은 또한 조정의 복이 아니라는 생각이 들었는데 신의 어리석은 생각은 진정 이 때문이었습니다. 그 뒤로는 시습이 점점 부박해져서 나랏일에 대해서는 전혀 신경을 쓰지 않고 있으므로 신이 항상 통민하게 여기고 있습니다.

홍여순과 임국로의 경우는 오로지 사당만을 심고 있을 뿐 공론은 생각지도 않고 있습니다. 이에 비해 소북 쪽은 편당의 습속이 있긴 하지만 그래도 유자의 명칭을 붙일 만한 인사가 그 속에 있기도 합니다. 그리고 근래에는 김신국과 남이공을 화두로 삼고 있는데 이것 또한 조정의 욕이라 하겠습니다. 남이공이 전에 전랑으로 있을 때 홍여순을 배척했는데, 이 때문에 홍여순을 구제하려는 사람들이 항상 김신국과 남이공을 수창한 자로 여기고 있으니 진실로 통탄스럽습니다. 여순은 도처에서 탐욕을 부려 사람들에게 미움을 받고 있습니다. 외방 사람들까지도 여순을 등용했다는 말을 듣고는 모두 탄식하기를 나라 일을 알 만하다 하였으니, 여순이 인심을 잃은 지가 오래되었다고 하겠습니다.

임국로는 소신과 육촌 친척이 되는데 부자가 호종하지 않았으므로 식자들은 모두 실절했다고 여겨 무시했습니다. 그런데 지금 또 홍여순의 당에 아부하면서 나라 일은 염두에도 두고 있지 않기에, 전날 차자에서 그 두 사람의 이름을 거론하여 신의 소회를 진달드리려고 했던 것일 뿐입니다. 그런데 근일에 민몽룡이 한번 간장이 되자 사류들을 모두 배척하는 등 그 경색이 이와 같으니 참으로 한심스럽습니다" 하였다.

선조는 "대개 자기들끼리 서로 시비하는 논의를 내가 어떻게 알겠는가. 그리고 탑전에 들어온다고 해서 어찌 소인의 정태가 된단 말인가. 대신은 밖에 있으니 필시 선처할 방도가 있을 것이다" 하였는데

이원익은 "어진 이를 진출시키고 간사한 자를 물리치는 것은 임금의 일입니다. 아무리 대신의 자리에 있다고 하더라도 어떻게 감히 천단하겠습니까" 하였다.

이러한 이원익의 독대에 대하여 가만히 있을 자들이 아니었다.

11월 30일 사헌부가 유성룡, 남이공, 김신국, 이필형 등에게 엄한 벌을 내릴 것을 청하고 이어 그들을 두둔한 이원익에 대해서도 "원익은 자상하고 점잖아 평소 선인으로 일컬어져 왔는데, 이토록까지 혼약하다니 실로 서글픈 일입니다. 한마디 말에 달려 있는데 연명한 차계를 가지고 마침내 혼자 들어갔으니 이것 또한 슬픈 일입니다. 그의 죄가 가볍다고는 하더라도 후에 미치게 될 환란을 배양한 죄는 피하기가 어렵습니다" 하였다.

12월 4일 또 옥당에서 나섰다. "남이공·김신국 등이 심복을 맺고 서로 붕당을 지어 조정의 정사를 농락하고 벼슬길을 어지럽혔으며, 송일·박이서·이필형 등은 김·남의 뜻에 순종하고 사류를 억압하였습니다" 하였다.

이에 선조는 남이공 등은 삭탈관작하여 문외출송하고 송일 등은 삭탈

관작하도록 하라 하였다.

비변사가 부족한 양식 마련을 위해 조도사를 파견할 것을 청했다. 지금은 나라의 저축이 전날보다 백배나 바닥이 났고 소요되는 군량이 또 전날보다 더 많은데, 이런 때에 그저 범연히 공문으로 행이나 하며 각도 감사에게 양식을 조치해 올려 보내라고 재촉한다면 필시 효과를 보지 못할 것이라 하였다.

12월 13일 경상좌병사 곽재우가 전투에 능한 군사의 수가 적은 것을 상세히 말하고 주사를 중시하는 방어의 문제점도 논하였다.

'신이 지난 10월 19일에 부임하여 본영의 입방군 수를 조사해 보니, 출신·군공·육군·잡색을 모두 합쳐 4천1백9명인데 그중 9백76명은 주사에 소속되고, 출신과 군공 도합 1천3백70여 명은 순찰사의 관문에 따라 8월부터 입방을 면제하고 상번하도록 하였고, 보병 4백30명도 역시 입방을 면제하고 작미하였으며, 잡색군 8백20여 명은 지금 곧 뽑아내어 주사에 소속시킬 예정이고, 원방군과 상번 유방군은 모두 4백89명인데 4조로 나누어 서로 교대하되 한 조에 입방하는 수는 1백여 명 또는 90여 명입니다. 본영은 적으로부터 맨 먼저 공격을 받는 지역인데 군사의 수가 이렇게 적으니 방어할 일이 매우 염려스럽습니다.

왜적이 재침할까 조석으로 염려되어 변란에 대비할 일이 하루가 급한데 군병이 초라하고 모자란 것이 이 정도로 극에 달하였으니 방비할 일이 매우 염려스럽습니다. 신의 어리석은 생각으로는 적을 막는 데는 성을 지키는 것이 제일 좋다고 봅니다. 내지의 군대는 모두 주사 격군으로 편입시켜도 오히려 부족하여 급보군 6천여 명을 모을 방도가 없다고 하니, 신의 어리석은 계획을 실천해 볼 방법이 없어 매우 안타깝습니다. 조정에서는 주사만을 중히 여겨서 온 나라의 힘을 주사에 집중시키니, 적군이 쳐들어올 때 주사와 전투를 한 뒤에 육지로 올라온다고 보면 그 계획이 잘 된 것이지마는, 만일 주사를 두려워하여 하루아침에 바람을 타고 몰려와서 갑자기 육지로 상륙한다면, 신은 주사가 손을 써 볼 겨를도 없이 전일과 같이 되지 않을까 두렵습니다' 하였다. 이것도 맞는 말이었다.

12월 17일 제독 이승훈을 접견하였다. 제독은 덕천가강이 대신 섰다는 것을 말하고, 왜적들이 지금 배를 건조하고 있다고 하니 방비할 일을 충분히 조치해야 한다고 하였다. 도움이 되지 않는 부정확한 말이었다.

12월 24일 정원이 북벌에 관한 함경도사 강홍립의 계획을 아뢰니 비변사에 알려 조치하라 하였다.

며칠 뒤 비변사가 아뢰기를, "북도의 거사에 눈이 녹고 길이 마른 때를 택하자면 3월 보름께로 시기를 잡는 것이 마땅합니다. 무사와 포수 및 무기 등을 선전관이 돌아오기를 기다려 보내려고 하면 제때에 미치지 못할까 염려됩니다. 황해·강원·경기의 무사 도합 5백 명과 경포수 1백 명, 황해도 포수 1백 명, 평안도 포수 6백 명을 병조와 훈련도감 및 각도 감사로 하여금 미리 정선하여 행장을 꾸리게 하였다가 제때에 보내도록 하고, 화약·화포·궁전도 군기시로 하여금 수효를 헤아려 보내도록 하소서. 그리고 이러한 뜻을 비밀히 각도와 함경도의 감사와 병사에게 하서하는 것이 어떠하겠습니까?" 하니, 전교하기를, "윤허한다. 충분히 잘 살펴 정선하라" 하였다.

영상 이원익의 4차 정사에 대하여, 전교하였다. "네 번 모두 사직소를 보았다. 대관이 한 말은 그냥 담론하는 도중에 우연히 한 말이고 경을 논박하려는 의도가 아니었는데 혐의할 것이 뭐가 있겠는가. 지금 국사의 위태함이 하루가 다르게 심해져 가는데, 두 대신이 한꺼번에 정사하게 되면 사체에 온당하지 못할 뿐만이 아니다. 중국에서 듣는다면 무어라고 하겠는가. 나 같이 어둡고 모자란 사람은 경이 있어야만 정사를 하니, 경은 이 점을 깊이 생각하고 억지로라도 출사하도록 하라" 하였다.

대신들에게 힘을 실어 주지는 않고 자리만 지키라고 하니 빈말에 불과하였다. 실제로 이원익이 독대하여 충심으로 아뢴 말들은 하나도 들어주지 않았다.

12월 27일 임국로를 형조판서로, 정인홍을 형조참의로, 홍여순을 우참찬으로 하였다. 더군다나 이제 정인홍까지 가세하였다.

12월 30일 각처의 둔전이 처음에는 별로 큰 이익이 없을 것 같았는데 이번 세초에서 그 소출 수량을 뽑아 보니, 쌀과 콩이 모두 합하여 1만 26석이고 피잡곡이 모두 4천7백72석이나 되었다. 군량에 보탬이 적지 않았다. 이에 비변사가 아뢰기를 "명년에는 부득이 중외의 여러 곳에 더 큰 규모를 마련하여 시행함으로써 나라 살림의 자원이 되게 하는 것이 유익할 것 같습니다" 하였다. 그리고 낭청 한명의 증원을 요청하였다.

이달에,

경상우수사 유형은 나이가 어려 경험이 부족하고 괴팍하고 군졸을 침탈한다 하며 파직을 청했다. 우선 추고만 하라 하였다. 경기방어사 권준이 임진년에 공을 세운 권응원 등에게 상을 내릴 것을 청했다.

사헌부가 아뢰기를, "황해도사 허균은 경창을 데리고 와서 살면서 따로 관아를 자기 집에 설치하였고, 또 중방이라는 무뢰배를 거느리고 왔는데 그가 첩과 함께 서로 안팎이 되어 거침없이 행동하면서 함부로 청탁을 하므로 많은 폐단을 끼치고 있습니다. 온 도내가 비웃고 경멸하니 파직시키소서" 하였다.

　일본에 잡혀갔다가 탈출하여 표류했다가 중국 남쪽을 경유해 살아 돌아온 사람이 있었다. 전 별제 노인인데, 서계를 올렸다. "신이 지난 3월에 복건성에 건너갔는데 군문 이하 각 아문의 장관들이 모두 말하기를 '조선과는 한갓 속국으로서의 관계만이 아니다. 기자를 왕으로 봉한 뒤로 수천여 년 동안 문헌이 끊이지 않았다' 하고, 예의로 극진히 대접하였으며, 호송할 때에는 군문이 노자로 15냥을 주었고, 포정·안찰도 5, 6냥씩을 주어서 함께 왔던 기효순 등이 모두 춥고 배고픔을 면하고 살아 돌아왔습니다" 하였다. 그리고 일본의 지도를 올렸다.

　전쟁은 끝났지만 백성들의 억울함과 고단함은 가중되었다.
　속오군의 억울한 피해가 극심하였다. 병란 이후 공천이나 사천 및 잡류를 따지지 않고 일반 백성을 속오군으로 편성했었다. 그 의도는 무예를 훈련하여 돌발 사태에 대비하고자 한 것이었다. 그런데 지금은 속오군의 역이 정군보다 배나 되었다. 그리고 본관에 조금이라도 백성들을 부역시킬 일이 있으면 속오군을 데려다가 부리므로 부역에 시달려 조금도 쉴 수가 없었다. 심지어 상번할 때에는 여러 장수들의 아문에 방자로 나누어 배정하기까지 하는데, 혹독한 채찍을 맞고 침해를 받는 고통은 이루 말할 수 없었다.

　사간원이 아뢰기를 '그 역의 고통이 이와 같이 감내하기 어렵다면 백성들이 어떻게 원망하면서 달아나 흩어지지 않겠습니까. 당초 병사를 훈련하려던 의도와는 크게 어긋나고 한갓 백성을 병들게 하는 해만 있을 뿐이니, 서둘러 변통하여 괴로움을 풀어 주지 않을 수 없습니다. 비변사로 하여금 상의해 선처하여 이들만 고통을 받는 근심이 없게 하소서' 하였다.

역적에 연좌된 사람 가운데 종군했거나 공을 세운 사람으로 문권을 가지고 와서 호소한 자가 10여 인이나 되었다. 이에 비변사가 아뢰기를 "연좌율은 매우 엄하여 허위로 요행히 면하게 해서는 안 되니, 사살한 경우에도 면죄해 주는 한 조목은 쓰지 않는 것이 마땅하겠습니다" 하였다. 그러나 국가가 한 약속을 어겨서 백성을 속인 것이 되었다.

공명고신을 마음대로 사용한 자들을 처벌하라 하였다.

사관은 '관작을 팔고 옥사를 파는 일은 대부분 혼란한 시대에 나타나는 것인데, 이는 대개 재물이 부족하고 힘이 고갈되어 어쩔 수 없어서 이러한 일을 하는 것이다. 관작이란 인군의 큰 권병이니, 비록 실직이 아닌 헛된 직함과 부서라고 하더라도 이미 왕작이라면 신하가 사사로이 할 수 없는 것이다. 국가가 임진년 변란 때부터 기강이 해이해져 구차스런 일을 많이 시행하여 공명고신을 가지고 백성들에게 재물을 거두어들였다. 이리하여 체찰사 이하 승도 총섭에 이르기까지 각자 공명고신을 지니고 가호를 헤아려 주기도 하고 사람을 호적에 올려서 분급하기도 하여 비록 짐승을 기르는 하천이라도 관작을 얻지 않은 자가 없었으니 명기의 문란함이 이에 이르러 극도에 달하였다. 심한 경우는 혹 자기 친척에게 사사로이 주기도 하고 혹 자기가 좋아하는 자에게 주기도 하여 인군의 중대한 권병을 자기의 개인적인 물건으로 여겼다. 이에 권한은 아랫사람에게 이전되고 세력은 윗사람에게서 탈취되었으니, 어떻게 국가를 다스릴 수 있겠는가. 양사형은 종사관으로서 받은 공명첩이 3백여 장에 이르렀는데 병화를 핑계로 모두 제 마음대로 나누어 주었는데도 감사는 보고조차 하지 않았고 호조는 이를 살피지도 않았으니, 이는 국가의 관작을 흙덩이처럼 여긴 것이다. 이러고도 나라가 망하지 않는다는 것은 있을 수 없다' 하고 논하였다.

군사를 대립하는 폐단도 날이 갈수록 더욱 심해지고 있었다.

각처의 수직과 여러 역군은 고되고 수월한 것을 돌아가면서 균일하게 정해야 했다. 그러나 군역을 나눌 때에 병조에서는 대부분 청탁에 따라 하였다. 또한 급하게 하면서 하리가 하나라도 따르지 않으면 마구 매질을 하고 가두기까지 하였다. 위장소에서는 해조의 명령을 따르기에 급급하고 또 권세가의 협박을 두려워하여 청탁하는 자의 높고 낮음을 헤아려 분정하였다. 게다가 하리들 또한 속임수를 써서 작폐하고 마음대로 조종하였다. 대립하는 집에서는 편한 곳으로 가고자 하여 어린 아동을 대립시키기도 하고, 아예 부탁하여 복무에 빠지기도 하였다. 대궐문을 수직하는 군사 중에도 혼미하고 용렬한 자와 어린아이가 있었다. 대궐도 이와 같았으니 그 밖의 곳은 알 만하였다. 그 가운데 만약 자신이 직접 복무하는 군사가 있으면 오래도록 고달픈 곳에다 정하고 온갖 방법으로 침해하여 감당할 수 없게 만들었다. 이 때문에 자신이 직접 복무하려던 사람도 역가를 바칠 수밖에 없고, 값을 갑절로 징수하더라도 거절할 수가 없었다. 이런 과정 사이의 힘들고 고통스러운 상황은 말로 형언하기 어려웠다.

'군사를 대립시키면, 율에 의거해 과죄하여 일체 금단하도록 하고, 고되고 수월함을 따져서 평상시의 예에 의거하여 3일씩 분정 하는 일을 승전을 받들어 시행하도록 하고, 병조와 위장소의 해당 관리를 모두 법사로 하여금 각별히 단속하도록 하자'는 논의가 있었다. 그러나 제대로 시행되지 않았다.

감영과 병영의 영속은 본래 정해진 숫자가 있는데, 본 숫자 외에 모속한 사람이 많아 여러 고을에서 조금이라도 재산을 가진 자면 서로 다투어 소속되어 군역을 도피하는 장소로 삼았다. 그래서 건실한 장정이 군적에서 누락되는 자가 많았다. 이것은 예로부터 있어 온 폐단인데 난리 후로는 더욱 심했다.

비변사가, 쓸 만한 많은 무리를 한가한 곳에 방치하는 것은 극히 부당하다 하며, 정해진 숫자 외의 영속을 일체 색출해 내어 군액의 부족한 수를 채우도록 하자고 하였다.

또 군사가 입방하는 법이 점차 해이해져서 공공연히 번을 기피하면서 으레 가포를 바치며 당연히 바칠 것을 바치는 것처럼 여겼다. 주장도 이상하게 여기지 않고 군사 역시 평범한 일로 여겼다. 이렇게 모두 집에 편히 앉아 납포만을 일삼으며 입방은 생각하지 않으니 군대다운 군대가 될 수가 없었다.

근래 봉사하는 관리들이 빈번히 왕래하는데 비단 일 처리에 무익할 뿐만 아니라 백성들에게 폐해를 끼침도 많았다. 주전의 폐단도 이루 말할 수가 없었다. 접반사의 종사관이라는 직은 더욱이 할 일이 없는데도 계청하여 꼭 대동해 가려고 하였다. 마치 남들에게 구경시키려는 것처럼 하는데, 시종과 낭관의 반열이 비어 있어서 일하기가 극히 힘들었다. 그런데도 각 아문의 차관들이 그다지 중요하지 않은 일로 외방에 흩어져 나가고 또 공무를 빙자하며 피해를 끼치는 일까지 허다하였다. 그래서 사간원이 접반 종사관을 대동하여 가는 것을 일체 허락하지 말고 각 아문의 차관 역시 모두 파면시켜 돌아오게 하자 하였다.

국가가 회복되지 못해 백관이 요미를 받지 못하므로 요직에 있는 자들은 모두 외직에 보임되는 것을 급선무로 삼았다. 그리하여 크고 실한 고을은 서로 차지하려고 팔을 걷어붙였다. 또한 이부의 관리는 그 능력 여부는 살피지 않고 오직 사사로운 청탁만을 따랐으므로 대부분 세도가의 자식들이 추천되었다.

선조가 '근래 전조를 보건대 전연 사람을 가리지 않고 용잡한 자로 구차히 보충함으로써 늘 대간의 번다한 논박을 입는가 하면, 혹은 아침에 제수하였다가 저녁에 체직시키기도 하고 부임하자 마자 파직시키기도 하여 국가의 군현을 일장의 역려로 만들고 있다. 민생의 곤궁이 이로 인해 더욱 극심해지니, 진실로 이 폐습을 통렬히 혁파하지 않으면 백성들은 혜택을 입을 날이 없고 나아가서 나라를 다스릴 수 없게 될 것이다. 만약 부당한 줄 알면서 제수한다면 이는 사정을 따르는 것이고 모르고서 제수한다면 이는 혼암한 것이니, 그런 전형을 무엇에 쓰겠는가' 하였다. 그리고 이조 당상과 낭청을 추고하고 엄히 치죄하라 하였다.

사관은 '궁한 백성들의 고혈이 모두 부귀한 집의 소유가 되고 어두운 밤 황금이 당로자의 문에 끊이지 않았다. 이는 다른 이유가 아니라 실로 전조에 있는 자가 선발을 공평히 하지 못하여 옳은 사람을 쓰지 않고 오직 재물만을 취하였기 때문이다. 그러므로 정석이 걷히기도 전에 대간의 비평이 늘 미치게 된 것이니, 아무리 엄한 견책을 받더라도 누구를 탓하겠는가' 하고 논하였다.

중국 군사 때문에 부마를 지공하고 운량·수미 등의 일을 하는 것이 이미 감당하지 못할 정도였다. 그런데 수령들은 그것을 핑계로 백성들의 재물을 긁어 들여 자신의 이익만 차리는 자가 많았다. 백성들의 곤궁함은 극도에 달했다.

조정에서는 수령들이 백성을 보호하거나 학대한 것을 파악하여 포상하거나 처벌하는 일을 하지 않았다. 대간이 탄핵하는 것도 으레 풍문에 의존하여 사실이 아닌 경우가 많아, 후임자가 전임자만 못하고 자주 바뀜으로 인해 소요스럽고 폐단만 날이 갈수록 불어났다.

비변사가 "각도의 감사에게 하서하여 수령 중에 탐욕을 심하게 부리는 자를 적발하여 계문하게 하고, 또 백성들에게 폐단이 되는 것 중에서 없애야 할 것을 조목별로 나열하여 계품해서 바로잡고 혁파하도록 하소서. 그리고 상께서도 불시에 어사를 자주 파견하여 각처를 암행하면서 백성에게 이익이 되고 병폐가 되는 것과 수령들이 백성을 사랑하고 학대하는 실상을 알아 상벌을 행하게 하여 권면과 징계를 엄격하게 한다면 틀림없이 보탬이 있을 것입니다" 하였다.

그러나 어사를 파견해도 소용이 없었다. 그 어사가 또 작폐를 부렸다.

윤홍을 호서의 어사로 보냈는데 여러 고을을 침해하고 불의한 짓을 많이 저질렀다. 보령 현감 이충일이 윤홍을 잘 대우하지 않자, 윤홍은 이충일이 관아의 곡식을 훔쳤다고 무고하여 금부에 갇히게 하였다. 그러나 반년 만에 결국 사실이 아님이 판명되었다. 이에 선조가 노하여 윤홍을 파직하고 하옥시켰다.

서북 지방의 인물을 옮겨 오지 못하게 하는 것은 국법이 매우 엄격하였다. 그런데 난리 뒤로는 기강이 해이해져 변장이나 수령 및 공사로 인하여 왕래하는 자가 관물과 토착인을 공공연하게 데리고 와서 강제로 노비로 삼는 자가 많았다.

왕자들의 횡포로 인한 폐해가 심해지고 있었다.

순화군이 강가에 나가 살면서 이웃 사람을 타살하였다. 그러나 위세에 눌려 연고자가 감히 소장을 내지 못했다. 조정에서 그 사실을 알고 유사로 하여금 시급히 그 실상을 알아내어 율에 따라 정죄하게 하자 하였다. 그리고 당부의 관원 또한 여러 날 동안 덮어 두고 끝내 보고하지 않았다 하여 파직을 청했다. 문제의 왕자인데 왕자보다는 죄 없는 관리만 혼나게 되었다.

사헌부가 궁가에 의한 방납의 폐단 및 금지를 아뢨다. 여러 왕자들이 관련되므로 사실 어렵게 꺼낸 말이다.

"여러 도감에 바치는 물선은 각 고을에서 비록 본색으로 바치려고 해도 여러 궁가에서 방납하는 것을 이롭게 여겨 각 고을에다 협박을 가하여 손을 쓸 수 없도록 합니다. 그리고는 그들의 사물로 미리 바치고 강제로 높은 값을 정하는데 거위나 오리 한 마리의 값이 소나 말 한 마리 값이며 조금만 시일을 지체하면 갑절로 징수합니다" "여러 궁가 중에 임해군이 도감에 방납하였습니다" 하였다.

이에 대한 선조의 답은, "이 일을 비록 그 곡직을 상세하게 알지는 못하나 어찌 위협하여 억지로 요구하기까지야 하였겠는가. 그 사세를 생각해 보면 저들이 스스로 편리한 대로 요구한 것에 불과한 것인 듯하다. 앞서 들으니 식견이 있는 인사조차 대립하는 등의 일을 하였다고 하니 이것은 논할 필요가 없을 듯하다. 대체로 논하려면 당연히 솔직하게 거론해야 한다. 그런데 계사 가운데 '제' 자 한 글자를 궁가 앞에 써넣어 어느 곳을 가리키는지 분명하게 지적하지 않아 보는 사람으로 하여금 어느 곳인지 알 수 없게 하였다. 고의로 여러 궁가로 하여금 모두 그런 명목을 뒤집어쓰게 하여 각자가 황공해하고 민망하게 했으니, 그 마음가짐이 간사한 데 가깝지 않겠는가. 대간의 체모가 이와 같지 않은 듯하니 아마도 조정의 부끄러움이 될 듯싶다" 하였다. 보고한 것에 대하여 선조가 거꾸로 나무라는 말을 하였으므로 사헌부 모두가 사직을 청했다.

모든 궁가가 이런 짓을 하고 있었다. 일반 세도가가 하는 것도 심하다고 하였는데 선조의 자식들은 해도 너무했다. 이런 폐단을 바로잡고 엄금시켜야 할 임금이 오히려 자식은 두둔하고 사헌부를 나무라고 있다. 선조 말기의 난정이 시작되고 있었다.

왜적이 물러간 지 1년이 지났다. 그러나 무너진 나라는 일어설 수가 없었다. 백성들은 더욱 도탄에 빠졌고 부정부패는 극심해졌다. 이서배들과 수령들은 백성들을 수탈하는 데 혈안이 되어 있었다. 백성들을 착취해서 먹고사는 그들이기에 살기 위해 발악을 하는 것이기도 하였다. 녹봉을 제대로 받지 못하는 조정 관리들은 실질적인 벌이가 되는 지방 수령으로 나가기를 원했다. 따라서 매관매직이 성했고 그에 따르는 피해는 오로지 백성들의 몫이 되었다. 선조의 방임 속에 선조 자식들의 횡포와 난행도 심해지고 있었다.

돌아가는 명나라 군사들의 횡포도 극심하여 연도의 백성들은 죽지 못해 사는 형편이었다. 남아있는 명군의 횡포도 심했다. 그들의 요구는 끝이 없었다. 그러나 한편으로는 보급품 조달의 어려움으로 명나라 군사들도 고생이 심했다.

이런 상황 속에서 조정의 신하들은 오직 당파 싸움만 일삼았다. 게다가 선조는 말로만 대신들을 찾았지 실제로는 전혀 힘을 실어 주지 않았다. 충의의 삼정승 이원익, 이항복, 이덕형은 선조에 대한 실망과 함께 유성룡을 파면시킨 조치에 대항하여 계속 사직을 요청하고 있었다.

이렇게 국가를 회복시킬 대책은 생각지도 못하고 난파선 같은 총체적인 난국 속에 또 한 해가 저물었다. 어떻게 헤쳐 나갈 것인가?

02
아직도 국가회복은 요원하다 :
선조 33년 (1600 경자년)

‖ 파당은 여전하고, ‖
‖ 대마도 왜적은 강화 요구를 하다 ‖

1월 3일 사헌부는 주 업무인 파직시키는 것에 계속 충실하였다.

"동지중추부사 유영경이 남이공·김신국 등과 모든 모의에 대해 주장하지 않은 것이 없었던 정상은 사람들이 다 알고 있는 것이어서 숨기기 어려운 일입니다. 그런데 지난번 피혐하는 말에는 모르는 것처럼 하여 자신은 빠져나갈 여지를 만들었으니, 그가 말을 꾸며 임금을 속인 죄가 큽니다. 파직시키소서."

1월 16일 좌의정 이항복이 병으로 이행하지 못했던 체찰사의 직임을 시행하게 되었음을 아뢨다. 체찰사로서의 향후 일정과 주 업무도 아뢨다. 선조가 있는 조정에는 있기가 싫으니 남쪽 순방이나 하고자 한 것이다. 집에 있던 박명현, 안위, 김응서를 별장으로 하였다. 부사는 이번에 탄핵을 당한 유영경이었다.

중국 장수들의 턱없는 요구는 끝이 없었다. 이제는 제독까지 가세했다. **1월 17일** 제독 이승훈이 표문을 내어놓으면서 '즉시 말미에 기록된 물건을 준비하여 진으로 보내어 쓸 수 있게 하되 어김이 없게 하라. 다만 모름지기 정미로와야 하는데 다음 날까지 모든 물품 값을 상환하겠다' 하였다. 말미에 기록한 것을 보니, 피투 소도 2백 파, 대백 첩선 50파, 중백 첩선 2백 파, 백석 등잔 4개, 황석 등잔 4개였다.

이에 대해 제독의 접반사가 아뢨다. "제독이 처음 나왔을 때에는 사람들이 모두 검약하다고 일컬었었는데, 처음부터 끝까지 그대로 잘해 나가기는 어려운 법으로 중국인의 성품이 그러합니다. 지금은 다른 아문보다 더욱 극심하여 날마다 조처하기 어려운 일들이 이루 말할 수가 없이 많습니다. 지금 표문이 또 이러하여서 통관을 시켜 직접 들어가 무릎 꿇고 고하여 국가의 저축이 탕갈되었고 저자의 물품이 핍절되었다는 등의 말을 하였으나 물방울로 돌을 뚫는 격이었습니다. 단지 미소만 지으면서 '많은 말을 할 필요가 없다. 그 대가를 지불할 것이다'라고만 할 뿐 끝내 요청을 들어주지 않으니 조처할 바를 모르겠습니다. 감히 아룁니다" 하였다. 선조는 요구를 들어주라 하였다.

그러나 경성 외의 다른 지역에 주둔한 중국군들은 식량 등의 부족으로 고생을 하고 있었다.

대마도 왜적은 강화 사신을 요구하기 위해 여러 가지로 포석을 하고 있었다.

송환된 사람들이 강화를 말하는데, 평조신이, 4~5월 이전에 다시 회답이 없으면 곡식이 익는 7~8월 사이에 대병을 출동시켜 불의에 습격하게 될 것이다. 그렇게 되면 그대들은 족류가 하나도 살아남지 못하게 될 것이라고 하였다. 또 질관으로 간 중국인들이 돌아오지 못하고 구류되어 있다 하면서, 관백이 죽은 뒤에 섭정자 이하 제추들이 모여서 의논하기를 '비록 백년이 지난다 하더라도 강화라는 두 글자를 보고 들은 뒤에야 피차가 태평하게 될 것이다'고 하였다. 평승지·평조신 등이 극력 강화론을 주장하면서 사신이 바다 건너오기를 기갈 들린 사람이 장을 생각하듯 하는데, 그저 조선국 사신 1원으로 하여금 칙서 한 통을 가지고 오게 한다면 우선 천조의 질관을 돌려보낼 것은 물론이고 그 뒤로 불쌍한 우리 조선의 많은 백성들도 잇따라 쇄환될 것이라 하였다.

1월 21일 이산해를 영의정으로 임국로를 이조판서로 하였다. 홍여순도 바로 병조판서로 하였다. 임금이 인사를 마음대로 하는 것은 어쩔 수 없으나 제대로 된 인사가 아니었다. 선조는 이미 명석함을 잃었다.

사관은 '따져 보면, 붕당의 환난은 그 유래가 오래된 것이지만, 사를 위해 서로 다투는 습속이 이때보다 더한 경우는 없었다. 이원익이 경연에서 한 말에는 비록 유성룡을 위한 점이 있기는 하였으나, 홍여순과 임국로에 대해 논한 말은 실로 나라 전체의 공론이었다. 다만 상의 뜻이 성룡을 좋아하지 않았기 때문에, 원익의 말이 끝내 받아들여지지 않았던 것이다. 겨우 한 달이 지나자 흉악하고 방자한 무리들이 다시 그 뜻을 드러냈는데, 산해는 원임 대신으로서 병을 핑계하여 소대하는 날에 들어가지 않음으로써 군부로 하여금 자기의 뜻이 여순과 같음을 알지 못하도록 하고서 뻔뻔스레 다시 재상의 자리를 차지하였으나, 사람들은 그의 폐간을 꿰뚫어본 듯 훤히 아니, 속일 수가 있겠는가' 하였다.

또 사관은 '해는 태양인데 양이가 있고 햇무리가 진 것은 음기인 것이다. 이때 간흉이 국정을 담당하고 있어 음흉스럽고 사악한 무리가 요로를 두루 차지하고 있으면서 위로 성명에 누를 끼치고 있었으니, 하늘의 응보가 어찌 우연한 일이겠는가?' 하고 논하였다. 총체적인 난국을 의미하였다.

1월 23일 박충간이 차자를 올려, 골북, 육북, 피북을 말하였다. 대북에서 갈라진 당파들인데 골북은 홍여순이, 육북은 이산해가 영수이고, 피북은 중북을 가리킨 말인 듯한데 유몽인이 주축이었다.

"대체로 동서 붕당의 일은 당초 사림이 심의겸을 가리켜 '외척이기는 해도 의논이 공평하고 좋아하는 사람이 모두 사류였다' 하였는데, 김효원 등이 '외척이 뜻을 얻었다' 하면서 서로 배척하였습니다. 유성룡은 '동서에 특별한 사정이 없으니 현로에 통용해야 한다' 하였으나, 그 가운데 궤론하는 자가 이를 배척하였기 때문에 남인, 북인으로 나뉘었습니다. 성룡이 패퇴하자 신진 남이공의 무리가 붕류를 불러들여 자신과 의견을 달리하는 자는 축출하고 동조하는 자는 끌어들여 어지러이 박격하였으므로 조정이 안정되지 못하였는데 누구도 감히 어쩌지 못하였습니다. 대북, 소북의 설이 일어났는데, 이것이 다시 골북·육북·피북으로 나뉘어 듣는 사람들을 경악하게 하였습니다" 하였다. 못된 박충간이 선조의 비위를 맞추고자 한 말이지만 그래도 진실을 말한 것이었다.

1월 25일 이산해가 사직을 청했다. 사직이 의례적인 것이긴 해도 이산해의 수법은 항상 다 죽어가는 듯한 말을 하는 것이었다.

선조가 "원보의 직임은 경이 합당하다. 의정부에 좌상만 있으니 경은 속히 출사하라" 하였다.

1월 29일 이항복과 이산해를 인견하여 국사의 전반적인 문제를 논의하였다.

이항복은 "군함이 다소 있기는 하지만 대패한 뒤여서 모양을 갖추지 못하고 있는 실정입니다. 가장 안타까운 것은 인심이 임진년 때만 못한 것인데, 갈수록 더욱 심해지고 있습니다." "남방뿐 아니라 온 나라가 이미 고갈된 상태입니다. 적이 육지에 상륙하면 방어하기가 해중에서보다 더 어렵습니다. 아군은 말을 타야 싸울 수 있고 보병으로는 작전을 할 수 없습니다. 그러나 이 말을 판출할 국력이 없습니다. 목장의 말들은 모두 줄어들어 한 목장에 50~60필이 있는 곳도 없습니다" 하였다.

이산해는 "소신은 미열하니 무슨 할 말이 있겠습니까. 소신은 눈이 흐려 한쪽 눈은 소경과 같습니다. 조금만 움직여도 담이 위로 치솟아 병세가 가볍지 않습니다. 항복이 내려가고 소신 혼자 있게 되면 없는 것이나 마찬가지입니다. 항복이 있을 적에 복상하여 들이도록 하소서" "훈련도감은 폐치해야 합니다" 하였다. 훈련도감을 대대적으로 활성화해도 부족한 판에 이렇게 말하고 있었다.

훈련도감의 포, 살수에게 보인을 지급하라는 비망기를 내렸다.

"도감에게 일러서 졸정을 넉넉히 지급함으로써 기꺼이 부역하게 하는 길을 열어주도록 하라" 하였다.

이때 주사가 서울의 포수를 요청하였다. 훈련도감이 아뢰기를, "도감의 포수는 북도로 부방한 자 이외에 현존자가 많지 않습니다. 지금 춘신을 당하여 바로 급박한 때이므로 본도의 계청을 따르지 않을 수 없지만, 서울에서 호위하면서 변란에 대응하게 하는 일도 염려하지 않을 수 없습니다. 서울의 포수 30명이 3월부터 8월까지 3개월씩 서로 교체해 가며 본도의 포수와 협력해서 방수하게 하는 것이 어떻겠습니까?" 하니, 윤허한다고 전교하였다.

사관은 '군대는 나라를 보위하는 바탕이다. 그런데 서울에 있는 수백 명의 오합지졸로 북쪽도 방어하고 남쪽도 방어하게 하면서 이를 믿고 든든하게 여기고 있으니, 나라가 나라답지 못하다고 해도 되겠다' 하고 논하였다. 실로 한심한 일이었다.

선조가 군사를 부산, 거제에만 집결시키는 것에 따르는 문제점에 대하여 비망기를 내렸다.

"곧장 호남을 공격, 아군의 후면으로 돌아 나올 수도 있다. 그런 뒤 군대를 나누어 변방 해안의 길을 장악하여 아군을 묶어 둔 다음 험요지에 웅거하여 해남·진도 등 처에 전과 같이 보루를 축조한다면 아군은 적에게 통제당하여 마음대로 싸울 수가 없게 된다. 따라서 호남·호서에서 해서·관서 일대의 연안에 이르기까지 못 가는 곳이 없게 될 것이고, 수로나 육로로 마음대로 횡행하더라도 누가 막을 수 있겠는가" 하였다.

군사도 없고 식량도 없고 배도 없다. 어떻게 모든 곳을 완벽하게 지킬 수가 있겠는가. 중심을 잡고 차근차근 준비해야 할 터인데 근심 걱정부터 하고 조급하게 서두르니 될 일조차도 될 수가 없었다. 이에 대하여 이항복이 자신의 의견을 차자로 올렸다.

"양남은 물력이 너무도 단약하여 두 도의 병력을 합쳐 일면만을 지키게 하여도 오히려 진을 이루지 못할 형편인데 여러 진영으로 나누어 주둔시키면 형세가 멀고도 외로워서 수미가 서로 돌볼 수 없게 되니, 옛말에 이른바 '7백 리에 연이어 친 진영으로는 적을 막기가 어렵다'는 것이 바로 이 때문이었습니다. 육군의 경우는 더더욱 두서가 없으니 이는 근일 이미 기진맥진한 기운을 뿜어내어 수군에만 전력하고 육군은 돌볼 겨를이 없었기 때문에 형세가 이렇게 된 것입니다. 이것이 신이 주야로 걱정하면서도 계책을 세울 방법을 모르는 이유인 것입니다."

비변사가 북도의 거사를 위해 군대를 동원하는 데 따른 문제점을 아뢨다.

그러자 선조가 "포수들도 아울러 들여보내지 않아야 한다는 의견인가? 이들을 들여보내지 않으면 거사할 수 없을 것인데, 그렇다면 금년 봄에는 하고 싶지 않다는 뜻인가?" 하였다.

지중추부사 이일이 오랑캐에 대한 대책과 의병의 포상, 진관법 등에 관해 아뢨다. "진관법을 이미 신명시킨 이상 수령들로 하여금 경내의 사람을 초출하게 하되 정군·공천·사천·향리·역리를 막론하고 나이 17세 이상 40세 이하는 모두 조발케 해야 합니다. 그리고 문관·무관·음관을 막론하고 경내에 감당할 만한 사람이 있으면 가려내어 부를 나눠 장수로 정해야 합니다. 그리하여 긴급한 일이 발생할 때 수령이 통솔하고 달려가게 한다면 분궤되는 걱정을 막을 수 있게 될 것입니다. 그런데 무관심하게 시행하지 않은 채 치지도외하고 있으니, 한심스럽기 그지없습니다" 하였다.

전라병사겸 장흥도호부사 이광악이 병영의 한심한 실태를 아뢨다.

'병영의 원래 입방하는 군졸이 평시에는 기병과 보병을 합쳐 한번 입번하는 숫자가 3백50명인데 난리를 겪은 뒤로는 이들 군사가 겨우 삼분의 일 정도밖에 남아 있지 않은 실정입니다. 내지의 경우에는 살략당한 것이 더욱 극심했습니다. 오늘날 병영을 부지하고 있는 것은 오로지 나주 등 6개 고을의 군사에 의한 것입니다. 그런데 이번에 주사를 중히 여기고 육군을 가볍게 여겨 주사의 격군을 마련할 적에 병영으로 들어올 여섯 고을 군사를 거의 다 속오에 편입시켰습니다. 신은 속수무책일 뿐 아니라 또한 군진에 임하여 시양졸도 없는 형편이어서 명색은 주장이지만 일개 별장과 다를 것이 없습니다. 만일 긴급한 사태가 발생하면 어떻게 주장 행세를 할는지 매우 안타깝고 우려스럽습니다' 하였다.

각처의 포작한들이 격군으로 동원된다는 영을 듣고는 온갖 계책을 다하여 이를 피하려 하였다. 그리하여 처자를 배에다 싣고 먼 해도로 들어가는 자가 열이면 8~9명이나 되었다. 전라순찰사 한효순이 이에 대한 대책을 아뢨다.

비변사로 하여금 해로 통행첩 2천여 장을 인출하게 하여. 이를 부번한 포작한이 있는 곳에 가지고 가서 이름을 점검하여 첩을 지급토록 한 다음, 그 나머지 문첩이 없는 사람은 일체 바다를 통행하거나 어채하지 못하게 해야 한다 하였다.

2월 3일 비변사가 아뢨다. "경성을 수위하는 것은 평시에도 조금도 완만히 해서는 안 되는 것인데, 근래에는 너무도 허술합니다. 지금 향곡에 물러가 있는 무사와 군관을 가칭하며 중간에서 한가하게 놀고 있는 자들을 예로서 오도록 한다면 와서 현신할 리가 없습니다. 오라고 했는데도 현신하지 않는 자는 모두 방어가 긴급한 남도에 충군토록 한다면 이탈하고 누락된 자들이 자연히 다 모이게 될 것입니다."

2월 14일 도사 오종도를 방문하여 중국군 철수 이후의 문제를 담론하였다. 오종도는 도성의 수축과 양향의 저축 등에 대한 일을 볼 수가 없다고 하였다. 또 지금은 잔폐되어 모양을 이루지 못하는 것이 날이면 날마다 더해 가고 있으니 수선하고 보완하여 조처하지 않으면 진기할 수 없을까 염려스럽다고 하였다.

사관은 '국가가 잔파된 뒤를 당하여 와신상담의 자세로 날마다 회복시킬 방책을 강구해야 마땅할 텐데 군신 상하가 평시와 다름없이 그럭저럭 고식책에 젖어 있음으로써 2백 년 종묘사직을 날로 위망의 상태로 몰아넣어 마침내 스스로 진기할 수 없게 만들었으니, 종도의 말에 대해 부끄러움이 없을 수 있겠는가. 이런 말을 듣고도 각성할 줄 몰랐으니 더더욱 통탄할 일이다' 하고 논하였다.

2월 16일 사간원이 또 경상우수사 유형을 패망스럽고 탐학하다 하며 파직을 청했다. 이에 대해 체찰사 겸 도원수 이항복이 자신의 입장을 밝혔다. 탐오스런 일은 들은 바 없다고 하였다.

"신이 곤외로 나와서 아직 전소에 도착하지는 못했습니다만 유형이 시행 조처한 일은 조정에 있을 때와 다름이 없습니다. 대저 유형의 위인이 새로 중임을 제수받고서 의기가 한창 날카로와 한결같이 자기가 담당하여 진력하는 것으로 위주하고 있기 때문에 사세의 경중을 헤아리지 않고서 일만 보면 소매 바람을 일으킵니다. 이것이 그가 인심을 잃게 된 대략입니다. 그러나 탐오스런 일에 대해서는 신은 들은 바가 없습니다. 신이 출발한 뒤로 명심하여 보고 들었는데, 어떤 사람은 '지금은 전같이 심하지는 않다'고도 하나 진실인지는 모르겠습니다. 춘신이 이미 박두하여 조석으로 변에 대응해야 하는데 한 번 장수를 바꾸게 되면 군정이 풀어지게 될 것이고 그랬다가는 혹시 뜻밖의 변이 발생할 수도 있으니, 이는 우려하지 않을 수 없습니다. 신의 소견을 이상과 같이 진달합니다."

2월 20일 곽재우가 붕당, 관방, 화친, 정승에 대하여 논하고 사직을 청했다. 조정의 당파싸움이 심하고 다른 하는 일도 제대로 되는 일이 없었다. 이에 곽재우가 더 이상 참지 못하고 올린 것이다.

"대소 군신이 붕당으로 분립되어 자기 당으로 들어오는 자는 등용시키고 나가는 자는 배척합니다. 각기 당여를 위한 사심으로 서로 시비를 하면서 날마다 비방하고 공격하는 것을 급선무로 여깁니다. 그리하여 국세의 위급함과 생민의 이해와 사직의 존망에 대해서는 전혀 생각조차 않고 있습니다. 그들의 마음은 전하의 나라를 반드시 위망하는 지경에 이르게 한 뒤에야 말 작정인 것이니, 아, 통곡하고 눈물 흘리고 장탄식할 만한 일입니다.

지금은 주사에 전력을 기울이면서 성 지키는 것을 폐기하고 있습니다. 그리고 이를 조정의 성산으로 여기고 다시는 다른 의논을 용납하지 않고 있습니다. 상황에 따라 권도를 펴는 모책은 진실로 폐할 수 없는 것인데, 남에게 자신을 낮출 줄을 모르는 것은 필부의 용맹인 것입니다.

대저 화친이라는 명칭은 하나이지만 화친을 하는 이유에 있어서는 같지 않은 점이 있습니다. 화친을 믿고서 방비할 것을 잊는 자는 망하는 것이요, 화친을 말하면서도 마음을 다해 노력하는 자는 보존되는 것입니다. 적국을 통제하는 것도 화친보다 더 나은 것이 없고 분을 늦추고 화를 완화시키는 것도 화친보다 더 나은 것이 없으며 적을 태만하게 하고 잘못되게 하는 것도 화친보다 더 나은 것이 없고 전쟁을 중지하고 백성을 쉬게 하는 것도 화친보다 더 나은 것이 없습니다. 화친이라고 하는 것은 병가의 궤도인 것으로 폐지할 수 없는 것인데, 만일 이를 폐하려 한다면 이는 교주고슬과 같은 격입니다. 군대가 교전 중에도 그 사이에 사신은 왕래하는 것인데, 들리는 바에 의하면 왜사를 잡아 가두고 화친에 대한 말을 끊었다고 하니, 신은 강한 왜구의 원한을 도발시켜 위망의 화를 불러들이게 될까 두렵습니다. 그런데 한 사람도 전하를 위하여 말하는 사람이 없으니 신은 삼가 통탄스럽게 여깁니다. 통탄스러워하면서도 나라에 도움을 줄 수가 없으니 이것이 신이 물러가야 할 두 번째 이유인 것입니다.

이원익의 진퇴에 대한 의리는 옛사람에 견주어 보아도 부끄러움이 없습니다만 국사는 어찌할 것입니까. 신은 삼가 안타까워합니다. 안타까워하면서도 국가에 도움을 줄 수가 없으니 이것이 신이 물러가야 할 세 번째 이유인 것입니다" 하였다.

사관은 '지금 이원익이 일국의 원로로서 배척을 받았는데도 구원하지 않았고 곽재우의 충언과 지론이 받아들여지지 않았는데도 말을 하지 않은 채 애매모호한 자세로 우물쭈물하면서 구차스럽게 자리만 채우고 있으니 이런 재상을 장차 어디에 쓰겠는가. 아, 국가와 휴척을 같이하는 대신은 황야로 피해 가고 자리만 지키는 비부가 정승자리에 버티고 앉아 있으니 광복을 도모하려고 한들 그것은 어려운 일이다' 하고 한탄하였다.

이산해에 대한 한탄이었다.

곽재우는 답을 기다리지도 않고 고향으로 가 버렸다. 며칠 뒤 경상감사 한준겸이 곽재우가 소임을 저버렸다고 조처할 것을 청했다. 이에 사간원이 곽재우를 추국할 것을 청했다. 이리하여 결국 곽재우는 호남으로 귀양을 가게 되었다.

형조참의 정인홍이 병으로 올라오지 못한다 하여 체차하였다. 형조참의 정도의 벼슬을 받을 정인홍이 아니었다.

2월 25일 체찰사 이항복이 연해안을 순시한 결과를 보고하였다. 연해안의 백성들은 주사의 역으로 인하여 고통받고 있었다. 주사에 소속된 고을은 특별 감면을 해 주겠다고 했던 약속도 지켜지지 않았다. 오히려 여러 역을 더 고되게 하고 있어서 그 생활상은 비참하였다.

"전해 오는 구규가 그러하여 어떻게 해 볼 수가 없었습니다. 따라서 그저 문부를 조사하면서 탄식만 할 뿐 감히 변경하지 못하였습니다. 그 가운데 좀 변통시켜도 될 것이 세 가지 정도가 있었는데 청어의 진상과 각 사의 긴요하지 않은 공물과 조운선이 파선되었을 경우 연해의 백성들에게 나누어 징수하게 하는 일이 그것이었습니다. 이를 견감하고 징수하지 말 것을 아울러 참작하여 시행하소서" 하였다.

또 "홍주목사 우복룡은 백성을 부리고 백성을 구휼하는 데에 각각 조리가 있어서 일이 있을 경우 백성들이 기꺼이 달려오며 공무에 지성을 다하여 어려움을 피하지 않습니다. 공무를 봉행하는 데 힘쓰고 백성을 구휼하는 것도 잘하였으니, 이것은 하기 어려운 것입니다. 이런 수령은 각별히 포장하여 다른 사람들을 권면시키소서" 하였다.

2월 26일 양산의 교생 신안남이 적중에서 나왔다.

비변사가 아뢰기를 "적중에 오래 있었으므로 반드시 적정을 상세히 알겠기에 취초하여 아룁니다. 그가 말한 것은 모두가 강화를 요구한다는 한 가지 일이었습니다" 하니,

선조는 "이 적이 군대를 출동시키기 위해 먼저 강화를 요구하는 것이 틀림없다. 그들이 역중에서 용병한 것과 임진년에 쳐들어온 것을 보면 모두가 그러하였다. 나는 우리나라가 그들의 간교한 술책에 빠질까 우려된다. 우리나라는 본디 도략에 어두우니 그 기미를 삼가지 않을 수 없고 그 조짐을 우려하지 않을 수 없으며 그 대비를 엄히 하지 않을 수 없다" 하였다.

3월 2일 이산해가 복상문제를 아뢰고, 정탁을 좌의정으로 하였다. 정탁은 이때 남쪽 지방에 있었는데 사양하는 글을 두 차례 올려 면직이 되었다. 이때 홍여순의 무리들이 홍여순을 재상의 반열에 두고자 하여, 자기들과 뜻이 다른 사람들은 반드시 배척하였다. 그래서 윤홍이 홍여순의 사주를 받아 정탁을 탄핵했으나 정탁의 사직에는 별 소용없는 탄핵이었다.

3월 4일 이덕형이 사직소를 올렸다. 장인인 이산해는 다시 영의정이 되었고, 처남 이경전은 물을 만났다. 이 두 사람의 처사가 마음에 들 리가 없었다. 이덕형은 참고 참다 드디어 이들과 결별한 것 같다.

3월 5일 나이 많은 노친을 위해서 배설한 경우 이외에 음악을 연주하면서 잔치를 벌이는 것은 엄히 금단하라는 비망기를 내렸다.

'조관인 경우에는 논계하여 파직하고 서인인 경우에는 잡아다가 형신을 가하라. 일찍이 듣건대 외방에서 적이 경상에 있을 때인데도 손님을 초청하여 잔치를 벌이고 음악을 연주하면서 함께 밤을 새웠다고 한다.

외방의 일은 더욱 해괴하다' 하였다. 그런데 이것은 여러 왕자들이 저지르는 짓이었다.

　사관은 '지금이야말로 군신 상하가 창을 베개로 삼고 와신상담할 때인데 왕자들의 교만한 습관이 날이 가고 달이 갈수록 더욱 극성하여 백성의 재물을 마구 빼앗아 멋대로 탐학을 자행함으로써 법도를 무너뜨렸다. 그리하여 행궁이 가까운 곳에서 술에 취해 노래 부르고 북소리 피리 소리가 하늘을 진동시키며 밤낮없이 질탕하게 놀았다. 임금의 말이 이렇게 간측하고도 정녕하였지만 사치에 빠져 도의를 무시한 채 전혀 개전의 정이 없었다. 저런 왕자들이야 진실로 책할 가치조차 없는 것이지만 애석하기 그지없는 것은 당시에 법을 집행하는 신하들이 감히 엄하게 내려진 전지를 받들고도 자리만 채운 채 녹봉을 보전하기 위해 입을 다물고 한마디 말도 하지 않았다는 점이다. 이것이 왕자들이 날로 교만 방자해지고 국세가 날로 더욱 와해되게 되었던 이유인 것이다. 슬픈 일이다' 하고 논하였다.

　대마도의 왜적들은 인질로 잡아 두었던 중국인들을 두세 명씩 내보내면서 계속 강화를 요청하고 있었다. 식량이 부족한 대마도로서는 공짜로 쌀을 얻는 길을 되찾으려는 것이었다. 그런데 방법은 공손함이 아니라 항상 위협하는 것이었다. '강화를 하지 않으면 다시 쳐들어갈 것이다.' 이것이 조선에게 가장 잘 먹히리라고 생각한 것이다. 철수를 해야 하는 중국군도 이 문제를 고심하지 않을 수 없었다. 사실 이때 일본 본토에서는 수길이 죽은 후 최고 권력자가 없는 상태에서 수길의 아들을 위하는 파와 덕천가강을 중심으로 하는 파 사이의 갈등이 고조되고 있었다. 따라서 왜적이 대규모로 조선을 다시 침략할 가능성은 전혀 없었다.

3월 10일 경리 접반부사 강신이 중군 손방희와 강화, 국방 문제를 논의하였다.

중군이 '그대 나라에서 항상 불공대천의 원수라고 하면서 강화를 원치 않고 있는데 그 뜻은 옳다. 그러나 강화를 허락하지 않으려면 마땅히 군사를 훈련시키고 군량을 저축하여 전수에 대한 대비를 해야 할 것이다. 그런데 잔패되었다고 핑계대면서 전혀 조처하지 않고 있다. 이제 대군이 철수하려 하는데, 왜적이 만일 부산에 와서 웅거하게 된다면 그대 나라에서 또 천조에 주문하여 군대와 군량을 청할 것이고 그러는 사이에 팔도가 함몰되고 말 것이다. 그렇게 되면 어떻게 할 것인가' 하였다.

강신이 답하기를 '옛부터 적인들이 화친으로 사람을 농락하면서 처음에는 따를 수 있는 것으로 꾀고 나서 나중에는 따르기 어려운 요청으로 위협하였는데, 한 번이라도 따르지 않을 경우에는 실신했다고 책하기 마련이었다. 이는 송·요 같은 나라의 경우에서도 알 수 있는 일이다. 이제 조신이 감언이설로 우리를 유혹하는데 만일 상국을 엿보면서 우리에게 향도가 되어 달라고 한다면 이것도 따를 수 있겠는가. 우리나라의 국세와 국력이 미약하여 강약이 부동하다는 것을 모르는 바는 아니다. 그러나 오욕이 선릉에까지 미쳤으니 백세난망의 원수인 것이다. 만약 도와주지 않는다면 군신 상하는 한 번의 죽음이 있을 뿐이다' 하니,

중군이 웃으면서 '그대의 말이 옳기는 하나 빈말에 불과하다. 그대 나라에서 시종 불공대천의 원수라는 것으로 말을 하는데 불공대천의 원수를 갚으려는 사람이 전수의 대비를 과연 이렇게 할 수 있겠는가' 하였다.

3월 16일 경상우수사 유형이 생환자가 말하는 적의 동태를 아뢨다. '대체로 왜노는 화호하는 한 가지 일을 급무로 삼고 있는데, 만일 화친을 허락하지 않으면 다시 군대를 출동시킬 것이다' 하는 내용이었다.

사관은 '비록 월나라의 구천이 재력을 축적하고 백성을 훈련시켜 오나라를 멸망시킨 것처럼 하지는 못하더라도 여신을 수습하여 변방을 굳게 지킴으로써 혼백이 들떠 있는 적들로 하여금 다시 동요되지 못하도록 해야 한다. 그런데도 상하가 목전의 안락만을 탐하여 분발하지 못하고 있다. 따라서 화친을 주장하는 사람은 고식책에만 힘쓸 뿐, 먼 앞날을 위한 경륜이 없고, 화친을 배척하는 사람은 붕당을 위해 원수만 만들 뿐, 정선하기를 꺼려 왔다. 이렇게 그럭저럭 세월만 보내 국가가 날로 약해지게 만들었으며, 결국 변방이 황폐되게 하여 교활한 오랑캐에게 침범할 마음을 품게 하였으니, 애석하고 통분한 심정을 다 말할 수 있겠는가' 하고 통분해하였다.

3월 18일 진상한 물고기 맛이 변했다는 내용을 비망기로 일렀다. "사옹원의 안산 어전 감찰관이 진상한 물고기는 모두 맛이 변했고 또 마릿수로 책임만 메웠으니, 아예 어전을 설립한 의의가 없다. 처사를 극히 완만하게 했으니 색관원을 추고하고 색리는 수금하여 치죄하라" 하였다.

지금은 와신상담을 하여도 뼈를 깎는 심정으로 해야 할 때인데 물고기 맛이나 탓하고 있으니 나라가 복수를 하도록 강해지기는 이미 글렀다.

중국군 주둔 등을 논의하였다.
3월 22일 연일 이어지는 논의를 거쳐 드디어 중국군 3천 명의 주둔과 지급할 향은을 청하는 주문을 올렸다.

'당직이 단지 3천 명만을 요청하면서 그 숫자가 적다고 염려하지 않는 것은 3천의 군병으로 사나운 흉봉을 막을 수 있다고 여겨서가 아닙니다. 천위가 미치게 되면 저들의 간모를 움직이기 전에 꺾을 수 있고 무너지려는 군정을 진정시킬 수 있으며, 이 숫자가 넘으면 소방에서 조판할 수 있는 양향의 형세로 보아 지급하기가 어렵기 때문입니다. 모두 철수하면 나라가 의지할 데가 없게 되고 많이 머물게 되면 양향을 계속 댈 수가 없게 되니 소방의 지금 사세는 진실로 슬프기 그지없습니다.'

슬픈 현실을 박차고 일어나야 하는데 말은 슬프다고 하면서 산 물고기나 맛있게 먹으려고 하니 백성을 생각하는 임금은 바라지도 않지만 나라를 생각하는 임금도 전혀 아니었다.

이 주문에 대해 제독 이승훈이 우려를 표명하였다.

"남정하는 장사들이 5~6천 명이나 되어도 오히려 두려운 마음을 품고 있는데 더구나 3천 명으로서야 되겠습니까. 천조에서 3천 병력을 요청을 준허한다 하더라도 여기에 머물 군병이 반드시 기꺼이 머물려는 마음이 없을 것입니다. 들리는 바에 의하면 대마도에 극심한 흉년이 들어서 일본에서 곡식을 옮겨다가 진구하고 있다고 합니다. 따라서 가을이 되면 더더욱 우려스럽습니다. 도망하여 돌아온 귀국인의 말에 의하면, 왜적이 병선과 기계를 수리하고 있다고 하였습니다. 선후책을 속히 도모하여야 합니다."

3월 30일 세자가 문안할 때 엄하게 대하여 인접하는 적이 드물었다.

4월 3일 경리 만세덕이 철수하여 돌아갔다. 운이 좋아 놀고 대접만 받았으며 승진까지 하여 돌아가게 되었다.

4월 8일 이원익을 좌의정으로 하니 부제학 황우한 등이 체차하기를 요청하였다.

선조가 "좌상은 나랏일에 마음을 쏟는 어진 정승이다. 옛날에도 그만한 이가 드물었고 현재도 더 나은 사람이 없다. 이런 사람을 버리고 어떻게 하겠다는 것인가. 만약 그의 견해에 치우친 면이 없지 않다고 한다면 그것은 불가할 게 없다. 이는 아마도 그의 견해가 그러한 것이지, 처음부터 마음에 두고 사사로운 마음에서 그렇게 현란하게 비호할 계획을 꾸민 것은 아닐 것이다" 하였다.

이원익은 계속 사직소를 올렸다. 4차례 올린 후 결국 체차하였다.

4월 18일 사간원이 연일 홍여순 등의 파직을 청하니 선조가 홍여순과 대간을 모두 체차하라 하였다.

4월 20일 홍문관이 홍여순의 일로 또 차자를 올리자 이에 답하였다. "이미 파체시켰는데 어찌하여 다시 번거롭게 하는가? …… 중추부에 있거나 언관의 지위에 있는 자는 이미 체직시켰으니 이만하면 끝내야 한다. 번거롭게 함이 무슨 이익이 있겠는가."

4월 22일 이헌국을 우의정으로 하였다. 잘 선택하였다.

4월 24일 양근의 유학 정승민이 상소하여 '이산해가 동류들과 결탁하여 조신들을 배척하려 한다'고 하고, 이어 이이첨, 문홍도, 민몽룡, 윤계선, 이성경, 유경종, 박사제, 안극효 등이 조신들을 배격한 죄를 논하였다. 선조는 답하지 않았다. 그러나 이때부터 이산해를 의심하기 시작하였다. 이때 부제학 황우한도 역시 정승민의 배척을 당했다.

다음 날 황우한이 사직소를 올리며 말하기를 '상소 내용이 오로지 이산해를 공격하는 것에 주력을 두었습니다. 그리하여 산해를 한 함정으로 만들고, 홍여순과 의취가 맞지 않는 사대부들이나 홍여순을 탄핵한 삼사를 모두 몰아서 그 함정 속으로 밀어 넣음으로써 한편으론 이산해의 죄를 완성시키고 한편으론 사대부들을 일망타진하려는 계책을 세웠으니, 또한 참혹한 일입니다' 하고 이산해를 변호하였는데 수법이 이산해의 수법에 근사하였다.

영의정 이산해도 사직을 청했는데, 홍여순에게는 스스로 반성하도록 훈계한 것이라 하고 '이른바 승민이란 자는 그가 누구인지 신은 모릅니다만 아마도 들은 것을 주워 모아 이리저리 불려서 그러한 상소를 올린 데 불과한 것일 것입니다' 하였다. 하여튼 둘러대는 데는 선수였다.

이달의 왜적과의 일은,

4월 11일 유격 장양상의 게첩에 왜선 2척에 중국인 40여 인과 조선인 20여 명이 탔는데 4월 3일 대마도에서 출발했다고 하였다.

4월 13일에는 경상우수사 유형의 보고가 있었다. 소선 1척에 생환하는 우리 남녀 30여 명이 타고 있었는데 그들의 말이 수길이 죽은 뒤 그의 아들이 13세로 즉위하였으며 한 명의 왜추가 섭정하고 있는데 여러 곳의 왜장들이 왜도에 모여 서로 공격하고 있으므로 군사를 일으켜 쳐들어올 기세는 전혀 없다고 하였다. 가장 확실한 보고였는데 이를 조정에서는 간파할 수가 없었다.

경상감사 김신원의 치계에는 생환민의 말에 왜적들이 훈련하고 있고 청정이 전사했다는 말도 있다고 하였다. 다른 엉터리 말도 많았다.

평행장, 평조신이 각각 서신을 보내왔다. 천조의 네 차관이 조선의 회답을 기다리다가 3년이나 되어서 호송했다 하며, 한 명의 사신을 차송하여 화해하고 전쟁이 없도록 하라는 내용이었다. 16일에 비변사가 왜적이 보낸 이 서신들에 답장을 보내는 일로 아뢨다.

'작은 일이든 큰일이든 할 것 없이 황조의 처치를 따를 뿐 털끝만한 작은 일이라도 감히 우리나라 마음대로 한 일이 없다. 양국의 화해에 대한 일은 아직까지 황제의 명령이 없으니 우리 두 나라가 마음대로 서로 통한다면 이것은 사리에 크게 어긋날 뿐 아니라 또한 분의에 있어서도 감히 할 수 없는 일이다. 무술년 이후 보낸 사신은 중국 장수가 데리고 가서 지금 중국에 머물러 있는 중이어서 아직 돌아오지 않았으니 우리가 답장을 하고 싶어도 할 수 없는 형편이다'는 뜻으로 글을 만들어 회답하는 것이 무방할 듯하다 하였다.

선조는 "내가 우려하는 것은, 우리들의 일은 이제 끝났으니 닥쳐올 일은 그대들 스스로 알아서 하라고 해 놓고 불행하게 저들이 다시 쳐들어왔을 경우 중국 조정에서 논의가 있게 된다면 즉시 성내고 큰소리치면서 그 허물을 우리나라에 돌리려는 것이 아닌가 하는 점이다. 그러니 미리 생각해 두지 않으면 안 된다." 선조는 계속 왜적이 다시 쳐들어올 것이 걱정이었다.

제독 이승훈이 일본의 여러 추장을 효유하는 격문을 보냈다. 이 뒤로는 일을 핑계하고 사람을 파견하여 해변을 염탐하는 일이 없도록 하라 염탐할 경우엔 설령 한 명의 사신이라도 반드시 죽일 것이다 하였다.

4월 26일 천총 왕건공은 왜적에 볼모로 있다가 돌아왔다. 접대도감이 찾아가서 적중의 정세를 물어보았다.

천총은 '지금은 관백이 이미 죽고 가강의 무리인 세 명의 각로가 국사를 주관하고 있다. 그들은 모두 「조선이 7~8년 동안 이미 극도로 잔파되었으니 군사를 일으켜 원한을 맺는 일을 다시는 하지 않겠다. 다만 바라는 것은 하나의 사신을 차임하고 한 장의 편지를 보냄으로써 하례하는 뜻을 보인다면 삼국이 태평할 것이다」 하였다. 그러나 나는 대의를 들어 이를 꺾었다. 그러나 그들이 바라는 것은 바로 이에 있다' 하였다.

그의 말투와 기색에는 스스로 큰일을 해냈다고 자부하면서 아울러 공로를 과장하여 포상을 바라는 뜻이 있었다.

4월 27일 경상좌수사 이운룡도 쇄환민이 말한 왜적의 동태를 아뢨다. 전라우수사 김억추가 해안 방비를 위한 총통 제작용 철물을 요청하였다.

비변사가 중국군 철수 후 도적이 성할 것에 대비해 방어사 권준에게 독성을 잘 보전하라 하였다. 특별히 전교를 내려 권준으로 하여금 피폐된 것을 일으키고 기울어진 것을 떨치게 하여, 한편으로는 급한 변에 대비하게 하고 또 한편으로는 좀도둑들에게 겁을 주어 두렵게 한다면, 서울을 보호하는 데에 진실로 편리하고 유익함이 있을 것이라고 하였다.

5월 3일 양사가 합사하여 홍여순 일당을 처벌할 것을 거듭 청했다. 일찍이 정승의 자리를 도모했으나 이산해가 복상을 허락하지 않았으므로 온갖 계책을 써서 모함하고 중상하려고 하였으며, 정탁이 정승이 되자 자신을 위하는 계책을 세우는 데에 급급하여 윤홍으로 하여금 그를 탄핵하도록 하였다고 하였다.

다음 날 정원에서 또 아뢰니 이에 답하였다. "담 안에서 화근을 일으키는 일과 집 안의 싸움은 아름다운 일이 아니다. 이러한 버릇을 어떻게 키울 수 있겠는가. 죄를 주자는 논의는 날마다 불어나고 죄를 청하는 명목은 처음엔 가볍다가 뒤엔 무거우니 이 무슨 뜻인가. 비록 죄상을 죄다 밝혀도 그의 죄를 돌아보건대 처음부터 사람을 해치거나 국가에 죄진 일도 없는데 어찌하여 이런 지경에 이르렀는가. 오직 임금이 그 일의 경중을 참작해서 처리할 뿐이지 말하는 사람의 수가 많으냐 적으냐로 승부를 가려서는 옳지 않다. 승정원은 나와 가까이 있으니 내 뜻을 잘 알아야 할 것이다" 하였다.

5월 7일 박홍로를 도승지로, 조정지를 좌승지로, 이경전을 의정부 사인으로, 박사제를 세자시강원 겸문학으로, 이홍로를 전라도 관찰사로 김상용을 우승지로, 윤수민을 세자시강원 겸필선으로 삼았다.

위로 재신의 반열로부터 아래로 백집사에 이르기까지 어느 한 사람도 나랏일을 자기의 책임으로 여겨 하는 자가 없었다. 모두들 각자가 어물어물하면서 그럭저럭 날짜만 보냈다. 어떤 사람이 한마디 말을 내놓으면 그의 말이 마땅한지의 여부는 살피지 않고 그 사람이 누구의 유며 누구의 당이냐는 것부터 먼저 알아보았다. 만약 그가 자기와 같은 당류가 아니면 그의 의논이 설령 바꿀 수 없는 정론이라 하더라도 반드시 떼 지어 일어나서 그것을 꺾고, 만약 그가 같은 당류로서 자기와 등지지 않은 사람이면 그의 의견이 비록 틀리더라도 옳다고 하며 구차히 따랐다. 그렇지 않으면 또 '누구는 누구의 의논을 따르니 이는 바로 누구의 당이다'라고 하였다.

사관은 '아, 동료끼리 서로 공경하여 힘쓰는 아름다운 풍습은 이제는 다시 볼 수가 없으니 나라 일은 날마다 그르게 될 것이다. 이 얼마나 애석한 일인가' 하고 심히 애석해하였다.

5월 15일 드디어 이산해가 선조의 신임을 잃고 물러나게 되었다. 유학 이해가 상소하였는데 윤홍의 사주에 의한 것이었다. 윤홍이 이해에게 말하기를 '네가 이 소를 올리면 너는 남행 대간이 될 것이다' 하니, 이해가 이 말을 믿고 소를 올렸다. 이산해와 그 아들 이경전의 못된 짓을 다 말하였다.

87

"이산해는 홍여순과 처음부터 색목을 달리하는 사람이 아니었는데, 오늘의 화근을 빚어낸 것은 모두 이경전이 반복해서 얽어 만든 것입니다. 지난번 이원익이 정승의 지위에 복직되자 상께서 출사를 권면하셨는데 이산해는 곧 그의 아들과 더불어 달려가 빌붙을 계획을 세우고 먼저 홍여순 등 7~8인을 모함함으로써 이원익에게 아첨하고 김신국·남이공을 복위시킬 밑천으로 삼았으니 남을 모함하여 자신을 살찌우는 이경전의 꾀가 참으로 교묘합니다.

일찍이 이산해의 사람됨을 관찰해 보았더니 겉보기는 근신한 사람인 듯한데 그의 속은 실로 흉악하고 사특하였습니다. 30년 동안의 동서남북의 화근이 모두 이 사람이 뒤에서 거들지 않은 것이라고는 하나도 없습니다. 이경전은 일 꾸미기를 좋아하고 화근 만들기를 즐거워하는 것이 그의 아비보다 심하여 평생 동안 행한 일이 개돼지와 같았으며, 이 사람 저 사람을 교란시키고 선비들을 모함하며 해롭게 하는 정상은 귀역과 다를 바 없었으니 이는 실로 왕안석의 아들 방과 같았습니다. 임국로는 이산해에게 붙어 여순을 공격했습니다. 그러나 이것은 벼슬자리를 혹시 잃으면 어쩌나 하는 염려에서 나온 소치일 것입니다. 그의 아들 몽정 등 세 사람은 이이첨과 김홍도의 심복이며 조정 같은 사람은 이산해의 집에서 자랐기 때문에 그 정분이 부자간과 마찬가지며 크고 작은 온갖 흉모를 이산해에게 낱낱이 품의, 결재하지 않은 것이 없습니다.

아, 산해는 일국의 정승이고 국로는 백료의 우두머리이며 조정과 이이첨·김홍도·황우환은 모두 그의 심복이고 우익입니다. 위복을 한 손에 잡고 삼사의 관원들을 몰아서 돌격할 꾀를 세우고 자신과 다른 재신이나 시종 7~8인을 하루 안에 일망타진하였습니다.

아, 산해의 마음을 길가는 사람도 다 아는 실정인데, 그가 자신을 변명하기 위하여 올린 차자를 보면 전혀 아는 것이 없다고 말하며 그 허물을 삼사에게 은근히 돌리고 있습니다. 아, 소관 말직도 면전에서 군부를 속이지 못하거늘 대신이란 자가 천청을 속이는 일이 어찌 이렇듯 극도에 이른단 말입니까. 일을 담당하여 주도해서 한결같이 흉독을 자행한 자는 이이첨·김홍도·박경선 등 몇 명에 그칠 뿐입니다.

전하께서는 화급한 위험을 살피시어 돌이킬 수 없는 뉘우침을 남기지 않도록 하신다면 종묘 사직을 위해 큰 다행이겠습니다" 하였다.

5월 17일 유학 이해가 다시 상소하여 전의 상소는 윤홍이 써준 것이라고 하였다.

선조가 "그 음흉 반칙한 정상이 매우 놀라우니 잡아들여 국문하라" 하였다. 즉시 윤홍을 옥에 가두었다. 또 뒤에 올린 소는 누가 사주한 것인가를 알아내도록 이해를 매를 쳐서 심문하라고 금부에 명하였다.

5월 19일 선조가 대신 이하 여러 재상들을 인견하여 홍여순과 이산해 등의 일을 물은 뒤에 "각자 하고 싶은 말을 하라" 하였다.

우의정 이헌국이 아뢰기를 "신은 조정에 들어선 지 40년이나 되었는데 오늘같이 어지러운 기상은 처음 보았습니다. 집안에 반드시 엄한 부형이 있어야 자제들이 싸우지 않는 법입니다. 상께서 진정시키시면 결코 이런 일이 없을 것입니다" 하였다. 그러자 선조가 언성을 높여 이르기를, "허물을 나에게 돌리는 것인가? 하지만 우상의 말이 지당하다. 요즘의 일이 어떠한가?" 하였다.

이에 이헌국이 이산해와 홍여순에 대하여 제대로 발언하였다.

"무술년 이후로 화근이 되어온 자는 이산해입니다. 홍여순이 정승 자리에 오르려고 하자 산해가 복상하지 않았기 때문에 이런 일이 있었다고 합니다."

"신이 어찌 감히 분명하게 알 수 있겠습니까. 이산해가 소를 올리고 또 반복해서 자신을 변명했다고 하니 상께서 국문하신 뒤에야 그 실정을 알 수 있을 것입니다."

"이경전은 젊은 시절부터 패려하였으므로 조정이 통현을 허락하지 않았습니다. 때문에 그는 김신국·남이공과 친교를 맺어서 남인 북인의 화를 빚었으며 그 뒤에 또 대북 소북을 만들었습니다. 당초에 홍여순과 일체를 이루었는데 요즈음은 서로 등졌습니다. 홍여순 역시 좋은 사람은 아닙니다. 그는 무슨 일을 하든 은혜와 원망에 따라 하기 때문에 사람들이 다 분하게 여기고 미워하고 있으니 상께서 반드시 그를 물리쳐 제거한 뒤에야 조정이 편안할 수 있을 것입니다. 그러나 지금 만약 홍여순만 죄주고 이산해를 죄주지 않는다면 옳지 못합니다.

이산해는 아들 경전에게 경계시켜야 함에도 불구하고, 윤승훈이 이조판서가 되어 이산해를 찾아보았을 때, 이산해는 '내 아들에게 벼슬 하나 제수하는 것이 어떠한가?' 하여, 대신으로서 아들을 위하여 현관을 구하였습니다. 일반 관직을 청해도 옳지 못한 일인데 하물며 청현직을 사사로이 청할 수 있겠습니까? 이산해가 비록 근신한 사람이긴 하지만 자리를 잃을까 걱정하는 마음을 버리지 못하였으므로 크게 잘못되었으며 자신의 당파를 세우기까지 한 것은 매우 그릅니다."

"산해가 여순에게 권병을 줄 수 없다고 하면서 그를 복상하지 않았기 때문에 여순이 감정을 품고 홍식 등에게 산해를 탄핵하는 소를 가지고 사헌부로 가게 했는데, 이때 사간원이 먼저 홍여순을 공격한 것이라고 합니다."

"당을 세운 죄는 산해가 면치 못할 것입니다" 등등을 말하였다. 정말 잘 말하였다.

선조가 전교하기를, "이산해는 대신의 신분으로서 군부를 속였으니 이 한 가지만 하더라도 그 죄는 이미 용서받을 수 없다. 그는 역시 이 세상에 걸어 다닐 수도 없는 처지인데 더구나 사당을 만들어서 조정을 괴란시키는 데이겠는가. 그 죄가 가볍지 않으나 다만 그는 대신의 반열에 있으니 파직만 하라. 그의 아들 경전과 이이첨은 모두 삭직하여 문외출송하고 양사는 아울러 체직하라. 이렇게 정죄하는 것이 어떻겠는가? 홍여순의 일은 아뢴 대로 하라" 하였다. 홍여순도 삭탈관작에 문외송출되었다.

이렇게 이산해는 드디어 선조의 신임을 잃고 물러났다. 그러나 그렇다고 반성하고 가만히 있을 이산해가 아니었다.

통판 심사현이 계첩을 올렸다, '풍신수길이 이미 죽어, 임금은 어리고 나라는 어수선한 지금 군사를 동원할 리가 결코 없으니 마땅히 지금 사신을 보내어 그들의 동태를 관찰하고 그 허실을 살펴야 합니다. 그리고 성벽을 수리하고 군사들을 훈련시키고, 배를 만들고 무기를 만들어 군사들은 정예화하고, 군량은 풍족하게 한 다음 시기를 보아 군사를 동원해야 합니다. 이리하여 곧장 달려가 공격하기도 하고 비상한 전법으로 승기를 제압하기도 하며 때로는 성벽을 굳게 닫고 방어하기도 한다면 가는 곳마다 이기지 못할 리가 없을 것입니다' 하였다.

이에 조정에서 답하기를, '우리가 저들과 절교한 것이 아니라 저들이 먼저 우리를 끊은 것입니다. 한번 끊어진 뒤에는 도리상 서로 사귈 수가 없는 것인데 이제 편지를 보내어 화해를 요구하니 실로 알 수 없는 일입니다. 그러나 그들이 이미 편지를 보내왔으니 답이 없을 수 없습니다. 예조에 명하여 대략 답서를 만들어 적의 실정이 어떠한지를 시험하게 할 뿐입니다' 하였다.

함경감사 윤승훈이 오랑캐를 토벌한 시말과 전과를 보고하였다. 군사를 좌위, 우위, 중위의 3위로 나누어 오랑캐 지역으로 쳐들어갔는데 오랑캐들이 집을 비우고 모두 도망쳐 빈집들만 부수고 태웠다. 그리고 철군하는데 오랑캐의 추격이 있어 싸우면서 퇴군하여 겨우 돌아왔다고 하였다. 승리라고 했지만 보잘것없고 원한만 키운 것이 되었다.

명군은 모두 철수하나 나라의 방비는 전혀 이루어지지 않았다

6월 9일 전 좌랑 강항이 일본에서 도망쳐 돌아와서 비밀히 서계하였다.

왜적이 다시 쳐들어올 것이라는 말과 그렇지 않을 것이라는 말이 혼재하였다. 그러나 쳐들어올 겨를이 없을 것이라는 말이 더 와 닿았다.

'일본은 수백 년 동안 사분오열되어 오다가 수길이 잠시 동안 통합하였는데 수길이 이미 죽었으니 장차 분열될 것이다. 수길 같은 사람이 다시 나와야만 조선이 다시 병화를 받게 될 것이다. 따라서 몇 년 동안은 결코 이런 걱정이 없을 것이다' 하였다. 또 휘원의 모주인 안국사란 중이 으레 국정에 참여하는데 그의 좌우는 모두 우리나라 사람이었다. 그들에게 은밀하게 물었더니, 모두들 '왜인들은 서로 사소한 일로 다투고 있어 걱정이 집안에 있는데 어느 겨를에 눈을 다른 데에 돌리겠는가' 하고 답했다고 하였다.

6월 15일 4도 도체찰사로 남방을 순찰한 이항복을 인견하였다.

"신이 전에 이순신이 있을 적에 보았는데, 그때엔 배의 수효는 많았으나 병사의 수가 부족하여 격군을 충정한 배가 많지 않았었습니다. 그런데 지금은 나누어 배치된 것이 일정한 수효가 있고 격군의 충정도 잘

정제되어 있는 듯하였습니다. 다만 원수가 단약한 것이 우려됩니다. 조정을 떠나던 날 전교하신 봉수에 관한 것을 말씀드리면, 양남 연해 지방의 봉수가 간격이 너무 먼 것 같아서 지금 두 곳을 더 설치하게 하고 잘 거행하도록 신명하였으니, 설령 사변이 있더라도 쉽게 알 수 있을 것입니다. 그러나 경성 근처는 어렵습니다. 또 금년의 삼도 농사는, 밭곡식은 충실치 못하였습니다만 흉년이라 할 수는 없습니다. 논농사는 앞으로 7~8월 사이에 풍재만 없다면 결실이 잘 될 듯한데 성패는 바로 여기에 달렸습니다. 혹 풍년이 든다면 백성들이 그래도 의지할 바가 있게 될 것입니다" "하삼도는 평시에도 부담이 많았지만 임진년 난리에 전라도만 무사했던 까닭에 서로의 모든 요역이 오로지 이 전라도 지방에 부담되었던 것입니다. 그런 데다가 세가 대족이 이 지방에 많기 때문에 군량미 등을 거둘 때도 있는 힘을 다 기울였는데 정유년 이후 변란이 끝난 뒤에도 차역이 여전하므로 물력이 고갈된 것입니다" "전라병사 안위는 금성을 지키려 합니다" 하였다.

　이항복을 영의정, 이헌국을 좌의정, 김명원을 우의정으로 삼았다.

　전에 이항복이 남쪽에 있을 때 장계하여 죄인을 석방하여 장수로 정하라는 요청을 했었다. 이에 선조가 누구를 가리킨 말인지 비변사로 하여금 회계하게 하라고 전교하였다. 그래서 비변사가 영상에게 물어보았더니, 곽재우와 박명현 등이 죄를 짓고 호남에 정배되어 있다고 하는데, 이들은 당세의 뛰어난 자들이니 잔약한 보에서 한가로이 세월을 보내게 두기보다는 차라리 파격적으로 조처하여 해진으로 보내어, 배 한 척씩을 거느리고 주장에게 예속되게 하는 것이 마땅하겠다고 하였다.

　6월 22일 비변사가 그대로 아뢰니, 선조는 "곽재우 등은 정배된 죄인이니 법으로 보아 복역 중인 군졸이다. 지금 그들을 영장으로 정한다면 이것은 그들에게 상을 주는 격이니 불가할 것 같다" 하였다.

이항복은 곽재우, 박명현 등이 그대로 방치되어 쓰이지 못하는 것이 아쉬워 요소에 쓰이도록 한 것인데 선조의 생각은 달랐다. 그 다른 생각이 국가를 생각하는 것도 아니고, 체찰사에게 힘을 실어 주는 것도 아니었다.

만경리가 게첩을 보내 3천 군병만 남겨 달라는 우리의 요청을 강하게 거부하였다. "감히 다시 집사자에게 청하건대 귀국의 군신들은 심사숙고하여 만약 국토를 회복한 지 얼마 안 된 까닭에 원기가 아직 왕성하지 못하고 물력이 줄어들어 지공하기가 결단코 어렵다고 생각한다면, 이제부터는 사실대로 주문하여 군병의 철수를 속히 청하고 3천 군병을 남겨 달라는 말은 더 이상 주장하지 마시기 바랍니다. 그래야만 철수하든 잔류하든 계책이 정해져 중국이나 조선이 휴식의 소원을 이룰 수 있게 됩니다. 속마음을 다 보였으니 결단을 내리기 바랍니다" 하였다.

중국 조정 내에서도 3천 군병의 잔류에는 부정적이었다. 이에 대하여 진주사 남이신이 보고하였다.

"병부로 갔더니 상서 전악이 '3천 명을 유치시키려 한다면 고단하지 않겠는가. 천조에서 그대 나라를 위하여 8~9년 동안 동정하느라고 은자를 이미 다 써 버렸다. 그대 나라는 어찌해서 스스로 준비하지 않는가?' 하므로, 언화가 '조금이라도 준비할 형편이 된다면 어찌 감히 번거롭게 말하겠는가' 하였습니다. 상서는 다시 '그대 나라가 종전에 왜국에 지급한 무명·명주·미곡이 얼마나 되는가. 그것을 생각한다면 천병을 먹이는데 무슨 어려움이 있겠는가. 천병이 철수한 뒤 왜적이 다시 움직인다면 백성들은 다 왜적이 될 터이고 돈과 양식은 다 왜적의 양식이 될 터인데, 그대의 마음이 편안하겠는가. 만약 3천 명을 유치시킨다면 3천명의 목숨을 그대 나라에 버리는 것이다. 철수하려면 다 철수하고 유치시키려면

1만 명은 되어야 한다'고 하기에, 신들이 대답하기를 '다만 3천 명만 요청한 것은 군량 사정을 헤아려서 한 일이다' 하였더니, 상서는 '내가 다시 제본을 올리겠다' 하였습니다."

수병 유격 백사청과 보병 유격 장방이 경략의 격문에 따라 돌아갔다. 모두 수로를 따라 전라도에 오래 머물러 있다가 돌아갔다.

파총 강양동도 역시 돌아갔다. 양동은 호령이 밝고 엄숙하고 아랫사람을 거느리는 데 법도가 있어 경리도 또한 두려워하였던 인물이었다.

남해안에 태풍이 몰아쳐 광풍이 크게 일고 폭우가 쏟아지면서 파도가 심해 배가 기울고 돛대가 부러졌다. 도사 오종도와 가 유격이 거느린 배의 군졸 중 태반이 익사하였으며 우수사 유형의 관하에 있던 판옥선들도 많이 부서졌다.

사은사 이호민이 중국에서 보고 들은 일을 서계하였다.

"중국에서는 요즈음 광물·세금·소금 세 가지로 인하여 백성들의 원성이 분분하고 물화가 소통되지 않아 관진이 쓸쓸합니다. 회수와 탕수 사이에 사나운 비적 조무민·조고원·당운봉 등이 요망한 술법으로 무리를 모으고 있으므로 조정에 소장이 계속 올라오는데 대개가 다 유중되고 있습니다. 환관들이 멋대로 국정에 간여하여 심지어는 우리나라의 방물을 전에는 예부에서 검납하여 예부가 스스로 살펴볼 뿐 내감은 아무런 간섭도 하지 않았는데, 지금은 점차로 날뛰어 방물을 바칠 때에 공공연히 표를 내어 통사를 부르는가 하면 예부에 호통치면서 '이제부터는 내감에서 검사하여 받지 않을 수 없다' 하니, 앞일이 걱정입니다" 하였다. 명나라는 망해 가고 있었다.

6월 27일 신시에 중전 박씨가 훙하였다. 선량한 분이었지만 비극을

잉태하는 죽음이 되었다.

7월 4일 선조는 왜적이 다시 쳐들어올 것에 걱정이 태산 같았는데 또 평안도 이북의 오랑캐가 움직임이 심상치 않다고 하니 걱정에 걱정이 겹쳐 입맛이 다 가셨다. "이러한 일들은 모두 작은 걱정거리가 아니다. 대개 오늘날의 국사가 만신창이가 되어 비유하자면 마치 사람이 등창이 난 데다 치질까지 다시 생긴 것과 같다. 이런 시기에 대신이 만약 노력하지 않으면 지탱할 수 없을 것이다. 경들이 가 일층 규획하여 선처하는 것이 어떻겠는가. 비변사에 말하라" 하였다.

이리하여 다시 이일을 남병사로 제수하였다. 마음이 급한 선조가. "지금 무장 등의 전마가 부족하다. 이일, 변양걸, 한명련, 이순신, 권준, 김응서, 전봉, 김운성, 이경준, 이유성 등은 모두 남북의 전장이니, 각각 제주에서 진상한 전마에 적합한 아마를 1필씩 주라" 하였다.

왜란이 일어난 지난 8년에 국가는 도탄에 빠졌다. 겨우 살아남은 백성들은 아직 헤어날 길이 없는데, 국가의 일을 담당한 자는 일이 있을 적마다 그때를 틈타 이익을 취하고자 하여 백성에게 과다하게 거둬들였다. 교묘히 명색을 붙여 부과하고 급하게 독촉하므로 백성들은 가해지는 토색질을 견딜 수가 없었다. 이때에 왕비의 국장을 당하여 소요되는 숫자가 평시에 비해 차감이 없으므로 모두들 심히 걱정하고 있었다.

7월 23일 선조가 "해사에서 으레 어떤 일에 따라 과다한 숫자를 복정하는데, 이때 민생이 어떻게 견디어 내겠는가. 소요되는 숫자만 마련하고 과다하게 정하지 말라" 하였다. 선조가 백성을 생각하여 이런 하교를 한 줄 알았다. 그러나 말뿐이었다. 말 그대로 하다가는 후에 해를 입을 것을 잘 아는 수령들은 받들어 시행하지 않았다. 따라서 백성들은 조금도 혜택을 입지 못했다. 정말 탄식할 일이었다.

8월 9일 세자가 병중에 있었는데 친어머니 같은 중전이 돌아가셨다. 효성이 지극한 세자가 먹지를 않고 슬퍼하기만 하니 병이 심해졌다. 그래서 권도로 고기를 먹게 하기 위해 비망기로 영상 이항복 등에게 전교하였다.

"세자가 기운이 허약하여 행소한 지 몇 달 만에 병근이 이미 드러났으니 지금 만약에 권도를 따르지 않는다면 아마도 후회할 일이 생길 것 같다. 이에 개소를 권고자 한다" 하였다.

이항복 등이 아뢰기를, "지금 마침 이렇게 하문을 받으니 감격스럽기 그지없습니다. 일찍 조처하지 않으면 아마도 성상의 염려를 끼치게 될 것이니 성상께서 한층 더 힘쓰셔서 속히 개소하게 해야 합니다" 하였다.

8월 24일 중국 병부에서 격문을 보내 군사를 모두 철수하라 하였다. 황제의 유시를 받든 것이다. 중국군은 완전히 철수하기로 결정을 하고 준비에 들어갔다.

이덕형이 앞으로의 대책을 아뢨다. 대마도와 강화를 추진하자는 것이었다.

"현재 백성들에게 고통이 되는 것은 중국 군대보다 더 심한 것이 없습니다. 그러나 중국 군대가 하루아침에 돌아가게 되면 당장 눈앞의 시원함은 약간 있겠습니다만 훗날 원기가 떨어져 다른 증세라도 생기게 된다면 나라에서는 장차 어떻게 대처할지 모르겠습니다. 신의 망령된 생각으로는 우리나라가 대마도에 대해 마침내 절교하기는 어려울 듯합니다. 만약 대마도의 왜적이 수십 척의 배로 들락날락하면서 우리를 시험한다면 이는 반드시 강화를 제대로 하느냐 못 하느냐에 따라 안위가 결정될 것입니다. 지금 나라가 망하더라도 이 일은 행할 수 없다고 한다면 모르겠습니다마는 혹시 기회가 지난 뒤에 비로소 강화를 강구하거나 적이 움직인 뒤에 우리가 대책을 시행하려고 한다면 조종하고 신축하는 권한이 더욱 저들에게 달려 있어 치욕과 후회스러움이 심할 것입니다. 마땅히 중국 조정에 아뢰는 한편, 수군 한 부대를 청하고, 완문을 작성하여 강화를 승낙하는 명이 중국 조정에서 나오게 하여, 포로로 데려간 사람을 돌려주도록 요구해서 스스로 성의를 보이게 하고 조약을 참작해서 그들의 마음에 맞게 한다면 남쪽 변방의 일은 아마 종결될 것입니다. 묘당으로 하여금 속히 참작해서 후회가 없도록 하시면 더 없는 다행이겠습니다" 하였다.

답하기를, "차자를 살펴보았다. 나라를 근심하는 성의를 잘 알겠고 보통 사람보다 뛰어난 지혜를 매우 가상하게 여긴다. 중국 군대가 다 철수하게 되면 나는 어떻게 대책을 세워야 할지 알 수가 없다. 의논해서 조처해야 할 것이다" 하였다.

8월 29일 군사 3천 명을 남겨 달라는 우리의 요청조차 중국에서 거절하자 믿을 데가 없어진 선조는 이제 그렇게 싫어하던 화친을 자기 입으로 직접 말하게 되었다.

"한창 적진과 대치하고 있으면서 적을 토벌하는 창을 휘두를 때는 강화하는 일이 있을 수 없으나 이미 전쟁이 끝나 관문을 두드리는 정성을 바칠 때는 받아 주는 권도가 있을 수 있다. 계사에 의하여 중국 장수에게 보여 주고 물어서 처리하는 것이 좋겠다" 하였다.

비변사가 아뢰기를, "대마도의 적도들이 기를 쓰고 한사코 강화를 요구하면서 온 힘을 다 쏟고 있습니다. 지금 마침 의지와 조신의 서장이 왔으니, 우선 '너희 대마도가 임진란이 일어나기 전에는 수길이 침입하려는 계획을 낱낱이 갖추어서 일일이 우리나라에 치보해 주었으므로 너희들의 정성스런 마음을 갸륵하게 여겼었다. 그런데 무슨 이유로 하루아침에 스스로 선봉이 되어 우리나라가 평소에 보살펴 준 은혜를 저버렸는가. 정상이 몹시 가증스럽다. 이전에는 여러 차례 우호를 청하며 끊이지 않고 서장을 보내와 정성이 있는 듯도 하였다. 지금 만약 포로가 된 사람들을 모두 쇄환시켜 정성을 보인다면 본국에서도 또한 너희들이 새 사람이 되는 길을 열어 줄 것이다'라는 내용으로 글을 써서 답해 주는 것이 어떻겠습니까?" 하니,

전교하기를, "윤허한다. 다만 대마도가 '수길이 침입하려는 계획을 낱낱이 갖추어서 일일이 치보해 주었다'고 하였는데, 그때에는 단지 '대명을 쳐들어가려고 한다'고만 말했을 뿐, 우리나라를 침입하려 한다는 보고는 한마디도 없었다. 이 말이 사실에 어긋날 뿐만 아니라 '이전에 우리에게 쏟았던 마음을 저버리지 말라'느니, '너희의 정성스런 마음을 갸륵하게 여겼었다'라는 말은 더욱 온당치 못한 말이다. 흉적들의 간사한 속셈을 칭찬해 줄 필요는 없다. 그러나 이것은 그때 가서 어떻게 말을 만드느냐에 달린 것이다" 하였다.

8월 30일 이원익을 사도 도체찰사로 임명하여 남쪽으로 내려가 군무를 총괄하게 하였다. 중국군이 철수하게 되자 군무에 대하여 믿을 만한 사람은 이원익뿐이 없었던 것이다. 이때 원익은 재상 직에서 물러나 시골에 살고 있다가, 왕비의 상을 듣고 입조했는데 이 명이 내린 것이다.

이원익이 아뢰기를 "이미 엄명을 받았으니 감히 다른 말로써 성청을 번거롭게 할 수 없어 속히 부임하여 사력을 다하기로 하였습니다. 다만 신이 병들어 혼미함이 이와 같으니 반드시 부하 관리의 도움을 받아야 임무를 제대로 해낼 수 있을 것 같습니다" 하니,

선조가 답하기를 "혼자만 너무 수고하는 것을 알지 못하는 것은 아니나 나랏일이 이 지경에 이르렀으니, 남쪽에 개부하여 진무 조치하고 절제 책응하는 일은 경이 아니고서는 해낼 수가 없을 것이다. 옛날 송나라 때 장준이 군사를 거느리게 되자 강상의 군사가 용기가 백배로 솟았다. 그래서 이렇게 다시 임명하는 것이나 마음으로는 사실 미안하다" 하였다.

9월 1일 대사간 박홍로가 군비 강화책을 논했다.

"삼도에 각기 큰 진영을 설치한 다음, 어질고 지혜로우며 용감한 장수를 가려 통솔하게 하고 상과 벌을 엄히 하게 하면, 속오의 조목과 훈련의 방법은 자연 주장이 어떻게 조치하느냐에 달려 있게 될 것입니다. 전하께서는 중국 군사들이 철수하였다 해서 용기를 잃지 마시고 속히 방어책을 강구하여 회복의 기틀을 세우소서. 대신들에게 위임하고 신중히 수령을 뽑으며, 사정을 통찰하고 기강을 진작시키는 것은 모두 전하께서 크게 해보겠다는 뜻을 분발하는 데 달려 있습니다. 전하께서는 유념하소서" 하였다.

9월 3일 전 방답첨사 이순신은 현 충청수사였는데 또 탄핵을 당했다.

'충청수사 이순신은 성질이 본시 탐욕스러워 부임하는 곳마다 마구 빼앗아 차지하고 있습니다. 일찍이 변장이 되었을 때에는 도둑질한 물건을 여러 척의 배에 싣고 오다 발각되어 낭패를 당했으므로 사람들이 지금까지도 통분해하고 있습니다. 본직에 제수된 뒤에는 부임하기도 전에 군졸들이 이 소식을 듣고 낙심하여 모두 근심 어린 기색을 띠었으며, 도임한 지 몇십 일이 되지 않았는데도 벌써 강퍅한 정사가 많아 사람들의 마음이 흩어져 전혀 보존될 형세가 없습니다.'

9월 5일 4도 도체찰사 이원익과 부사 한효순을 인견하였다.

선조가 "부산의 왜영은 매우 좋다고 한다. 그것을 어떻게 지키고 있는가?" 하고 물으니,

이원익이 "지키는 사람이 없습니다. 듣건대 중국 군사의 방자들이 매우 많다고 합니다. 그러니 감사에게 이문하여 그들을 모아 살게 하고서 식량을 주어 그곳에 머무르게 하면 그곳에 정착할 것입니다. 또 육병을 없앨 수는 없는데, 우병사의 수하에 군사가 하나도 없다고 하니 매우 민망스러운 일입니다. 현재의 계책으로는 조정에서 우선 남방 백성을 괴롭히는 여러 가지 일을 중지하여 인심을 수습하는 것이 합당합니다. 신의 생각에는 토병의 제도처럼 하고자 합니다. 성 주위의 전답과 집을 주고서 일이 있을 경우 들어가 수비하게 하고 일이 없을 경우 훈련을 시킨다면 저절로 전쟁에 임해 무너지지는 않을 것입니다" 하였다.

선조가 "우리나라의 제도는 미진한 점이 많다. 우리나라 같이 작은 나라에 3백60개의 고을이 있으니, 어떻게 한 나라의 공수나 황패와 같은 사람을 수령으로 삼을 수 있겠는가. 또 이조에서도 사사로운 정리에 따르고 있다. 의당 고을의 수를 줄이고 두 사람을 보내어 한 사람은 백성을 다스리고 한 사람은 군사를 다스리도록 하여야 한다. 병농 일치의 제도가 좋은 제도이기는 하나 우리나라는 군대란 것이 없고 농민들을 몰아 싸움을 하니 패하는 것은 당연하다. 병농을 구분하여 각별히 군사를 가려 뽑은 다음 옷과 식량을 주고 날마다 훈련을 시킨다면 위급할 때 쓸 수가 있을 것이다" 하니,

이원익이 "인심이 오랜 풍습을 편안히 여겨 주현을 합병한 뒤에 오래지 않아 다시 나누게 될 것입니다" 하자,

선조가 "나도 그냥 해본 말이다. 그것을 시행하기는 어려울 것이다" 하였다. 주현을 줄이자는 말은 율곡 이이가 살아 있을 시절에 함께 뜻이

맞았던 사안이다. 20여 년이 지난 후에도 여전히 생각만 하고 시행할 생각은 없으니 한심한 일이었다.

9월 13일 부산이 비었다는 이원익의 말에 대하여 선조가 비망기로 일렀다. "부산 전체가 텅 비었다 하니, 방안을 모색하지 않을 수 없다. 경상도의 주사와 격군에 소속된 이외의 갖가지 군대와 공사천을 막론하고 건장한 장정을 모두 선발하되 스스로 식량을 싸 들고 번갈아 가며 부산을 방비하게 하라. 이런 시기에 어찌 공사천을 따질 수 있겠는가. 이상과 같이 하도록 의논하여 결정할 것을 비변사에 이르라."

9월 26일 8년간 전쟁을 치르는 동안에 여러 가지 할 일들이 대부분 무너졌으니 때맞춰 처리하여 정돈해야 할 일과 때맞춰 제거하여 민심을 위로해야 할 일들이 많았다. 비변사에서 그 대책을 아뢨다.

"지금 중국 군대가 모두 철수하니 우선 몇 년을 한정하여 백성들을 휴식시킨다는 뜻과 아울러 그 조목을 낱낱이 들어 특별히 교서를 만든 다음 중외에 포고하여 민심을 위로하고 달래는 것이 마땅할 듯합니다.

경기에 함부로 시장을 열지 못하도록 한 것은, 경기의 백성들이 토산품을 서울에 가져와 사고 팔게 하여 서울과 경기가 서로 의지하게 하고자 해서입니다. 그런데 근래에는 경기에 시장이 서면서 그 수가 차츰 많아져 물화가 유통되는 길이 더욱 막히게 되었습니다. 그러니 경기감사에게 명하여 개성 이외에 경기에 열리는 시장을 일체 금지시키게 하는 것이 마땅할 듯합니다.

지난날 많은 군사들이 서울에 있음으로 인해 크고 작은 아문들의 방자를 병조가 공급할 계책이 없자, 갖가지의 여러 군사들을 모두 합번함으로써 1년 안에 네 번이나 상번하게 되었습니다. 이에 한 번의 역가가 베 6~7필이나 되어 마침내는 유리하는 자가 많게 되었습니다. 병조로 하여금 속히 합번의 규정을 없애고 한결같이 옛날대로 번을 서게 하는 것이 마땅할 듯합니다. 장복은 복색으로 귀천을 분별하게 하는 것입니다. 조종조로부터 정한 법제대로 착용케 하여 각기 등급을 두었던 것은 뜻이 있었던 것입니다. 예관으로 하여금 미리 기한을 정하도록 하되, 명년 국상의 소상 이후로는 모든 당하관들은 절대로 명주를 입지 못하도록 하고 우리나라에서 생산되는 명주·모시·무명 등의 옷을 입게 하여 옛 제도를 회복하게 하는 것이 마땅합니다.

팔도의 공안은 이미 평시부터 고르지 않다는 의논이 있었습니다. 난리를 겪은 뒤로 해조에서 이런 점을 참작하여 새로 제정하였으나 곧바로 여러 가지 일이 많아 미처 결말을 내지 못하였습니다. 호조로 하여금 책임지고 처리토록 하되, 신구 공안과 갑오년에 상정한 숫자를 비변사의 당상관 중 몇 명을 동참시켜 대신들과 의논하여 때맞추어 결정하게 하는 것이 마땅합니다.

전제가 한번 어지러워지자 공부가 고르지 못해 국가의 세입이 이로 인해 감축되었습니다. 양전에 관한 일은 경솔히 의논할 수 없지만 해조로 하여금 사목을 만들도록 해야 할 것입니다. 그리하여 감사로 하여금 직접 수령들을 독촉해서 현재 기경한 숫자를 각기 타량하되 해마다 기경하는 대로 타량하여 감사에게 보고하게 하고 감사가 전계하게 해야 할 것입니다.

각 고을에는 모두 아료가 있어 관청의 비용을 충당하고 있습니다. 난리를 겪은 뒤로 곡식이 전혀 없어서 각 고을의 수령들이 수시로 중하게도 매기고 가볍게도 매겨 무단히 백성들에게 내게 하여 관아의 잡비에 충당하므로 취하는 것에 절도가 없습니다. 해사로 하여금 별도로 사목을 만들어 각 고을로 하여금 전결을 헤아려 한계를 정해 수조하여 점차 저축해서 원곡을 삼게 하고, 별도로 고을 안의 진전을 가려 둔전을 만들어 아료를 지공하되 전제를 정해 함부로 경작하여 양민을 침범하는 일이 없도록 하는 것이 마땅할 듯합니다.

경강주사의 부역이 날이 갈수록 폐단이 생겨나 삼강 백성들의 원망과 고생이 날로 심해져 가는데 강안은 좁고 배는 커 실상 소용도 없습니다. 이제 주사를 혁파하여 큰 배는 경기 수영에 보내 변란을 대비하는 데 쓰도록 하는 것이 마땅합니다" 하였다.

답하기를, "윤허한다. 장복 등의 제도는 거기에 대한 법전이 있는데도 근래에는 분수에 넘치는 짓을 꺼리지 않고 하고 있으며 아랫사람들까지도 그러하여 내가 늘 놀랍게 여겨 왔다. 헌부는 어째서 자기의 직책을 잘 살펴서 조관의 경우에는 논박하고 서인은 추신하지 않는가. 수령의 아공 같은 일들은 거기에 대한 법전이 있으니 단지 법 밖의 분수없이 날뛰는 간교한 자들만 다스려야지 별도로 둔전을 허락하면 반드시 큰 폐단이 생겨날 것이다. 주사를 둔 것은 뜻이 있는 것이니 폐단이 있을 경우 그 폐단만을 제거하여야지 혁파하기까지 하는 것에 대해서는 어떤지 모르겠다. 다시 의논하도록 하라."

9월 27일 제독 이승훈, 안찰 두잠, 유격 장양상, 유격 이천상, 유격 이향, 수비 이응창이 모두 돌아가게 되었다.

모화관에서 제독 이승훈의 전별연을 행하였다. 그런데 선조는 중국군 철수를 국가가 무너지는 것으로 생각하였다. "오늘날 중국군이 철수한 것은 승문원이 글을 잘못 지은 데서 말미암은 것이다. 우리나라는 본디 문자를 조금은 안다고 일컬어져 왔는데 국사가 끝내 문자로 인해 무너졌으니 매우 가슴 아프다. 제술관 허징은 공죄라는 이유로 용서할 수 없다. 삭직하라" 하였다. 정말 한심한 임금이었다.

10월 3일 공명고신첩 등을 없애게 하였다. 한참 늦은 조치였다.

"전에 들으니, 공명고신첩을 여러 관아에서 미리 작성하여 간직한다고 한다. 공명고신첩이 혹 조신들이 국가의 헌장을 멋대로 도적질하거나 간악한 아전들이 농간을 부려 주머니를 채우는 수단이 되었다. 그러니 모든 성첩된 공명고신첩·허통첩·면역첩·면천첩 등을 정원에서 하나하나 조사하여 가져다 불태우도록 하라" 하였다. 공명고신첩 등은 불태우는 것이 당연하였다. 그러나 이것을 가지고 양향을 모집하고 기계를 모집할 때에 이미 주었던 것까지도 몰수하였다. 결과적으로 국가의 신용만 잃어버렸다.

대립하는 것을 금하게 하였다.

"나라는 군사로써 보위되는 것인데 우리나라는 군사가 없는 나라로서 단지 상번 군사만이 있을 따름이다. 그런데 중간에서 종의 무리들이 각자 대립하니 매우 해괴한 일이다. 군대가 이 지경이니 나라가 어떻게 유지되겠는가. 평소에도 대립시키는 폐단이 있었던 까닭에 상번 군사의 용모와 나이를 대조해 보고 사조를 물어보는 규례가 있어 유사가 때때로 적발, 보고하여 다스리곤 했었다. 그런데 난리를 겪은 이후로는 이런 일이 있다는 말을 아직 듣지 못했다. 이후로는 각별히 적발하도록 하여 대립한 자와 대립시킨 자를 모두 엄히 다스려 군대에 충원시키거나 형벌을 시행하도록 하라. 그리하여 한편으로는 군령을 엄중히 하고 한편으로는 변방을 튼튼히 하도록 따로 공사를 마련하라고 병조에 말하라."

10월 4일 비변사가 공안을 수정할 일로 아뢨다.

"공안을 수정하는 일은 사체에 있어 중대한 것입니다. 토산품의 유무는 옛날과 현재가 다르니 서울에 앉아서 멀리 헤아릴 수 없습니다. 반드시 제도의 감사들에게 이문하여 오가며 헤아려 본 다음이라야 결정할 수 있을 것이며 시행 사목은 추후에 마련하여 계하해야 할 것입니다. 그리고 낭청 3명은 의당 우선 차출하여 팔도를 나누어 맡아 문서를 전적으로 관리토록 해야 할 것입니다. 이같이 막중한 일은 당연히 여러 사람의 의견을 모아야 합니다. 당상관이 부족한 듯하여 8명을 더 서계합니다" 하니, 알았다고 하였다.

이어 전교하기를, "공안은 우선 전의 것을 그대로 사용하라. 이 시기에 공안을 어떻게 만들 수 있겠는가" 하였다. 가장 중요한 현안인 공안을 수정하는 일은 선조의 이런 명으로 인하여 또 물거품이 되었다. 백성들의 고충을 생각하는 임금은 전혀 아니었다.

10월 25일 행 호군 조정지가 상소하여 죽은 중전 박씨의 장지로 윤두수의 선산을 거론하였다. 그 대략에, "장단에 있는 윤두수네 묘산이 국장에 매우 적합합니다. 그것에 대해 빈청에서 말을 꺼낸 사람까지도 있었는데 대신들이 두수의 위엄과 권세를 두려워하여 거론하지 않았고 삼사마저도 말하지 못하였습니다. 이는 모두가 자기 당만을 보호하느라 군주를 저버린 것으로 온 조정이 군주를 속인 것이니, 신이 슬픔과 아픔을 이기지 못하여 감히 이를 곧이곧대로 아룁니다. 제가 말을 하면 화가 닥쳐 반드시 앙화를 받을 것인 줄은 잘 알지만 후일에 전하의 조정에 직신이 있었음을 알리고자 하는 심정에서 아뢰는 것일 뿐입니다" 하였다.

다음 날 놀란 윤두수가 아뢰기를, "소신네 선세의 묘소는 고려 때부터 장단에 써왔는데, 개성과는 1식정이며 왕성과는 5식정의 거리입니다. 다만, 당초부터 간심할 대상으로 거론되지 않았고 소신도 풍수설을 몰라 국용에 적합한지의 여부를 잘 알지 못했었습니다. 이번 조정지가 상소하여 소신네 선산이 국용에 합당하다고 극론하며 심지어는 위세를 두려워하여 거론하지 못했다고까지 하였습니다. 만일 이 말대로라면 신은 더할 나위 없는 권신입니다. 신은 그 말을 듣고 나서부터는 머리털이 하늘로 솟구치고 몸이 후들후들 떨려 어찌해야 할 바를 모르겠습니다" 하였다.

윤두수네 집안이 융성한 것은 한 시대에 보기 드문 일이었다. 형제가 훈신으로 1품의 반열을 차지했고, 네 아들은 모두 과거에 급제하여 청현의 길에 올랐으며, 맏손자는 옹주에게 장가들어 부마가 되었고, 그 나머지 여러 조카들과 손자들도 모두 수령이 되었다. 이 때문에 사람들이 간혹 그 선대의 산소가 좋다고들 말했다. 그러나 장단은 서울과 너무 멀리 떨어져 있어서 국장으로 거론된 적은 전혀 없었다. 아무리 당파가 달라 모함하고 시기한다 하여도 조상의 무덤을 거론할 수는 없는 일이었다. 조정지는 보통 사람으로서는 할 수 없는 아주 비열한 못된 짓을 한 것이었다.

사관은, '조정지의 사람됨은 혼미하면서 망령되고 경솔하면서 사특하였다'고 하였다. 그리고 '소가 들어갔을 때 만일 상께서 엄한 꾸지람으로 내쳤더라면, 거짓으로 참소하는 짓이 필연코 고개를 숙였을 것이다' 하였다.

왕비의 인산에 대하여 박자우가 근거 없는 말을 지어낸 뒤로부터 지관들의 설이 서로 엇갈려 기내 백 리 안에 있는 사대부의 묘산을 자세히 살피지 않은 곳이 없었으며, 장소와 산역을 조석으로 변경하니 역부들이 굶주리고 추위에 떨며 도로에서 울부짖었다.

11월 9일 영의정 이항복이 최종 결정을 아뢨다.

"두 산등성이의 우열에 대한 견해가 서로 차이가 있지만 여러 사람의 서로 엇갈리는 의논도 서로 비등하니 전에 아뢴 말씀에 의하여 지금 두 번째 산등성이를 쓰기로 하고 겸하여 방위를 따르는 것이 정세에 진실로 합당하겠기에 감히 아룁니다" 하니, 아뢴 대로 하라고 답하였다.

이렇게 하여 인산을 능 안에 정하니 조야가 흡족해하였고 사람들은 수고로움을 잊었다.

돌아가는 중국 장수들은 대부분 배를 이용하고 있었다. 걸어서 행군하는 길이 멀고 힘들기도 하지만 강성해지고 있는 요동의 오랑캐가 두려워 뱃길을 택했다. 그런데 그 뱃길이 순탄하지 않았다. 비변사가 아뢰기를, "장 유격, 가 유격, 오도사가 풍세가 순조롭지 못하여 서쪽으로 돌아가지 못하고 얼어붙은 강물이 풀릴 때까지 기다릴 계획으로 연안·교동·삼화 등지에 나누어 머물고 있으니 관리를 보내 위로하게 해야 하겠습니다. 해조로 하여금 속히 거행하게 하소서" 하였다.

통판 도양성이 계첩을 올렸는데 우리나라의 폐단을 잘 지적하였다. 정말 새겨듣고 실행해야 할 내용이었다.

"첫째는 험준한 곳에 관방을 설치할 것, 둘째는 성지를 수축할 것, 셋째는 전선을 만들 것, 넷째는 기계를 마련할 것, 다섯째는 의갑을 정비할 것, 여섯째는 봉화와 돈대를 증축할 것입니다. 이상 여섯 가지 사항을 최선을 다해 시행해야 할 것이니 왜적을 방어하기 위한 방법은 여기에서 벗어나지 않습니다. 다만 조선에는 오랫동안 쌓여온 병폐가 있는데 그것을 지금 빨리 고쳐야 합니다. 왜 그런가 하면 천하에는 병사가 되어 양식도 없이 수자리 사는 자가 없는 것이며, 또한 공을 세웠는데 상을 받지 않고 자기 몸을 바치는 자는 없을 것입니다. 그리고 급한 때를 당하면 농민을 징발하여 양식을 직접 가져오게 하였다가 양식이 다 떨어지면 즉시 돌아가게 하니 이들을 병사라 말할 수 있겠습니까. 벼슬을 하는 대가에서는 병사로 나가는 자가 없고 소호나 노예들만이 병사가 되는데 그나마 국법에 구애를 받아 벼슬을 주지도 않으며 설사 이름난 왜추의 수급을 많이 참획했다 해도 베 두어 필을 상으로 주는 데 지나지 않으니, 이것으로 사람을 고무시켜 명을 따라 서로 앞장서게 할 수 있겠습니까. 무공이 진작되지 않는 데에는 참으로 근본적인 곡절이 있으므로 일일이 구제할 수는 없겠습니다. 본국에서는 이미 은을 쓰지 않고 있는데 모든 병사에게 매월 식미 4두 5승을 주고, 매년 의포 6필과 면화 4근, 그리고 여름옷 베 3필을 준다면 그들을 훈련시킬 수 있습니다. 그리고 군공을 세운 자는 군도로서 참형과 교형에 해당하는 자라도 논하지 말고 일체 벼슬을 높여 주고 벼슬을 원하지 않는 자는 은 50냥을 상으로 준다면 사람들이 공을 세우는 데에 용감할 것입니다. 이렇게 하는 데에도 무공이 진작되지 않은 경우는 없습니다. 요컨대 본국이 반드시 실행하는 데에 달려 있다 하겠습니다" 하였다.

영평통판 도양성과 유격장군 오종도 등이 모두 돌아가니, 도양성은 이해 8월에 다시 왔다가 이번에 돌아간 것이고, 오종도는 수병을 거느리고 강화에 오래 머물러 있다가 이번에 역시 돌아갔는데, 뒤에도 우리나라 경대부에게 안부를 물어 오래되어도 더욱 두터웠다.

이렇게 중국군은 모두 돌아갔다. 명나라가 우리나라를 지원한 것을 보면, 절(浙)·섬(陝)·호(湖)·천(川)·귀(貴)·운(雲)·면(緬) 등 남북 군대를 징발한 것이 통계 22만 1천5백여 인이고, 식량으로 소비된 은이 약 5백83만 2천여 냥이며, 쌀과 콩을 교역한 은이 또 3백만 냥으로서 실제로 쓴 쌀이 수십만 석이었다.

11월 11일 도로의 역참은 그 역할이 막중했다. 도체찰사 이원익이 치계하여 역의 이졸은 세전하는 규례가 있어서 타색 사람으로 까닭 없이 이정할 수 없지만 그중 피차 비슷하여 역에 복속시켜도 될 만한 자를 각 조목으로 개록한다 하였다.

"역리가 각사 노비에게 장가들어 낳은 자녀는 역리의 양역은 되지 못하더라도 역졸 노비의 예로써 역 사환에 속하도록 하고, 역리가 낳은 여인이 각사 노복에게 시집가서 낳은 자녀는 역리가 공사천에게 장가가서 낳은 자식의 예를 따라 시행하고, 역리 소생의 딸이 양부에게 시집가서 낳은 자녀는 역에 속하도록 하는 법례가 본디 있으니 지금 다시 밝혀서 거행하고, 역졸이 각사 노비에게 장가가서 낳은 자녀는 역 사환에 속하도록 하고, 각사 노비로서 역 이졸과 더불어 인근에서 거주하거나 족속들과 같이 거처하면서 역역을 서로 돕는 자는 비록 길이 역역에 정할 수는 없지만 역졸의 예대로 이름을 초록하여 계문하고 호역과 공물을 면제해 준 다음 그들로 하여금 역을 돕도록 하고, 옮겨 오고 옮겨 가는 사람으로서 부역이 없는 자가 역 이졸의 인근에 거주하는 족속들과 역역을 서로 돕는 자를 역졸의 예대로 호역을 면제해 주고 역역을 돕도록 하는 것이 어떻겠습니까? 이상 6조를 병조로 하여금 급히 결정하여 행할 만한 조목은 전교를 받들어 거행하게 하소서" 하였다. 역리의 신분 하나도 이렇게 복잡하였다.

11월 16일 제색 군사 중에 실역을 이미 마친 자이거나 혹 연한이 이미 지난 자 또는 폐질이 있는 자를 본 고을에서 항목과 아울러 병사와 수사에게 봉송하면 친히 살펴 군적에서 면제시켜 주는 것이 전래의 법례였다. 그런데 병란 이후로는 상황이 긴급하여 병사와 수사가 멀리 변방에 있게 되자 내지의 각 고을에서는 늙고 병든 자와 가난하여 구걸하는 자, 의탁할 데 없는 자들이 병영과 수영에 찾아가 보고할 수가 없었다.
도체찰사 이원익이 이런 군적의 억울한 일을 아뢨다. 나이가 일흔이 넘기도 하고 혹 전신불수가 된 자들이 군부에 적혀 있어서 군부를 살펴 방수를 독촉하면 침해가 이웃과 친족에게까지 미쳐 원통하게 울부짖는 소리가 길에 가득하니 지극히 한심하다 하였다.

11월 18일 도승지 윤돈 등이 중국군 도망병 문제를 아뢨다. 도망병을 잡는 문제로 중국에서는 위관까지 파견하여 잡아들이고 있었다.

11월 24일 호조에서 경비 확보책을 아뢨다. '근래 매전 1결에 미·두를 각기 1두씩 받는 것이 그동안 실시해 왔던 규정입니다. 그러나 지금은 마땅히 이를 혁파하고 대미만을 바치게 하여 앞으로 불시의 쓰임에 대비하여야 합니다. 명년에 만약 대단한 지출이 없고 또 절약하여 조금이나마 저축할 수 있게 되면 각도의 기인 등의 긴요한 역에 도와줄 수도 있습니다' 하니, 윤허하였다.

당시 왜란이 8년이나 되어 국가의 물력이 탕진되었는데, 그 문제를 해결할 만한 대책이 없었다. 조정에서는 감사에게 책임지우고 감사는 군읍에 책임 지웠다. 군읍에서 거두어들이는 것은 모두가 민간에서 나오는 것이었다. 전결의 많고 적은 것으로 두곡을 정하는데 종류도 많았다. 호조 포가, 감사 수미, 어사 모곡 등 그 종류가 하도 많아 백성들이 기억할 수조차 없었다. 이 때문에 백성들은 서로 도모하여 전결을 줄이는 것을 상책으로 삼았고, 하리는 이를 기회로 삼아 멋대로 증감했는데도 수령은 그것을 금지시키지 못하였다. 병란으로 전답문서가 소실되어 적은 것을 많다 하고 기전을 진전이라 하여 실정을 파악할 수가 없었으니 전제의 문란이 극도에 이르렀다. 이에 경차관을 나누어 보내 바로잡으려 하였으나 끝내 개정하지 못하였다.

11월 25일 《무경요람》 8권을 판중추부사 이덕형에게 내리면서 일렀다. "요즘 병사 조련은 어느 정도이며 얻은 사졸은 얼마나 되며 군사들의 용감성은 어느 정도 양성되었으며 군중의 사정은 어떠한가? 무예가 높아야만 마음과 담력이 견고해지는 것이니 훈련을 부지런히 시키지 않을 수 없다. 오늘날 국사는 그 중대함이 이보다 더한 것이 없으니 그 밖에는 모두 소소한 일들이다. 경은 더욱 수고하라. 나는 경만 믿는다. 지금이 책을 보내는 것은 제도가 제법 갖추어져서이다. 취할 만한 점이 있을 지도 모르니 보고 난 다음 도로 들이라" 하였다.

11월 29일 훈련도감이 섭정국의 허망함을 아뢨다. 섭정국은 중원 사람인데 한 달 정도면 약한 병사를 굳센 병사로 바꿀 수 있다고 큰소리쳤으므로 그로 하여금 머물러 교련하도록 하였다. 그런데 점차 실태가 드러나고 말이 궁색해지자 기도한다는 말로 핑계하고 온 나라 사람들의 이목을 호도하려 하였다. 술법을 쓴다 하는데 허황됨이 심했고 그 술법마저 징험이 없이 세월만 보내고 있었다. 그의 의도는 우리나라의 공상을 탐내어 오래 머무르려고 하는 한편 이것을 중국에 과장하여 뒷날 출세하는 바탕으로 삼으려는 것이었다.

사관은 '애석하다, 상의 총명함으로 어찌 그의 요망함을 알아차려 일찌감치 배척해 끊어 버리지 못하고 만에 하나 기대하는 것을 면치 못하였단 말인가. 아, 의혹스럽다' 하고 논하였다.

12월 1일 근일의 춘추관 일기를 살펴보면, 임진년 한 해 동안의 일은 전혀 기록하지 않았고, 계사·갑오·을미 3년간의 일도 기록하지 않은 부분이 10개월이나 되는데, 당시 사관의 성명도 기록되어 있는 곳이 없기 때문에 상고하여 추수할 방법이 없었다. 병신·정유·무술·기해 4년의 역사는 1년의 기록 중에 빠뜨리고 기록하지 않은 부분이 많은 경우는 8~9개월이고 작은 경우도 4~5개월 이상이었다. 이에 춘추관 낭청이 그동안 누락된 역사를 추술할 것을 건의하였다.

"잘잘못은 일시에 행해질 뿐이지만 시비는 만세토록 결정되는 것입니다. 예로부터 국가에서 사관을 중히 여겼던 까닭은 일시의 잘잘못을 기록하여 만세의 시비를 기다렸던 때문이었습니다. 그러므로 나라는 망할 수 있어도 역사의 기록은 빠뜨릴 수 없었던 것이니, 혼란하고 경황이 없는 때이더라도 역사를 기록하는 일만은 더욱 삼가야 하는 것입니다. 그런데 지금에 와서도 그대로 버려두고 마음을 쓰지 않는다면 조선은 끝내 역사가 없는 나라가 되어, 후세에 논하는 자들이 오늘의 잘잘못과 성패에 대해 살펴보려 해도 의거할 곳이 없게 될 것이니, 이보다 더 한심스러운 일이 없습니다. 일이 비각에 관계된 것이어서 외인들이 알 수 없는 것이기 때문에 9년의 세월이 흐르도록 아직까지 조정에서 대대적인 조처를 취하지 않았으니, 이 역시 괴이한 일입니다. 지금 정리하고 바로잡아 고치려 해도 매우 산만하여 착수하기가 쉽지 않은데, 세월이 더 흐른 뒤에는 사적이 인멸되어 세상에 전해지지 않게 될 것입니다" 하였다.

선조가 답하기를, "의거할 만한 것이 없는데 추술한다면 진실을 왜곡시킬 뿐 아니라 반드시 의외의 폐단이 있을 것이니, 이 일은 매우 곤란하다" 하였다. 선조 자신의 시비와 잘잘못을 논하는 자들이 많을 것을 싫어한 것이었다.

이에 춘추관 낭청이 다시 영사·감사와 여러 당상들의 뜻으로 아뢰기를, "그 당시 사관들의 가장 일기에는 반드시 근거할 만한 글이 있을 것이니, 지금 각 사관으로 하여금 그 일기를 상고하여 추술하도록 독촉한다면 자세히 갖추어지지는 않는다 하더라도 그런대로 역사의 기록은 이루어질 수 있을 것입니다. 그러나 만약 몇 년이 더 경과하면 당시 사관들이 모두 죽고 사료도 흩어져서 모든 것이 없어지고 나면 구름 속을 나르는 기러기가 한번 날아간 뒤에는 다시 흔적조차 없는 것과 같아져서 비록 역사를 편수하고자 하여도 상고할 만한 전거가 없어 끝내 역사가 없는 나라가 되고 말 것입니다. 그러므로 아직 다 산망하지 않은 지금 독촉해서 추술하고자 하는 것입니다. 감히 아룁니다" 하였다. 이번에는 할 수 없이 윤허하였다.

그리고 "역사는 사실을 기록하는 것이므로 반드시 근거할 수 있는 사실에 의거하여 기록해서 후세에 전해야 하니, 사관들로 하여금 자의로 추술할 수 없게 하여야 할 것이다. 만약 사실대로 기록하지 않는다면 관계되는 바가 가볍지 않다" 하였다.

도서책을 올리는 자가 많았는데, 그때마다 가상하다느니 매우 기쁘다느니 하면서 관직에 제수하고 물품을 하사하는 경우가 잇따랐다. 그러나 진언으로 인하여 상을 받은 자는 한 사람도 없었으며, 또 한 사람도 진언하는 자가 없었다.

사관은 '어찌 그런 사람이 없어서이겠는가. 상의 좋아하고 싫어함이 그렇게 만든 것이니, 아, 한탄스럽다' 하고 한탄하였다.

전라감사 이홍로가 전라병영의 이설을 아뢰었다.

"장흥에 병영을 설치한 뒤로 백성들이 모두 흩어질 마음을 품었었는데, 봄이나 여름에 병영을 이설한다는 의논이 있자, 백성들은 오히려 기대하는 마음이 있었습니다. 그런데 요즘 비변사 공사로 인하여 우선 그대로 놓아두니, 본성 인민들이 거듭 희망을 잃었습니다. 신이 사정을 참착하여 헤아려 보건대, 영문은 체면이 주나 군과 같지 않은데, 영과 부의 아문을 한 성 안에 아울러 설치하면 백성을 침학하고 소요를 일으키는 일이 실로 한두 가지가 아닐 것으로, 민정이 좋아하지 않는 것은 당연한 이치입니다. 구영의 영속들은 전에 있던 곳으로 환설하기를 간절히 바라고 있으니, 이 기회에 쾌히 환설을 허락한다면 소요해진 장흥의 인심을 안정시키고, 환설을 바라는 영속들의 여망에도 부응하게 될 것입니다" 하였다.

병영이 있어 백성들에게 좋은 점이 있어야 하는데 오히려 착취만 당하니 당연히 싫어할 수밖에 없었다.

12월 6일 사간원이 군읍의 군사훈련을 엄히 시행하게 할 것을 청했다.

'오늘날의 일 중에는 군졸을 조련시키는 것보다 더 급한 것이 없습니다. 서울에는 훈련도감이 있지만, 외방에는 근래 일이 많음으로 인하여 중요한 훈련을 폐한 지가 이미 오래이니 매우 한심합니다. 비변사·훈련도감으로 하여금 훈련에 대한 절목을 거듭 밝혀 각도 각읍에 엄히 신칙하되, 숫자 많은 것에만 힘쓰지 말고 장정을 정선하여 대오를 편성해서 날마다 연습하게 해 실속 없이 남잡하기만 하여 한갓 민폐만 끼치던 지난날처럼 하지 말게 하소서.'

12월 13일 각 관사의 역을 경감할 것을 전교하였다.

"근래 제사가 사체는 헤아리지 않고 어지럽게 계청하는데, 병조에 이미 가포가 없다면 이 가포를 장차 어디에서 거두겠는가. 전쟁을 치르고 난 뒤에 생민들이 도탄에 빠졌고, 부상당한 자가 아직 일어나지 못하였으며 앓는 자가 아직 소복되지 않았다. 백성들은 집안의 수입과 전지의 소출을 다 합하여도 오히려 역가를 공급하기에 부족한 실정인데, 여기 있는 유사들은 민간의 사정은 돌아보지 않고 오직 목전의 편리함만 따르고 있을 뿐이다. 군사에게 수탈하는 폐단을 통렬히 혁파하자, 병조로부터 가포를 징구하지 못할까 걱정하여 병조를 끝없는 욕망을 채우는 곳으로 여기고 있으니, 이것이 어찌 오늘날에 해서 되는 일이겠는가.

지금 종묘와 사직도 세우지 못하고 백관도 갖추지 못하였으며, 내시와 위사도 갖추지 못하고서 임금이 민가에 거처하고 있으니, 지금이 과연 어떤 때인가. 그런데 모든 유사들은 부리는 사람과 공급하는 사람을 많이 책정하여 각기 맡은 일을 집행하게 하고 있으니, 이런 일은 당장 중지시켜야 할 것이다. 녹봉이 뜻에 차지 않는다면 호조로 하여금 녹봉을 더 주게 하라. 여러 관사 하인의 수가 과다한 경우는 병조로 하여금 그 숫자를 줄이고 참작하여 역가를 주어 외람함이 없도록 하라. 이 뜻을 호조와 병조에 말하라" 하였다.

말로 하는 것에는 언제나 이렇게 일가견이 있었다. 실천이 문제였다.

12월 21일 인시에 의인왕후(중전 박씨)의 영가가 발인하였다.

이해의 다른 일들은,

은의 채취를 엄금하도록 비망기를 내렸다.

"단천의 은광은 조종조 때부터 엄금하여 채광을 허락하지 않았으니, 그 뜻이 깊고도 원대하였다. 임진왜란 뒤부터 의리가 완전히 없어지고 오직 마음 내키는 대로 하였으므로 유사가 감히 취리할 계획을 세우고 본 고을로 하여금 은을 캐게 하였다. 그리하여, 마음대로 하도록 맡겨 둔 채 채취하는 수량에 대해 다시 관섭하지 않았으니, 그간의 일은 이미 헤아릴 수도 없다. 본군의 백성들은 이 은광 채취의 역사로 인하여 침독을 받아 뿔뿔이 흩어졌다. 중외의 모리배들이 멋대로 속임수를 쓰기 때문에 그 폐단이 말할 수 없을 뿐 아니라, 비난하는 소리가 간혹 조신들에게까지 미치니 더욱 통분하다. 이 뒤로는 종전대로 봉폐하여 사적인 채광을 엄금하라. 사실이 탄로되면 본인과 전 가족을 사변시킬 것이고, 수령은 장죄로 논단할 것이며 감사는 파직할 것이다" 하였다.

선조는 하지 말라고 하는 명령에는 아주 큰소리로 힘이 넘쳤다. 하자는 것에 그렇게 힘이 넘쳤으면 좋았을 것이다.

중강 개시가 있은 이후 여러 해 동안 매매한 결과 우리나라 백성들이 이득을 본 것이 많았다. 그런데 요즈음은 무뢰배들이 몰래 서로 왕래하면서 외람된 짓을 많이 한다 하였다.

이에 비변사가 "지금 이를 금하지 않는다면 뒤 폐단을 막기 어려울 것이니 승문원으로 하여금 속히 혁파시켜 달라는 뜻으로 글을 만들어 경리아문에 이자하게 함이 어떻겠습니까?" 하였다. 뒤에 호조에서도 중강개시를 정지할 것을 말하니, 선조가 "이는 나의 뜻이기도 하다. 이번에 아뢴 뜻으로 감사와 의주 부윤에게 하서하되 '우리나라 장사치들을 일체 몰아내도록 하라. 영을 내린 이후에도 전처럼 숨어서 장사하는 자는 그를 유숙시킨 주인까지도 잡아 가두고 계문하도록 하라. 뒷날 어사가 척간할 때 들키거나 혹 소문으로 발각되는 날이면 경도 책벌을 면치 못할 것이다. 그리고 연경에 가기 위해 강을 건널 때에는 정해진 물품 이외에 금지하는 물건을 못 가져가게 금단할 것이며, 중국 사람과 우리나라 사람들이 금제를 무시하고 왕래하는 것도 허락치 말아 강역을 넘나드는 것을 엄중하게 하도록 하라'는 말을 넣도록 하라" 하였다.

그러나 뒤에 평안감사 서성이 중강개시 정지를 미루자고 하여 따랐다. 중국군이 모두 철수하였지만 아직 남아 있는 사람이 많고 연락 차 왕래하는 사람이 많으니 내년으로 미루자고 한 것이었다.

변화를 추구해 앞으로 발전해 나아가는 것은 없었다. 대부분 전쟁 전의 상태로 돌아가고 있었다. 관리들의 횡포와 부정부패, 백성들의 원통함과 고달픔은 여전하였다.

지방의 공물을 거두어들일 때 이른바 작지라는 것을 해조에서 목면으로 대신 징수하였다. 이는 백성을 괴롭히는 폐해로서 평상시에 있어 온 것이나 난리가 난 뒤 이런 따위의 폐습은 모두 없앴었다. 그런데 지난해부터 옛날의 폐단이 되살아나서 백성들의 고통이 심하게 되었다. 더구나 이 작지는 애당초 국용과는 관계가 없는 것이었다. 그런데도 매우 급하게 독촉해 징수하고 하리들이 이를 기회로 날뛰어 백성들의 원성이 높았다.

정언 이성록이 아뢰기를 백성들이 회복될 때까지 몇 년 동안을 한정하여 난리 후의 법규대로 일체를 중지시켜 조금이나마 은혜를 입게 하자고 하였다.

요직에 있는 자들이 수령으로 나가기를 자주하므로, 전교하였다. "각 사의 관원을 자주 바꾼다면 어떻게 그 임무를 수행하겠는가. 수령은 육조의 낭관이 아니더라도 일을 해낼 수 있으니 그들에게 직임을 오랫동안 맡게 하여 직책을 수행토록 하라."

사명을 받든 공차인들은 인마를 지나치게 책정하여 조금만 뜻대로 하지 않으면 심하게 매질을 하고, 수령들은 위협적인 명령에 겁이 질려 그릇된 법인 줄 알면서도 머리를 숙이고 책임이나 면하려 하였다.

이에 사헌부가 아뢰기를, "나라의 기강이 날로 해이해져 법을 지키지 않는 자가 많습니다. 요즘처럼 백성이 궁핍하고 재력이 고갈된 때에 한 마리의 말이나 한 명의 인부를 징발하려면 바로 민폐에 관계되는데, 조정의 금령은 고려하지도 않고 여러 고을에 해를 끼침이 한결같이 이에 이르렀으니, 심히 놀라운 일입니다. 이후부터는 사명을 받든 공차인들이 데리고 가는 인마를 한결같이 지난날 사목에 의거하여 거행하도록 거듭 밝히소서. 그래도 여전히 지나치게 데리고 가는 자는 본도 감사에게 사핵해 아뢰도록 하여 중형을 부과하소서" 하니, 아뢴 대로 하라 하였다.

죄수를 직접 담당하는 아문은 법전에 명백하게 실려 있었다. 그런데도 난리 이후로 담당하는 아문이 아닌데도 사람을 멋대로 가두기도 하고 석방하기도 하였다. 심지어는 여러 도감 낭청이 이를 빙자하여 사사로운 일로 마음대로 잡아 가두기까지 하고 있었다.

이에 간원이 아뢰기를, "이제부터는 직접 담당하는 아문이 아니면 반드시 법전대로 형조에 이첩하고, 도감 낭청은 죄주고 가두어야 할 자를 반드시 당상에게 고하여 같이 서명한 뒤에 가두든지 석방하든지 하게 하여 형옥의 정사를 중히 하소서" 하였다.

왕자들의 횡포 중 이해에는 순화군의 악행이 두드러졌다.

7월 16일 순화군이 입에 담기도 어려운 패륜의 죄를 저질렀다. 선조가 이 일로 비망기를 내렸다.

"순화군 이보가 어려서부터 성질이 괴퍅하여 내 이미 그가 사람 노릇을 못 할 줄 알아 마음속으로 항상 걱정하였는데, 성장하자 그의 소행은 차마 형언할 수 없었다. 앞서 여러 차례에 걸쳐 살인을 하였으나 부자간의 정의로 아비가 자식을 위해 숨기며 은혜가 의리를 덮어야 하기 때문에 그때 나는 한마디의 말도 하지 않고 유사의 조처에 맡겨 두고서 오직 마음을 태우고 부끄러워할 뿐이었다. 그 후 대사령으로 인하여 다행히 죽음을 면하였으나 패악한 행동은 더욱 기탄하는 바가 없었다. 오늘 빈전의 곁 여막에서 제 어미의 배비를 겁간하였으니 경악을 금할 수 없다. 내 차마 입 밖에 내지 못하겠으나 말하지 않을 수 없다. 국가의 치욕과 내 마음의 침통함을 어떻게 말할 수 있겠는가. 내가 이 자식을 둔 것은 곧 나의 죄로서 군하를 볼 면목이 없다. 다만 내가 차마 직접 정죄할 수 없으니, 유사로 하여금 법에 의해 처단하게 하라" 하였다.

이에 대해 정원이 신자로서 차마 읽지 못할 점이 있다고 하였다.

전교하기를, "알았다. 은밀히 한 짓을 위에서 드러내 말하는 것이 아니다. 그 은밀히 한 짓과 겉으로 드러내 한 행위가 그 정상이 무엇이 다르겠는가. 그러나 이는 대낮 많은 사람이 있는 중에 강제로 붙잡아 겁간하였기 때문에 이와 같이 말한 것이다. 이 일을 온 대궐 안에 있는 사람들이 모르는 자가 없기 때문에 말한 것이다. 이 곡절을 정원만이 알고 조보에는 내지 말라" 하였다.

수원으로 유배하기로 하였다. 가까운 곳으로 결정한 선조의 핑계는 보고하기 쉬운 곳으로 한다는 것이었다. 그러나 백성들을 생각하는 임금이라면 자기 자식에게는 훨씬 더 가혹한 형벌을 가할 필요가 있었다. 은혜가 의리를 덮어야 한다 하였다. 선조는 자신만 생각하여 자기 자식에게는 은혜가 있고 백성들에게는 더 큰 은혜가 있다는 것은 생각하지 않았다. 선조 말년의 실정이 시작되고 있었다.

순화군을 수원에 정배한 것은 그곳이 서울에서 가깝고 길도 곧아 그가 폐단을 일으키는 일들을 쉽게 들을 수 있는 점 때문이었다. 말 그대로 순화군은 계속 폐단을 일으켰고 선조도 당연히 알게 되었다.

10월 18일 비망기를 내렸는데, "이번에 마침 물건을 하사할 일이 있어 사람을 보내 살펴보게 하였더니, 그가 폐단을 일으키는 것이 한두 가지가 아니었다. 형장을 늘어놓고서 하인들에게 멋대로 형벌을 가해 향리 두 사람이 현재 형장을 받아 곧 죽게 될 형편이라고 하니, 매우 놀라운 일이다. 그 고을의 수령은 그가 멋대로 형장의 도구를 가져가는 것을 엄중히 단속하지 않아 무고한 백성으로 하여금 그의 잔인한 학대를 받게 하였을 뿐만 아니라, 온갖 폐단을 일으킨 실상을 감사에게 보고하여 위에 아뢰도록 하지도 않았다. 그리고 순화군이 내려간 지 며칠 후에 상중에 있는 순화군에게 꿩과 닭을 가지고 가 납공하기까지 하였으니, 그의 법을 무시하는 패악한 짓과 아양을 부리는 간사한 태도는 극도에 이른 것이다. 부사 최산립은 나래하여 추국하도록 하라. 그리고 폐단을 부린 일에 대해 데리고 있는 종이 낱낱이 알고 있을 것이니, 종도 또한 잡아 올려 치죄하도록 하라. 최산립은 파출시키고 대간이나 시종의 관원 중에서 강명하고 법을 잘 지키는 자를 특별히 가려 보내도록 하라" 하였다. 못된 아들놈 처벌할 생각은 안하고 또 관할 수령만 억울하게 처벌하였다.

삼공이 순화군을 다시 서울로 불러올려 별도로 집을 골라 있게 하되, 담을 높이 쌓고 문을 단속하여 드나드는 것을 엄중히 금하여 감히 제멋대로 날뛰지 못하게 하고, 또한 무뢰한 하인들이 방자히 드나들지 못하게 한다면 시세를 따르는 도리에 있어서 양쪽 모두가 온전하게 될 듯하다고 하였다.

11월 25일 순화군 이보의 작폐를 말하였다. 이번에는 선조의 비망기가 아니라 사헌부가 아뢨다.

"순화군 이보는 심성을 잃어 이미 교화하기 어려운 사람이 되었습니다. 상께서 사랑하는 마음을 끊고 법을 보이시어 특별히 외방으로 내쳐서 두려워하는 마음을 갖고 근신하게 하였으니, 보고 듣는 자들로 어느 누가 감격하지 않았겠습니까. 그러나 배소로 떠난 후로 방자함이 날로 심해져 회개할 줄을 모르고 오히려 사리에 벗어난 일을 시키며 조금이라도 자기 뜻대로 되지 않으면 문득 가혹한 형벌을 가하여 무고한 자가 곤장을 맞아 죽게 하였습니다. 이에 도망하여 피하는 자가 많아지고 온 부의 사람들도 모두 두통거리로 여기고 있습니다. 만약 지금 당장 처리하지 않는다면 기내의 큰 부가 폐허가 될 뿐만 아니라 의외의 변이 일어나 위로 성명의 후회를 끼침이 반드시 적지 않을 것입니다. 만약 그를 도성 안에 있게 하여 담장을 높이 쌓고 문금을 엄하게 한 다음 출입하지 못하도록 한다면 그가 비록 심성를 잃기는 했지만 지척에 계신 상의 위엄에 필시 주의하게 될 것이니, 그렇게 되면 후일 난처한 상황은 벌어지지 않을 것입니다. 전일에 대신이 아뢴 대로 속히 거행하소서" 하였다.

답하기를, "도성 안에 들어오게 할 수 없으니 본부에 있게 하고서 출입하지 못하도록 하라" 하였다. 뒤에 다시 요청해도 같은 말만 하였다.

이때 수원부의 사람들은 순화군의 광포함을 두려워하여 모두 다른 곳으로 옮겨가 하루라도 죽음에서 면하기를 바랐으므로 부사가 동헌에 나아가도 급사 소동 몇 사람이 있을 뿐이었다. 갈수록 작폐가 더욱 심하여 부사마저 피해 고을을 떠나니 고을이 텅 비어 장차 폐읍이 될 지경이었다.

순화군만 문제가 아니었다. 임해군은 양상은 다르지만 그에 못지 않았다. 순화군이 일찍이 임해군에게 '나는 비록 경망하여 사람을 구타하지만 형이 남의 전택이나 장획을 빼앗는 것보다는 낫다' 하였는데, 사람들도 이 말만은 그렇다고 여겼다. 대개 임해군은 백성의 재물을 무리하게 마구 빼앗았으니 그 악독함이 더욱 가혹하였다. 때려죽일 놈의 왕자들이었다.

사관은 '대간은 분명히 대신과는 다른 점이 있어야 한다. 순화군이 사람을 죽인 것에 대해서는 적용되는 율이 있기 마련이므로 대간의 입장에서는 법에 의거하여 청해야 할 텐데 그렇게 할 줄은 모르고 한갓 대신의 여론만 주워 모았으니 어찌 풍헌의 자격이 있다 하겠는가' 하고 논하였다.

순화군의 난행은 계속되었다. 12월 14일 경기관찰사 남이신이 보고하였다.

"수원부사 첩정 안에 '금부도사가 담장을 쌓을 때 순화군이 도검거 이정인을 잡아다가 손수 형신하였다'고 하였습니다. 그리고 추보 안에는 '금부도사가 담장을 다 쌓고 궁문을 잠근 뒤에 순화군이 친히 문을 열고 나오니 고을 사람들이 모두 달아나 피하였고, 수령의 하인들이 당한 침탈도 이루 형언할 수 없다'고 하였습니다."

일본에서는 덕천가강이 최고 실력자가 되었다. 이해 9월에 덕천가강이 이끄는 동군과 수길의 아들 수뢰를 위하는 서군이 세키가하라에서 대규모 전투를 벌였는데, 결과는 동군이 대승하였다. 그래서 가강이 실력자가 된 것이다. 서군에 가담했던 소서행장은 참수되었고 가등청정은 동군에 가담해 살아남았다.

대마도주 평의지는 행장의 사위이므로 생사의 기로에 놓였다. 그는 살길을 찾아야 한다. 그 길은 조선 사신을 오게 하는 것이다. 가강에게는 조선의 조공 사신이라는 선물이 될 것이기 때문이다. 이제 대마도 왜적은 더 집요하게 강화와 통신사 파견을 요청할 것이다.

왜적이 물러간 지 2년이 지났다. 그러나 여전히 백성들은 도탄에 빠져 있었고, 나라는 회복의 기미도 없었다. 조정에서는 여러가지 대책을 마련하고 개혁 방안을 내놓기도 하였지만 의지가 약한 선조로 인해 백성에게 혜택이 될 수 있는 중요한 개혁은 시행이 되지 않았다.

명군은 모두 철수해 돌아갔다. 선조가 3천의 군사만 남겨 주기를 애원했지만 명나라에서는 들어주지 않았다. 차라리 잘된 일이었다. 명군 3천의 식량이면 우리 군사 6천은 먹일 수 있을 것이었다. 명나라는 망해가고 있었다. 환관들이 무소불위로 판을 치고 있어 구제 불능이었다.

대마도의 왜적들은 인질로 잡았던 명나라 사람들을 몇 명씩 돌려보내며 화친을 하는 사신을 보내지 않으면 전쟁을 다시 일으킬 것처럼 꾸미고 있었다. 겁 많은 선조는 왜적이 다시 쳐들어올 것에 대한 걱정이 심했는데 명군이 모두 철수하니 믿을 데도 없어졌다. 그래서 이제 그렇게 싫어하던 화친을 자신의 입으로 말하게 되었다.

이산해가 선조의 신임을 잃고 파직되었다. 따라서 당파 싸움도 조금 수그러지는 듯하였다.

그러나 백성에 대한 토색질은 여전하고, 제 궁가에 의한 횡포는 더욱 심해지고 특히 임해군과 순화군의 난행은 극심해지고 있었다. 바로 선조 말년의 난정이 시작되고 있는 것이다.

그리고 중전 박씨(인순왕후)가 훙하였는데 훗날 광해군의 비극을 몰고 오는 죽음이 되었다. 이렇게 또 한 해가 갔다.

03
선조 40년의 세월은 허사였다 :
선조 34~41년

왜적이 물러가고 중국군도 다 철수했다. 그러나 만신창이가 된 백성들에게는 조금도 쉴 사이 없이 많은 요역이 전쟁 전과 같이 부과되었다. 10년 간을 겨우 부지해 온 목숨인데 계속 끝없이 시달리니 백성들의 원망 또한 끝이 없었다.

사관은 '곡식을 바쳤던 무리는 나라가 신의를 저버린 데 대해 원망하고, 전쟁에서 공을 세운 무리는 상격이 폐기된 데 대해 원망하며, 억울한 죄수들은 적체된 옥사에 대하여 원망하고, 시정에서는 무역에 대하여 원망하며, 여러 궁가에서 남의 노비를 빼앗으므로 백성들이 원망하고, 호부에서 공물을 점점 부활시키므로 백성들이 원망하고, 관왕묘의 역군을 해마다 징발해서 백성들이 원망하고, 포수의 보정을 억지로 정하는 것을 허락하여 백성들이 원망하며, 심지어 산릉의 역사와 양전에 관한 일 등 참으로 하지 않을 수 없는 일까지도 무지한 어린 백성들은 오히려 원망하는 실정이니, 지금의 민심을 대강은 알 수 있다' 하였다.

조정은 동서로 갈리고 동은 또 남북으로 갈렸으며, 북은 대북·소북·골복·육북으로 찢겨 서로 싸움만 하고 있었다.

공안, 대립 등 수많은 폐단은 고쳐지기는커녕 정도가 더 심해져 간다.

이 모든 원망과 폐정의 정점에는 혼군으로 전락한 선조가 있었다. 공신 결정에 있어서의 그 후안 무치함, 극악 무도한 자식들을 두둔하는 비열 간악함으로 선조 말기는 그 억울했던 명종 때보다 더한 폭정이 되었다. 이제 원망을 넘어 울분이 치솟는 그런 세월을 겪게 될 것이다.

선조의 나약함, 비겁함, 부덕함으로 국가 재건의 길을 잃다 : 선조 34년 (1601 신축년)

1월 1일 다시 4도 도체찰사에 임명된 이덕형이 남쪽의 상황을 아뢰었다.

군정과 민정이 뒤죽박죽이 되어 있다. 주사 문제는 온 나라가 존망이 달렸다고 하지만 되는 일이 없다. 왕년에 호남에 있으면서 장계를 올린 것이 한 장의 허지가 되고 말았고 지난해 봄에 이항복이 내려가서 올린 것도 한 장의 허지로 화하고 말았다. 그리고 이원익이 내려간 뒤로도 각도의 방백들이 역시 그 문제를 가지고 수삼차 왕복을 했지만 아직까지 완결을 보지 못하고 그럭저럭 세월만 보내고 있다. 육병의 방어 진지 구축 문제에 있어서는 지금 경주·울산 등지에서 전라도 좌계까지 천 리 먼 거리에 인기척이라곤 찾아볼 수가 없다고 하였다.

그리고 "남방의 일은 난리 이후 탕패된 상태인 데다 춘신이 닥쳤는데 제방이 한결같이 텅 비었으니, 만약 뜻밖의 변이라도 있다면 앉아서 토붕와해되는 것을 보게 될 것입니다" 하였다.

이렇게 전쟁이 끝난 지 3년이 되었지만 되는 일도 하는 일도 없었다.

1월 6일 선조가 관리 등용에 신중하고 정밀하게 할 것을 전교하였다.

"전일 승전으로 제직될 사람 또는 선정으로 승진될 사람들을 모두 살펴서 거행하라. 수령은 백성의 휴척이 달려 있어 관계된 바가 가볍지 않으니, 모름지기 정밀하게 선택하라. 초입사하는 사람은 바로 뒷날 수령이 될 사람들이니 그들 역시 모두 식견 있는 사람으로 골라 제수하라. 모든 정사의 즈음에 있어서 신중히 하고 사정에 끌려 용잡한 인물로 구차하게 충원하지 말라" 하였다.

조정은 여러 갈래로 갈라져 한쪽이 득세하면 오직 그 한쪽 사람만을 기용하고 다른 쪽이 득세하면 또 그와 같이하여 인물의 선악은 따지지도 않고 다만 의논이 같으냐 다르냐만 따졌다. 따라서 조정의 기강은 날로 문란해지고 벼슬길도 날로 혼탁해졌다. 이에 이런 전교가 있었다. 그러나 말은 간절하고 좋았지만 아래에서는 전혀 따를 생각이 없었고, 따라서 사정에 얽매이는 폐습은 고쳐질 수가 없었다.

남쪽 지방에는 철물이 많지 않아 총통·전축 같은 것을 만들어 두려고 해도 길이 없었다.

1월 11일 비변사가 아뢰기를 '전일에 유근이 검찰사로 있을 때 전 현령 박수를 시켜 철 채굴을 감독하게 하여 1개월 동안에 많은 양을 채취하였다고 합니다. 은율 등지의 각 고을에는 잡역을 면제하는 대신 병기를 만들라는 공사가 있었으니, 바라건대 본도 감사에게 유시를 내려 종전대로 많은 양의 철을 채취하고 한편 전에 계하한 각 고을로 하여금 총통과 전축을 충분히 만들어 매월 생산량을 헤아려 비변사에 올려 보내고, 그것을 배에 실어 남으로 운반하여 각영에다 나누어 주도록 하소서' 하였다.

1월 17일 다시 체찰사 이덕형과 국정 전반에 대해 의논하였다.
이덕형은 과중하게 몰려 있는 전라도의 잡역을 서둘러 면제해 주어야만 비로소 주사에 전념할 수 있다고 하였다. 사실 이 문제는 이덕형이 전에 상소하였고 이항복과 이원익도 차자로 논한 것이었으나 시행되지 않았다.

선조는 왜적이 다시 올 것을 걱정하였다. "대체 이상하다. 지금 모두들 왜적이 오지 않을 것이다 하여 변방 일들이 해이해지고 있는데 적이 오고 안 오고를 어떻게 미리 알겠는가. 마치 송나라 때 금적이 겨우 물러가자 금방 서로 경축하던 일과 같다. 인심이 이러하니, 역시 변괴이다. 적들이 자중지란이 생겨 쉽게 발동을 못할 것이라고 하는 김대함의 말을 나는 믿지 않는다. 설사 자중지란이 있다 하더라도 대마도는 아주 가까워 배 한 번 타면 금방인데 건너오기가 무엇이 어렵겠는가.

육전에서 승리를 거두면 금방 육전에선 이길 수 있다 하고 수전에서 승리하면 금방 수전에선 승리할 수 있다고 하니 그야말로 시속에서 말한 화살 떨어진 곳에다 과녁을 세우는 격이다. 당초 권율이 행주싸움에서 승리를 거둔 후에는 산성을 지켜야 한다고 하다가 이순신이 수전으로 승전하자 그때는 또 반드시 주사라야 승리를 취할 수 있다고 하니, 도대체 어디서 어떻게 싸워야 반드시 이긴다는 것인가."

또 "서울에는 훈련도감이 있을 뿐이고 군대 수도 겨우 몇 백 명인데 아직 급보하지 못하고 있으니 매우 온당치 않다. 지금 이미 지나간 일이지만 중국군 도망병이 분란을 일으키던 당시 훈련도감의 군대만으로 호위하고 성을 지키게 하였으니, 만약 그 군대가 없었다면 병조가 값을 받고 대립시키는 군대만으로 서울을 지킬 수가 있었겠는가?" 하였다.

또 선조는 원균을 옹호하는 말을 하였다. "원균이 전쟁에서 패한 후로 사람들이 그를 헐뜯고 있으나 나는 원균 같은 자는 용감하고 슬기로운 자라고 생각한다. 우리나라는 누가 한 가지 일을 잘하면 모두 칭찬을 하고 한 가지 일을 실패하면 모두 비난한다. 원래 영웅은 성패를 가지고 논할 수 없다. 원균을 내가 보지는 못했으나, 당초 임진년에 이순신과 마음을 함께하여 적을 칠 때 싸움이 벌어지면 반드시 앞장을 섰었으니, 그가 용감히 싸웠던 것을 알 수 있다. 한산싸움에서 패전한 것으로 다투어 그에게 허물을 돌리지만, 그것은 그의 잘못이 아니라 바로 조정이 그를 빨리 들어가도록 재촉했기 때문이다. 《진서》에 '대장이 죽으면 차장을 참수한다' 하였는데, 원균이 이미 싸움에 패하여 죽었으니 그 휘하들을 비록 다 죽이지는 못할지라도 사실을 밝혀 군율에 의하여 처리해야 옳다. 지금 원균의 후인으로서 고관대작이 된 자가 많은데도 그 싸움에 패한 죄를 유독 원균에만 돌린다면 원균의 본심이 후세에 밝혀지지 않을 것이다. 그리고 구천에 있는 그의 넋도 어찌 자기 죄를 승복하여 억울하게 여김이 없겠는가" 하였다.

살리기를 좋아하는 임금의 말이었다면 그런대로 넘어갈 수도 있을 것이다. 그러나 부하 장수들이 무슨 죄가 있는가. 자신이 잘못 결정한 일을 인정하지는 않고 고서까지 들먹이며 사람 죽이려는 말이나 하고 있다.

도성 안팎에 도둑이 횡행하면서 조금도 거리낌없이 약탈, 살인을 자행하였다. 그러나 담당 관리들은 그것을 보통으로 생각하고 조금도 이상하게 여기지 않았다. 이에 사헌부가 도둑 횡행에 책임있는 담당 관원을 추고하라 하였다.

파발에 대해서도 말했다. "중국군이 파발을 이용할 때는 혹 면포를 모아 파발군에게 주어 입마하는 대가로 채우도록 하였었지만 지금은 비록 입마하라고 독려해도 민간에 소요만 더 일으킬 뿐 끝내 마련해 입마하지 못할 것입니다. 그만둘 수 없다면 말 대신 달리기 잘하는 사람을 별도로 뽑아 1식마다 교체한다면 그것이 오히려 노마에 채찍을 가하여 가다가 쓰러지거나 하는 괴로움보다 나을 것입니다" 하였다. 사실 기발한 생각이었다.

중국군 도망병의 행패가 심했다. 우승지 김시헌이 중국군 도망병을 잡아들일 것을 건의하였다. 이때 포도대장은 이순신이었는데 도망병을 잡아 보내면 위관 이승총이 뇌물을 받고 다시 놓아주곤 하였다. 그러다가 이승총이 도망병에게 붙잡혀 갔다. 병조가 아뢰기를, 진압 준비는 됐으나 이승총 때문에 공격하지 못한다고 하였다.

중국 상인들은 철수 기간을 늦추어 달라고 요청하고 있었다. 그들이 나올 때 요양으로부터 나귀를 세내어 화물을 운반해 왔다. 도착 후에는 그 나귀를 즉시 다 돌려보냈다. 그런데 그 화물들을 미처 팔지도 못했는데 지금 강제로 철수시킨다면 그 많은 화물들을 다시 싣고 갈 수도 없을 뿐만 아니라 이로 인하여 원한을 사 뒷말이 있게 될 염려도 없지 않았다.

비변사가, 우선은 날짜를 정하여 그대로 머물러 있으면서 빨리 팔고 돌아갈 수 있도록 하자 하였다.

이달에 비로소 백관의 녹을 나누어 주었다. 난리 뒤에 국가의 재정이 바닥이 나 녹을 나누어 주지 못하고 단지 월료만을 지급했는데, 이때에 이르러 이런 명령이 있었다.

세자 광해군은 7개월을 여차에 있으면서 슬픔으로 인한 상처가 쌓여 있었는데 또 악전의 화재까지 당하여 통곡으로 날을 보냈다. 그러다가 이제는 감기까지 걸려 고생하는데 해수 증세도 심했다.

순화군의 악행은 계속되고 있었다.

경기감사 남이신이 치계하기를, "수원부사 권경우의 첩정에 순화군이 화를 낸 사실들을 많이 말했는데, 그중에는, 왕자가 말을 타고 긴 칼을 뽑아 기둥을 치면서 말하기를, '부사 몸에서는 피가 나오지 않는다더냐' 하였고, 또 이달 1일에 망궐례를 행하고 곧바로 궁문으로 갔는데 궁안의 방자가 도장이 찍힌 봉지를 가져왔기에 펴 보았더니 먹으로 머리통 하나를 그렸는데 그 곁에는 '부사 권경우의 잘리운 머리통이다'라고 쓰여 있어 너무나 황공하고 어지러움을 느꼈다는 내용들이 있었습니다. 이것으로 본다면 왕자의 성격이 비록 정상이 아니어서 혹시 그러한 말들을 하였다고는 하더라도 그가 당초 부임하던 날 즉시 왕자에게 나아가 뵙지 않고서 출관부터 먼저 했다가 드디어 왕자의 미움을 산 것이었고, 또 그 후로도 손을 써서 화를 풀어 주지는 못하고 겁에 질려 어쩔 줄 몰라 본부에 발도 들여놓지 못합니다. 명령을 내리고 백성 다스리고 하는 모든 일에 대하여 어찌할 수 없는 것처럼 방치해 두고 있으니, 이러한 사람은 하루도 관에 있게 할 수 없습니다. 그를 빨리 파직시켜 내쫓고 다시 강명한 대간·시종 중에서 골라 보내도록 하소서" 하였는데, 이조에 계하하였다.

남이신은 자신에게 불똥이 튈 것을 걱정하여 먼저 수원부사를 고발한 것이다. 어떻든 또 관할 수령만 파직을 당했다.

2월 1일 대신들과 국정 전반, 특히 국방에 대하여 상의하였다. 선조는 계속 왜적이 다시 쳐들어올 것을 걱정하였다.

윤두수가 송운 장희춘 김대함 중에 한 사람을 보내 적중의 소식을 정탐하자 하였다. 이에 비변사에서 정탐에 관련된 조치를 건의하였다. 노질을 잘하는 군인 4~5명으로 배를 몰고 갈 뿐만이 아니라, 그곳에 당도하여 뭍에 내린 뒤에 심복이 되어 함께 여러 곳을 다니며, 사정을 자세히 정탐하고 다시 다른 배를 빌려 타고 나올 수 있는 사람이 필요하다 하였다. 그러나 가고자 하는 사람이 없어 시행하지 못했다.

대마도에서 사람이 올 경우에 대한 논의도 있었다. 선조가 "지금 접대할 대책을 논의하자는 것인가. 만약 대화로 협상을 하자고 나오면 접대할 수 있으나 무기를 가지고 나오면 어떻게 접대할 수 있겠는가. 이 적은 불과 수천 명이 바다를 건너와도 하삼도를 쓸어버릴 수 있는데, 어찌 꼭 구차하게 강화를 하여 개시하려는 이유 때문에 우리나라에 고개를 숙이겠는가. 그럴 리는 만무하다" 하였다.

2월 3일 영의정 이항복에게 속히 출사하라 하였다. 그러나 이항복은 계속 자신의 능력이 미약함과 병으로 인한 허약함을 들어 사직을 청했다.

비망기로 일렀다. 훈련도감의 군사들에게 보인을 주라는 재촉이었다.

"군정에게 보인을 주는 것은 곧 《대전》의 법이다. 보인이 되는 것을 꺼리는 사정에 따라 보인을 주지 않고 그 대가를 무명으로 거두게 하기는 어려우니, 도감으로 하여금 전일의 공사대로 빨리 정하여 지급하도록 하라" 하였다.

이래서 보인을 정하게 되었다. 그런데 이번에는 경기의 교생들이 날마다 수십 명씩 연명하여 본사에 정장을 하였다. 훈련도감의 포수·살수 등의 보인에 강제로 차정된 때문이었다. 당초에 법을 만든 의도는 신역이 없는 한정을 뽑아서 군역을 돕도록 하려는 것일 뿐이었다. 그런데 사족까지도 따지지 않고 모조리 강제로 정하기 때문에 문제가 되었다.

2월 8일 평안감사 서성의 보고가 있었다. "신이 본직에 부임한 지 자못 오래되었습니다. 사람들에게 들은 바에 의하면 저번에 군사를 조련시키는 한 가지 일로 염초와 화약 등 물자를 상을 내걸고 모아들이기까지 하였는데, 요양 지방은 염초의 값이 싸 은 1냥이면 염초 20근을 살 수 있고 염초 60근을 바치면 면역을 해 주니, 어떤 사람은 연줄을 대어 각 사에 청탁해서 3냥의 은자를 구하여 면역되는가 하면, 심한 경우는 수령이 또 받아들인 염초를 가지고 자기의 사욕을 채우는 자가 있습니다. 염초를 바치면 면역해 주고 이속한다는 공사를 일체 혁파하여 간교를 부리는 폐단이 없어지게 하소서" 하였다.

또 여진족의 동향을 보고하였는데, 철장이 들어간 다음부터 무쇠 제품이 다량 생산된다고 하였다. 철제 무기를 대량으로 만들고 있는 것이 분명하였다.

2월 10일 대신과 비변사 당상을 인견하여 왜적에 대한 방비책을 논의하였다.

선조는 계속 왜적에 대한 걱정이 태산이었다. "북방은 그렇다고 하더라도 자연 모종의 대처를 취할 수 있으나, 남쪽의 적은 염려하지 않을 수 없다. 저 적들이 어찌 우리를 잊을 리가 있겠는가. 오늘날 적이 물러갔다고 말을 하는 자는 곧 남을 망치는 사람이다. 저 적들이 물러간 것은 결코 우리나라에 대한 침략을 그만두려는 것이 아니다. 무슨 생각으로 물러갔는지 모르겠지만 만약 중국군이 전부 철수했다는 말을 들으면 다시 흉독을 부릴 것이다. 어찌 그런 일이 없을 것이라고 보장할 수 있겠는가. 병법에 '장차 취하고자 할 때는 반드시 먼저 주어라' 하였거니와, 그들이 물러간 것을 가지고 적세가 조금 약해졌다고 하는 것은 국사를 그르침이 큰 것이다."

또 걱정에 걱정을 더한다. "이순신이 승전한 뒤로 모두 주사에 힘을 쏟고 있는데, 승패는 무상한 것이라 과연 주사에 주력하는 것이 필승의 계책이 될지 모르겠다. 그들이 만약 교전을 하지 않고 먼저 하륙한다면 아무리 주사가 있더라도 해상에 떠 있기만 할 것이니, 무슨 소용이 있겠는가. 주사에만 전력하고 육지의 방비는 하지 않는다면 속담에 이른바 화살이 떨어진 곳에 과녁을 세운다는 격이 될 것이니, 이는 원대한 생각이 아니다" 하였다.

2월 14일 훈련도감이 허통 허용을 청하니 허락하지 않았다.

"도감의 군졸은 당초에 제직과 허통 등의 일을 다 시행하였고 허통한 뒤에 과거에 오른 자까지 있어 군정이 꽤 격려되어 분발하고 있는데, 이제 만약 일체 시행하지 않는다면 군심이 크게 실망할 뿐 아니라, 결국 천인이 시재하여 우등했을 때는 면천을 시상할 수 있으나 이미 면천한 자가 우등했을 때는 다시 줄만한 상이 없게 됩니다. 도감의 일은 당초부터 임시변통의 조처를 취해 왔습니다. 아홉 번 쏘아 아홉 번 다 맞히면 초등으로 하고, 계속 초등하기는 매우 어려우니 연 2차 초등하면 허통을 허용하는 것이 무방할 듯합니다" 하였다.

답하기를 "서얼을 허통시키지 않는 것이 우리나라의 극히 엄격한 법이다. 그런데 난리로 인해 법을 훼손하여 천인 소생이 과거에 올라 벼슬길에 나감으로써 조반을 더럽히게 했으니, 이것이 어찌 조종의 법이겠는가. 유사는 법을 지키기만 하면 그만인데 이런 계사를 한 본의를 알 수 없다. 그들에게 금군을 시키거나 물품으로 상을 주는 것이 좋을 것이다" 하였다.

2월 16일 왜적 침입에 대한 철저한 대비를 하라는 전교를 하였다. 이번에는 지난 임진년의 일을 언급하였다.

"전일에 나라의 형세가 위급함을 지나치게 염려한 나머지 전쟁의 경보가 뜻밖에 일어나고 토붕와해의 환란이 조석 간에 생기지 않을까 겁이 나, 재차 경들을 번거롭게 하면서 망령되이 의견을 물었으나 대비책이 없는 것 같았다. 그러나 적변이 갑자기 일어나면 팔짱을 끼고 앉아서 망하기를 기다릴 수는 없는 노릇이다. 지난 임진년에는 김성일 등이 사설을 주창하여 왜노는 염려할 것이 없다고 하고 내가 너무 염려한다고 비난하면서 변방의 방비에 뜻을 둔 자를 서로 배척하여 순변사 이일을 보내자는 것을 파기하기까지 하였다. 급기야 적이 침범하자 유성룡과 김응남은 명을 받아 체찰사가 되었는데도 가지 않았고, 신립은 시정의 백도 수백 명으로 행장의 십만 대군을 방어하려다가 여지없이 패하여 나라가 따라서 거의 멸망하다시피 하였으니, 이제는 그와 같이 하지 않았으면 좋겠다.

지금 날씨가 차츰 풀리고 있는데 전일에 이러한 때에는 파산 무사를 다 거두어 서울로 집결시켰고, 하삼도의 방어사와 조방장도 다 차출하여 행장을 꾸리고 대기하고 있다가 아침에 출동 명령을 들으면 저녁에 곧 출발하였었다. 이와 같은 절목은 본사가 마땅히 살펴 시행하여야 하니, 어찌 내가 말할 때까지 기다리는가. 김응서 같은 공이 있는 용장도 파산되어 있으니 매우 애석하다. 이밖에 시행할 조목들을 아울러 논의하여 항상 적과 대치하고 있는 것처럼 하라" 하였다.

근본적인 대책은 군대의 조직을 확립하고, 화포와 조총 등을 개량하여 신무기로 무장시키고, 지속적인 훈련으로 정예화된 강군을 만드는 것이어야 했다. 그러나 조정의 하는 짓은 그렇게 극심한 고난을 겪고서도 하나도 개선되는 것이 없는 한심한 옛 방식의 답습이었다.

이달의 순화군의 비행을 살펴보면,
2월 1일 경기감사 남이신이 순화군의 비행을 보고하였다.
'순화군이 채물이 좋지 않다고 하며 수문을 부수고 나와, 원두를 관리하는 노 임동의 숙모를 손수 잡아들여다 20여 차례 형문하였는데 직접 결장하였다. 읍내에 사는 김영수가 궁에 상직하러 나갔을 때 수문으로 잡아들여다 20여 차례 형문하였는데 직접 결장하고, 그가 입고 있던 의복을 전부 불태웠다.' '쇠고기와 생선 등을 올리지 않는다는 이유로 고자인 노 어리손의 가옥을 이달 28일 2경에 순화군이 밖으로 나와 직접 불을 질러 전소시켰으며, 이달 27일 초혼에는 일용하는 촉병을 올리는 일로 나간 화공 정업수를 수문으로 잡아 들여다 40여 차례 형문하였는데 손수 결장하였다.' 그리고 문을 봉하여 폐쇄한 뒤로도 즉시 담장을 헐고 나와 여염에 출입하므로 앞으로 온 고을이 전부 비어 봄 농사를 짓지 못하게 되었으니, 매우 염려된다고 하였다.

2월 10일 박홍로는 아뢰기를 "왕자의 제택은 더욱 드러나 비록 왕자가 모르는 일이 있더라도 중간의 무지한 사람이 왕자를 빙자하여 폐단을 일으키며, 심지어 그 노자의 집에 출입하는 자도 궁노라고 자칭하고 경중의 강시는 물론 외방에까지 다 침학하는 일이 있습니다. 그리고 왕자를 보양하는 일을 난리 뒤에 전폐하였기 때문에 간혹 사리를 모르고 잘못 움직이는 때가 있으니, 각별히 학문을 권장하여 경계하고 조심하는 방도를 보이는 것이 합당하겠습니다" 하였다.

선조는 "그와 같은 폐단이 있으면 법사가 금해야 하니, 이는 헌부의 책임이다" 하였다.

박홍로가 "아무리 그렇기는 하나 그때마다 금할 수는 없습니다. 그리고 순화군의 일은 소신의 생각에 국가에서도 잘못 대우하여 이렇게 되었다고 봅니다. 혈기가 충만하기 전에 오랫동안 적중에 있어 필시 실성하였기 때문에 일을 처리하는 사이에 간혹 모르고 잘못 행하는 것입니다. 상께서는 비록 법을 중시하지만 왕자가 그곳에서 이따금 반성해 볼 때 뉘우치는 일이 없지 않을 것인데, 이제 실성한 사람을 담장 속에 가두고 빗장을 단단히 걸어 출입하지 못하게 하면 원망하는 생각을 일으킬까 염려됩니다. 상께서 성안으로 불러들여 족속이나 궁궐 안의 절친한 사람으로 하여금 마음이 깨어 있고 조용히 있는 때를 틈타 잡기나 혹은 술자리를 통하여 곁에서 가르쳐 기어코 깨닫도록 하시면 스스로 뉘우칠 것이니, 은의가 다 온전할 뿐 아니라 외방의 백성도 보전할 길이 있을 것입니다. 만약 일체 법으로만 단속하게 하면 그저 그 실성만 더 유발시켜

은의의 사이에 아마도 어긋나는 일이 없지 않을 것입니다" 하였다.

　선조는 "내가 말하는 것은 미안하긴 하나 내가 만약 말하지 않으면 조정이 어떻게 알겠는가. 그의 성기는 극히 이상하여 어릴 때부터 천성적으로 잔인하였다. 이제 저곳에서 하는 일이 모두 사람을 때려죽이는 짓으로 잔혹하기 그지없으니, 더욱 괴롭기만 하다. 비록 주색잡기와 같은 것에 광패한 사람이라면 그래도 괜찮겠으나 이 사람은 그렇지 않다. 어릴 때부터 새나 짐승일지라도 반드시 잔인하게 상해시켜야 만족해하였다. 대체로 이 또한 나 때문이니, 조정 대신과 얼굴을 마주하고 말할 수가 없다" 하였다.

　2월 23일 경기감사 남이신이 또 보고하기를, "수원부사 박이장의 정문에 '이달 9일 순화군이 약주를 가지고 간 원금을 수문으로 잡아들여 무수히 구타하였고, 12일에는 약주를 가지고 간 비 주질재를 수문으로 잡아들여 옷을 전부 벗겨 알몸으로 결박하고 날이 샐 때까지 풀어 주지 않았다고 하며, 18일에는 읍내에 사는 군사 장석을시가 그의 집에 역질이 들어 역신을 쫓고 있을 때 장석을시와 맹인 윤화의 아내 맹무녀 등을 잡아가 수문으로 끌어들여 순화군이 직접 결박하고 한 차례 형문한 뒤에 밤새도록 매어 두었다. 그리고 맹녀의 위아래 이빨 각 1개, 장석을시의 위아래 이빨 9개를 작은 쇠몽치로 때려 깨고 또 집게로 잡아 빼 유혈이 얼굴에 낭자하였으며 피가 목구멍에 차 숨을 쉬지 못하였다. 무녀는 궁 안에서 즉시 치사하였고 장석을시는 이튿날 수문으로 끌어내 왔는데 목숨이 위급하여 곧 죽을 상황이었다' 하였습니다.

　순화군의 행동이 이처럼 전일보다 한층 더 참혹하므로 부내 모든 사람이 전부 놀라 일시에 흩어지고 봄갈이가 한창 시급한데도 농사지을 생각을 하지 않으며, 부사 박이장은 그의 노여움을 범할까 두려워 그 근처에 얼씬도 못하니, 본부의 일이 매우 염려스럽습니다" 하였는데, 의금부에 계하하였다.

2월 28일 사헌부가 아뢰기를, "전일 죄는 유사로 하여금 처단하게 하라 하셨는데, 순화군은 이미 관직을 삭탈하고 또 안치하였으니, 유사가 처단한 일이란 나국하여 법을 적용하는 이외에 다시 무슨 율을 가지고 그 죄를 바로잡겠습니까. 삭탈관직하고 안치했다 하여 그 죄를 바로잡지 않는다면 더욱 기탄이 없어 방자한 행동이 날로 심해질 것이니 무고한 백성이 피살되는 일이 어찌 끝이 있겠습니까. 대체로 살인죄는 본디 그에 따른 율이 있으니 어찌 존귀하다 하여 놓아주고 우매하고 미친 사람이라 하여 버려 둘 수 있겠습니까. 성심에 차마 하지 못하는 것은 사정이고, 왕법상 용서할 수 없는 것은 공의입니다. 조그마한 죄악도 사정으로 공의를 가릴 수 없는데, 더구나 이처럼 막대한 살인죄를 다스리지 않을 수 있겠습니까. 이런데도 다스리지 않으면 후일에 징계되는 바가 없어 오늘 한 사람을 죽이고 내일 또 한 사람을 죽여 살인이 더욱 많아질 것입니다. 왕법이 행해지지 않아 위에서 법을 범한다면 어떻게 백성의 잘못을 막겠으며, 국법이 한번 실추되면 어떻게 나라를 다스리겠습니까. 망설이지 마시고 빨리 율을 적용하여 정죄하소서" 하니,

답하기를 "이 뜻은 나도 안다만 나국할 수는 없다. 이는 대체로 공의를 실로 폐할 수 없으나 천륜의 은혜도 상할 수 없기 때문이다. 윤허하지 않는다" 하였다.

임해군의 비행도 있었다.

종친으로 임해군의 지시라고 가탁하고 촌가의 재산과 우마를 약탈한 풍천 도정을 치죄하길 청했다. "풍천 도정은 품계가 높은 종친으로 왕자 임해군의 지시라고 가탁하고서 비리를 자행하고 있습니다. 지난해에는 같은 무리인 무뢰배를 데리고 활에다 칼까지 빼들고서 평산의 촌가에 침입하여 재산과 우마 등을 약탈하였는데, 시골 백성들은 사나운 도적이

행패를 부리는 것으로 여겨 등등한 기세에 질려 감히 제재하지 못하였습니다. 각별히 추국 치죄하여 시골 백성을 침해하는 폐단을 막으소서" 하였다. 이렇게 무자비한 임해군의 수족이 많았다.

이일이 죽었다. 살인을 했다고 구속하라 하여 압송해 오는 도중에 병으로 죽었다. 파란만장한 생을 산 사람들 중의 한 사람이었다.

진주사 신경진이 중국에 3천 병마를 요청하였는데, 와신상담하며 스스로 준비하라는 군문의 핀잔만 들었다. '귀국은 어찌하여 군사를 훈련시키고 농사도 짓고 하여 스스로 일어날 계책을 하지 않고 중국에만 의존하려 하는가. 천하에 가장 속이기 어려운 것들이 왜노이니, 만약 3천 병마를 주둔시킨다면 왜노가 필시 먼저 알 것이다. 그리고 적이 물러간 지 2년이나 지났으니, 무슨 일인들 할 수 없었겠는가. 그런데 이제 와서야 비로소 군사를 훈련시키려고 하는가' 하였다.

병부에서는 '그대 나라는 오월의 일도 모르는가. 어찌 와신상담하여 힘써 자강하지는 않고 항상 중국에만 의존하려 하는가' 하였다.

대사간 김상용이 선조에게 쓴소리를 하였다. "요즘 상께서 임무를 맡기고 그것을 완성하도록 독책하시는 뜻이 없기 때문에 그럭저럭 날짜만 보낼 뿐 실지로 힘쓰는 일을 볼 수 없으니, 이와 같이 하면서 복수를 하고 이로 인하여 적을 막는다는 것은 절대로 그렇게 될 리가 없습니다" 하였다.

3월 1일 영의정 이항복이 출사하여 숙배하니, "즉시 인대해야겠지만 마침 재계 중이고 또 순화군이 못된 짓을 하여 유사가 지금 죄를 논하고 있으므로 마음이 불안하여 그리하지 못하니 이 뜻을 알라" 하였다.

훈련도감의 3색 군사에 대한 실태를 조사토록 하였다.

답하기를 "도감의 포·살·사 3색 군사의 원수는 2천6백50명인데, 그

중에 물고가 94명이고, 도망한 자가 3백83명이며, 잡탈이 5백86명, 부방한 자가 1백46명으로, 현재 군역을 서는 실제 수는 1천4백41명뿐입니다. 그중에는 사대부나 여러 궁가에 붙여 있는 자도 있어 모르는 경우도 있지만, 도망한 군사가 세력을 빙자하여 마을을 버젓이 돌아다녀도 초관이나 초군 등은 질려서 어쩔 줄을 모르고 감히 한마디도 힐문하지 못하고 잡아들이기를 바라지도 못합니다" 하였다.

3월 7일 사간원이 공안을 조절하도록 아뢨다. "왜적이 물러가고 중국군이 철수한 뒤에는 만신창이가 된 백성들이 조금 쉴 사이도 없이 요역이 전일과 다름없이 많아, 심지어 집을 불 지르고 떠돌아다니다가 아무 데서나 죽어간 자가 얼마나 되는지 모를 정도입니다. 지금 당장 백성을 구제하는 방책으로 공안을 수정하는 것보다 더 시급한 것이 없습니다. 도감의 공역은 이미 여러 달이 지났는데도 일을 맡은 신하는 그럭저럭 날만 보내면서 별로 한 일이 없고, 백성들이 아우성인데도 마음을 쓰려 하지 않습니다. 삼가 원하건대 해당 관원을 신칙하여 속히 바로잡아 적절하게 조절함으로써 거꾸로 매달린 듯 고통스런 백성들이 다시 편히 살 수 있는 소망이 이루어지도록 하소서" 하니, 답하기를 유념하도록 하겠다고 하였다.

3월 14일 비변사가 호종 신하와 역전 장사의 녹훈에 대해 아뢨다.
선조는 "이번 왜란의 적을 평정한 것은 오로지 중국 군대의 힘이었고 우리나라 장사는 중국 군대의 뒤를 따르거나 혹은 요행히 잔적의 머리를 얻었을 뿐으로 일찍이 제 힘으로는 한 명의 적병을 베거나 하나의 적진을 함락하지 못하였다. 그중에서도 이순신과 원균 두 장수는 바다에서 적군을 섬멸하였고, 권율은 행주에서 승첩을 거두어 약간 나은 편이다.

그리고 중국 군대가 나오게 된 연유를 논하자면 모두가 호종한 여러 신하들이 어려운 길에 위험을 무릅쓰고 나를 따라 의주까지 가서 중국에 호소하였기 때문이며, 그리하여 왜적을 토벌하고 강토를 회복하게 된 것이다" 하였다.

죽을 고생을 한 사람들의 공로는 전혀 생각하지 않고, 왜적을 물리친 것은 자신이 의주까지 도망친 덕이라는 후안무치한 말을 하는 임금 선조였다.

3월 16일 포도대장 이순신을 황해병사로 하였다가 체차하였다.

"황해병사 이순신은 본성이 교만하여 가는 곳마다 탐욕을 함부로 부려 여러 차례 중한 논박을 받았으나 조금도 징계되지 않았습니다. 전에 수사로 있을 때에는 형장을 남용하여 2~3개월 사이에 죽은 자가 6~7인이나 되었습니다. 이러한 사람에게 지방의 중책을 맡겨서는 안 되니 체차하도록 명하소서" 하니, 아뢴 대로 하라 하였다.

3월 18일 체찰사 이덕형이 군병에 대하여 보고하였다. "박의장은 중풍으로 병이 위중합니다. 정기룡은 병사에서 체임되었으며, 권응수는 한산인으로 집에 있으므로, 이 두 사람도 아울러 별장으로 삼아 짐을 꾸려 명을 기다리고 있도록 하였습니다. 이제 김응서와 정기룡을 좌우 방어사로 나누어 삼아 다시 신칙하라고 분부하신 조지를 받들고 김억추에게도 그와 같은 내용으로 알렸습니다. 이순신처럼 수전에 익숙한 자가 육진으로 물러가 있으니 적절한 조치가 아닌 듯합니다" 하였다.

3월 19일 경연에서 북방의 군사 및 병조의 군대 양성 등을 논의하였다. 그중에 특진관 성영의 아룀이 가장 돋보였다.

"우리나라는 본래 군사가 없던 나라로서 양병의 일은 전폐하고 하지 않았으니, 급한 일이 뜻밖에 생겨도 어떻게 방어하겠습니까. 지금 훈련도감은 유명무실합니다. 적을 방어하는 방도는 사람의 사력을 얻는 것으로 근본을 삼아야 하는 것입니다. 어찌 말로만 '나를 위해서 목숨을 바쳐라. 나를 위해서 힘써 싸우라'고 권한다고 해서 되는 일이겠습니까. 이는 반드시 그 사람의 마음을 얻어 어려울 때 적진에 임하여 자제가 부형을 호위하듯 수족이 두목을 감싸듯이 하도록 한 뒤에야 비로소 사람의 사력을 얻었다고 할 수 있을 것입니다. 그런데 지금 도감에 소속된 사람은 감옥에 들어가는 것과 같이 여기니 이렇게 대우하고서 무슨 일이 되겠습니까.

이제 중국군 대우할 재력의 절반만 가지고서도 우리 군대를 후하게 양성할 수가 있습니다. 근래 각 해사에서는 구규를 회복시키기에 힘써 번잡한 형식과 지엽적인 부분이 점차 거행되고 있습니다. 그러나 지금이 어느 때입니까? 안일하게 옛 관습이나 찾아 임진란 이전과 같이 해서야 되겠습니까. 소신은 지혜나 사려가 얕고 짧으니 감히 가벼이 의논할 수는 없습니다만, 들으니 포수와 살수가 스스로 봉족 2~3명씩을 정한다 하니, 이것 역시 인심을 잃게 되는 하나의 일입니다. 왜냐하면 포수와 살수의 봉족은 누구나 천하게 여겨 싫어하고 피하니, 만일 보병으로 이름을 바꾸면 사람들이 기꺼이 종사할 것입니다. 보병의 목면을 많이 거두어 달마다 3필씩을 지급한다면 1년이면 36필에 이릅니다. 또 그들의 늠료를 넉넉하게 하여 처자로 하여금 모두 그에 의지해 살아갈 수 있도록 해 준다면 누구나 모두 도감에 소속되는 것을 영광으로 알게 될 것이며, 그렇게 되면 용력이 있는 무사들이 자연 도감에 귀속해 와서 서울의 원기도 자연 강해질 것입니다.

세세한 형식적인 것은 일체 혁파하여 국가의 체모 따위는 접어두고 오로지 군사만을 양성한다면 성공하지 못할 이유가 무엇이 있겠습니까.

그리고 곡식을 바친 자와 군공을 세운 자는 모두가 천하게 여겨 아무리 당상 2품이 되어도 향역을 면하지 못합니다. 당초 위급할 때에 국가에서 사신을 보내어 백방으로 개유하여 긴급에 사용할 수 있도록 하였는데, 조금 안정이 된 지금에 와서는 향촌에서는 손가락질하며 비웃고 조정에서는 노예처럼 대하니, 저들이 모두 수치스러워하고 원망하면서 '이 일이 우리에게 누가 되었으니, 앞으로 만일 그런 일이 또 있으면 차라리 강물에다 쌀을 버리겠다'고 합니다. 대간은 사람을 논박할 때 굳이 곡식을 바친 것을 흠으로 삼지 말아야 합니다. 신은 잘 모르지만 곡식을 바친 것이 무슨 죄가 됩니까. 군공을 세운 사람 중에는 혹 사실과 다르게 높은 보상을 받은 자도 있겠지만, 어찌 참으로 위험을 무릅쓰고 돌진하여 적을 무찌른 사람이 없겠습니까. 그중에 쓸 만한 재기를 지닌 자는 우선 급히 발탁하여 등용함으로써 권장하는 방법으로 삼아야 합니다" 하였다.

선조가 "오늘 성영의 계사는 간담에서 우러난 충의로서 일찍이 이런 의논은 본 적이 없다. 만일 조신이 다 그와 같다면 국사가 잘되지 못할까 무엇을 걱정하겠는가. 계사를 등서해서 1건은 대내로 들이고 1건은 비변사의 벽에 붙이고 1건은 체찰사에게 보내라" 하였다.

이달의 왕자들의 비행을 살펴보면,
3월 10일 순화군을 서울로 데려오도록 하자는 이전 의금부의 공사에 대하여 답하기를, "이보의 일은 차마 말할 수 없어 나는 말하고 싶지 않다. 죄인을 서울로 데려올 수 없으나 의논이 이러하니 우선 따르겠다" 하였다.

3월 16일 지평 이진빈이 임해군의 파직을 청하니 윤허하지 않았다.
"근래에 여러 궁가에서 불순한 자가 투입하는 길을 크게 열어 놓아

주인을 배반한 종이나 신역을 도피한 무리들의 은신처가 되고 있습니다. 경외의 간세한 무리가 연줄을 대어 세도가에 붙어 부추기고 종용해서 문서를 위조하기도 하고 혹은 위세로 협박하기도 하여 노비나 토지를 빼앗긴 자가 한둘이 아닙니다. 그중에 혹 시비를 따지는 자라도 있으면 잡아 가두거나 중장을 가하여, 무고히 원통함을 지니고 본부에 와서 호소하는 자가 날로 모여들고 있습니다. 원망에 찬 말이 가득히 쓰인 소장과 뜰에 가득 모여 울며 호소하는 모습은 차마 보고 들을 수가 없으며, 원근 간에 소란스러워 모두가 상심하고 있어 결국은 그 원망이 국가로 돌아가게 될 것이니, 이 어찌 너무나도 걱정스러운 일이 아니겠습니까.

우선 근일에 일어난 일을 예로 들어 말하자면, 고 유수 홍인서, 전 군수 전현룡, 전 참봉 박수경 등의 노비가 모두 임해군 이진의 집에 투탁하였습니다. 본부에서는 풍문이나 또는 정장에 의하여 주인을 배반한 종과 그들을 유인한 무리를 지금 다 추고하여 치죄하고 있습니다만, 그 이외에도 아직 자세히 조사하지 못한 자가 헤아릴 수 없이 많습니다. 여정이 모두 분통해하고 공론이 이미 격발되었으니 생각을 고쳐먹고 약간은 자제해야 하는데도 오히려 그러하지 못하고 날로 더 방자한 행동을 하여, 심지어는 형부에서 조사하는데 궁노를 시켜서 공정에서 색리를 협박하여 사실대로 공초를 받지 못하도록 하기까지 하여 형관들이 서로 쳐다보고 아연실색하여 감히 어떻게 조치를 하지 못하였다고 하니, 성명의 세상에 이러한 일이 있다는 것은 뜻밖입니다. 이러한 것을 징계하지 않으면 갈수록 더욱 기탄없이 행동하게 되어 결국은 인심을 잃음이 누적되어 토붕와해의 근심이 곧 닥치게 될 것입니다. 임해군 이진을 파직하도록 명하소서" 하였다.

계속 임해군 파직을 말하니, 설혹 잘못이 있다 하더라도 그 하인만을 다스리는 것이 옳을 것이다 하였다.

사관은 '이때에 인심이 이반하여 국가로 원망을 돌리니, 이진의 죄가 크다. 대간이 논핵한 것도 이미 때늦은 것이다. 그러나 그 말을 받아들이면 그런대로 징계되어 자제함이 있게 되어 민심을 조금이나마 위로할 수가 있을 것인데, 위에서는 따르지 않았을 뿐만 아니라 오히려 그를 위하여 변론하였으니, 간관의 기를 꺾고 탐욕의 습성을 조장한 것이다. 아, 슬프다. 우리 백성들은 누구를 의지할 것인가. 국가의 화패가 멀지 않은 듯하다' 하고 한탄하였다.

사헌부에서 아뢰기를 '지금 여러 왕자는 모두 영명한 자질을 지니고서도 학업에 힘쓰지 않고, 가옥이 화려하지 못하고 재산이 풍족하지 못하며 노비가 흩어져 도망하고 전토가 황폐된 것을 언제나 깊이 근심하기 때문에 시정의 간세한 무리 중에 혹은 그 뜻에 영합하여 궁가의 하인과 연결해서 일반 백성들에게 원망을 맺은 자가 한둘이 아닙니다. 소장을 가지고 본부로 가득 몰려와 호소하는데, 원고의 소리를 차마 들을 수가 없습니다. 잿더미 속 빈 터에 잡초만 무성하고 도성의 백성으로서 되돌아온 자가 겨우 백분의 일도 못 되는데, 게다가 제궁의 하인들이 지나치게 침해하니, 장차 흩어져 다른 곳으로 갈 형세입니다. 아, 지금이 어떠한 때인데 왕자들이 근신하지 않고 모두 이 지경에 이른단 말입니까. 전하께서 깊이 경계하고 신칙하시어 학업에 전념하고 재산을 늘리는 데 마음을 쓰지 않도록 하여 주신다면 다행스럽기 그지없겠습니다. 삼가 전하께서는 유념하소서' 하였다. 말하는 입이 아플 뿐이었다.

조강 후에, 한호의 글씨에 대한 이야기가 있었다

"중국인 왕세정이 목마른 기마가 내로 달려가고, 성난 사자가 돌을 치는 형세라고 하였습니다" 하자,

선조는 "대개 사람의 마음이 단정하지 못하면 말할 가치가 없다. 모

든 일은 다 마음에서 이루어지는 것인데, 그의 병통은 진실하지 못한 데에 있다. 한호는 액자는 잘 쓰지만 초서와 예서는 그의 소장이 아닌데, 아마 반드시 왕세정이 말한 것과 같지는 않을 것이다" 하였다.

4월 1일 임진년에 도망친 박정현을 서장관으로 하였다고 질타하였다. 사관은 남근은 역시 호가하지 않았는데 청현직을 역임하고 시종으로 출입하였다. 임금의 호오를 과연 알기 어렵다고 하였다.

4월 2일 호조에서 방물을 제대로 봉진하지 못한 점을 아뢨다.

선조는 "군신이 마음 놓고 정사하는 데 필요한 물자이니 미리미리 마련해서 봉진해야 하는데, 어찌 감히 그런 말을 하는가. 수천 리의 국토인데도 탕패되었다는 것에 가탁하여 50근의 인삼마저도 마련하려 하지 않으니 너무나 잘못한 것이다. '탕패' 두 자는 참으로 오늘날 자기의 직분을 다하지 못하는 게으른 유사들이 쓰는 방패이다" 하였다.

4월 3일 경상우병사 김태허가 일본에 난이 일어나 평행장이 죽은 사실을 아뢨다. 탈출한 강사준과 여진덕 등이 일본의 내란 상황을 자세하게 알린 것이다.

"석전 치부경과 평행장·안국사 등 셋을 잡아다 도시를 돌면서 죄를 성토한 후 경동교 앞에서 효수하였습니다. 대마 도주 평의지가 우리가 돌아가려 한다는 말을 듣고서 이를 빙자하여 강화를 이루어 보려고 즉시 가강에게 의논하니, 가강이 허락하였습니다. 이어 강화를 요청하는 글을 지었는데, 의지가 거짓으로 말하기를 '지난 경자년에 강항을 내보내고, 포로로 잡혀 온 사람을 많이 내보냈는데도 아직까지 강화를 허락할 의사가 보이지 않는다. 이번에는 남충원과 정창세 등 두 사람만 보내고 강화가 결정된 뒤에 포로들을 전부 돌려보내겠다'고 하였습니다."

이에 대해 선조가 정원에 전교하기를, "강사준 등이 타고 온 배가 수상하다. 80여 명이 같이 타고 나온 것도 수상하다. 왜인이 서계를 주어 보냈는데도 서계는 숨기고 저희가 스스로 도망쳐 돌아온 것처럼 하였으니, 결국 큰일이 있을 것이다. 이는 작은 일이 아니니 비변사에 말하여 살펴서 회계하도록 하라" 하였다.

4월 15일 상이 내의 허준과 견림에게 입진하도록 명하였다. 계속 침 맞고 뜸 뜬 지도 오래되었다.

4월 18일 체찰사 이덕형이 속오군의 힘든 상황에 대해서 말하였다.

'국가에서 평소 군사를 다스리는 일을 중요하게 여기지 않아, 백성 중에 침해를 당한 자가 군사였고, 용렬한 자가 군사였고, 관가에서 가혹하게 부리는 자가 군사였습니다. 지난해에 민병을 선발해서 편성하고 속오군이라고 이름을 붙였는데, 그 당시 정군으로 공사천과 함께 구분하지 않고 혼합하여 부대를 편성하고, 모든 천역을 반드시 이 군대에게 조용함으로써 민원이 더욱 증가하도록 하였으므로 본역에 있는 자가 더욱 그 고통을 견디지 못합니다. 그리하여 속오군에 편입된 자는 지옥에 들어가는 것보다도 더한 것으로 여겨 힘이 있는 자는 벗어나려고 도모하고 외롭고 힘없는 자는 붙들려 있는 등 천태만상의 실상은 말로 다하기 어려울 정도입니다. 그런데 지금 수령 중에 명을 받들어 책임만 메우려는 자는 문득 지난날 속오군의 방법을 찾아 군사를 훈련하는 방도로 삼고 있습니다. 그러니 이러한 폐단을 통렬하게 개혁해야 할 뿐 아니라, 법에 따라 모집하고 선발해서 실용이 되도록 하려 한다면 낱낱이 정밀하게 선발하여 오로지 무예만을 연마하도록 하고 상벌을 내려 바로잡아야 후일 힘이 될 것입니다.

그리고 각 영과 각 포에 입방하는 군사는 입방하는 즉시 대오를 나누어 명부를 작성하고, 그에 따라 사격도 훈련시키고 시설도 하도록 하여 대오에 따라 조용한다면 지휘 계통이 서서 문란하지 않을 것입니다. 그런데 무장이란 자가 대오로 나누어 다스리는 일에는 전혀 마음을 쓰지 않고, 문란한 것을 이용하여 제 마음대로 사적으로 부리고 조사하여 살필 수 없게 하는데, 주사, 격군 같은 경우는 더욱 분명하게 대오를 나누어서 이러한 폐단을 근절시켜야 합니다.'

4월 25일 명나라 호부에 감사의 자문을 보냈다.

"소방이 상패되어 망하게 되던 차에 천지와 같은 황상의 큰 은혜로 인하여 오늘날 죽음에서 회생하였습니다. 그러나 7년 동안 소방의 일로 인하여 수백만에 해당되는 비용과 식량을 소비하였습니다. 이제 흉악한 왜적의 무리를 몰아내어 강역이 깨끗해졌으나 만신창이가 된 데다가 기근까지 겹쳐 스스로 소생하기 어렵게 되었는데 다시 수만 섬의 식량을 보내 주시려 하시니, 이는 실로 역사 이후로 없었던 일입니다.

당직은 삼가 분골쇄신토록 힘쓰지 않으면 이 은혜의 만분의 일도 갚지 못할 것이라 여깁니다. 특히 귀부에서는 더욱 성자의 뜻을 체득하고 덕의를 받들어 베풀어 끝까지 구제해야 될 모든 일을 빠짐없이 보살펴 주시니, 소방을 돌보아 준 뜻이 극진하기 그지없습니다. 당직은 온 나라 신민과 함께 감격하고, 앞으로 더욱 가다듬어 자강하도록 계책을 도모하겠습니다" 하였다.

말 그대로 자강하도록 진력했어야 했다.

4월 30일 대신들과 논공행상에 대한 논의가 있었는데 선조가 "이제 이렇게 나라가 회복된 것은 오로지 중국 군대의 힘에 의해서인데, 중국군이 이곳에 나오게 된 것은 의주로 갔었기 때문이다. 의주의 수신과 그곳의 백성들이 베풀어 준 충근한 수고에 대해서는 지금까지도 잊을 수가 없다. 또 평양에 있을 때 황망하여 열성의 어보를 모두 감사에게 주었었는데, 그 당시 감사가 받아서 보관하였다가 왜적이 물러간 뒤에 국가에 전해 오는 대보를 손상됨이 없이 바쳐서 옛 물건을 잃지 않도록 하였으니, 이런 사람들도 모두 논공하여야 한다.

대체로 자세하게 조사해서 공이 있는 사람은 모두 녹훈되도록 하여 누락된 자가 없도록 하고, 공이 없는 자가 외람하게 끼어들지 않도록 한결같이 지공하게 하여야 한다. 그리고 그 당시 시종 호종하였던 자는 모두가 나와 환란을 함께한 사람들이다. 만일 호종하고서도 누락이 된다면 개자추의 원통함이 전대에만 있지 않을 것이다" 하였다. 계속 후안무치한 말을 하고 있다.

이달 7일 해원부원군 윤두수가 졸하였다.

유성룡이 윤두수의 부음을 듣고 깜짝 놀랐으며 매우 슬퍼하였다. 그리고 말하기를 '이런 사람은 오늘날 쉽게 얻을 수 없다. 지나간 임진년에 만약 다른 사람에게 그 일을 담당하게 하였다면 우리들은 이미 남아 있지 못했을 것이다. 요사이도 자못 공평한 의론을 주장했는데 갑자기 이 지경이 된 것은 운수이니, 어찌하겠는가' 하였다.

임해군의 비행과 관련하여 대사간 김상용이 아뢨다. "신이 지난달에 풍문으로 인하여 전 황해병사 최원이 청탁 받은 일로 군사를 내어 월경해서 민가를 분탕질한 죄를 논계하여 파직시키도록 하였었습니다. 그런데 신이 이번에 모친의 병문안을 하는 일로 백천에 내려가 도내에 오래 머물면서 그 곡절에 대하여 자세히 들어보니, 그 내막의 대개는 '임해군의 궁노라고 하는 자가 봉산에 사는 백성들의 밭을 빼앗으려다가 혐원이 생겨 살인한 사건이라 칭탁하고 감사에게 정장하였는데, 감사가 신천 고을로 이관하여 추문해 조사하도록 하였다. 궁노가 그 기회를 이용하여 세력을 부려 관리를 유인하고 협박해서 군병 2백여 명을 조발한 뒤 병사의 군관이라 가칭하고 봉산으로 넘어 들어가 마을 하나를 포위하고 백성들의 가옥을 분탕하여 50여 채를 불태우고 2인을 소사시키고 1인을 타살하였으며, 약탈한 우마와 재산을 모두 실어갔다. 봉산의 백성들은 아무 영문을 모른 채 놀라 흩어져 모두 병사를 원망하였는데, 그 뒤에 다시 탐문해 보고 나서 비로소 궁노와 신천의 관리가 저지른 행위로서 병사의 명으로 한 것이 아니며, 병사는 그런 짓을 한 적이 실제 없었음을 알았다'고 하였습니다" 하였다. 임해군이 악질이니 그 종놈들도 이렇게 인간으로서 할 수 없는 무도한 악행을 저지르고 있었다.

도장도 문제가 되었다. 비망기로 전교하기를 "인신은 농간을 막기 위한 것이니, 오직 분명하게 찍는 것이 중요한 것이지 그 재료를 쇠로 하느냐 나무로 하느냐는 문제되지 않는다. 요즘 모든 관인을 찍은 것을 보면, 거꾸로 찍기도 하고 혹은 짙은 인주로 마구 찍어 글자의 획을 분별할 수 없는 것도 있는데, 이는 필시 하리가 그의 상관을 마음대로 농간하는 소치일 것이다. 이러 하고는 아무리 금강철로 만든다 해도 이미 인신을 사용하는 본의를 잃어 간세한 무리를 막을 수 없을 것이다. 이뿐만이 아니다. 지금 목인을 사용하고 있는 것이 무엇이 방해된다고 모두 분분하게 주철로 개조하고자 하는가. 매우 적절하지 못한 일이다. 이 인신은 적을 방어하는 도구가 아니니 우선 그만두고 거론하지 말라. 천천히 후일을 기다려 처리하겠다."

중국군 도망병과 돌아가는 잔여병에 의한 피해도 심했다. 그리고 해로로 돌아가는 중국군도 문제가 있었다.

황해감사 성이문이 치계하였다. "장 장수는 항해한 지가 한 달인데 아직도 풍천의 허사진에 정박해 있고 가 장수도 출범한 지가 이미 오래인데도 겨우 장연의 조니에 도착하였습니다. 이 두 장수의 차관이 끊임없이 왕래하면서, 호표피를 요구한다느니, 화석을 무역한다느니, 도망병을 체포한다느니, 상거를 호송한다느니, 화기를 수송한다느니 하고 있습니다. 비록 그들 차관의 명칭은 모두 다르지만, 이들은 모두 침해하고 징수하는 무상한 무리들로서 머리가 부서지고 팔이 부러지도록 형벌을 매우 혹독하게 하는데, 수령까지도 포박하고 구타하여 피를 토하며 쓰러진 이민이 도처에 가득하니, 10년 이래로 이토록 참혹한 정상은 없었습니다. 차관이야 차치하고 말하지 않는다 하더라도 그들을 수행하는 통사의 무리가 세력을 믿고 폐해를 끼친 것이 과연 수령들이 보고한 내용과 같은데, 그중에서 가장 심한 자는 한천보 등입니다" 하였다.

5월 8일 전라감사 이홍로가 추자도에 출몰하는 오도의 왜적 문제를 비국에서 사전에 지휘하도록 조처를 요청하였다.

선조는 제주의 침범을 우려하였다. "만일 제주에 적변이 있게 되면 그 형세가 지탱하기 어렵다. 혹시 불행하게도 적이 탐라를 점거하여 소굴로 삼는다면 다른 날 말할 수 없는 일이 있게 된다. 제주가 바다 가운데 있는 섬이긴 하지만 천하의 안위가 여기에 달려 있다" 하였다. 그러나 다행히 별다른 일이 없었다.

5월 13일 이조참판 기자헌이 상소하였는데, 임진년에 사관이 불태우고 도망했다는 사초에 관한 일이었다.

"박정현 등이 안주에 이르러 분산할 때에 싸서 둔 초책을 그냥 두고 갔습니다. 신이 정주에서 먼저 의주로 갈 때 예방승지 홍진이 주서와 한림이 각자 싸서 둔 것을 꺼내어 신으로 하여금 싣고 가게 하였는데, 홍진이 의주에 들어오기를 기다렸다가 그것을 주자 받아 가지고는 바로 정원에 두었습니다. 그 후 대신들이 평양에서 들어와 사초를 불태운 일을 말했는데 그 곡절은 이렇습니다. 대가가 장차 순안으로 향하려 했는데, 그때 신이 봉교로서 백관들을 따라 오래 서 있게 되어 잠시 휴식을 취하려고 우연히 정원의 구청으로 들어갔습니다. 그때 마침 휴지 3장이 있기에 주워 보니 이미 찢어져 있었는데 그것은 본도 감사의 장계초 같았습니다. 자세히 보니 쓸모 없는 휴지이기에 주위를 살피다 마침 불이 있어 신이 던져 넣었습니다. 그날 행행이 마침 정지되어 상하번 등이 도로 그 청에 둘러앉게 되었는데, 신이 '마침 휴지가 있기에 내가 불 속에 넣었다' 하니, 상하번 등이 모두 신과 절친한 사이이고 또 농담을 잘하였으므로 여러 번 '사초를 태웠다'는 말로 놀렸습니다. 그 말을 들은 사람이 자세히 살피지 않은 탓에 그것이 그만 성설이 되고 만 것입니다.

병신년에는 밖에 있었는데, 그때 사관의 추고 함사에 '그 사초는 이미 불타 버렸다'고 하였습니다. 대저 사초는 평시에는 사관이 직에 있거나 직을 떠나거나 반드시 자신이 가지고 다녀야 하는 물건인데, 떠날 때에 가지고 가지 않았기 때문에 전파된 말이 잘못 전해져 다시 초책의 유무에 대해서는 모르고서 혹 그런 일이 있어 그렇게 말하는 것으로 여깁니다만, 4인이 사초를 불태웠다는 일은 사실 애매합니다. 신은 말미를 받아 밖에 있다가 근일 박정현을 서장관에 의망할 때 엄교가 있었고, 아울러 사초 태운 일까지 언급하였다는 말을 들었습니다. 이런 말은 그들이 한 농담이 전해진 것이지만, 신이 휴지를 태운 것을 인하여 지나친 농담이 참말이 되었기 때문에 감히 무릅쓰고 그 곡절을 진달합니다" 하였다.

이에 전교하기를 "그때 사람들이 '사관이 사초를 불태우고 도망하였다'는 말을 많이들 하였고, 지금 와서는 김의원의 말에 '듣건대 사초가 이미 불타 없어졌다'고 하였는데, 김의원의 말 역시 그 가운데 하나이다. 또 듣건대 '사초를 길가에 버려두어 어떤 사람이 주워서 어떤 조신에게 주었는데, 그 조신이 지금 재신의 반열에 있다'고 한다. 그것을 버렸거나 불태웠거나 그 정상은 구분할 수 없지만 그들이 불태웠거나 버리고 도망한 것에 대해서는 모름지기 심하게 변론할 것 없다" 하였다.

선조가 "이런 큰 변란이 일어나게 된 것은 못난 나의 죄이나 큰 공을 이루게 한 것은 경들의 힘이었다. 기구하고 험난함을 겪으며 허겁지겁 떠돌면서 백 번 꺾여도 굽히지 않고 천하에 대의를 신명시켜 중국군을 청하여 적을 토멸하고 강토를 회복해서 종사를 도성으로 돌아오게 한 것이 누구의 공인 줄 모르는가. 호종한 여러 신하들의 공이 아니겠는가" 하였다.

선조는 계속 자신이 숨도 제대로 쉬지 못하고 도망한 사실을 합리화하느라 애를 쓰고 있었다.

5월 15일 녹훈도감이 호성 문제를 상고하여 아뢰었다. 신하들은 그래도 염치가 있어 호종한 것으로 녹훈되는 것을 사양하고 있었다.

선조는 '이번에 적을 토멸하고 나라를 회복한 것은 털끝만한 것이라도 모두 황제의 은혜에서 나온 것이요 중국군의 힘인데, 당초 중국군이 스스로 나왔던가. 누가 있는 힘을 다하여 계획을 세워 이곳에 중국군을 오게 했던가. 그 사람을 알고자 한다. 만약 그 사람을 분명하게 지명하면 마땅히 경들이 사양하는 것을 그 사람에게 돌리어 경들의 마음을 편하게 하는 것이 가하지 않겠는가. 만약 그렇게 하지 못한다면 경들에게 돌리지 않을 수 없으니, 비록 사양하려고 하지만 면할 수 없을 것이다' 하였다.

5월 16일 염근으로 천거된 사람은 유성룡·이원익·김수·이광정·성영·최여림·허욱·오억령·허잠·이유중·이시언·김장생·이기설이었다.

사관은 '이때에 얼음처럼 맑고 옥처럼 깨끗하여 한 점의 흠이 없는 자는 참으로 많이 얻을 수가 없었지만, 이원익 같은 사람은 성품이 충량하고 적심으로 국가를 위해 봉공하는 이외에는 털끝만큼도 사적인 것을 영위하지 않았다. 벼슬이 정승에 이르렀으나 의식이 넉넉지 못하여 일생 동안 청고하였는데, 이는 사람으로서 감당할 수 없는 것인데도 홀로 태연하였다' 하고 논하였다.

김명원을 의정부 좌의정으로, 윤승훈을 의정부 우의정으로, 유근을 예조판서로, 한응인을 병조판서로, 성영을 한성부 판윤으로, 정사호를 사헌부 대사헌으로 하였다.

5월 27일 대신들과 시국을 논하였다.

이항복이 "이발 형제 및 백유양이 죄를 입은 것은 마치 적과 동모한 것처럼 되어 있고, 정언신의 죄명은 신이 지금 기억할 수가 없습니다. 그 후 이를 해명하고자 하는 사람이 있어 경연에서 언급한 것을 신도 들었고, 상소하여 억울함을 진술한 자가 있었는데 신도 보았습니다" 하였는데,

선조는 "정여립이 어느 곳에서 나왔던가. 춘추법은 난적의 당여에게 더욱 엄한 것이다" 하였다.

6월 3일 이산해를 아성부원군으로 하였다. 이산해를 서용하고자 한 것이다.

6월 5일 사간원이 "아성 부원군 이산해는 음특한 마음을 품은 사람으로 그 마음 씀과 행사가 사람들에게 천시된 지 오래입니다. 그가 벼슬

을 얻기에 연연하였고 또한 잃을까 염려하는 마음은 젊어서부터 그러하였는데 늙어서는 더욱 심하여 겉으로는 온후하지만 속마음은 잗달고 붕당을 결합하는 데 쉽게 합쳤다가 쉽게 헤어지고 아침에는 형제처럼 지내다가도 저녁에는 원수처럼 되고 뜻이 일정하지 않아 세력의 성쇠에 따를 뿐 공론을 생각하지 않고 오직 자신의 영달만 꾀하는 등 그의 소행을 따져 보면 못하는 짓이 없었습니다. 근래 사류의 마음이 흩어지고 조정이 안정되지 않는 것은 다 그가 빚어낸 것입니다. 몹시 증오하여 여지없이 끊어야 하는데 어떻게 함께 임금을 섬길 수가 있겠습니까. 사람을 쓸 적에는 청탁을 할 수가 없는 것인데도 사사로이 전장에게 부탁하여 자식을 위해 현직을 구했으니 그가 조정을 탁란시킨 것은 이에 의해서도 알 수가 있습니다. 못난 아들로 하여금 경박한 신진들과 당여를 맺게 하여 날마다 경알을 일삼아 서로 싸워 소란을 일으키게 하였으니, 그가 나라를 욕되게 한 것은 길 가는 사람도 다 아는 바이고 성명께서도 통촉하신 바입니다. 그런데도 감히 차자를 올려 스스로 변명하기를 전혀 모르는 것처럼 하였으니, 자신의 마음은 속일 수 있어도 사람들은 속이지 못하고 사람은 속일 수 있어도 하늘은 속일 수가 없는 것입니다. 친구 사이에 있어서도 오히려 그렇게 하지 못할 터인데, 더구나 대신으로서 임금을 지척에서 이처럼 기망할 수 있겠습니까. 그의 정상이 이에 이르러 여지없이 드러난 것입니다" 하였다. 여러 날 논박했으나 따르지 않았다.

6월 8일 대사헌 정사호도 아뢰기를 "이산해의 정상은 상께서도 통촉하고 계시니 더 이상 진달할 말이 없습니다. 다만 그 사람은 젊어서부터 무상하여 윤춘년·이양·심의겸의 집을 항상 출입하였고 그들이 병중일 때는 날마다 가서 보았으니, 그 비루함이 심합니다. 30년 동안 두터운 성은을 입어 벼슬이 정승의 자리에 올랐으니 그 밖에 무엇을 더 바라겠습니까. 그런데도 무뢰배들과 결합하여 이익이 있는 곳에는 남보다 뒤질세라 기어가고, 그 이익이 다 없어지면 반드시 해치고야 맙니다. 벼슬을 얻지 못할까 걱정하고 얻은 후에는 잃을까 걱정하는 소인이 어느 시대엔들 없었겠습니까만 이산해가 조정에 있으면서 탁란시킬 때와 같은 적이 없었는데, 상께서 특별히 파척하기를 명하시자 인심이 열복하였고 조정이 조금 안정되었습니다. 그리고 지금 서용하라는 명을 갑자기 내리시니 누군들 감격하지 않겠습니까마는 그는 안정을 좋아하지 않으니 지금 만약 다시 들어온다면 반드시 당류를 결속하여 무슨 일을 꾸밀 것이고 거기에 따라 조정이 안정되지 못할까 염려됩니다. 명을 환수하소서" 하였다. 참 잘 아뢴 말이었다. 이래서 이산해는 선조 생전에는 더 이상 등용되지 않았다.

6월 11일 사간 송영구가 이항복의 어짐을 칭찬하면서 본래 범상한 기골이 아니니 전임하여 성공을 책임지워야 한다고 하니 선조가 감히 임금 앞에서 대신을 칭찬하면서 임금을 지휘하여 대신에게 전권을 주고자 하였다. 내 비록 지혜롭지 못하나 어찌 영구에게 가르침을 받겠는가 하고 청풍군수로 내보내 버렸다.

6월 13일 간원이 아뢰기를, "둔전을 설치하는 것은 오로지 관저가 탕갈되었거나 혹은 군량을 보충하기 위해서입니다. 그런데 근래에는 각도의 관찰사 등이 사사로이 둔전을 설치하여 군관, 무뢰배들을 시켜 전적으로 관리하게 하는데, 군관 등이 그의 처자를 거느리고 가 기식하는 곳으로 삼기 때문에 해마다 수확하는 것이 모두 사용으로 들어가고 관에는 한 섬의 곡식도 들어오지 않습니다. 게다가 조세를 포탈하고 역을 도피한 자들이 모여드는 곳이 되고 있어 그 폐단이 적지 않습니다. 앞으로는 일체 혁파하게 하고 둔전이 있는 각읍으로 하여금 수확된 숫자를 조사하여 호조의 회계에 보고하게 하소서" 하였다.

6월 28일 체찰사 이덕형이 왜인이 강화문서를 가지고 왔다고 보고하였다. 왜인 10명이 일본국의 강화문서 2건과 우리나라 사람으로 포로가 된 남녀 2백50명 및 전 현감 남충원(상의 얼매부인데 정유년에 포로가 되었다)을 데리고 3척의 배를 타고 와 부산에 정박하였다. 올린 왜서는 평조신, 평의지, 정성의 서계였다. 주로 강화에 대한 것이었는데, 조신은 요시라를 돌려보내지 않는 일로 불손한 말이 많았다.

이덕형은 왜적의 일에 대처할 방안도 함께 아뢨다. 바닷가에 떠돌아다니는 중국 군사를 모아 몇 부대를 만들어서 다대포 앞에 작은 배를 열 지어 배치해 수병의 모양을 삼는 한편, 기휘·의건을 갖추어 절병으로 꾸며 군용을 보여야 하겠다. 그리고 진 참장의 이문을 가짜로 만들어 관방인을 찍고는 적들에게 엄하게 유시하도록 해야 하겠다고 하였다. 비변사가 불가하다고 하였으나 현지에서는 이미 시행한 뒤였다.

7월 4일 비변사가 왜적의 강화 요청에 대하여 여러 신하들의 의견을 물었는데, 대부분 강화와 주문은 어쩔 수 없다고 하였다.

사관은 '이 적은 우리나라의 입장으로서는 만세토록 잊을 수 없는 원수이니, 강화를 허락해서는 안 된다는 것은 삼척동자도 다 아는 일이다. 그런데 금일의 일만 가지고 말한다면, 이미 의리에 입각하여 척절하지도 못하고, 또 우선 기미책을 따르지도 못하면서 그저 그 중간에서 우물쭈물하며 고식지계를 일삼고 있다. 멍청하게 있다가 사기를 잃은 채 단지 중국 조정에 품고하는 것으로 상책을 삼고 있으니, 이 당시 일을 맡은 신하들이 나라를 위해 꾀하는 것이 불충함을 대체로 알 수 있다' 하고 논하였다.

7월 18일 이항복이 왜적의 일로 글을 올렸다. "대마도의 형세는 일본과 조금 다르니 그들의 정성을 받아들여 일본의 정형을 탐지하는 것도 괜찮을 것이라고 생각합니다. 사실대로 모두 요동에 비보하여 거기에서 전주하게 함으로써 심상하게 처리하는 것처럼 한 다음, 절사가 가는 길에 그 실정을 자연스럽게 아뢰어 우리나라의 뜻을 조금 토로하는 동시에 가부를 품하는 것만 못합니다" 하였다.

7월 21일 간원이 방납의 폐단을 아뢨다.
"난리 뒤에 사람들이 항산이 없어 유식한 사대부들까지도 본심을 잃고 이곳에만 급급하여 조금도 염치가 없습니다. 심지어는 하천배들이 하는 방납에 대한 일까지도 팔을 걷어붙이고 앞을 다투어 많고 적음을 따지고 있으니, 시정의 모리배들과 꼭 같습니다. 그리하여 수령에게 청탁하고 백성들을 침포하므로 열읍의 백성들이 그 괴로움을 견디지 못하고 있습니다. 그리고 대소가 서로 본받아 폐습이 고질화된 나머지 하는 사람도 거리낌 없이 자행하고 듣는 사람도 그러려니 하고 괴이하게 여기지 않아 행검이 무엇인지조차 알지 못하게 되었습니다. 만약 엄히 금하고 억제하지 않으면 그 폐단을 바로잡을 수 없을 것이니, 지금부터는 장법을 신명하고 과조를 엄히 세워 사대부로서 방납하는 자는 일체 장오죄로 논하되 안에서는 법사가 밖에서는 감사가 적발하여 규핵하게 하소서."

7월 23일 사관은 '우리나라는 충신과 열사에 대한 보답이 매우 박하다. 김천일 등의 공이 이와 같은데도 한 번 직질을 추증한 뒤에는 한 번도 실질적인 혜택이 자손에게 미친 적이 없었다. 사우를 건립하는 의논도 남쪽 사람들의 사론에서 나왔으니, 장차 어떻게 인신에게 충의를 숭상하라고 권장하겠는가' 하고 논하였다.

이달에 길운절의 어처구니없는 역모 사건이 있었다. 길운절은 선산 사람인데 어려서부터 스스로 지략이 있다고 믿었다. 그의 아비 길회가 벼슬을 구하다가 서울에서 죽었는데 귀장하지 않았고, 정유년 난리 때는 근왕한다는 명목으로 어미를 저버리고 돌보지 않아 끝내 왜적에게 죽임을 당하게 하였다. 이 때문에 온 고을 사람들이 함께 나서서 그를 고을에서 내쫓았다.

길운절은 익산 사람 소덕유와 함께 공모하여 반역을 도모하였다. 소덕유란 자는 역적 정여립 첩의 종형제이다. 기축년의 변고에 화가 자기에게 미칠 것을 두려워하여 머리를 깎고 중이 되었는데, 난리가 난 뒤에 승장으로 선산 땅에 성을 쌓다가 길운절과 친하게 되었다.

길운절이 소덕유에게 "내가 먼저 제주로 가서 몰래 이 일을 도모한 뒤에 사람을 시켜 그대를 부르겠다. 해외는 인심이 완악하고 패려하여 이욕으로 꾀일 수 있을 것이다" 하고 제주로 왔다. 그러나 길운절은 앞장서서 역모를 꾸미면서도 실은 이중 마음을 품었으므로, 제주에 올 때 미리 고변 문서를 만들어 두었다가 이때에 올렸다.

소덕유 등은 모두 자복하면서 길운절이 실제 주모자라고 하였다. 선조가 명을 내려 먼저 소덕유 등 10인을 죽이라 하고, 길운절은 고변한 공이 있으므로 그 주벌을 면해 주려 하였는데 대신들이 모두 불가하다고 하여, 드디어 함께 죽였다.

8월 4일 비변사가 강화에 대해 말하였다. "강화를 허락하지 않으면 흉한 화가 금방 이르게 될 것이고 허락하면 폐단을 지탱하기 어려울 뿐 아니라 의리상으로도 차마 하지 못할 바가 있습니다. 그러므로 우선 대마도에 강화를 허락하여 그들의 마음을 기미하는 한편, 혹시라도 일본의 청이 있으면 의리에 입각해 신축성 있게 대처하면서 서로 왕복하며 우선 시간을 끌어 그들의 변화를 살펴보는 동시에 우리의 기력을 기를 수밖에 없습니다. 그리고 이덕형이 왜서에 대해 쓴 답을 보건대, 말의 뜻이 매우 통쾌하니 그것을 보내도 무방할 것입니다."

8월 9일 예조판서 유근이 국가를 지키는 계책을 상차하였다.

"전하께서 단연코 중흥의 중책을 자임하시면 여러 신하들은 직책을 분주히 수행하기에 겨를이 없을 것입니다.

정성으로 위임하여 대신을 존경하고 여러 신하를 대우하며, 요역과 부세를 가볍게 하여 백성들을 돌보고 민심을 기쁘게 하며, 인재를 맞아들여 관직에 따라 사람을 가려 쓰며, 언로를 개통하여 중론을 모으기에 힘쓰며, 재용을 아껴 쓰고 쌓인 폐단을 없애며, 기계를 수리하고 군량을 쌓아 두며, 군졸을 훈련하고 장수를 잘 선택하는 것이 오늘날의 급선무가 아니겠습니까. 맹자가 말하기를 '이때를 당해 정형을 밝히면 대국이라 하더라도 반드시 두려워할 것이다'고 하였습니다. 과연 이렇게만 한다면 오늘날의 기미가 반드시 전수하는 바탕이 될 것입니다."

8월 11일 이원익을 황해, 평안, 함경도의 3도 도체찰사로 삼았다.

8월 13일 신하들과 시국을 논하였다.

이항복이 "평소에 전라도는 44만 결이었는데, 난리 후에는 절반쯤 경작한다고 합니다. 그런데도 보고한 바는 6만 결뿐이니, 나라에서 손실 보는 것이 그 얼마이겠습니까. 금년에 국가에서 전결을 잃지만 않는다면 세입이 15만 석을 밑돌지 않을 것이니, 비록 4만 석을 백관들의 녹으로 반급한다 하더라도 남는 것이 많을 것이며, 그 밖에 공물 등의 일을 모두 참작해 정해 오로지 양병에 힘을 쓴다면 충분히 할 수 있을 것이라 생각합니다. 옛말에 '급하지 않은 관원을 줄여 전사들을 양성한다'는 말이 있습니다. 이렇게 하지 않으면 비록 임진란 때처럼 사나운 적이 아닌 소소한 적이라도 어떻게 해보지 못할 것입니다.

백성들이 괴로워하는 것은 공물이지 전세가 아닙니다. 공물을 납부할 때 10두를 납부할 것이 10석까지 불어나기 때문에 이로 인하여 백성들이 감당하지 못합니다. 지금은 모름지기 견감하고 절용하여 저축해야 됩니다. 1년에 1만 석을 저축하면 10년이면 10만 석이 되고 1년에 10만 석을 저축하면 10년이면 백만 석이 됩니다. 반드시 재용이 넉넉한 연후에야 성지를 쌓고 병기를 수리할 수 있는 것입니다" 하였다.

8월 17일 돌아온 포로 박언황이 현소가 강화하지 않는 것에 대해 침략의 협박을 했다고 진술하였다.

"지금 휘원이 이미 패하고 가강이 시세를 타 정권을 잡고 있으니 만약 군사를 출동시켜 바다를 건널 경우 강화하려 해도 늦을 것이다. 지금 중국 군사의 위엄만 믿고 강화하지 않고 있는데, 중국 군사가 철수한 후에는 비록 대병을 내지 않더라도 몰래 틈을 타 곳곳을 침범한다면 후회해도 소용이 없을 것이다. 조선에서 강화하려 하지 않는다면 중국 군사를 많이 청하여 바닷가 진에 머물러 두어 뜻밖의 변을 대비하면 혹 될지 모르겠다" 하고 또 말하기를 "옛날 정몽주·신숙주는 식견이 넓어 한 번 논의를 내어 강역을 보전하였다. 지금 그대 나라는 동서로 붕당이 나뉘어져 있어 조정의 의논이 일치되지 않고, 혹 강화를 하려는 자가 있어도 만 가지로 의심하여 대사가 이루어지지 않음을 내가 자세히 알고 있다. 그러나 나는 전에 귀국에서 중한 작록을 받았는바 은혜를 저버릴 수가 없기 때문에 이처럼 은근하게 그대에게 말해 주는 것이다" 하였다.

8월 26일 간원이 신래의 침학을 아뢨다. '이처럼 조정이 초창이고 사람들이 의지할 것이 없는 날에 벌례라 하면서 상이 낭자하도록 술과 고기를 징색하므로 그 폐단이 점차 불어나고 있습니다. 이후부터는 각 아문에서 신래를 침학하여 술과 고기를 내게 하는 것을 사헌부로 하여금 일체 금단하게 하소서' 하였다. 폐단과 관습은 이렇게 고치기 어려운 것이다. 율곡 이이가 40여년 전에 고치자고 청한 폐습이 지금도 이렇게 자행되고 있었다.

9월 6일 체찰사 이원익을 인견하고 변방의 일에 대해 논의하였다. 이원익은 백성들의 힘든 일을 덜어 줄 것을 강조하였다.

"중국에서는 군사를 무척 후하게 대우하는데 우리나라는 신역도 제대로 감해 주지 않습니다. 그래서 아무리 많은 인원을 훈련해 낸다 해도 그들의 마음은 필시 병사가 되는 것을 고달프게 여길 것이니, 끝내 힘을 얻을 수가 없을 것입니다. 상께서는 서북 지방에 유념하시어 백성들의 힘든 일을 덜어 주소서. 그래야만 위급할 때 그들을 사용하여 대처할 수 있을 것입니다.

오늘날은 마땅히 임진란 때 상께서 초야에 계시던 때처럼 반드시 경비를 절감해야만 뭔가 이룰 수 있습니다. 고인이 말하기를 '재용을 절약하고 사람을 사랑하라' 하였는데, 그 주에 '재용을 절제 있게 한 뒤에야 나라의 근본이 튼튼해진다'고 하였습니다. 전쟁으로 결딴난 백성에게서 어떻게 함부로 취할 수 있겠습니까. 제가 말씀드린바 백성의 힘든 일을 덜어 주어야 한다는 것이 바로 이것입니다. 그래야만 백성들에게 살아갈 마음이 생길 것입니다" 하였다.

9월 10일 신충원의 죄를 논하였다. 공명고신을 남용한 죄이다. 신충원은 유성룡이 천거하여 조령에 관을 설치하고 지킨 사람이라는 것을 선조는 잘 알았다.

선조가 "그가 승복했다고는 하나 이 죄로 결정하기는 어렵다. 그는 국사를 위하다가 이 죄를 지었는데 어떻게 해야 할 것인가?" 하니

이항복이 "그는 그 지방의 지극한 천인으로서 본토의 대장이 되었으니 아마도 필시 남의 질시를 받아 고발되었을 것입니다" 하였다.

선조가 "이 자는 유성룡이 천거한 사람이다. 유성룡이 실권을 하자 이 자가 죄를 얻었으니 이는 '엎더져 가는 놈 꼭뒤 찬다'라는 속담에 해당되는 말일 듯싶다" 하고, 다시 의논하라 하였다. 그냥 풀어 주면 될 일이었다.

9월 15일 사간원이 삼명일에 방물을 바치는 것을 감해 줄 것을 청했다.

"제도의 감사와 병사가 바치는 방물을 거의 대부분 각읍에 분정하는데 각읍은 으레 10배의 갑으로 전결(田結)에 나누어 징수한다고 합니다. 한두 가지를 예로 든다면, 아다개 한 개의 값이 무명베 2백 필이고 표범 가죽 한 장의 값 또한 무명베 60필이나 되는데, 기타 여러 종류의 피물도 값이 모두 이와 비슷합니다. 이러한 것은 어용에 그다지 긴요하지 않은 것인데 폐단은 매우 큽니다. 아무리 상에게 바치는 공물이라고는 하지만 어찌 변통할 방법이 없겠습니까" 하였다.

그러나 선조는 "이것은 바로 정규적으로 바치는 공물로서 반드시 바쳐야 하는 의리가 있는 것이다. 이미 많은 부분을 견감하였으니, 더 이상 견감할 수는 없다" 하였다.

임금으로서 생각지 않아야 할 백성의 의리는 말하면서 임금으로서 어려운 백성들에게 베풀어야 할 임금의 덕은 아예 생각조차 안 하는 선조였다.

9월 16일 사간원이 시재하는데 중관을 사신으로 보내는 것을 중지하라고 청했다.

"중관을 사신으로 내보내는 데 따른 폐단은 지난 역사에 많이 드러나 있으니 지금 상세히 논할 것도 없습니다. 우선 근래의 규정만 가지고 말하더라도 중관은 문 밖의 복도를 지키면서 왕명을 전달하는 외에 양궁에 문안을 올리고 도성 안에서 적간하는 일에 불과하니 그렇게 한 의도가 있습니다. 그런데 요즈음에는 각도의 시재에 내시를 보내는 것이 상례처럼 되었습니다" 하였다.

선조는 "윤허하지 않는다. 사관은 중관과 동행하는 것이 관례이니 사관만 홀로 보낼 수는 없다. 이번 경우는 시재를 위해 특별히 파견한 것이고 다른 목적으로 보낸 것이 아니다. 아무 관계가 없을 텐데 무엇을 염려하는가. 그리고 이미 떠났으니 소환하여 사체를 손상시킬 수 없다. 지금부터 중관을 사신으로 보내지 말라는 일은 아뢴 대로 하겠다" 하였다.

후에 또 헌부가 아뢰기를, "지난번 중사가 군병을 시재하는 일로 전라도에 내려갔을 때 본도의 감사와 병사가 성상께서 관원을 보내어 열무하는 본의는 생각하지 않고 그저 남에게 호감만을 사기 위해 아첨하는 것으로 일을 삼았습니다. 그리하여 평시보다 지나치게 주식을 많이 차렸고 더욱 낭자하게 뇌물을 주었으므로 물론이 비등하여 경연에서 발론되기까지 하였으니 무례하기 그지없습니다. 그때의 감사와 병사를 모두 추고하도록 명하소서" 하였다.

선조는 "그 곡절은 알 수 없으나 왕인을 공경하여 업신여겼다는 말을 듣지 않고자 해서 그리한 것에 불과한데 말을 만든 사람이 지나치게 한 것은 아니겠는가" 하였다.

선조 제위의 말기가 가까워지는 모양이다. 한관을 중용하는 것은 말세에 항상 있는 일이었다. 선조는 이미 정신적으로 망가지고 있었다.

10월 2일 다시 서얼 허통을 금하였다. "서얼 허통은 법전 상 할 수 없을 뿐이 아니라 난 후에 처음 시행하였으나 곧 중지되었다. 이렇게 마련하여 입계한 색낭청을 추고하라."

10월 19일 체찰사 이덕형을 인견하니 영호남의 상황을 아뢨다.

"탕패가 더욱 극심하여 이루 형언할 수 없습니다. 제가 처음 생각하기에는 영남은 땅이 넓고 곡식이 많아 일을 할 수 있을 것으로 여겼었는데, 막상 두루 살펴보니 인민이 모두 죽어 그림자도 없었습니다. 처음 부산에 갔더니 중국인 방자만 조금 남아 있었고 좌도의 주사 10여 척과 포작간 수십 명뿐이어서 보기에 매우 한심하였습니다. 전일 이원익이 내려갈 때 토병을 불러 모으라는 전교를 받들고 갔기 때문에 금산·울산·창원 등지에서 1천 명으로 한정하여 불러 모았습니다. 경주·성주·진주·대구 등처에서도 계속 불러 모았습니다만, 민망스러운 것은 기계를 갖추기 어려운 것이었습니다. 영남의 일은 수삼 년을 지나 수습한 다음에야 모양이 이루어지겠습니다.

호남은 영남과는 달라서 백성들이 상당히 많습니다만 국가의 모든 경비를 여기서 판출하기 때문에 호조의 공문이 대부분 그곳에 쌓여 있습니다. 그리고 안으로는 부역에 응하고 밖으로는 군병에 조발되어야 하기 때문에 백성들의 원망이 극심합니다. 금년에는 주사에 소속된 각 고을의 부역을 감한 연후에야 명년을 지탱할 수 있겠습니다. 충청도의 경우는 소신이 오래도록 변방에 있었으므로 종사관을 시켜 그곳을 살피게 하였더니, 변방과 멀리 떨어져 있어 병비에 관한 일이 더욱 말할 수 없는 정도라고 합니다" 하였다.

또 통제사의 체직 문제로 후임에 이경준을 말하고 전라수사 유형, 경상수사 이운룡도 거론하였다. 권준은 충청병사가 되었다.

10월22일 심희수를 이조판서, 황진을 형조판서, 황신을 대사헌, 이경준을 경상우수사 겸통제사로, 윤열을 전라병사로 하였다.

10월30일 이항복 등과 시국을 논의하였다. "변란 후 현재 물자의 허비와 백성의 고통이 더욱 심하니 군병을 조련하는 이외에는 경비를 절감하여 제반 일이 물력과 서로 걸맞게 한 뒤에야 일을 할 수 있는데, 지금 진상하는 방물과 공물을 평시처럼 마련하고 있으니 이것이 어찌 백성을 아끼는 도리이겠습니까. 옛날에는 백성의 부역이 1년에 3일 정도였는데 지금은 석 달뿐만이 아니니, 어떻게 감당할 수가 있겠습니까."

"기강이 퇴폐하여 아랫사람들이 폐단을 부리고 있습니다. 중국 사신이 나오더라도 소용되는 물품이 얼마나 되겠습니까. 중간에서 폐단을 부리는 일이 끝이 없는 탓입니다. 본디 우리나라는 부세는 가볍고 공물은 많아 민력이 여기에서 손상됩니다. 각 고을의 공물은 각각 사주인이 있어 자기네끼리 서로 나누어 점유하여 부자간에 계속 전하고 있는데 본색의 물건이 좋더라도 10배의 값을 내지 않으면 바칠 수가 없습니다. 을해년과 병자년 사이에 조정에서 이런 일을 염려하여 정공도감을 두고 사주인을 모두 혁파하였더니, 저들이 그 명맥을 잃자 원망이 분분하였으므로 얼마 안 되어 다시 하게 하였습니다. 이들의 작폐가 난 후에 더욱 심하니 지금 공안을 수정할 때에 중간에서 방해하는 일을 통렬히 혁파하여야 합니다. 본색만 바치게 한다면 민생이 어찌 곤궁에 빠지기야 하겠습니까" 하였다.

이렇게 공안의 개정은 몇십 년을 두고 계속 거론해 온 것이지만 되지 않았다. 실로 가슴 아프고 안타깝고 한심한 일이었다.

11월 24일 왜사 귤지정이 평의지 등의 서계를 가지고 왔다. 공갈 위협하는 투로 화의하기를 독촉하는 내용이었다. 비변사가 이에 대한 답으로, 중국의 답변을 기다리고 있다고 하자 하였다.

선조가 이르기를 "이 왜적이 어찌 화의를 독촉하기 위해서 이처럼 급히 서둘겠는가. 오직 정탐하기 위하여 겨울철에 나와서 형세를 엿보는 것이다. 지정은 적의 주모자이니 어찌 염려할 만한 자가 아니겠는가. 그가 중국 장수를 거론하면서 은근히 비웃기까지 한 정상을 본다면 중국 군사가 철수한 것을 적이 이미 알고 있는 듯하다. 명년의 방비를 극히 잘 조치해야 할 것이니 내 말을 잊지 말라. 그리고 속히 돌려보내라" 하였다.

이덕형이 처리할 방법 등을 아뢨다. "전후 포로가 되었던 사람들이 모두 말하기를 '강화하는 일은 가강이 아는 바가 아니고 다만 의지·조신의 무리가 중간에서 가탁하여 거론하는 것일 뿐이다'라고 합니다. 그런데 저 적들은 한결같이 가강을 핑계 삼고 있습니다. 지금 적이 우리나라 변경에 중국 군사가 없는 것을 알고 있습니다. 하지만 우리나라의 책응하는 방도에 있어 매양 중국 장수를 끌어대어 답하더라도 어찌 해로울 것이 있겠습니까" 하였다.

한 달 후 왜사 귤지정이 돌아갔다. 조정에서 왜서에 답하기를 '화의를 허락하느냐의 여부는 마땅히 천조의 조처를 기다려 사람을 보내 통보하겠다' 하고, 이어서 평조신·평의지에게는 표피·활 등을, 귤지정에게는 쌀

40섬을 하사하였다.

12월 6일 중국의 사신이 와 있었다. 헌부가 조사 접대가 과다하여 국력이 당해 낼 수 없다고 아뢨다. 그러나 선조는 "왕인을 접대하는 것은 일국의 대사이므로 유사가 참작하여 마련한 것이니, 함부로 이의를 내어 그 사이에 간예할 것이 없다. 별행차의 방물에 관한 일과 의장에 관한 일은 윤허한다" 하였다.

헌부가 또 아뢰기를 "요즘 조사의 지대로 인하여 각도에 분정한 물품을 스스로 준비할 수 없는 경우에는 으레 면포를 수합하여 차사원이 가지고 와서 서울에서 무역합니다. 그래서 방납하는 무리가 때를 타고 이익을 노리므로 물가가 뛰어올라 그 비용이 몇 갑절이나 되니 너무도 가증스럽습니다. 그런데 듣건대 모든 궁가에서 각도에서 가지고 오는 사람들을 위협하여 그 값을 강제로 정하고 있는데 시전의 백성을 금억하여 평준한 가격으로 교역하지 못하게 하기 때문에 각읍의 사람들이 감히 거역하지 못한다고 합니다. 가장 미세한 것을 들어 말한다면, 당안 1척마다 말 1필을 요구하니 그 폐해가 이루 말할 수 없는 점이 있습니다. 앞으로는 제궁과 사대부의 집에서 권세를 빙자하여 이익을 도모하는 자는 일체 통렬히 금지하고, 각 도의 차사원으로 만일 위세에 겁먹고 그들이 하자는 대로 들어주는 자는 모두 적발하여 치죄함으로써 권세가에서 방납하는 폐단을 통렬히 개혁하소서" 하였다.

여기서 궁가 또는 제궁은 왕자들과 공주들의 집을 말한다. 이들이 이권에 눈독을 들였으니 앞으로 그 폐단은 극심할 것이다.

또 서인들을 축출하기 위한 모의가 시작되고 조정이 시끄러워졌다.
12월 20일 경상도 생원 문경호 등이 성혼의 죄에 대해 상소를 올렸다. 문경호의 상소는 정인홍의 사주였다. 70이 된 늙은이의 노욕이 시작된 것이다. 그러자 성혼의 문하생이었던 대사헌 황신이 반론하였다. 그러나 이미 성혼을 싫어하는 선조는 문경호의 상소를 옹호하고 오히려 황신의 반론을 그르다고 하였다.

그러자 기자헌이 선조의 비위를 맞췄다. "마치 영경이 죽은 것이 실로 성상의 분부에 말미암았고 그때 권세를 잡은 자의 소위가 아닌 것처럼 하기 위한 것입니다. 그래서 그때 권세를 잡은 자의 죄는 모두 벗겨주고 선비를 죽인 일은 군부에게 돌아가게 하려 하였습니다" 하였다. 교묘하게 선조의 분노를 야기시키는 아주 비열한 말이었다.

이에 사헌부가 아뢰기를, "성혼은 영경의 옥사에 처음부터 간여된 바가 없고 시종 구원하여 풀어 주려 한 것은 사람들이 다 아는 것입니다. 황신이 비록 '성혼의 문생이다' 하였지만, 원래 피혐할 만한 혐의가 없습니다. 어찌 거짓된 말 때문에 가볍게 언관을 체직할 수 있겠습니까. 출사를 명하소서" 하였다. 그러나 결과는 황신은 체직되고, 기자헌이 대사헌이 되었다.

유생 문경호의 상소 안에 '김휘의 아비 김종유가 성혼을 찾아가니 성혼이 비밀히 묻기를 「네가 최영경이 길삼봉이 된 것을 아는가?」 하기에, 종유가 깜짝 놀라며 「어찌하여 이런 말을 하는가. 오랫동안 영남에 있으면서 다만 그 사람이 고사의 중망을 받고 있음을 알 뿐이고 그 밖의 일은 모른다」 하였다'는 내용이 있었다. 이에 김휘가 아비의 원통함을 위하여 상소하였다.

"신은 남쪽 지방 사람이라서 경호가 이 상소문을 올린 것에 대한 이유를 들은 적이 있습니다. 정인홍이 전부터 성혼과 틈이 있어 항상 혼에게 죄를 가하고자 했으나 꼬투리를 잡지 못하다가 영경을 자신과 의견을 달리하는 사람들을 함몰시키는 하나의 기화로 삼아 감히 분명치 못하고 사실과 먼 말을 만들었습니다. 그리하여 그 일족과 문도들 가운데 가까운 고을에 사는 자를 사주하여 도성으로 보내어 여염에 출몰하기도 하고 경외를 드나들기도 하다가 이미 만들어 두었던 상소의 내용을 산정하여 여러 달 지난 뒤에 비로소 올리게 하여, 성혼을 완전히 무함하고자 했습니다. 그리하여 신의 아비를, 스승을 팔고 말을 만드는 자로 몰아넣었으니, 신이 한마디 말로 아비의 심사를 밝히지 않는다면 죽은 뒤에 땅 속에서 어떻게 망부를 뵙겠으며, 신의 아비도 지하에서 영원히 눈을 감을 수 없을 것입니다" 하였다.

선조가 답하기를, "나는 네가 어떠한 사람인지 모르며, 또 이 소가 과연 너의 손에서 나온 것인지도 모르겠다. 대체로 최영경이 억울하게 죽은 것은 천하의 지극히 원통한 일이며, 사독한 정철은 천고의 간흉이다. 성혼은 정철의 심복이었으므로 정철의 마음이 곧 성혼의 마음이었으니 몸은 둘이지만 마음은 하나였다.

성혼이 사람을 죽였다는 데 대해서는 말하는 자가 하나뿐이 아니니, 어찌 그 까닭이 없겠는가. 대체로 항간의 지극히 미천한 사람이라도 감히 실정이 아닌 일로 사람을 죽였다는 이름을 덮어씌우지 아니하는데, 지금 많은 선비들이 최영경의 죽음에 대하여 옥사의 죄를 성혼에게 돌리고 있으니 청탁을 스스로 취하는 격이 아니던가. 어찌 감히 정인홍이 모함의 계책을 하였다 하겠는가. 정인홍의 위인은 조수와 초목까지도 그의 이름을 아는데, 네가 또 정철이 최영경을 죽인 옛날 수법을 본받으려는 것이 아니냐. 성혼이 간인과 편당을 지은 음궤한 정상은 우선 그만 두고라도 군부가 왜적과 대치하고 있던 날에 임금 앞에서 팔을 걷어붙이고 큰소리로 원수인 적에게 화의할 것을 청하였으니, 이게 무슨 행위이던가.

또 너는 너의 아비가 말하지 않았다고 하는데, 네 아비가 말했는지 안 했는지를 네가 어떻게 아느냐. 너의 아비가 가는 동서남북을 네가 반드시 그림자처럼 따라다녀 보았느냐? 너는 비호하여 변명하지 말라" 하였다.

성혼에 대한 미움과 정인홍에 대한 신임이 크게 대조를 이룬다. 선조의 사람을 대하는 성향, 태도 등 비열한 인간성의 단면을 극명하게 보여주고 있다.

사관은 이렇게 논했다. '정인홍이 처음부터 성혼과 좋지 못한 사이였는데 계미년 이후 더욱 질시하여 기필코 모함하여 해치고자 하여 하지 않는 짓이 없었다. 신축년에 이르러 문도인 문경호 등을 유인해서 상소를 올리게 하여, 최영경이 옥중에서 죽은 것을 성혼의 죄로 돌리고 나서 거짓으로 김종유의 말을 인용하여 증거로 삼았다. 대개 그 의도는 종유가 이미 죽었기 때문에 다시 변명할 사람이 없으리라고 여긴 것인데 그 아들 휘가 상소를 올려 호소하고 거짓 날조한 실상을 자세히 갖추어 설명한 것이다. 그런데 《실록》을 찬수할 때 기자헌·이이첨의 무리들이 단지 상의 비답만 기재하고 휘의 상소문을 기재하지 않았다. 이는 속임수로 인용한 자세한 곡절이 후세에 밝혀지지 않게 하기 위한 것이니, 그들의 간특한 마음을 여기에서도 알 수가 있다' 하였다.

기자헌은 선조의 형인 하원군의 사위로 궁액과 밀접하게 서로 통하였으므로 과거에 오른 지 10년 만에 갑자기 재상의 반열에 올랐다. 이때 선조의 뜻이 정철과 성혼 등을 싫어함을 꿰뚫어 알고 헌장이 되자 앞장서서 추죄하자는 의견을 주장하니, 선조의 총애와 신임이 나날이 높아갔다.

12월 26일 체찰사 이덕형이 해상 방어와 경상도의 민심 수습책 등을 말하였다.

"연초에는 해상 방어의 긴급함이 금년보다 갑절이나 심할 것이니 반드시 힘을 축적하고 군사를 훈련하여 뜻밖의 근심에 대비해야만 후회하는 일을 면할 수 있습니다. 그런데 중국 사신의 접대 때 쓸 잡물을 분정한 것이 주사가 소속된 각 고을에 편중되어 있어 원망과 탄식이 길에 가득합니다. 주사가 소속된 각 고을에 대해 전에는 잡역을 감면하고 별도로 무휼하라는 명이 있었는데도 사수와 격군의 원망이 감당하기 어려웠습니다. 지금 이 잡물을 분정할 때 온갖 방법으로 침독하고 있기 때문에 요즘 해변으로부터 온 사람의 말에 의하면, 명년에 주사의 사수·격군에 관한 제반 일을 아직까지 미처 정제하지 못하고 있다 합니다. 지금 하해할 기일이 한 달밖에 안 남았는데 곤고하여 원망 탄식하는 백성을 몰아서 들어가 방어하게 한다면 해상의 근심스러운 사기가 한둘이 아닐 것입니다. 해사와 각도에 신칙하여 주사가 소속된 각 고을에는 납부해야 할 수량을 감면하여 일분이나마 은혜를 보여 주소서.

또 경상도는 방어 조치가 다른 곳보다 배나 급할 뿐만 아니라 앞으로 적의 사신이 장차 연속하여 나오게 될 터이니, 기미에 소용되는 비용도 미리 염려하지 않을 수 없습니다. 그런데 본 도의 사소한 물력을 소모하여 다 없어지게 하는 것은 매우 좋은 계책이 못됩니다. 일조에 급히 쓸 곳이 있게 되면 후회해도 소용이 없습니다. 지금 듣건대 각도에서 수합하여 올려올 물건이 점차 모여들어 일도에서 수합한 목면이 혹 7~8백 동이나 된다 하니, 경상도에 복정한 잡물을 적의하게 헤아려 특별히 감면함으로써 뒷날의 수용에 대비하는 것이 편의할 것 같습니다. 감히 여쭙니다."

또 이덕형은 대마도를 정탐하는 일로 사명당 유정을 보내는 것이 제일 좋다고 하였다. "유정이 청정 때부터 화의를 주장하였고 방금 군문의 표하에 있으면서 모의에 참여하고 있으며, 도덕과 식견이 매우 높다는 상황을 성대히 칭찬하게 하여 모든 일을 유정에게 미룸으로써 후일 서로 접촉하게 하는 소지로 삼도록 하는 것이 좋겠습니다."

12월 28일 선조가 중국 예부 낭중이 우리 나라에서 봉진한 방물의 품질이 거칠다고 하였다는 동지사 유근의 서장을 보았다. 이를 본 선조의 태도가 가관이다.

"이는 사대하는 일을 근신히 하지 못하였다고 하는 것이다. 내가 이를 보니 놀라움을 견딜 수 없어 정신이 나가서 스스로 안정할 수 없다. 뜻하지 않게 오늘날 이런 말을 듣게 되었으니, 진실로 평소의 미성이 극진하지 못한 바가 있어서 그렇게 된 것이다. 죽고 싶으나 그럴 수도 없다. 봉진한 방물을 정부와 제조가 함께 조처하였으니 또한 어찌 책임이 없다고 할 수 있겠는가. 이 서장을 보라" 하였다. 선조는 정상적인 임금이 아니라 완전히 미친 사람 같았다.

이해의 다른 일들은,

각도의 감목관은 오로지 마정을 위해서 설치한 것이다. 그런데 제대로 시행되지 않았다. 이에 간원이 아뢰기를 '근일 이래 감목관이 된 자들이 말을 번식시켜 기르는 데에는 뜻이 없고 오직 목졸을 침탈하여 처자를 부양하는 것만을 노리고 있습니다' 하였다. 사실 그러하지 않은 것이 없었다.

10월 7일 예조가 새로 곤궁을 맞아들일 것을 청했다. 선조가 전교하여 '천하에 어찌 어미 없는 나라가 있겠는가' 하며 군신들에게 새 중전 간택을 추진하지 않는다고 책망하였으므로 급하게 청한 것이었다. 간택에 14세 이상부터 선발하는데 평상복으로 사치스러운 옷을 입지 말라 하였다.

사관은 '재취하지 않는 예로 말한다면, 1후 3부인 9빈 27세부 81어처가 이미 등극하던 초기에 갖추어졌으니, 1후가 훙하였어도 궁을 대신

다스릴 사람이 있는데 재취하는 데 급급한 것은 어째서인가' 하고 논하였다.

은 사용을 엄금하라 하였다. "헌부·한성부·평시서로 하여금 일체 엄금하도록 하라. 만일 발각되는 일이 있으면 한성부·평시서의 관원을 파직하라" 하였다. 화폐의 사용은 아직도 요원한 일이었다.

김응서가 무고한 사람을 2명이나 장살하였으니 체직시키고 추문하라 하였다.

고언백은 자기 아들이 살인한 뒤로 그 죄를 면하게 하려고 김공량의 삼촌 조카를 사위로 삼기까지 하는 등 구해 낼 수 있는 일이라면 하지 않는 일이 없었다. 선조는 고언백의 공을 생각하여 그 아들의 살인죄를 면해 주려 하였다.

경상우병사 김태허가 파직되었다. 형장을 혹독하게 사용하여 죄 없는 사람을 함부로 죽인 것이 4명이나 된다는 이유였다.

충청병사 권준도 체직되었다. 위인이 용렬하여 모든 군무를 일체 살피지 않고 있으므로 열읍이 비웃고 업신여겨 호령이 행해지지 않는다는 이유였다.

건주위 추장 노을가적이 서울에 와서 직첩 받기를 청했다.

사관은 '노을가적의 거만함으로 어찌 우리나라의 직첩을 받으려고 이런 말을 하였겠는가. 우리를 업신여기고 떠보는 것에 불과한 것이다. 그리고 이것을 가지고 뒷날 트집 잡을 단서를 만들기 위한 것이니, 서방의 근심은 여기에서 시작되었다 하겠다' 하고 논하였다.

그때 평안도 이북에도 흉년이 들었는데 오랑캐의 땅이 더욱 심했다. 노을가적이 사람을 보내어 만포에 와서 말하기를 '우리 경내에는 이렇게 흉년이 들어 명년 봄에 살아가기 어렵게 되었다. 조선에는 저축이 많다고 하니 서로 구제하여 주면 좋겠다' 하였다. 강변에는 천리에 풀 한 포기 없이 되어 토민이 유산할 생각을 하고 있는데도 고을에는 저축한 곡식이 없어 구제할 계책이 없었다. 그런 데다 호지가 또 이와 같으니 명년 봄 돌발할 사태가 매우 우려되었다. 그러나 제반 일이 모양을 갖추지 못하였으므로 근심하지 않을 수가 없었다.

파당은 여전하고, 왕자들의 횡포는 극심해지다
: 선조 35년 (1602 임인년)

1월 12일 유영경을 이조판서로 삼았다. 이때 유영경에 대한 임금의 신임이 날로 높아져, 삼공이 이조판서를 의망하여 추천할 때 그를 거론하지 않았는데도 선조가 특명으로 많은 사람을 더 망에 넣게 한 뒤 드디어 이 직에 제수하였다. 이산해를 다시 불러들이지 못한 선조는 이제 유영경에게 마음이 기울었다. 그러나 결과적으로는 이것도 자신의 명을 재촉한 선택이 되었다.

1월 14일 군문의 차관 담종인을 접견하였는데 강화를 권했다.
"변경에 와서 침략하는 것은 대마도에 낙오된 왜적의 소행에 불과합니다. 강화를 하고 나면 절대로 이러한 근심은 없을 것입니다" 하였다.
이항복이 "화친을 허락한다고 해서 훗날 변경의 근심이 영원히 종식되고 아무 일이 없을지는 알 수 없습니다. 다만 대마도가 우리나라와 이웃하고 있으므로 해마다 침범해 오면 영남과 호남이 명을 따르다가 지치게 되어 더욱 어떻게 해볼 도리가 없을 듯하기에 화친을 허락하려는 것입니다. 일본의 대적이 오고 안 오는 여부는 여기에 달려 있지 않습니다" 하였다.

1월 17일 대마도를 정탐할 일에 대하여 이덕형이 아뢰기를, 서신은 유정의 이름으로 하고, 손문욱은 이미 귤지정과 두 차례 왕복하였으니 긴밀한 일을 시킬 만하다 하였다.

1월 21일 정인홍을 사헌부 장령, 정구를 충주목사, 이빈을 제주목사로 하였다.

2월 2일 체찰사 이덕형이 또 차자를 올렸다.

"신이 용렬하고 변변치 못하며 그릇은 작고 재능은 부족하온데, 도체찰사의 명을 받은 지 1년이 넘었습니다. 변비는 소활한데 수칙할 계책이 없고 군정은 어지러운데 정돈할 방법이 없으며, 군량과 기계는 판탕되었는데 대비할 자본이 없고 군민은 원망하는데 무마할 길이 없습니다.

신이 해변에 있으면서 보니, 풀숲에는 해골이 널려 있고 인가의 연기는 아주 끊어져서 눈에 보이는 것은 모두 시름겹고 참혹한 것이었으며, 해안의 곳곳마다 모두 적의 배가 정박할 곳이므로 두려워하며 경계하여 아침에는 저녁 일을 예측치 못하고 밤에도 편히 잠자지 못하는 절박한 형세였습니다. 그런데 도성에 들어와 보니, 사대부의 의관은 태평성대처럼 의젓하여 변경의 근심과 백성의 원망은 깊이 생각하지 않는 듯하고 마치 좀벌레와 같이 모여들어 백성을 학대하는 자는 곧 서리와 방납하는 무리뿐입니다.

신도 날마다 듣고 보기에 익숙해져서 변경에서 경계하던 마음이 10

에 5~6할은 사그라지니, 습성에 젖기 쉬운 사람 마음으로 그 이목에 미치는 것은 태연히 근심이 없으므로 눈앞의 안일을 도모하여 가까운 근심을 잊어버리는 것은 의당한 일입니다.

적이 물러간 뒤로는 모두 주사가 적을 막는 데에 가장 으뜸이라고 말합니다. 그러나 삼도의 전선은 80척이 있을 뿐이며, 해변의 격군도 요역에 시달려 도피해서 다른 지방으로 가는 자가 잇달고 있습니다. 지난해에 신이 망령되이 스스로 헤아려 보고서 전라도 주사에 소속된 24개 고을 중에 13개 고을을 뽑아내어 4사의 공물을 면제하고자 하였으나 아직까지 시행되지 못하였습니다. 불행하게도 해상 방어가 위급하여 변군이 동요하면 그 손상이 그 정도에 그치지는 않을 것입니다. 이것도 감면하지 못하였으니, 신이 다시 변경에 당도하더라도 손을 댈 곳이 없습니다.

전라도 해변은 남아 있는 민호가 많아 모두 탕진된 영남과는 아주 다릅니다. 장정을 뽑는 데에 요령을 얻으면 수십 척의 배에 차례로 배정하는 데에 여유가 있습니다. 그런데 품관의 사천이 10에 7~8할을 차지하는바, 관가의 첨정에 이 무리들까지 뽑기는 어렵습니다. 만일 조정에서 수년을 한정하고 13개 읍의 내노를 덜어 내어 빠진 대오를 보충하도록 하고 특별히 애통하고 측은해하는 교서를 내려 각읍의 양반에게 스스로 그 종을 내어 사수와 격군을 보충하게 하면 대체로 혈기가 있는 자라면 누구나 감동하여 영을 따를 것입니다. 수년 동안 내노의 공물을 면제하여 영구토록 해변을 방비하는 이익을 얻게 되는 것이 어찌 범연한 일이겠습니까.

영남의 군사는 다 사망하여 남아 있는 자가 아주 적고 늙고 파리한 자가 반을 차지하는데, 빈번히 입방하니 원고가 날로 심해집니다. 만일 변통하지 아니하면 10년이 못 되어 남방의 군사가 다 없어지게 될 것입니다. 왜란 전에 오래도록 적군을 폐하였고 왜란 뒤에 또 10년이 지났으니, 한정으로서 장성하고도 군에 예속되지 않은 자가 이루 헤아릴 수 없습니다. 마땅히 각도의 감사로 하여금 편의에 따라 절목을 만들어 수령에게 지시해 주어 상세히 뽑아내되, 사족 양반은 보가 되어 양식을 보조하게 하고, 방수에 뒤섞어 몰아넣지 말도록 하면 원망하는 말이 또한 조금은 줄어들 것입니다.

또 양남의 주사로서 입방하는 무사는 변란 뒤에 한 사람도 무시에 참여하지 못하므로 수자리에 머물러 있는 것을 원망하니, 빨리 파격적으로 과거를 베풀어 전사의 마음을 위로해야 합니다.

이상의 각 조목은 모두 목전의 작은 계책이므로 본디 취할 것이 못됩니다만, 신이 내려간 뒤에 달리 할 만한 일이 없으므로 우선 뽑아 모아 진달하여 재결해 주실 것을 바랍니다" 하였다.

선조가 답하기를, "차자를 살펴보니, 나라를 근심하는 성의가 지극하므로 진실로 가상하게 여긴다. 내가 겨울이 된 뒤로부터 담통 증세를 얻어 추위를 두려워하여 오랫동안 경을 보지 못하였으므로, 항상 한스럽게 여겼다. 그런데 지금 경이 다시 남방 변경으로 내려가게 되니 진실로 고생이 많다. 힘써 훈업을 세우도록 하라. 차자의 내용은 비변사와 의논하여 처리하겠다" 하였다.

그 후 비변사가 남해안 변경의 공물 면제 등에 관하여 아뢨다. 이에 전교하기를, "마땅히 유념하겠다. 13개 고을의 내노를 격군으로 삼는 일은 우선 금년에 한해서 하고 계집종은 쌀을 내어 군량을 돕도록 하라" 하였다. 임금이 내노를 내놓으면 양반들은 사천을 내놓을 것이라고 말한 것인데 선조는 마지못해 겨우 1년을 허락하였다.

2월 3일 이조좌랑 김제남의 집에 대혼의 예를 정할 것을 말하였다. 왕비를 결정한 것이다. 그러나 훗날 광해군의 실정에 의한 어린 영창대군의 비참한 죽음과 젊은 인목대비의 한이 맺히는 비극을 초래하게 된다. 모두 선조의 자신만 생각하는 욕심, 노욕에서 빚어지게 된 것이다.

2월 5일 또다시 시끄러운 정국이 시작된다. 간원이 최영경을 재차 국문하기를 청했던 대신들을 삭탈관작토록 아뢨다.

며칠 뒤 선조가 성혼과 정철에 대한 말을 하였는데 임금의 말이라 하기에는 너무나도 부끄러운 말이었다. 또한 편파적인 사관이 최영경의 옥사를 논했는데 아주 순 어거지였다. 심지어 기축옥사는 정철과 이항복이 서로 짜고 일으킨 것임이 분명하다고까지 하였다.

2월 8일 홍문관 이정형 등이 성혼을 옹호하였다. '신묘년에 공론이 격발하여 정철이 이미 복죄하였고, 그때 재차 국문하기를 다시 청한 신하들도 탄핵을 받았으나 성혼에게 미치지 아니한 것은 대개 죄가 경중이 있었기 때문입니다. 오늘날에 와서 초야에서 소를 올려, 최영경의 죽음이 정철 때문만이 아니고 성혼에게도 큰 책임이 있다고 하니, 이 또한 그렇습니다. 그러나 시비를 논하는 사이에 심술의 은미함을 깊이 추구하여 시비를 바르게 하는 것은 옳지만, 만일 그 마음을 의심하고 그 자취를 탈잡아서 죄안을 만든다면 아마도 적절히 재량할 바를 몰라 인심을 흡족하게 승복시킬 수 없을까 염려됩니다' 하였다. 그러자 대사간 정광적 등이 또 최영경의 옥사에 대한 성혼의 죄를 아뢨다.

이에 선조가 답하기를, "차자를 살펴보니 '성혼이 실로 주범으로서 성혼이 아니면 정철이 그 간사함을 부릴 수 없다' 하고, 또 '일체가 되었으니 천년 후에도 반드시 부월의 주륙을 면하지 못할 것이다' 하였으니, 성혼의 정상이 이제 다 드러나서 인심은 향방을 알게 되고 공론은 행해지게 되었으며 만세의 시비도 정해지게 되었다" 하였다. 정상인의 말은 아니었다.

정원과 사헌부에서는 서인들 대부분을 삭탈관작하라고 아우성을 쳤다.
2월 14일 영의정 이항복이 정사하니 불윤비답을 내렸다. 이런 상황을 지켜보는 이항복은 기가 막혀서 말도 나오지 않았을 것이다.

2월 15일 정인홍을 대사헌으로 하였다. "경을 사헌부 대사헌으로 삼아 조강을 총괄하게 한다. 대체로 학문을 쌓는 것은 장차 큰일을 하기 위해서인데, 자신의 절조만 지키는 것이 어찌 군자가 하고자 하는 일이겠는가. 마땅히 국경을 벗어나 타국을 나갈 때 안절부절하는 의리를 간절히 생각하여 초야에 있으면서 자득하는 즐거움을 일거에 바꾸어 고산의 연하를 사양하고 쟁기와 보습을 놓아둔 채 한번 일어나라. 지금 봄날이 따뜻해져서 길 다니기에 매우 좋으니 역말을 타고 속히 올라오라" 하였다. 70이 다 된 노인에게 이렇게 관직을 주고 있었다. 도무지 제정신이라고 할 수가 없었다. 그리고 선조는 이것이 자신의 죽음을 재촉하는 일인 줄은 전혀 알지 못했다.

2월 19일 성혼을 삭탈관작하라고 연일 청하자 허락하였다. 다만 이미 나타난 간인에게 편당하고 임금을 저버린 죄로써 죄주는 것이 가하다" 하였다.
국가 재건에 힘써야 할 조정에서 이런 일에나 힘을 쓰며 세월을 보내고 있었다. 정말 한심한 임금이고 신하들이었다. 그리고 뜻있는 자들에게는 억장이 무너지는 일이었다.

2월 20일 헌부가, 이조좌랑 홍서봉과 예문관 검열 김유를 논박하여 파직시켰다.
홍서봉은 정유년에 안산에 있는 노모를 보러 나갔다가 다음 날 즉시 돌아왔는데 '난리를 당해 도망쳤다'고 무고를 당했다. 김유는 탄금대에서 순절한 김여물의 아들인데, '멋대로 술을 마시고 기생을 끼고 탄금대에서 놀았다'고 무함하여 중한 논박을 받았다. 그러나 괴산·충주 등의 사인들이 상소를 올려 모두 그것이 날조된 실상임을 아뢰어 다시 기용되었다. 이 두 사람은 모두 나이 젊고 문장에 능하였으며 또 명망이 있었다. 이때 김유가 사관이 되어 새로 천거될 사람에 대해 의논하는데 동료와 뜻이 맞지 않아 4일이나 서로 버티면서 끝내 정도를 지켜 그들의 의견을 따르지 않았다. 그러자 대관을 사주하여 김유가 궐문을 나서기도 전에 탄핵하는 글이 이미 이르렀다. 단지 김유만을 논박하면 지시하고 사주한 자취가 드러날까 걱정하여 홍서봉도 함께 탄핵하였다.

윤2월 1일 이항복이 여섯 번째 정사하니 체차하고 오성부원군으로 하였다. 이덕형을 영의정으로 하였다.

선조가 이르기를, "외간의 부박하고 잡된 말은 대신이 진정시켜야지 군이 말할 필요가 없다. 그가 정고한 이유를 나는 실로 알지 못하겠으나 그럴 만한 사유가 있을 것이다. 그가 정철과 사귀었는지의 여부는 내가 아는 바가 아니나 만일 정철과 사귀었다면 그 사람을 어디에다 쓰겠는가. 서로 사귀었다면 숨겨서는 안 된다" 하였다.

임금으로서 할 말은 아니었다. 사귀는 것이 문제가 아니라 정철을 정승으로 만든 사람은 누구이던가. 참으로 변덕스러운 임금이었다.

윤2월 4일 주역을 강하고 정철과 이항복에 대하여 여러 신하들의 말을 들었다.

김명원이 나아가 아뢰기를, "시의가 분분하여 대신들이 모두 스스로 편치 못한 마음을 갖고 있습니다. 이항복 같은 사람도 남의 말에 동요하여 마침내 사직하기에 이르렀습니다. 국가의 일로써 말씀드리자면, 창고의 저축은 텅 비고 변경의 방어는 매우 급하여 위망의 화가 눈앞에 닥쳐 있습니다. 옛사람의 말에 '강물 한복판에서 풍파를 만나면 호와 월 사이도 한 집안이 된다' 하였으니, 오늘날에 있어서 대소 신료들은 힘을 합하더라도 오히려 구제하지 못할까 염려되는데, 지금 일을 담당한 신하들이 모두 해체되어 직무를 다하지 못하고 있습니다. 초야의 말이 어찌 모두 옳겠습니까. 상께서 진정시키셔야 합니다" 하고 올바른 말을 하였다.

그러나 선조는 "좌상의 말이 대신다운 말이지만 시비를 밝힌 뒤에야 국사를 해 나갈 수 있다. 그러므로 조정에서는 마땅히 화열하게 논쟁해야 한다. 영상이 정철과 사귀었는지는 내가 아는 바가 아니다. 그러나 만일 사귀었다면 그 잘못을 논한 것은 바른 말이다. 옛사람이 말하기를 '소인을 멀리하되 미워하지 아니하고 엄하게 한다' 하였으니, 군자는 스스로 소인을 대하는 도리가 있는 것이다. 만약 반드시 같은 조정의 사람을 얼굴도 본 적이 없다고 말한다면 잘못이다" 하였다.

이렇게 대신은 대신다운 말을 하였지만 임금은 임금다운 말을 하지 못했다.

윤2월 7일 유생 한효상 등 10여 인이 성혼을 변호하는 상소를 올렸다. 선조가 듣기 민망한 말로 배척하였다.

"너희들은 그의 도당들이 성혼을 구제함으로 인하여 이 소를 진달하였다만 그가 간흉과 교결한 정상은 너희들은 인정하지 않을 수 없을 것이다. 그렇다면 너희들의 말은 비판을 받지 않고서도 와해될 것이니, 잘못을 덮으려고 하다가 더욱 드러난 것이다. 심지어 성혼을 큰 유학자라고까지 하였으니 어찌 그리도 치욕스러운가. 유자의 명칭은 진실로 하나만이 아니다.

지금 조정에서 그의 죄를 성토하는 것은 모두 사람들의 이목에 숨길 수 없이 환히 드러난 것에 의거한 것이니, 이야말로 시비를 만세 뒤에까지 바르게 하려는 목적에서 한 것일 뿐 애당초 숨겨진 사특함을 찾아내어 실정 밖의 형률을 가하려는 것은 아니었다. 대체로 유생의 도리는 다만 학문을 닦고 글을 읽을 뿐이지 조정의 시비는 간여할 바가 아니다. 내 뜻을 알라" 하였다.

윤2월 9일 영의정으로 임명된 이덕형이 파직을 청했다.

"오늘날의 시사는 너무도 다급합니다. …… 그리하여 중외가 해이해져서 안일과 고식적인 방법으로 보내고 있으니 하루하루를 넘기는 것이 처마 밑에 살고 있는 제비보다도 더 위태로워 마치 석양에 해가 떨어지는 것과 같습니다.

이러한 때에는 노성한 인재를 엄선하여 성신으로 함께 극복해 나가더라도 오히려 제대로 하지 못할까 두려운데, 근래에 수상의 교체가 너무 잦아 인원수나 채우고 궐원이나 보충하는 것이 일반 관리들과 같아서 마침내 경력이 없는 어리석은 신에게까지 돌아오게 되었습니다. 신은 문아와 재망은 유성룡만 못하고, 충심과 근신함은 이원익만 못하며, 너그러우면서도 기량이 있는 것은 이항복만 못한데 그들이 물러나게 된 자리를 무릅쓰고 있게 되었으니, 어찌 홀로 우뚝 서서 마침내 전복됨을 면할 수 있겠습니까. 바라건대 성자께서는 빨리 성명을 거두시고 어진 덕을 지닌 사람을 다시 뽑아, 한편으로는 세도를 다시 넓히고 한편으로는 미미한 목숨을 보전하게 해 주소서" 하였다.

윤2월 13일 기자헌을 부제학, 허균을 병조정랑으로 하였다.

윤2월 20일 대사헌에 임명된 정인홍이 성명을 거두기를 청했다.

'지금은 나이가 70에 가까워서 근력이 이미 다하고 이가 빠졌으며, 지팡이에 의지해 다니고 죽만 먹고 사는 형편입니다. 또한 임진년 난리에 외아들이 죽음을 당하였는데, 자식을 사랑하는 구구한 정이 세월이 갈수록 더욱 애틋하여 낮에는 발작이 일어나고 밤에는 잠을 잘 수 없습니다. 이렇게 정신이 아득하고 지려가 혼미하여 몸뚱이는 살아 있으나 땅속에 들어가지만 않았을 뿐입니다. 그런데 어찌 성명께서 노쇠한 신을 버리지 않으시고 갑자기 부르실 줄이야 생각이나 하였겠습니까' 하였다.

너무 오래 90까지 살면서 권력을 놓지 않으려고 하다가 목이 달아난 사람의 입에 발린 말이었다. 70이 다 된 사람을 부르는 선조의 행태도 정상은 아니었다.

윤2월 28일 홍문관이 대사헌 정인홍은 출사하라 하고 대사간 권희 등은 체차하도록 청했다. 한 달이 넘도록 계속 최영경의 죽음에 대하여 정철과 성혼이 죽였다고 하더니 드디어 그때 재차 국문하기를 청한 사람들을 삭탈관작하라 하고 이항복과 윤승훈까지 읽어 넣었다. 정철과 성혼에 대한 선조의 생각이 이를 더 부채질하고 있었다.

이때에 의분을 참지 못하는 부사과 이귀가 정인홍의 죄악을 상세하게 아뢴 상소문을 올렸다.

"영남의 폐단은 이름이 선비라고 하는 자들이 수령들을 협박하고 절제하여 도류 장살의 권한이 모두 그들의 손에서 나오는데, 실로 정인홍이 앞장서서 주창한 짓입니다. 신이 거창에 이르러 하리가 올린 글을 보니 '합천에 사는 정 참의가 지나가므로 현령이 경계까지 대접하러 나갔다' 하였습니다. 신은 품계가 낮으나 공행이요 인홍은 벼슬이 높으나 사행인데, 각 고을의 수령들이 공행은 돌보지 않고 모두 분주하게 그를 마중하러 나갔으니, 인홍의 기세를 이로 보아서도 알 수가 있습니다.

　신이 한 번 인홍의 허물을 말하자 그의 도당들이 멋대로 신의 일족을 꺼림 없이 쫓아내고 심지어는 집을 부수고 고향에서 내쫓기까지 하였습니다.

　무술년 간에 정경세가 감사가 되어, 인홍이 별장을 거느린 정상을 따져 물었던 것은 사람들이 모두들 말하고 있습니다. 왜적이 물러간 지 이미 3년이 지났는데도 의병에 속했던 관노와 우마를 아직도 자기 집에 두고 부리는 실정을 그 도에서는 모르는 사람이 없습니다.

　전 감사 서성이 이미 결단한 옥사를 인홍의 문도인 하혼이 갑자기 다시 문제를 야기시켜 실정을 파헤치기도 전에 추관을 협박하여 대좌시켜 두세 명의 유생에게 엄형을 내렸으므로 체찰사 이덕형이 그 사실을 듣고 그 당시의 색리에게 장을 쳤습니다. 성주목사 유영순이 한 번 인홍의 허물과 악행을 말하자 그 무리들이 비방과 배척이 심하여 못하는 짓이 없었기 때문에 이덕형이 영순이 비방당한 실상을 들어 해당 색리를 추궁하였습니다. 합천군수 이숙이 인홍이 관의 명령을 거역한 것을 분히 여겨 반민이라 꾸짖었더니, 인홍이 감사와 대좌한 자리에서 이숙의 죄를 열거하였습니다. 유생의 정거는 사관에서 하는 일인데, 도내의 선비가 인홍에게 잘못 보이면 곧바로 모두 정거시켰습니다. 지난번 문위·이경일 등 10여 인이 문경호의 상소에 참여하지 않자 아울러 통문을 돌려 손도하였습니다. 또 적에게 잡혔던 부녀자를 인홍이, 도망친 중국군으로서 풍수를 볼 줄 아는 자에게 억지로 시집보냈고, 사족의 딸을 자기 집과 친한 천인에게 강제로 혼인시켰습니다. 또 자기의 도당들을 본 군의 풍헌과 유사로 삼아 관부에 출입하게 하면서 사명을 협박하여 통제하였습니다.

　고 병사 김면은 인홍과 평소 정의가 형제와 같았는데 군대를 거느리고 있으면서도 왜적을 토벌하지 않는다고 꾸짖자, 인홍이 그와 절교하였고 김면의 상구가 그의 집 문 앞을 지나도 끝내 조문조차 하지 않았습니다. 한준겸은 그 도의 감사인데, 자기 집을 찾아보지 않았다 하여 자신의 일당을 사주하여 논죄하게 하였습니다. 유성룡의 청렴함은 모든 사람이 다 칭송하는 바인데, 인홍에게 관계되는 말을 하자 즉시 자기의 문객을 사주하여 탄핵, 파직시켰습니다. 이덕형은 체찰사인데, 한 번 자기의 별장과 색리에게 장을 친 뒤에는 그의 무리들이 멋대로 조롱하고 꾸짖었습니다.

근래 영남의 방백이 된 사람 가운데 한준겸이 가장 뛰어났는데 이시발에 이르러서는 준겸보다 몇 배나 더 뛰어났을 뿐 아니라 그를 칭송하는 소리가 길거리에 흘러넘치는데도 이 무리들의 비위에 어긋나 앉아서 교체되어 돌아가기만을 기다리는 실정입니다. 아, 한 번 인홍의 비위에 어긋나면 체찰사와 감사도 모두 그 사이에서 손을 쓸 수가 없게 되니, 신이 본 바로는 국가의 명령이 인홍 때문에 시행되지 못하고 기강이 인홍 때문에 확립되지 못하는 것입니다. 지난날 향곡에 물러가 살 적에는 그 재앙이 그래도 적었지만 이제는 조정에 뚜렷이 올라 있으니, 그 횡포의 양상이 지난날보다 열 배는 될 것이어서 국가의 위란을 날짜를 꼽아 기다릴 수 있습니다" 하였다.

정인홍의 실상을 제대로 말한 것이었다. 전년에 이귀가 체찰부의 소모관으로 합천에 갔었다. 그때에 정인홍의 악행을 잘 알고 있었으므로 혼내 주고자 하였다. 정인홍이 그 사실을 알고 피하여 달아나 숨기까지 하였다. 그러나 이제 자신을 악인으로 상소하였으니 가만히 있을 리는 없을 것이다.

3월 6일 정인홍이 차자를 올려 이귀의 상소에 대한 변명을 하였다. 변명을 잘하는 것도 그의 특기 중 하나였다. 선조는 '전일 대신의 계사에는 진실로 의심을 갖게 하는 점이 있었다만 이귀의 사람됨은 경도 알지 않는가. 이 사람은 일찍이 김덕령의 양편 겨드랑이에 호랑이 두 마리가 출입한다는 설을 지어낸 자이다. 이러한 말도 만들어 내는데 무슨 말인들 만들어 내지 못하겠는가' 하였다.

정인홍이 또 차자를 올리기를 "신이 성혼·정철과 서로 좋지 못하고 또 유성룡과도 사이가 좋지 않은데, 이제 그 도당들의 남은 분노가 소멸되지 않아서 스스로 시기하고 의심하여 소요를 야기시키고 있으니, 신을 체직시켜 주소서" 하였다.

이에 선조는 '전일에 내가 잘 모르는 김휘라는 자가 소장을 올리면서 경의 이름을 지적하여 해치려는 낌새가 있었고, 또 이귀의 소장을 보니 경에 대해 드러나게 불측한 누명을 가하였다. 나는 그것을 간사한 사람이 한 짓이라고 여겼었는데 지금 차자를 보니 과연 사람들이 그렇게 말하게 된 이유를 알 수 있겠다. 예로부터 충현으로서 남의 말을 많이 듣게 된 경우가 어찌 한이 있겠는가' 하였다.

정인홍이 드디어 논하기를, "전 대사헌 황신은 성혼의 문생으로 권간에 당부하여 천청을 미혹시켰으니, 관직을 삭탈하소서. 예조참의 정경세는 거상을 삼가지 않았고, 복수의 일로 관동에 나갔을 때 공공연히 기생을 끼고 놀았으니, 파직하고 서용하지 마소서" 하였다. 여러 번 아뢰니 상이 모두 따랐다.

황신의 관작을 삭탈하고 구성·이흡·이상길·조익·이성록·민유경 등을 폄직하였다. 구성 등 3인은 기축년의 간관들이고 조익 등 3인은 지난해 대관으로 성혼을 구제하려 했던 사람들이다. 황신은 본성이 강직하여 조정에 우뚝 서서 태평할 때나 위험할 때나 절개가 한결같아 다른 나라에서도 칭송을 들었다. 스승을 위해 원통함을 호소하다가 정인홍의 미움을 받게 되자 여러 군소배들이 벌떼처럼 일어나 인홍에 붙어서 배척하였으므로 드디어 죄적에 올라 7년간이나 폐고당하였다. 정경세는 경업에 종사하여 한때의 명류로 일컬어지는 사람인데, 이제 사실에 가깝지도 않은 것으로 비방을 가했다.

    사간 정혹이 "대간이 어떤 일로 체직되었다가 오래지 않아 다시 제수되면 전일의 혐의를 재차 적용시키지 않는 것이 오래 전부터 내려온 관례라는 것을 신 또한 알고 있으니, 이제 다시 성총을 번거롭게 할 필요는 없습니다. 그러나 정인홍이 세상에 드문 은혜를 입고 산림에서 일어나 나왔으니 청의를 담당하여 공도를 회복해 넓히기를 그 누군들 바라지 않겠습니까. 그런데 지난날 소요스러웠던 한 사건을 또 출사할 수 없는 다섯 가지 이유 중의 하나로 거론하고 있습니다. 무릇 사군자가 중대한 시비를 가릴 경우라면 당연히 빙탄이나 수화가 같지 않은 것처럼 진정 구차히 합할 수 없는 것이지만, 그 나머지 가부간에 서로 용납할 수 있는 일이라면 다소 부합되지 않는 점이 있다 하더라도 굳이 고집하여 서로 의심할 필요까지는 없는 것입니다. 이것이 두루 하되 편당하지 않으며 화합하되 아부하지 않는다는 도리일 것입니다. 만일 정인홍이 실지로 지난날의 일에 태연할 수 없어서 이런 말을 하였다면 지난날의 일이라는 것은 실로 신에게서 발단되었다 하겠는데, 신 같은 무리가 열이 있더라도 정인홍 한 사람과는 바꿀 수 없을 것입니다. 이 점이 바로 신이 감히 구구한 뜻을 성명에게 바치지 않을 수 없었던 까닭입니다. 신의 사세가 이러하므로 결코 뻔뻔스럽게 그대로 머물러 있기가 어려우니, 신의 직을 파척하소서. 그리하여 한편으로는 정인홍의 마음을 편안하게 하고, 한편으로는 사류의 바람을 위로하소서" 하였다.

    명나라는 망할 징조가 무르익어가고 있었다. 환관들이 날뛰고 있는 것이다. 우리나라도 계속 피해를 입고 있었다. 지난해 가을부터 고 태감이 상방에 어공할 물품이라고 핑계하면서 차관 장겸과 이자태 등을 보내서 토산물을 요구한 것이 거의 수천 여 건에 이르렀다. 우리나라에서는 거절하지 못하고 팔도에 분정해서 그들의 요구에 응하였다. 이로 인하여 말류의 폐해는 극심해지고 어려워 만신창이인 민력이 더욱 고갈되었다. 그런데 이번에 사신이 또 왔다.

3월 10일 조사의 관소에 행행하여 연례를 행하였다.

영접도감이 근래 천사들의 행동이 그릇됨을 아뢨다. 선조는 '주의할 점은 그가 탐욕스럽다는 점인데 이는 그의 타고난 성품이 편벽되었거나 학문의 힘이 모자란 탓인 듯하다. 아랫사람을 잘못 대접하면 혹 참소하기도 하고 헐뜯기도 하여 반드시 이런 데에서 문제를 야기시킬 것이니, 매우 염려된다. 그들이 요구하는 물건은 정말이든 아니든 주지 않을 수 없다. 다만 아직 해사에 이 정도의 수량이 있는지의 여부를 알지 못하겠는데 증급한다면 언제 어떤 사연으로 증정할 것인가? 경은 다시 숙고하라' 하였다.

3월 19일 중국 사신은 고천준이란 자였는데 의주에서 경성까지 천리에 걸쳐 마음대로 약탈을 자행하여 인삼·은냥·보물을 남김없이 가져갔다. 조선 전역이 마치 병화를 겪은 것 같았다. 보다 못한 그의 가정 동충이란 사람이 시를 지었는데,

'올 때는 사냥개 갈 때는 바람처럼 모조리 실어가니 조선 천지 텅 비었네 오로지 청산만은 옮기려 해도 요지부동 다음엔 와서 그림 그려 가져가겠네' 하였다.

사관은 '이는 천지 사이의 거칠고 더러운 기운이 모여 이와 같은 별종을 만들어 냈을 뿐만 아니라, 또한 중국 조정의 기강이 판탕되고 염치가 소멸되어 풍성과 기습이 이렇게 만든 것이 아니겠는가. 탄식을 금치 못하겠다' 하고 심히 탄식하였다.

3월 21일 유영경을 우의정으로 하였다.

3월 25일 정인홍이 사직 상소를 올렸는데, 답하기를 "다만 물러가려고만 하는 뜻을 가져서는 안 된다. 나는 지금 경을 기다려 정치를 하려고 하는데 어찌 물러나 돌아가겠다고 하는가. 절대로 그렇게 할 수는 없다" 하였다.
  칠십 노인이 대사헌으로 무엇을 할 것인가. 제정신이 아닌 선조는 정인홍이 결국 자기 명을 재촉할 인간이라는 것도 알 리가 없었다.

4월 2일 간원이 충청병사 이봉수의 체직을 아뢰니 윤허하지 않았다. 이봉수는 임진년 이순신의 부하 군관으로 역전하였던 사람인데 병사가 되어 있었다.

4월 12일 정인홍의 말은 이산해가 말하는 것과 아주 유사한 말투다. "신의 나이 70이어서 다시 근력이 없고 무시로 질병이 발작하니 어떻게 임무를 감당할 수 있겠습니까" 하였다. 그러면서 정작 사헌부 내에서는 그 특유의 자기 고집만 세우는 말썽을 일으키고 있었다. 헌부의 나머지 아래 관료들이 헌부의 장인 대사헌 정인홍이 무시하고 모욕한다고 자신들을 파척하라 청했다.
  '대체로 대간의 체면은 일반 관직과 비교가 안 됩니다. 관직 상으로는 대소의 차이가 있긴 하지만 반드시 가부를 상의하여 마침내 의견이 귀일된 뒤에야 입계하는 것이 바로 예부터 내려오는 규례입니다. 그런데 인홍은 회답하는 간통을 기다리지도 않고 앞질러 먼저 기초했는가 하면 홀로 피혐하겠다는 말로 마치 재촉하는 듯이 하였습니다. 신들이 모두 형편없는 자질로 언관이 되어 이토록까지 극도로 무시당하고 모욕을 받았으니, **뻔뻔스레** 자리를 차지하고 있을 수 없습니다' 하였다. 정인홍이 정경세를 죄주려 한 것을 반대한 것이기도 하였다.

정인홍이 곽재우를 통제사로 천거하였으나 선조가 답하지 않았다.

4월 20일 영의정 이덕형이 세 차례나 정사하니, 윤허하지 않는다고 답하고, 교서를 내리기를, "온갖 책임이 영상의 몸에 모여 성공을 기대하는 소망이 바야흐로 간절하다. 수고로운 나머지 병을 얻어 갑자기 물러나려 하니 정말 섭섭한데 어찌 재차 그럴 수가 있겠는가. 경은 천성이 충후하여 문장 따위는 나머지 일이로다. 선비 시절에 벌써 태정의 기량으로 일컬어졌는데 위급한 날에 더욱 반석이 되는 재목임을 증험했었다. 재조의 공로가 으뜸이니 백관의 어른 지위가 마땅하다. 그러므로 몽복에 부응하여 거듭 정사를 보필하는 임무를 부여하였다. 후한 덕은 부박한 풍속을 진정시킬 만하여 군자가 믿어 두려움이 없게 되었고 큰 계획은 원대한 사업을 경영할 만하여 묘당에 은연히 사람이 있게 되었다. 부지런히 보필함을 힘입어 밤낮으로 다스리게 될 것을 도모하였는데, 창창한 나이에 물러갈 계획을 세울 줄 어찌 알았겠는가" 하였다.

힘은 실어 주지 않고 말로만 좋은 말만 하면 무슨 소용이 있겠는가.

4월 22일 세자 책봉 주청사를 의망한 단자를 도로 내리면서 일렀다.

"중궁의 책봉을 즉시 주청했어야 하는데 이 점에 대해서는 유사가 계품하지 않으니 일이 자못 전도된 듯하다. 먼저 국모를 바르게 한 뒤에야 인륜의 기강이 서게 되는 것이니 어찌 국모 없는 나라가 있겠는가. 살펴서 하라."

마누라 얻는 것까지 승인을 받아야 하나. 한심한 임금이 아닐 수 없었다.

4월 23일 선조가 정인홍이 사직하고 내려가면서 올린 글에 답하였다. "올린 글을 잘 보았다. 경이 사양하고 돌아가서는 안 된다는 뜻을 내가 유시한 것이 한두 번이 아닌데 경은 어째서 줄곧 고집만 하고 조금도 마음을 돌리지 않는 것인가. 나와는 일할 수 없다고 여겨서 그러는 것은 아닌가? 지금 강을 건넜다는 말을 들으니 진실로 두렵다. 고향 산천의 풍경이 꿈속에 자주 나타난다 하더라도 내가 돌아가라고 허락한 다음에 호연히 돌아간다면 또한 어찌 늦는 일이 되겠는가."

4월 30일 이덕형이 영의정 임명을 다섯 차례나 정사하니 비망기로 답하였다.

"대신은 인주의 고굉이며 국가의 원로이다. 그래서 옛사람이 염매와 주즙에 비유하였다. 평시라도 가벼이 사퇴할 수 없는데 더구나 나라의 일이 견딜 수 없을 만큼 어려운 오늘이겠는가. 춘신에 대비해야 될 계절을 맞아 풍진이 급하기만 하니 경계해야 할 때이다. 경은 수상인 동시에 체찰까지 겸임하고 있으니, 이는 한 몸으로 장수와 재상을 아울러 맡은 셈이다. 경의 충성심으로 국궁진췌하여야 할 때인데 어찌 일시의 하찮은 질병이 있다고 하여 잇따라 글을 올려 물러나려고만 하면서 나의 기대하는 뜻을 저버리려 하는가. 다시 더 조리하여 속히 출사하도록 하라."

선조는 역시 말은 잘했다. 대신들에게 힘을 실어 주거나 의견을 따르지는 않고 말만 번지르르하게 하니 누가 하고 싶겠는가. 오로지 간신 같은 사람들이나 하고 싶었을 것이다.

5월 13일 정인홍의 차자에 답하였다. "차자를 읽고 경의 뜻을 잘 알았다. 경의 고상한 품성과 곧은 기개는 세상이 우러러보는 바이다. 부름을 받고 올라와 조정에 나선 지 한 달이 채 못되어 수백 마디의 말을 차자를 통해 올렸는데, 바른 말이 한 번 나오자 늠름한 정기가 감돌아 어두워졌던 사람의 마음을 밝혀 주고, 병들었던 사람의 마음을 고쳐 주었으며, 간교한 무리를 내쫓아 백관이 엄숙해짐으로써 조정이 생동하는 기운을 갖게 되었다. 이 어찌 용렬한 관료와 비교가 되겠는가. 다만 다른 사람의 허물을 용납해 주지 않기 때문에 경을 싫어하는 사람이 많은 것이다. 싫어할 뿐 아니라 중상모략을 하는 자도 있을지 어떻게 알겠는가. 내가 경에게 바라는 것은 그저 가만히 조정에 있어만 줘도 사람들이 조심하고 꺼려서 조정이 구정보다 무거울 것이니 차마 나를 버리고 가지 않을 줄로 믿는다. 차자 가운데 '비록 조정을 떠나더라도 백성의 이로움과 해로움, 나라의 기쁨과 슬픔에 관계되는 일을 안다면 모두 말하겠다'고 한 말이 더욱 나에게 깊은 감동을 불러일으켰다. 이것이 내가 진실로 바라는 바이나 경은 물러가서는 안 된다. 설사 물러갈 계획을 갖고 있더라도 나라에 역란이 있는데도 아직 적을 체포하지 못하고 있으니 더더욱 물러갈 때가 아니다. 마땅히 나의 간곡한 심정을 알아주기 바란다" 하였다. 정인홍에 대한 선조의 신임은 이렇게 각별하였다. 그 사람에 그 사람이 아니겠는가.

5월 17일 이때 허균은 병조정랑이었다. 사헌부가 허균의 파직을 청하니 추고하라 하였다. 허균이 판부사 심희수를 자기에게 가깝게 해주는 자라고 생각되어 귀에 대고 어떤 일을 말한 것인데, 심희수가 갑자기 노하여 들고 일어나서 문제가 되었다. 이덕형의 설득으로 이정도로 무마되었다.

5월 27일 간원이 국혼에 사용할 물품에 대해 아뢨다. 상이 겉으로는 검소를 권장하였으나 속은 그렇지 않았다.

사관은 '이때는 새로 온 탐오한 두 조사의 토색을 겪은 뒤라 공사 간에 텅 비게 되어 시민의 피폐가 가장 극심하였다. 상이 이를 깊이 염려하여 겉으로는 검소를 권장하는 분부를 보이고 있으나 마음속으로는 실로 그렇지 않았다. 그러므로 유사가 상의 뜻에 영합하여 모든 의물들이 점점 다시 호화스러워지고 시민들이 견디지 못하여 거리 가득히 호소하고 있으나 제신들은 못 들은 체하고 있다. 박홍로가 앞장서서 이런 아룀을 올렸으니, 이른바 봉이 조양에서 울고 있다는 것이라고 하겠는데 위에서 거절하고 곧이어 정계하니 탄식을 금할 수 없다' 하고 탄식하였다.

6월 11일 사관은 '이해수는 간사하고 악독한 사람이다. 지난 기축년에 정철의 당여로서 역적의 변을 틈타서 품고 있던 흉계를 마음대로 부려 사림을 일망타진하고 끝내는 처사 최영경을 죽였으니 아무리 옛날의 소인배라도 어찌 이보다 더하였겠는가. 성혼은 재야의 선비로서 이이와 정철을 벗으로 사귀었고, 최영경과도 서로 아는 처지였는데 악독한 철이 영경을 죽일 당시에 영경으로 하여금 옥중에서 죽도록 하였다. 그 뒤에 상이 정철의 간교함을 통촉하고 영경의 지극한 원한을 시원하게 풀어 주심과 아울러 철의 당여는 모두 그 관작을 삭탈하셨으니 '태양이 중천에 있으면 간사하고 더러운 자는 그 형적을 감출 길이 없다'고 한 말은 바로 이를 두고 한 말이다' 하고 논하였다. 그러나 이 사관은 나는 간신이요 하는 것 같았다.

이에 대하여 수정실록에서는 "살피건대, 심하다, 참소하는 말이 국가에 재앙이 됨이여, 사류들을 무함 날조함이 전전하여 유현에게 이렇게 하기까지에 이르렀으니, 그 애통함을 견딜 수 있겠는가. 성혼은 산림의 선비로 수양과 학문이 독실하여 세상의 모범이 되었는데, 처음 정인홍의 질시를 받다가 뒤에는 이홍로에게 모함을 당하였다. 그것이 전전하여 참소하는 말이 세 번에 그칠 뿐이 아니었으니, 자모인들 어찌 북을 내던지고 도망치지 않겠는가. 이해수는 조정에 있을 때 뜻이 맞는 사람이 적었고 본래부터 바르지 못한 무리들을 좋아하지 않았는데 기축년 역적을 토죄하던 때 마침 간장으로 연소한 사람들의 과격한 의논에 뒤따라 참여하였으므로 홍여순의 무리가 이를 갈고 팔뚝을 휘두르면서 죽은 사람에게까지 죄를 주었다. 상이 일찍이 소인의 참소를 믿어 이처럼 지나친 거조가 있음을 면하지 못하였는데, 사신이 또 이어서 멋대로 더러운 비방을 가하여 심지어 '모든 정철의 당여들에 대해 관작을 삭탈함에 있어 태양이 중천에 뜨니 사특하고 더러운 것들이 그 자취를 숨길 길이 없었다'고까지 하였으니 이 말을 한 자는 역시 인홍과 여순의 무리인 것이다" 하였다.

6월 21일 김제남을 영돈녕부사로, 이원익을 판중추부사로, 윤승훈을 지중추부사로, 이호민과 김늑을 첨지중추부사로, 김응서를 충청병사로 하였다.

7월 2일 사직하고 떠난 정인홍을 다시 불러 보고 떠나가게 하라 하였다.
삼정승 이덕형, 김명원, 유영경을 인견하여 정인홍에 대해 문답하였다. 대신들은 부정적이고 선조만 두둔하였다.
이덕형이 "신은 고루하여 바깥일을 알지 못합니다. 다만 신이 지난해 영남에 갔을 때 정인홍을 한번 만나 말을 나누어 보니, 오래도록 전야에 묻혀 있었기 때문에 세상살이에 세련되지 못하고 오활한 점이 많았습니다. 그리고 본도의 평판도 서로 달랐습니다. 그러다가 인홍이 조정에 온 뒤로 논의가 여러 사람과 달랐기 때문에 오래 머물기를 어렵게 여겼는데, 사람들 역시 그에게 과격한 점이 있다고 의아해합니다."

"정인홍은 신사년 무렵에 장령으로 올라왔었는데, 신이 처음 출신한 때라서 서로 만나지는 못했습니다. 다만 그 당시에 들었던 일을 감히 진달할까 합니다. 인홍이 여섯 가지 조항을 모두 갖추었다고 안민학을 선발하자, 이경중이 말하기를 '안민학이야말로 어리석고 망령된 사람으로 이 선발에 합당하지 않다' 하였는데, 인홍이 이경중을 탄핵했다고 합니다. 그 뒤 신이 영남에 가서 처음으로 인홍을 보았는데, 본시 오활하고 소루한 유자로서 호오와 시비에 대한 생각이 한편으로 치우친 인물이었습니다. 이번에 상께서 특별히 부르시자 외방 사람들은 '산림의 인사에게 기대할 만한 일이 많다'고 하였습니다. 그런데 지난번 그의 차자를 보건대, 불평과 과격한 말이 많았는데 조정 사람들을 지목하여 도당이라고 하였습니다. 그러나 적도들에게나 도당이 있는 법이지 어떻게 조정 안에 도당이 있단 말입니까" 하였다.

유영경은 "임금의 위엄이 지척에 계신데 어찌 감히 거짓으로 고하겠습니까. 신이 전일 인홍을 만나 보았는데 그의 소견이 편벽됨을 면치 못했습니다. 인홍의 생각은 남인을 물리치고 모두 대북 사람을 등용하려는 것입니다" 하였다.

선조가 "조정에 소인이 없게 된 뒤라야 나랏일을 해 나갈 수 있을 것이다. 만약 소인이 있다면 지금 역적을 토벌한다 해도 반드시 다시 일어날 것이다. 소인이 한 사람만 있어도 국가를 그르치기에 충분하다."

"소인은 쉽게 알 수 있으니 그 행동을 보면 속일 수 없다. 조정에 어진 사람을 용납하지 못하게 하는 자가 바로 소인이다. 옛날 왕안석과 진회는 그 정상과 심사가 변법에 드러났고, 화친을 주장할 때 언론이 바르지 못했으니 이런 자들이 바로 소인인 것이다" 하였다. 그 말 그대로 정인홍이 소인임이 분명하였다. 그러나 이미 눈이 뒤집힌 선조만 바로 보지 못하고 있었다. 선조 자신이 소인이었다.

수정실록에서 정인홍을 논하기를 '인홍은 산림에다 자취를 가탁하여 멀리서 조정의 권한을 쥐고 사림을 해치는 것으로 일을 삼았다. 신사 연간에는 대각에 들어가 맨 먼저 사류들을 탄핵하고 다시 이경중이 정여립을 배척한 죄를 논박하였다. 그 뒤로는 또 이이와 성혼 등을 원수보다 심하게 비방하여 팔을 걷고 날뛰면서 이이첨 등 3, 4인과 결탁하여 조정을 어지럽혀 못하는 짓이 없었다. 그런데도 사관이 제멋대로 찬양하였으니, 이는 부회하여 아첨하는 마음에서 나온 것이다. 비부와는 임금을 섬기기 어렵다고 한 말이 바로 이것을 두고 한 말이다' 하였다.

7월 13일 왕비 책봉례를 거행하였다. 태평관에서 친영례를 거행하였다. 다음 날 백관의 하례를 받고 허균이 지은 반사문을 반포하였다.

7월 15일 전라우수사 이응표의 파직을 청하니 서서히 결정하겠다고 하였다.

간원이 아뢰기를, "전라우수사 이응표는 전일 가리포 첨사로 있을 때 당시 수사였던 이억기와 함께 한산도에 이르러 전투에 임하여 먼저 도망침으로써 주장으로 하여금 패하여 죽게 만들었으므로 지금까지 주사들은 모두 통분하게 여기고 있습니다. 그런데도 죄는 가해지지 않고 도리어 은혜를 입었으니 응표로서는 감격하여 은혜를 보답하기에 겨를이 없어야 할 텐데, 군량을 마련한다는 핑계로 배를 많이 건조해서 사사로이 내다 팔고 그 값을 모두 자기 집으로 수송했습니다. 거리낌 없이 멋대로 방자하게 군 죄를 징계하지 않을 수 없으니 파직을 명하소서" 하였다.

7월 22일 홍여순을 석방하였다.

사관은 '홍여순은 임진란 초기에 병조판서의 신분으로서 국사를 그르쳤고 기해·경자 연간에는 조정을 어지럽히고 소란하게 하였으므로 사론이 인정하지 않았다. 그러나 궁중의 인척이었던 관계로 하루아침에 석방되니 중외가 모두 경악하였다' 하고 논하였다.

9월 22일 왕세자가 문안하였다. 세자를 대하는 태도가 약간 엄격하여 인견하는 경우가 드물었다.

10월 3일 홍문관이 여러가지 폐단과 문제점을 거론하였다.
'기강이란 국가가 믿고 유지하는 근본입니다. 공도(公道)가 넓혀지고 사심이 없어지면 법령이 시행되고 기강이 확립될 것이지만 사심이 공도를 이기고 인정이 법을 꺾는다면 법도는 폐해지고 기강은 허물어질 것이니, 국가에 있어서 기강이 중하지 않겠습니까.'
'지난번 임해군이 살인을 했는데 형관이 옥사를 다스리면서 시신을 수색하였으나 얻지 못하고 시친을 찾았으나 나타나지 않았습니다. 심지어 궁노들까지 교만하여 위세를 가탁, 세도를 부리므로 여염에서 맹호보다 더 무서워하면서 놀라 흩어지는데, 끝내는 감히 범접할 수 없는 곳에서 난동까지 부렸습니다.'
'비록 정당하게 진공하는 물품이라도 백성들의 힘으로 감당하지 못할 것이라면 감면하고, 옛날부터 해오던 일이 아니더라도 민생에 이로움이 있는 것이라면 시행하며, 항상 정성스럽고 불쌍히 여기는 전교로 수령들에게 당부하시되 형식을 따르지 말고 실제적 은혜를 널리 베푸신다면 가까스로 살아남은 백성들이 소생되어 나라의 근본이 튼튼해질 것입니다.'
'아, 군사가 없으면 나라를 보위할 수가 없고 방비가 없으면 적을 방어하기 어려운 것이니 국가에 있어서 군사와 방비는 중대한 것입니다. 지금은 흉적이 겨우 물러갔으나 사무치는 원수는 아직 갚지 못하였으니 실로 군신 상하가 와신상담하면서 오직 연병과 강무를 급선무로 삼아야 할 때입니다. 그런데 인심은 당장의 편한 것만 좋아하는 법이라 병조는 군정은 닦지 않고 한갓 빈 장부만 끼고 있으며, 훈련도감은 날마다 군사의 수는 줄어드는데 군량만 낭비하며, 난리 뒤에 외람되게 출신한 자들이 거의 만여 명에 이르는데도 흩어지고 통솔이 안 되어 안으로는 경성, 밖으로는 변경에서 한가로이 세월만 보낼 뿐 전혀 방비가 없습니다. 조금 믿을 만한 것은 수군인데 격군도 없고 군량도 없어 여러 해에 걸쳐 어렵게 만들어 놓은 병선을 무용지물로 만드니, 만약 하늘이 화를 뉘우치지 않아 재차 적의 침입을 받게 된다면 무슨 군대로 방어할 것이며 무슨 장비로 대응할 것인지 모르겠습니다.'

문제점을 지적은 잘 하였으나 항상 보면 어떻게 할 것인지 대책이 없었다.

10월 14일 경상좌수사 이운룡이 어버이의 병을 가탁, 주장에게 보고도 하지 않고 제멋대로 진영을 버리고 사사로이 자기 집에 갔다 하였다. 이에 간원이 이운룡을 근무지 무단이탈로 나국하자고 청했다.

10월 20일 경상도 관찰사 이시발이 상소하여 공훈을 사양하고 이어 중군 이간이 포획한 공로가 있음을 말하였는데, 양사가 다투어 글을 올려 공을 탐하여 은혜를 파는 짓이라고 논박하였다.

이시발이 일찍이 성주 목사로 있을 때 정인홍이 고장에서 멋대로 무단하여 그 해가 이웃 고을에까지 미치는 것을 미워하여 드러내어 배척했었다. 뒤에 방백이 되어서는 그를 찾아보지 않았다. 이에 정인홍이 깊이 유감스럽게 여겼다. 이해 봄 이귀가 상소하여 그 일들이 모두 알려지게 하였다. 그러자 정인홍이 더욱 그를 미워하였다. 이때에 이르러 정인홍이 양사를 사주하여 그를 탄핵했는데 논박하는 말에 거리낌이 없었다. 그러나 선조가 끝내 따르지 않았다. 이즈음 선조의 행태에서 이 경우는 특이한 경우였다.

11월 10일 김수를 우찬성으로 홍여순을 대사헌으로 하였다.

행 대사헌 홍여순이 숙배한 뒤에 아뢰기를, "신은 본래부터 어리석어서 직무를 제대로 수행하지 못한 죄가 산처럼 쌓였으며 누차 직무로 비방을 받았습니다. 심지어 지난해에는 신 한 사람 때문에 온 조정이 소란스러워 온갖 일이 있었으니 이에 이르러 신의 죄가 극심합니다. 이때 신은 부월의 형벌을 면하기 어려울 줄 알았는데, 끝내 오늘날까지 목숨을 보전하여 죄에서 벗어나 다시 수문에 들어가서 일월의 광명을 보게 되고 우로의 은택을 입게 된 것은 모두 천지 부모가 내려 주신 은혜입니다. 무릇 보거나 듣는 이가 감탄하지 않는 자가 없으니, 신의 감격스러움이야 어찌 끝이 있겠습니까. 견마(犬馬) 같은 미미한 정성을 가일층 다해 성은의 만분의 일이나마 갚기 위하여 죽을 때까지 명령하시는 대로 받들겠습니다. 그런데 어찌 감히 구구한 사의를 가지고 격식에 따라 부질없이 사양하여 천청을 번거롭게 하겠습니까. 성상께서는 특별히 체직하도록 명하여 공사 모두가 편케 하소서" 하였다. 이에 대한 사관의 논이 통렬하다.

사관은 "신하가 임금을 섬기는 데 있어서는 범하는 일은 있고 숨기는 일은 없어야 하며, 오직 의리대로 해야 한다. '명령하시는 대로 받들겠다'는 말은 평범한 관리에게도 불가한 말인데 하물며 간관이겠는가. 국가가 헌장을 두는 것이 어찌 단순히 은혜에 감격하여 보답할 터전을 삼으라고 한 것이겠는가. 총애를 탐하여 수치를 모르는 행위가 한결같이 이 지경에 이르렀단 말인가" 하고 논하였다. 그러나 홍여순이 한 말은 바로 선조가 바라는 것이었으니, 선조는 사람을 잘 고른 것이었다. 어차피 백성들의 나라가 아니었으니까.

12월 10일 좌의정 김명원이 졸하였다. '김명원은 성품이 선량하고 온화하여 남과 잘 지냈고 그의 인품을 좋아하지 않는 자가 없었다. 젊어서 벼슬길에 올랐는데 장재도 함께 드러나 무반직도 두루 거쳤다. 임진란 당시에는 도원수가 되어 고생하였고, 재능과 공적은 자처하지 않았다. 상이 의주에 머무를 때는 잔병을 수합하여 순안에 진을 치고 이원익과 협력하여 평양의 왜적에 대비하였다. 그 후 정승에까지 올랐다. 큰 공적은 없으나 남에게 해를 끼치지는 않았다.'

12월 29일 별전에서 이덕형 등을 인견하였다.
이덕형이 "얼마 전 경상 좌수사 이운룡은 제수된 지 얼마 안 되어 곧 잡혀 왔고 통제사 유형도 이경준으로 교대시켰으니, 자주 체개하는 것이 이와 같습니다" 하였다. 너무 빈번하게 교체하는 폐단을 말한 것이었다.

이해의 못된 왕자들의 극심한 횡포를 살펴보면,
6월 11일 순화군의 범행에 대한 보고가 있었다. 이에 대해 선조가 "순화군이 있는 곳에 때로 내관을 보내 물품을 하사하기도 했는데, 그들이 돌아와서 하는 말이 바깥 담장을 부수어 철거했다고 했지만 나는 듣고도 못들은 것처럼 하였었다. 그런데 이제 들건대, 사람을 잡아다가 매를 심하게 때려 거의 죽게 되었다고 하니, 지극히 해괴하다. 이는 금부가 항상 검속하지 않아서 일어난 일이니 색낭청을 파직하라. 얼핏 들으니, 모전 근처의 사람이 구타당했다고 하는데 속히 해당 관아로 하여금 조사해서 다친 정도를 추문하여, 어떤 사람이 무슨 일로 인하여 매를 얼마나 맞았으며, 어떤 사람이 잡아다 주고 어떤 사람이 매를 때렸는지를 아울러 상세히 핵계하도록 하라" 하였다.

사관은 '순화군은 상중에 있으면서 궁인을 겁탈하였으니 이는 용서할 수 없는 죄이다. 대간이 율에 따라 죄를 정할 것을 아뢰었으나 상이 사죄를 감하여 수원에 안치했고, 얼마 후 서울 가까이로 이배하였으니, 이는 자식을 사랑하는 마음에서이다. 이때에 와서 또 사람을 잡아다 곤장을 쳤는데, 이는 그다지 대단한 일이 아니었는데도 이렇게 핵계하라는 전교를 내렸으니, 이는 백성을 사랑하는 마음에서 한 것이었다. 상의 백성을 사랑하는 마음이 자식을 사랑하는 마음보다 더하니, 위대하도다. 왕의 마음가짐이여, 예로부터 훌륭한 임금으로 전해 오는 삼황오제의 반열에 끼일 만하다 하겠다. 다만 여러 왕자들 중 임해군과 정원군이 일으키는 폐단도 한이 없어 남의 농토를 빼앗고 남의 노비를 빼앗았다. 이에 가난한 사족과 궁한 백성들이 모두 자기의 토지를 잃었으되 감히 항의 한번 못하여 중외가 시끄러웠으니, 인심의 원망하고 이반됨이 어떠하겠으며, 나라의 명맥이 손상됨이 어떠하겠는가. 상이 순화군을 책하는 마음을 임해군과 정원군에게 옮기지 않으니 안타깝기 그지없다' 하고 논하였다. 순화군을 책한 것이 책한 것인가. 이 점은 사관의 말이 옳지 못하다 하겠다.

7월 4일 간원이 임해군의 난행을 아뢨다. "임해군 이진이 전 주부 소충한을 지적의 궁궐 담장 밖에서 몽둥이로 때려 죽였습니다. 대낮에 아무 거리낌 없이 살인을 했으니 국가의 법이 어디에 있는 것입니까. 유사로 하여금 법에 따라 조사해서 율에 비추어 시행하게 하소서" 하니, 상이 그대로 따랐다. 그러나 죄를 논할 때 살인죄로 논하지 않고 단지 직책만을 파하였다. 기가 막힐 뿐이었다.

9월 13일 정원군의 궁노가 행패를 부리고 하원군 부인이 욕을 당했다.

간원이 '정원군 이부의 궁노 5~6인이 창기를 끼고 거리를 횡행할 때 하원군 이정의 궁노를 만나 서로 다투다가, 이어 저희 편 궁노를 모두 거느리고 불을 밝힌 채 몽둥이를 들고서 하원군 부인의 집으로 쳐들어갔습니다. 심지어 부인을 데리고 가 정원군 집의 문 앞에 가두기까지 했는데, 영제군 이석령, 익성군 이향령 등이 울면서 애걸하자 그때서야 겨우 돌려보내 주었습니다.

하원군의 부인 이씨는 대원군 집 며느리며 정원군에게는 백모가 되는데 어떻게 차마 이렇게 할 수 있겠습니까. 인간의 도리상 절대로 있을 수 없는 일입니다' 하였다.

선조가 살펴서 조치하겠다고 하였는데, 며칠 뒤 편파적인 조사에 자기 아들 편을 들었다. '조금도 계사 중의 사실과는 같지 않다' 하였다. 복창이 터지게 하였다.

사관은 '궁노가 멋대로 악행을 부려 대원군 가의 총부를 구금했으니 큰 변고이다. 정원군으로서는 위로 임금에게 고하고 아래로는 법관에게 알려 즉시 자기 가노의 크나 큰 죄를 다스리고, 또 단속하지 못하여 이러한 변을 초래했으니 죄를 지고 허물을 인책하여 한편으로는 대원군의 혼령에 사죄하고 한편으로는 백모의 마음을 위로했더라면 인간의 도리가 펴지고 많은 사람들의 울분이 다소간 풀렸을 것이다. 그런데 정원은 예삿일로 보고 태연히 해괴한 줄을 몰라 며칠이 지나도록 스스로 조처하는 일이 없었으니, 자신이 직접 범하지는 않았다고 하더라도 그가 평소에 백모를 존경하지 않던 마음이 이에서 더욱 두드러지게 되었다. 파직 불서의 율로 논죄한다고 하여 무슨 과중할 것이 있겠는가' 하고 논하였다.

사관은 또 '정원은 총비 김씨의 아들이다. 뜻을 잃은 부박한 무리들이

이 사건에 대하여 불측한 말을 만들어 내고 비밀리에 궁중의 하인들을 충동질하였다. 그러므로 화가 미칠까 두려워하기도 하고 이해득실을 근심하기도 해서 삼사의 관원 중에 한 사람도 과감히 말하는 이가 없었다. 공론이 억눌려 시행되지 않으니, 식자들은 국사가 다시는 회복될 수 없을 것이다' 하고 더욱 탄식하였다.

10월 20일 한성부가 아뢰기를, "본부에 딸린 차부가 11명인데 1명은 임해군, 1명은 의창군, 2명은 정원군의 궁가에 투탁하여 모두 공가의 역을 하지 않습니다. 본부에서 한 번이라도 차역 체문을 발송하면 반드시 고소하고 본부의 색리와 색장을 잡아다가 매를 때리고 가두는 등 못하는 짓이 없습니다. 그런데도 감히 단속하지를 못하니 지극히 민망합니다. 지금부터는 투탁하여 본역을 하지 않은 자는 일일이 형조에 이문하여 형추하는 것으로 각별히 승전을 받들어 시행하게 하는 것이 어떻겠습니까?" 하니, 윤허한다고 전교하였다.

사관은 '정원군이 그의 궁노를 멋대로 놓아두어 하원군 부인을 구금했는데도 궁노를 추문하지 못했으니 다른 것이야 말해 무엇하겠는가. 왕자들의 폐단이 한결같이 이렇게까지 극도에 이르러 원망이 상에게 모이니, 한탄스럽다. 자식을 의로운 방도로 가르치는 것을 옛사람이 귀하게 여긴 것은 참으로 이 때문이다' 하고 논하였다. 수신제가 후 치국인데 수신제가도 못하면서 임금의 자리에 있으니 이런 한심스러운 일이 생기는 것이다.

11월 8일 또 임해군의 악행이 있었다. 삼성추국한 죄수 김득강이 10차의 형문에도 불복하고 장하에서 죽었다. '득강은 원래 북도 사람이다. 처음에 임해군과 함께 적에게 잡혀갔다가 돌아와서는 출신하여 노비처럼 임해군을 섬겨 집에 출입하면서 뜻을 굽히고 아부하니 임해군이 신임하였다. 이를 빙자하여 작폐하는 것이 궁노들과 다름없었다. 임해군과 친밀해진 뒤 득강은 첩과 노비 두어 명을 궁가에다 부탁하고 외지에 출사했다가 돌아와서 그의 첩과 노비를 찾으려 하자 궁가에서 빼앗아 두고 내주기를 허락하지 않으니 득강은 화가 치밀어 불손한 말을 하였는데, 그 말이 임해군까지 범하였다. 그러자 임해군이 성을 내어 금부에다 정장하여 '처음 잡혀갔을 때 득강이 도적들을 인도하여 약탈을 하였다'고 하였다. 이에 금부는 갑자기 삼성에서 국문할 것을 청하였다. 그러나 잡혀갔던 재상들은 대부분 그의 억울함을 증언하였다. 그러자 임해군이 또 북도 사람으로 그의 궁에 드나들기를 득강같이 하는 자를 위협하여 증인을 세우니 이로 인해서 끝내 벗어나지 못했다.'

12월 29일 영의정 이덕형이 하원군 부인의 일을 말하니, 선조가 처음엔 불쾌한 기색이었으나 끝에는 온화한 말씨로 다시 돌아왔다.

이해의 왜적과 관련된 일은,
5월 4일 경상좌수사 이운룡이 왜적의 서계 5통을 올려 보냈다. 대마도 왜적은 포로도 몇 명 송환하였다. 예조참의 송준명의 명의로 회신을 보냈다.
"일본국 대마주 태수 평공 족하에게 회신한다. 여러 차례 포로를 돌려보내니 그대의 지극한 정성을 잘 알겠다. 본국이 전후로 보낸 유고에 이미 자세히 밝혔으니 족하가 알고 있을 줄로 여긴다. 길잡이로 보낸 사람은 별로 관계할 일이 없는데도 오래 변경에 머물러 두면 사기에 방해될 듯하고 그들 역시 돌아가기를 청하므로 각각 상을 주어 돌려보낸다. 끝으로 힘쓰기 바란다" 하였다.

7월 10일 경상도 관찰사 이시발이 치계하기를, "좌수사 이운룡에게 분부하기를 '이번 귤지정이 나올 때에 혹시라도 변방 백성들이 몰래 무역하며 군사 기밀을 누설시킬 폐단이 있을까 염려되니 십분 엄밀하게 지켜 보호하라. 그리고 그들이 가지고 온 물건이 어떤 것들인지 자세히 알아서 회보하라'고 하였더니, 운룡이 회보하기를 '지정이 가지고 온 물건은 조총 10정, 산달피 16속, 단목 15근, 오적어 70속이다. 지정은 묵묵히 말이 없으나 졸왜의 말을 들어 보면 매매하고 싶어하는 정상이 뚜렷하다'고 했습니다" 하였다.

8월 3일 비변사가 왜인이 정탐하는 일을 아뢨다. "이번에는 왜인 14명이 또 사로잡혔던 2백29명을 데리고 와서 우리나라 사정을 정탐하려 한다고 좌수사 이운룡이 파발마 서계를 보내왔습니다. 신들이 살피건대, 이들 왜적이 여러 차례 사로잡혔던 사람을 보내면서 겉으로는 정성을 보이는 듯하나 은밀히 협박하는 말로 우리나라를 시험하고 있는데, 이후로도 자주 나올 것이 분명합니다."

10월 5일 사명당 유정을 명년 봄 대마도에 보내 사세를 정탐하게 하자 하였다. 오랫만에 칭찬받을 만한 결정을 하였다. 그러고도 조치 없이 세월이 갔다.

강화에 대한 별 소득이 없이 세월만 가자 대마도 왜적은 크게 조바심이 났다.

12월 5일 경상감사 이시발이 전계신이 귤지정을 만난 일을 보고하였다. 귤지정은 '가강이 우리 도주에게 「강화하는 일은 전부 그대에게 맡겼으니 성공시키지 못하면 그대를 죄줄 것이다」고 하였기 때문에, 도주 의

지가 나를 보낸 뒤로 하루를 일 년같이 기다리고 있을 것이니, 끝내 일이 이루어지지 않더라도 미리 말해주기 바란다' '강화의 일을 지금 결정하지 못하더라도 명년 봄 안으로는 통신사라는 호칭으로 가강이 있는 곳에 꼭 왕래하여야만 화란을 늦출 수 있을 것이다. 오늘 이 말이 공갈하는 것 같아 실로 미안스러우나 내 말을 믿지 못하겠거든 나를 옥에 가두었다가 저들의 소위가 거짓인지 사실인지를 알아본 뒤에 죽여도 좋다' 하였다.

대마도의 왜적이 애가 닳았지만 그들도 별수가 없었다. 오로지 다시 침범할 것이라는 공갈 협박을 할 뿐이었다.

이해의 다른 일들은,

경상도에서 기인 10인의 역을 감면해 줄 것을 요청한 것에 대해 비변사가 감면하도록 결정하고 해조에 통보하여 조치하도록 하였었다. 그런데 중간에서 전하지 않아 전혀 이행되지 않고 있었다.

이에 체찰사 이덕형이 해조의 담당 아전 등을 추고하길 청했다. "이것은 해조의 담당 아전이 방납하는 사람과 중간에서 도모하여 본도의 가포를 거두어 차지하려고 3개월이 지난 뒤에 당상에게 속여 고하여 회계한 것이 분명합니다. 묘당에서 간곡히 분부한 말이 끝내 하리에게 농락당하게 되었으니, 그때 분부를 듣고 간 낭청을 추고하여 치죄하고 속여 고한 담당 아전은 수금하여 추고하며, 본도에 가정한 기인은 장계에 의하여 감면하거나 혹은 옮겨 정하는 것이 어떻겠습니까?" 하였다.

사관은 "본국의 서리의 폐단은 그 유래가 오래되었다. 처사 조식이 그 폐단을 극력 말하여 '나라를 망치는 것이 반드시 이에서 기인할 것이다' 하였으니, 어찌 본 바가 없이 그렇게 말하였겠는가. 이것이 비록 한 가지 사례이나 그 나라를 좀먹는 형상은 하나뿐이 아니니, 이는 모두 국가의 기강이 무너져서 그렇게 된 것이다" 하였다.

헌납 최충원이 방납의 폐단을 말하였다. "방납의 폐단을 예부터 그대로 따르고 있으니 백성의 고혈이 이 때문에 더욱 고갈되고 있습니다. 심지어는 여러 궁가와 사대부까지 모두 이런 짓을 하고 있으니 법을 다시 밝히고 바로잡아서 범람하고 간사한 행동을 두절하소서" 하였다.

사관은 '나라에서 공부의 제도를 만들 때 각 고을에서 산출되는 토산물로 분정하여 스스로 해사에 납부하게 하였으니 그 본래의 뜻이야 아름답지 않은 것이 아니었다. 그러나 해사의 관리가 까탈을 잡아 이익을 취하므로 공물을 바칠 때 물품의 경중과 미악은 따지지 않고 오직 화폐만을 중시하였는데, 그들의 뜻에 차지 않으면 아무리 좋은 공물을 가지고 가도 끝내 일을 마칠 수 없게 되었다. 따라서 공물 하나를 바치려면 하리들에게 돌아가는 이익이 열 곱절이 넘게 된 다음에야 바칠 수 있었다. 심한 경우는 아주 흔한 대추와 밤에 대해서도 두어 되를 바치려면 반드시 몇 필의 포를 허비해야 했다. 이 때문에 각 고을에서는 마침내 토산물은 잊어버리고 곧장 민간에서 미포를 모아 실어다 바치게 되었고, 해사의 하인들은 본 읍의 공물이 오고 안 오는 것은 묻지도 않고 자기들이 비치게 두었다가 바쳤다. 이렇게 한 후에는 그 읍에 독징하는데 조금이라도 뜻에 맞지 않으면 문득 공물을 바친 문권을 내어주지 않았다. 수령은 해유의 법을 두려워하고 관리와 백성은 오고 가는 수고로움이 싫어서 어떠한 물건을 납부하는 것에 의례적인 규칙이 형성되었다. 이것이 방납의 폐단인데 간사한 무리야 말할 것도 없지만 이익을 독점하는 여러 궁가에서도 간혹 빼앗아 대신 납부하기도 하였다. 이럴 경우 백성에게 터무니없이 받아들이는 값이 아랫것들보다 곱절이나 되었으니 어렵게 살아남은 백성들이 어떻게 견디어 내겠는가. 지금의 폐단이 한두 가지가 아니나 이것이 더욱 심하므로 식견이 있는 이가 탄식하는 바였다' 하고 방납의 폐단을 자세하게 논하였다.

　백성들을 멋대로 잡아 가두고 형벌을 자행하는 악랄한 행태가 성했다.
　이에 헌부가 아뢰기를, "법전 내에 모든 죄인을 수금하는 데는 자연히 정해진 아문이 있어 비록 1품에 속한 아문이더라도 죄인을 바로 수금할 수는 없고 반드시 형조로 넘겨 수금하도록 되어 있습니다. 그런데 요사이 각 아문에서 상급 관청임을 빙자하여 일의 공과 사를 가리지 않고 자기들 마음대로 수금하고 있습니다 그 가운데 종친부가 특히 심하여 여염 백성들이 괴로움을 견디지 못하고 있는데 이러한 폐단을 깨끗이 없애야 하겠습니다. 법전 안에 기록된 대로 수금할 수 있는 아문을 제외하고 그 밖의 각 아문은 상급 관청임을 빙자하여 마음대로 수금하지 못하도록 하고, 바로 수금할 수 있는 아문이더라도 공사가 아니면 수금하지 못하도록 전교를 받들어 시행하게 하소서" 하였다.
　호조의 은을 캐자는 건의를 중국 사람의 탐욕을 두려워하여 보류시켰다.
　'지금 중국에서는 태감들이 십삼성에 나뉘어 있으면서 크게 은광을 개발하여 한 푼의 이익까지 모두 다 거두어 가고 있는데, 우리나라에 은이 나는 산이 있다는 말이 중국에 들리게 되어 고려 때 행성과 같이 관청을 두고 개광한다면 이때를 당해서 감히 어떻게 조처할 수가 있겠는가' 하였다.
　간원이 무과 시험 및 훈련도감의 개선 등에 관하여 아뢨다.
　'난리 뒤에 무과로 취사한 숫자가 매우 많습니다. 심지어는 일자무식으로 제 성명도 쓸 수 없는 자들이 태반인데, 이들이 일단 벼슬길에 나와서는 아예 문서는 거들떠보지도 않으니 일을 그르침이 막심합니다. 이번 해진에서 거행한 별시에 경외의 제반 잡류들이 모두 참방했을 뿐만 아니라 연줄을 잡고 청탁하는 등 여러 가지 간사하고 외람된 일을 이루 다 표현할 수 없을 정도입니다. 해조로 하여금 다시 품지하여 시행하게 하소서.

　근래 경중에서 위급할 때를 대비해 기르는 군사는 전적으로 훈련도감에 의지하고 있는데 군인들의 원망이 날로 심해 갑니다. 이는 모두가 장관들이 다방면으로 그들을 침탈하여 이러한 폐단을 만든 것입니다. 그래서 전일 경연에서의 계사에 따라 도감으로 하여금 관군을 임의로 부리거나 근수로 차정하는 사람을 적발하여 아뢰게 하였으니, 도감의 입장으로서는 일일이 조사하여 사실에 따라 죄를 청했어야 마땅합니다. 그런데도 범연히 미관말직인 두서너 초관에게만 죄를 돌려 책임을 모면할 구실만 세웠으니 지극히 온당치 못합니다. 유사당상의 추고를 명하소서.'

　4월에 역모 사건이 있었다.

　호서의 적도 화금은 천인으로 어리석은 백성들을 유인해서 난역의 말을 하였으나 하나의 큰 도적이었다. 그런데 그를 체포하여 다스려 역모를 한 것으로 만들었다. 그리하여 사방에 체포가 만연되고 사람들은 놀라 흩어지는 등 지방이 매우 소요스러웠고 따라서 생업을 잃은 자가 많았다. 이에 좌의정 김명원이 바른 말을 아뢰었다.

　"괴수만 베고 그 무리들은 잡지 않는다고 한 것은 《서경》에서 괴수만 죽이고 위협 때문에 따른 자는 다스리지 않는다고 한 뜻과 같으니 이는 옥을 다스리는 대법인 것입니다. 잡는 대상이 그 무리가 아니라면 잔인하고 포악한 허물이 없게 되므로 길한 것입니다. 또 위엄이 진동하면서도 과하게 형벌을 가하지 않는다고 하였으니, 성인의 뜻을 알 수 있습니다. 마침 옥을 다스려야 할 날을 당하였으니 위에서 체념하여 행하셔야 하겠습니다" 하였다.

사관은 '전날 충청도의 역적 사건에 대한 장계가 들어왔으므로 김명원이 이렇게 아뢴 것이다. 마침 역옥이 일어나려고 하는 때에 노성한 이가 아니면 누가 능히 이렇게 하겠는가. 우리나라는 역적을 다스리는 법이 지나치게 엄하므로 한 번 반역의 이름이 가해지게 되면 무고하게 걸려드는 예가 많이 있으니 못내 한스럽다' 하였다.

며칠 뒤 화금을 복주하였다. 그리고 선조가 충청병사 이봉수에게 밀지로 하유하였다. "경은 곧바로 군대를 병영으로 되돌려 보내 소요를 일으키지 말고, 순찰사를 도와 그 분부에 따르되, 계책을 세워 잘 처리하라" 하였다.

이로써 공초로 연루된 사람이 거의 수백 명에 이르렀고, 마구 분별없이 끌어들인 자도 매우 많았다. 이 때문에 목천·천안·전의 등 여러 고을에 사는 무고한 사람들이 의심하고 두려워해서 도피하였기 때문에 관가나 마을이 텅 비었는가 하면 심지어는 보리가 익었어도 거두지 못하고 모내기도 하지 못하였다.

국가에 되는 일은 없고, 북쪽 오랑캐는 강해지고 있다 : 선조 36년 (1603 계묘년)

1월 7일 기자헌을 이조판서로, 서성을 병조판서로, 송언신을 형조판서로, 허성을 홍문관 부제학으로, 이거를 동지중추부사로, 이광준을 형조참의로, 이선복을 사헌부 지평으로, 소광진을 사간원 정언으로 삼았다.

1월 13일 허성을 이조참판으로, 신흠을 예조참판으로, 박홍로를 홍문관 부제학으로, 박이장을 이조참의로, 이경함을 우부승지로, 이병을 의주 부윤으로 삼았다.

1월 14일 이덕형, 이항복, 유영경 등과 제반 사항을 논의하였다. 선조가 이번 실시한 무과가 잘못되었다고 하였다. 이에 이덕형이 아뢰었다.

"10년 동안 고생스럽게 수자리 산 뒤여서 국가에서 위로하고 기쁘게 해주는 거사가 없어서는 안 되겠기에 이번에 과거를 실시한 것인데, 일이 당초의 본의와는 전혀 다르게 되어 참방된 자들이 모두 주사와는 관계없는 사람들이고 주사와 격군은 반 이상이 낙방하였습니다." 또 "신이 외방에서 상번하는 군사들의 일을 보았는데 매우 한심합니다. 지난해 민원을 없애고자 하여 대상자를 통틀어 군안을 작성하였으나 지금은 사망했다고 핑계대어 누락된 자가 얼마나 되는지 모릅니다. 군안에 남아 있는 군사도 색리들이 농간을 부려 뇌물을 받고 탈이 났다고 상사에게 보고하므로 전혀 상번하지 않고 있습니다. 그러니 의당 병조로 하여금 군안을 명확히 작성하게 해야 합니다" 하였다.

송준이 "하삼도의 공물에 대해서 견감해 주라는 명을 내렸는데도 수령들이 전혀 봉행하지 않아 국가에서 가엾게 여기고 가슴 아파하는 뜻을 유명무실하게 만들었습니다. 지금부터는 역을 견감해 주는 모든 일을 착실히 거행하여 조정의 실제 은택이 백성들에게 돌아가도록 하는 것이 어떻겠습니까?" 하였다.

돌아가며 많은 말들이 있었는데 선조가 말을 바꾸어 전위하겠다고 하였다. 신하들 모두 극력 반대하였다.

1월 19일 전라감사 한준겸이 무학의 폐단을 말하고 방안을 아뢨다.

"조정에서 특별히 무학을 설립하여 양가의 자제들로 하여금 모두 여기에 소속시킨 것은 그 의도가 매우 성대한 것이었는데, 이른바 무학의 장이란 자들이 반 이상은 용렬한 자들이어서 웃음거리만 되고 있을 뿐입니다. 삼가 생각하건대, 지난해 주사에게 보인 별시의 녹명에 역이 없는 사람이 거의 수천 명이나 되었으며, 그 가운데는 역이 있는데도 군안에 이름이 누락되어 수군이나 육군으로 조발되는 대상에 들어 있지 않은 자들이 수백 명이 넘었습니다. 이런 무리들을 무학에 소속시켜 정역을 면해주고 전심전력하여 병법을 조련하게 한다면 한쪽 방면을 충분히 감당할 수 있을 것입니다. 저 광양·순천·남원·나주 등지에 각각 하나의 진을 설치하여 그들로 하여금 연락하게 하고, 사천·아병과 함께 일체로 조련하게 한다면 일에 통섭이 있게 되어 이익이 없지 않을 것입니다. 사체가 중하지 않으면 호령이 행해지지 않는 것입니다. 반드시 조정에서 특별히 조처해 준 뒤에야 봉행함을 기약할 수 있습니다."

1월 29일 왕자의 길례 때 사용할 물품이 부족하여 공물을 재촉하였다.
"왕자의 길례일이 임박하였는데 장인들이 대부분 피하기를 꾀하고 있기 때문에 때맞추어 수리하지 못한다고 한다. 역을 피한 장인과 도감의 장인들을 아울러 잡아 보내 때맞추어 수리하게 할 일로 공조와 선공감에 이르라" 하였다.

2월 4일 투석의 변이 일어나 병조와 도총부의 당상과 낭청을 추고하게 하였다.
"지난밤 2경에 기와 조각을 동소에 던졌었는데, 도총부의 입직 인원 중에 출입할 때 행동거지가 의심스러운 사람은 없었는가? 있었다면 적발할 만한 형세가 있는지 살펴서 아뢰도록 병조에 이르라" 하였다.
사관은 '무역해 들이라는 명이 날마다 내려져 모든 시장이 문을 닫았으며, 왕자들이 횡점하여 백성들이 업을 잃었으므로 사람들이 원망을 품고 있으면서도 감히 말을 하거나 화를 내지 못하였으니, 궁궐에 투석하는 것이 어찌 간세한 자나 혐의 진 자들에게서만 나왔겠는가. 인심이 이에 이르렀는데도 위에서는 반성하여 고치기를 도모할 줄은 모르고 화가 담장 안에 있는데도 아래에서는 한마디 말을 하여 임금을 깨우쳤다는 것을 듣지 못하겠으니, 나라가 망하지 않기를 원하지만 망하지 않을 수 있겠는가' 하고 극렬하게 논하였다.

이후 선조는 담장을 물려 쌓으라 하였다.

사관은 '궁장을 물려 쌓는 것은 급한 일이 아닌데도 위에서 반드시 물려 쌓으려는 것은 무슨 뜻에서인가. 요임금은 띠로 이은 집에서도 천하의 임금 노릇을 하였고 우임금은 궁실을 낮게 지었어도 사해를 다스렸으며, 진시황은 아방궁에 있었으나 수졸이 진나라를 멸망시켰고 수양제는 궁실을 지었으나 백성의 마음이 떠났다. 그렇다면 궁장이 넓은 것이 무슨 도움이 되겠는가. 역시 인심을 얻어야 할 뿐이다' 하고 논하였다.

2월 12일 사헌부는 양전을 중단하자 하고, 이항복은 양전을 계속하자 하였다.

사헌부가 "어떤 사람은 '근래 요역이 균등하지 않은 것은 오로지 전결에서 연유한 것이다'라고 하는데, 이 말이 그럴듯하기는 하나 그렇지 않습니다. 예전 태평하던 때에 양전어사를 파견하여 기강이 확립되고 호령이 행해지던 때에도 간사한 술수를 부리는 폐단이 없지 않았는데, 하물며 지금 같이 사람들이 법을 두려워하지 않아 온갖 일이 해이된 때에 단지 각읍의 수령으로 하여금 스스로 전답을 타량하게 한다면 과연 그 경계를 정확하게 하고 호강한 자들이 몰래 점유하는 것을 적발해 내어 백성들의 고통을 풀어 줄 수 있겠습니까. 소요만 더할 뿐입니다. 비록 대대적으로 양전하지 않는다 하더라도 외방에 엄하게 신칙하여 현재 기경한 숫자를 빠뜨리지 않게 하고, 또 경차관을 뽑아 예전대로 답험하게 한다면 세입이 늘어나고 요역이 줄어드는 것 또한 여기에서 벗어나지 않을 것입니다. 머지 않아 조사의 행차가 있을 것인데 현재 경종하는 일이 긴급하니, 급하지 않은 일은 더욱 하지 말아야 하는 것으로서 민력을 쉬게 하여야 합니다. 양전하는 일을 정지하고 우선은 적당한 시기를 기다리게 하소서" 하였다.

그러나 이항복은 "만약 지엽적인 것을 제거하고 근본적인 것을 먼저 하여 착실히 힘써 행한다면 양전하는 일은 그만두기 어려운 일입니다. 양전을 하지 않으면 제사를 지내고 빈객을 접대하고 궁궐을 수축하는 일을 하지 못하게 되고, 군무를 다스리고 녹을 주는 것을 판출해 낼 데가 없게 됩니다. 나라가 지금까지 나라답지 못한 것이 반드시 전적으로 여기에서 말미암은 것은 아니지만, 아마도 전제에 법도가 없어서 그렇게 된 것이 아니겠습니까? 정월로 기한을 정하였는데도 아직껏 끝내지 않았으니 기강이 어떠한지 알 만합니다. 모두 타량한다 하더라도 사실대로 한다는 것을 기필할 수는 없고 번거롭기만 할 뿐 보탬은 없을 것입니다. 그러나 어쩔 도리가 없다는 핑계로 버려두어서는 안 됩니다. 해조의 공사대로 추수 뒤에 즉시 끝내도록 하는 것이 마땅합니다" 하였다.

공신도감과 녹훈하는 일을 논의하였다.

선조는 자신이 의주까지 도망한 것을 중국군을 청하러 간 것으로 둘러대며 호종한 신하들을 모두 녹훈하도록 하였다. 더구나 거기에는 다수의 내시들을 포함하였다. 그런데 정작 목숨을 걸고 싸운 장수들은 공이 별로 없다고 폄하하며 아주 적게 하고자 했다. 신하들은 선조를 설득하고자 노력도 했지만 선조의 고집을 꺾지 못하고 실망만 하고 있었다.

이에 대해 사관이 통렬하게 논하였다. '공로에 보답하는 것은 국가의 막중한 행사이다. 막중한 행사인데도 사람들에게 가볍게 시행하였으니 어찌 매우 애석한 일이 아니겠는가. 호종한 것을 녹공하는 것은 마땅치 않다고 육지가 일찍이 말하였다. 가령 육지가 조금이나마 공로에 보답하는 방도를 아는 사람이라고 한다면 당시에 호종한 신하들이 부끄럽지 않을 수 있겠는가. 그런데 더구나 요리나 하고 말고삐나 잡던 천한 자들까지 모두 익운의 반열에 참여시켜 이름이 맹부에 들어 있는 자가 35인이나 되게 하였으니 어떻게 후세의 비난을 면할 수 있겠는가. 정왜의 공에 이르러서는, 그것이 비록 중국 장사들의 공이라고는 하나 대진하여 승전한 공이 없지 않았다. 그런데 호종한 신하들은 많이 참여시키고 싸움에 임한 장사들은 소략하게 하였으니, 공에 보답하는 방도를 잃었다고 할 만하다' 하였다.

왜란이 끝난 지가 이미 5년이 됐는데 아직도 공훈을 정하지 못했다. 선조의 마음가짐으로 미루어 보면 공훈을 정하는 것도 잘될 리가 없었다.

2월 15일 선조가 "이회가 노모의 병이 중하다는 이유로 정사하였는데 이회는 바로 이순신의 아들이니 순신의 처가 생존해 있는 것이다. 본도에서 식물을 제급하게 하라" 하였다. 머리 좋은 선조는 이회가 이순신의 아들임을 금방 알았다.

2월 18일 남한산성을 수축하는 일을 비변사로 하여금 논의하게 하였다.

"일찍이 남한산성의 형세가 우리나라에서 으뜸이라고 들었다. 광주는 기전의 거진으로 남도를 왕래함에 있어 요충이 되는 곳이다. 만약 이곳에다 산성을 수축한 다음 한결같이 독성에서처럼 군사를 조련하고 수령을 택하여 지키게 한다면 안으로는 경도의 보장이 되고 밖으로는 제진을 공제할 수 있을 것이다."

2월 26일 선조의 건강이 좋지 않은데 칙서를 맞을 기한이 다가와 정원이 옥체를 염려하였다.

3월 4일 공신도감이 "우리나라의 장사가 전진의 노고는 있었습니다. 그러나 드러나게 적을 격파한 자를 찾는다면, 세력이 상대가 안 되어 양을 몰아다가 호랑이를 공격하는 것과 다름이 없었던 것은 참으로 성교와 같았습니다. 이순신·권율·원균·권응수 등 약간 인을 제외한 그 나머지 제장들은 뛰어난 자가 없습니다. 김응서·고언백은 여러 해 동안 전쟁에 임했던 공로가 있기 때문에 우선 취품합니다. 신들이 다시 함께 상의한바 임진년 난리 때 박진이 황산을 차단하다가 힘이 부쳐 후퇴한 뒤에도 군병들을 수습, 지휘하여 교전하게 하였습니다. 권응수가 영천을 공격한 일 같은 것도 박진이 가려 보낸 데에서 연유한 것으로 그 공을 없앨 수 없습니다. 정기룡·한명련·이수일·김태허·김응함·이시언도 모두 힘써 싸운 노고가 있는데 더러 수전·육전에 참전한 공도 있습니다. 김응서·고언백 등의 공을 논할 경우에는 이들도 마찬가지로 의논해야 합니다. 어떻게 해야 하겠습니까?" 하니,

답하기를 "김시민 등은 아뢴 대로 하라. 주사의 편비는 모두 기록하여 헤아려 조치하라. 육군의 장수는 별달리 적의 예봉을 꺾은 일이 없는데 같이 기록하면 외람됨을 면치 못할 것이다. 만약 수고한 바가 있다고 한다면 혹 특별히 가자하여 올려 서용해도 되겠지만 훈공이 있다고 하는 것은 모를 일이다. 고언백은 왜적을 체포하여 능을 보호한 공이 있으니, 녹훈하는 것이 마땅할 듯하다" 하였다.

3월 13일 호조가 공물을 바치지 않을 경우 차사원을 보내어 상납시킬 것을 청했다. 그러나 사관은 '지금 같은 때에 재물을 넉넉히 하고 용도를 충분히 하고자 한다면 어찌 그 근본을 돌이켜 반성하지 않는가. 위로 궁금에서는 대포관과 대포의를 위 문공처럼 검소하게 하고, 그다음 왕자와 왕녀의 혼인에 드는 물품과 원묘·능침의 제향에 드는 비용을 백분 절약하며, 또 그 다음에는 용관을 도태시키고 긴급하지 않은 경비를 절감하여 백성으로 하여금 농사일에 진력하게 한다면 혹 이룰 수 있을 것이다. 애석하다, 호부가 폐단을 말하는 것은 잘 하였지만 폐단을 구제하는 데는 부족하다 하겠다' 하고 논하였다.

3월 17일 사관은 상이 아픈 것을 어린 국모를 얻은 것으로 말하였다. "삼가 주상을 살피건대 춘추가 아직 높지 않은데 질병이 계속되어 약이가 끊이지 않았다. 그러나 듣건대 작년 가을 전교에 '천하에 어찌 어미 없는 나라가 있겠는가' 하면서 군신들을 협박하여 급급하게 나이 어린 비를 맞아들였다. 주부가 없는 예로 논한다면 맞아들인 후에는 알묘의 의식과 증상의 제사를 한결같이 예제에 따라야 할 터인데, 옥당의 차자에 대해 윤허하는 것을 보지 못하였다. 국가가 한번 패란된 후로 기세가 쇠약해져서 위망의 조짐이 한둘이 아니었다. 중흥에 대한 계책 가운데 급박한 것이 많은데도 먼저 백성에게 국모가 없는 것을 걱정하였으니, 질병의 발생이 아마도 여기에서 말미암았을 것이다" 하였다.

3월 18일 의창군이 5월에 아내를 맞는데 물건을 요동에서 사오자 하였다.
사관은 '전에 말한 바 있는 급하지 않은 비용은 절약해야 한다고 한 것은 바로 이런 일을 가리킨 것이다. 난 후 10년 동안 변방의 방비가 허술하고 백성의 힘은 지쳐 있어 아직도 군사 하나 배치하거나 일 한 가지도 거행하지 못하고 있는 실정이다. 그런데 이런 일을 민력을 손상시켜 가면서까지 하려고 하다니, 위 문공이라면 아들의 아내를 맞으면서 아들의 옷을 준비하는 데 있어 대포로 해 주었겠는가, 아니면 겉치레를 극진히 마련하여 해 주었겠는가. 이로 보건대 상하가 나라를 걱정하고 백성을 구휼한다고 하지만 구휼한다는 그 말이 모두가 말뿐이었다. 이런 말만 가지고 국맥을 유지했다는 말을 나는 듣지 못했다'하고 논하였다.

3월 19일 사관은 국가가 면천, 면역의 약속을 지키지 않은 것을 통탄하였다.

'면천·면역의 영이 백성들에게 불신을 받은 지 오래다. 신의를 잃는 일은 상앙도 하지 않던 일인데 지금의 조정은 감사·수령과 함께 차마 하고 있으니 국가가 지금까지 보전된 것이 다행이다. 조정에서는 일이 급하면 호령을 내어 백성을 꾀고, 꾀고 나서는 감사·수령이 고을에 원역이 없다고 핑계 대며 강제로 부리니, 백성들이 국가에 속은 것이 적지 않다. 통탄스럽기 그지없다.'

3월 27일 팔도 감사에게 전유하여 둔전을 혁파하라 하였다.

"난 후 8~9년간 중국의 대군이 국내에 가득하여 그들의 식량을 대주는 일이 매우 다급하였으므로 조치하는 방책에 있어 할 수 있는 일은 하지 않은 것이 없었다. 둔전을 설치한 것도 부득이한 데서 나온 조처인데 중국군이 철수한 후에는 이런 폐단을 끼치는 것은 일체 혁파해야 한다. 그런데 외방의 열읍이 관가에서 소용된다고 핑계하고 봄에 말로 나누어 주고는 가을에는 섬으로 거두어들인다. 심한 경우는 또 따로 깨와 콩을 거두고 각양의 다른 곡식을 갖가지 색목으로 무수히 침징하니 간신히 살아남은 백성들의 곤고함이 날로 더욱 심해진다. 경연관이 아뢴 것은 실로 여기에서 나온 것이니 이후로는 엄히 신칙하여 혁파하라. 만일 전의 폐습을 고치지 않고 답습하는 자가 있으면 경은 계문하고 통렬히 다스리라" 하였다.

사직서가 사온서의 노비를 이속시켜 줄 것을 요청하였으나 허락하지 않았다.

사관은 '내수사 노비는 그 수가 매우 많고 종사의 전복은 이와 같이 빈약한데도 한 명의 이속도 허락하지 않았으니, 이는 종사를 아끼는 것이 내수사를 아끼는 것만 못한 것이다. 더구나 군액이 아주 없는 때를 당해서도 궐액을 보충해 주려 하지 않으니, 종사가 망하고 나서도 내수사를 보존할 수 있겠는가' 하고 논하였다. 선조는 자신의 재산으로 생각되는 것은 백성이 다 굶어 죽는다 하더라도 내놓지 않았다.

4월 3일 경상우도에서는 전 의금부도사 양홍주가 정인홍의 실상을 고하는 상소를 지어 서울로 갔다는 소문이 돌았다. 정인홍의 추종자는 양홍주가 정인홍을 모함하기 위해 올라갔다고 비난하였다. 양홍주는 정인홍의 처남이었다. 정인홍의 비행을 보다 보다 참다 참다 행동에 나선 것이었다.

4월 5일 종실들을 시사하고, 포수 살수들을 시재하고, 피초 무신들의 검술을 시재하여 아뢰게 하라 하였다.

4월 21일 군공청이 세월만 보내는 것을 책하고 혁파하라 하였다.
선조는 "대저 임진년에서 지금까지는 12년이 되고 정유년에서 지금까지는 7년이 되는데도 논공과 시상을 아직도 끝내지 못하고 있다. 군공청이라는 것을 둔 것이 태만한 관원과 교활한 하리들이 농간하는 곳이 되어 그동안의 일을 이루 다 말할 수 없고 국정을 심하게 어지럽히는 것이 이보다 더한 것이 없는데도 과감하게 그것의 옳고 그름을 논하는 사람이 없었다. 이제는 마땅히 군공청을 혁파하여 하나라도 쓸데없는 관원을 덜어 버려야 할 것이니, 의논하여 아뢰라고 비변사에 이르라" 하였다.

사실 편법으로 공신에 들려고 하는 교활한 사람들이 신분을 떠나 수없이 많았다. 또한 그에 편승하여 이득을 보려는 관원과 하리들이 농간을 부리는 것도 많았다. 그래서 선정하는 데 어려움이 많았고 시간도 많이 걸렸다. 이 때문에 선조가 화를 내며 군공청을 혁파하라 하였는데, 여기서도 후안무치한 자신의 고집 때문에 신하들이 어려움을 겪고 있으며 크게 실망하고 있는 사실은 돌아보지 않고 남의 탓만 한 것이었다.

또 사관이 이순신과 원균을 논하였는데 터무니없었다.

"임진년에 이순신이 전라 좌수사로서 전함을 거느리고 경상우수사 원균과 함께 거제도 앞바다에서 왜적과 싸워 크게 쳐부수고 왜적의 배 50여 척을 포획하여 전란 이래 제일의 공을 세웠었다. 그러나 그때에 계책을 마련하여 먼저 올라갔던 것은 모두 원균의 솜씨에서 나온 것이고, 이순신은 다만 달려와서 구원했을 뿐이었다. 크게 승전한 뒤에 원균이 행조에 치보하려고 하자, 이순신이 속이기를 '공과 협력하여 일을 한다면 왜놈들은 섬멸하고 말고 할 것도 못 되는데 이러한 소소한 승전을 어찌 조정에 치계할 필요가 있겠는가. 내가 다른 도에서 급작스럽게 구원하러 왔기에 병기를 갖추지 못했으니, 왜적에게서 노획한 것을 써야 하겠다' 하니, 원균이 그대로 따랐다. 그러고는 이순신은 비밀히 사람을 시켜 노획한 병기와 왜적의 배에 실려있던 금병·금선 등의 물건을 가지고 가 행조에 치계하도록 하여 과시하였으므로 전공이 모두 그 자신에게 돌아가게 되었다. 이때 행조는 한창 다급한 때였으므로, 치보를 받고 크게 기뻐하여 이순신을 통제사로 제수하고 원균으로 하여금 이순신의 지휘를 받게 하니, 원균이 이 때문에 크게 화가 나 드디어 서로 협조하지 않았다. 그 뒤 정유재란 때에는 원균이 통제사가 되었는데, 왜적의 기세를 대적할 수 없음을 알고 한산도로 물러나 지키고만 있고 싸우지 않으려고 하자 조정에서 매우 급박하게 싸움을 독려하여 원수로 하여금 장벌하게 하였다. 이에 원균이 마지못하여 싸우다가 패전하여 죽었다. 이순신이 다시 이를 대신하여, 제독 진린을 따라가 순천 앞바다에서 왜적을 쳐 거의 크게 승전을 거두게 되었을 때 왜적의 탄환을 맞아 배 안에서 죽었다. 이순신은 재질과 기운이 남보다 뛰어나 중국 사람들도 명장이라 일컬었다" 하고 논하였다.

　이 글을 쓴 사관은 이산해, 이이첨의 일당이 분명하다. 논한 것이 이러한데 만약 이순신이 살았더라면 어떤 형태로든 모함을 당하고 죄를 받아 어려움을 겪었을 것은 보지 않아도 환하다.

4월 28일 공신도감이 공신자를 선발하는 것에 대하여 아뢨다.
　'호종했던 사람들은 많은 쪽으로 마련하고 왜적을 정벌한 사람들은 이처럼 약소하게 한다면 뒷날에 생길 근심을 또한 염려하지 않을 수 없습니다' 하였다.
　선조가 내시들까지 포함하여 호종한 사람들을 공신으로 하려하고 죽을 고비를 넘기며 역전한 장수들을 공로 없다고 하는 처사에 신하들은 불만이 많았다. 그래서 뒷날을 걱정하도록 하였는데 불행하게도 그 말 그대로 되었다. 선조는 역사에 두고 두고 욕을 먹게 되었다. 이에 대한 사관의 논이 아주 통렬하다.
　'호종한 신하를 녹공할 수 없다는 것은 육지가 아뢴 데에 이미 다 말하였다. 육지를 어리석은 사람이라 한다면 그렇게 해도 괜찮겠으나 육지가 녹공하는 도리를 조금은 안다고 한다면 어찌 오늘날 본받을 바가 아니겠는가. 저 무부와 전사는 특별한 공훈이나 큰 공적이 없더라도 정과 종에 새길 수 있는 것으로 그들은 오히려 창칼을 적과 맞대고 무기를 베고 잔 노고가 있으므로 공신의 이름을 내리더라도 명실이 상부한 것이다. 그러나 호종한 신하로 말하면 수종한 노고만으로 이름을 태상에 기록하는 것이니, 참람한 공이라는 비난이 없을 수 있겠는가. 더구나 환관의 무리나 시어하는 신하는 금옥의 반열에 발탁하거나 동반에 서용한다면 공로를 갚는 법이 넉넉한 것이다. 그런데도 반드시 정훈에 참여시키려 하면서 대간이 번갈아 글을 올려 논하여도 옳게 여기지 않으니 아, 영원히 잊지 않고 영원히 변치 않겠다는 맹세를 어찌 이런 자들과 함께 할 수 있겠는가. 상의 총명이 이를 모른 것이 아니라 그들이 구차하게 얻으려는 뜻에 짐짓 따라 주어 그들로 하여금 뒷날 어려운 일에 나아가도록 권장하려는 것이다. 그러나 전사가 격려되는 마음을 막고 훈신의 분한하는 기를 맺히게 하여 기뻐하는 자는 적고 불평하는 자가 많다는 것을 깨닫지 못하였으니, 후세의 비난을 어찌 면할 수 있겠는가.'

4월 29일 국정의 병폐에 대하여 전 현령 고응척이 상소하였다.

그 대략은 "와신상담하면서도 깊이 힘쓰는 의지가 모자라고, 충현한 신하가 있는데도 진심으로 맡기는 일이 없고, 검소를 숭상하기는 해도 대포는 부끄럽게 여기고, 나라가 유족해지게 한다는 것이 더러는 부를 축적하는 일에 어긋나고, 기강이 추락되어 세상이 쇠잔해질 조짐이 날로 커가고, 상벌이 전도되어 허위의 풍습이 날로 퍼지고, 궁금이 엄숙하지 못하여 청탁의 길이 여러 갈래이고, 조정이 조용하지 않아 참소하는 간사한 무리가 틈을 노리고, 언로가 막히어 허심탄회하게 받아들이는 아량이 좁고, 어진 인재들이 은둔하고 있는데도 우대하는 심의가 없고, 뇌물

꾸러미가 벌 떼 날 듯하는데도 막을 줄을 모르고, 궁중의 하례들이 범처럼 으르렁거려도 제재할 줄 모르고, 남쪽의 왜적이 틈을 노리고 있는데도 방어할 줄 모르고, 북쪽의 도적이 노리고 있는데도 제어할 줄 모르고 있으니, 무릇 이런 고질들은 신이 보기에 이른바 술에 몹시 취하고 진흙탕에 빠져 있는 것과 같은 것입니다" 하였다.

사관은 "고응척은 사람됨이 어떤지는 알 수 없으나 초야에 있는 사람으로서 말을 하여 간절하게 고질을 지적하였으니 진실로 깊이 권장해 주어 언로가 열리게 하고 두렵게 생각하며 수성하여 하늘의 꾸지람에 응답해야 할 것이다. 그런데 자만해하는 기색으로 사람을 천리 밖에서 거절해 버리고 착한 말을 들어주고 좋은 말을 들으면 절을 하는 미덕은 들어볼 수 없어, 구언한다는 것이 종이 한 장의 겉치레에 불과하게 되었으니, 장차 어떻게 사방 사람들의 충성스러운 말이 오게 하여 상하가 심정을 털어놓게 할 수 있겠는가. 그러므로 재해와 이변이 겹쳐 닥치지만 상신은 들어가서 계책을 말하는 일이 없고, 민원이 날로 깊어지지만 언책을 맡은 사람은 장마의 울음을 경계하며 하는 일 없이 자리만 채우고 범범하게 대열만 따르고 있다. 그러니 자사의 이른바 '나라에 사람이 없다'고 한 것이 오늘의 일을 말한 것이 아니겠는가' 하고 통렬하게 논하였다.

5월 3일 선조가 관원들이 공사에 태만함을 지적하였다. "묘시에 출근하였다가 유시에 퇴근하는 것이 국법이니, 이처럼 태만히 해서는 안 된다. 의금부 한 곳만 보아도 다른 부서를 미루어 알 수 있으니, 정원은 이 사실을 알아야만 한다."

5월 11일 좌의정 윤승훈이 대신의 직무에 관하여 아뢨다. "오늘날의 대신은 옛날의 대신과 같지 않습니다. 요사이 조정의 공론이 오로지 대각에 귀속되어 있으므로 대신들은 자리만 채우고 있을 뿐, 듣고 아는 것이 없습니다. 다만 비변사의 공사 때나 방물을 봉과할 때에만 따라가 참여할 뿐입니다" 하였다.

선조가 답하기를 "대신이 정도로 행한다면 누가 감히 어기겠는가. 다만 어떻게 행하느냐에 달린 것이다. 옛 시에 '안위는 대신에게 달렸다' 하였고, 옛사람 중에는 띠를 띠고 홀을 꽂고서 공무를 수행할 적에 동요됨이 없었으니, 대신다운 위의가 있다면 이렇게 하는데 무슨 어려움이 있겠는가" 하였다.

대신을 믿고 위임하지는 않으면서 이런 한심한 답변을 하였다. 이에 대해 사관이 제대로 일침하였다.

'이와 같은 경우는 반드시 임금이 전적으로 위임하고 돈독하게 신임하여 이러쿵저러쿵하는 의논에 동요되지 않아야만 자신의 뜻을 펼 수가 있는 것이다. 지금 아래에 이러한 신하가 있다 하더라도 위에서 이런 도리를 들어 보지 못하여, 아침에는 아형인 양 의지하다가 저녁에는 길 가는 사람으로 여기니, 어떻게 이 어렵고 위태로운 상황을 구제할 수 있겠는가' 하였다.

5월 14일 호조판서 성영이 화폐를 사용하는 것에 대하여 아뢨다.

"호조는 재용을 맡은 관부입니다. 그러나 변란이 일어난 뒤로 공사의 것이 모두 탕갈되어 군졸에게 줄 상격과 진헌할 방물들을 마련해 주지 못하고 있습니다. 바라건대 중국 조정에서 화폐를 사용하는 법에 따라 시험 삼아 전폐를 써 보는 것이 합당할 듯합니다. 은전을 새로 사용하게 할 수는 없고, 동전이나 철전을 사용하면 될 것입니다." 좋은 의견이었다. 선조도 약간 호의적인 반응이었다.

그래서 며칠 뒤 호조가 다시 아뢰기를, "돈을 사용하는 일에 대해서 이제 전교하신 대로 사목을 마련해야 하겠습니다만, 이 일은 조종조에서 시행해 보았다가 폐지한 지 오래이기 때문에 새로 마련하는 것과 다름이 없었습니다. 본조에서 독단적으로 할 수 없으니 도감을 설치하고 제조를 차출한 다음에 함께 의논해서 마련하여 시행하는 것이 합당하겠습니다. 다만, 도감을 설치할 적에 본래부터 폐단이 있었으니, 신들의 생각에는 제조와 낭청을 각각 2원씩 차출하고 서리·사령·고직도 각각 2명을 넘지 못하게 하여, 모든 일을 간략하게 처리하는 것이 합당하다고 생각합니다" 하였다.

선조가 답하기를 "전교한 내용에 '시험 삼아'라는 글자가 있었으니, 먼저 사목 및 통용하는 곡절을 써서 아뢰라" 하였다. 역시 될 리가 없었다.

5월 25일 호조판서 성영이 검소하고 절약할 것을 말했다.

"지금부터는 모든 상사 아문 및 여러 도감 등이 전례라 칭탁하고 횡간에 있는 것이라 칭탁하면서 해당 관사를 침해하여 독촉하는 것을 일체 재량하여 줄이시고, 각처의 영선도 부득이한 것을 제외하고는 모두 정지하도록 승전을 받들어 시행하는 것이 어떻겠습니까?" 하였다. 여러 궁가의 사치와 백성들에 대한 침해를 막고자 한 말이었다.

사관은 "이 계사를 보건대, 언책을 맡은 관원들이 마음에 부끄러움이 없을 수 있겠는가. 아, 지금이 어떤 때인데 왕자들의 여러 궁이 서로들 사치하게 하려고만 하고 길례 때에 모양 갖추기를 평소처럼 갖추려고 하는가. 제택을 영조하는 공사가 그치지 아니하여 백성들의 재력이 탕갈되도록 기준 없이 마구 거두어들이는데도 삼사는 입을 다물고 감히 직간을 하지 못하고 있고 대신들은 묵묵히 있으면서 상의 뜻에 거슬릴까 두려워만 하고 있으니, 전(傳)에 '언책이 감문에 있다'고 한 것이 아마도 이를 두고 한 말일 것이다' 하고 논하였다.

드디어 양홍주가 정인홍의 입조·거향·재가에 있어서 범한 간특한 행동 12조목을 나열하여 상소하였다. 지난 4월 3일 경상우도의 정인홍 추종자가 정인홍을 모함하려고 올라갔다고 비난하였던 바로 그 정인홍의 처남이다. 상소 내용의 대략은 다음과 같다.

"인홍은 언론에 능하고 외모만 근엄한 사람으로 겉치레만을 힘썼고 밖으로는 선한 체하지만 안으로는 남을 해치려 하여 오로지 교사를 힘썼습니다. 남의 사적인 일을 들추어내는 것을 정직한 것으로 여기고 감정대로 곧바로 행동하는 것을 용단으로 여기기 때문에 사람들이 그의 자긍하고 괴팍한 것을 보고는 준엄하고 정직한 것이 아닌가 의심하고 그의 엉큼하고 사악한 것을 보고는 조행이 있는 것인가 의심하였으니, 이것이 그가 헛된 명예를 도적질하여 지존의 총애를 받게 된 이유입니다. 그가 지금 산관으로 있지만 위에서 추장하여 부르심이 자주 내려 그의 교만함을 더욱 부추기고 있으니, 이는 한갓 그의 뒷날의 기세를 배양해 주고 기염을 더욱 높여 주는 것이 될 뿐입니다.

인홍이 경연에 입시할 즈음에 전하께서는 그의 산야의 용렬한 모습만을 보시고 반드시 그의 속스럽고 몸을 사리는 것을 비웃으셨을 것이니, 그가 기세를 부리며 위복을 멋대로 하리라고는 필시 믿지 않으셨을 것이며, 또 훗날 군주의 권세를 훔쳐 농락하여 종묘사직에 근심거리가 될 것이라고 믿지도 않으셨을 것입니다. 옛부터 인주가 소인에 대해서 혹시라도 그의 간사함이 훗날 막대한 근심거리가 될 것이라는 것을 깨달았다면, 어찌 다시 나라를 망치는 재앙이 있을 수 있었겠습니까. 이는 그의 외모가 거칠고 졸렬하며 소박하다고 해서 인주가 그의 큰 간특함을 살피지 못한 데에 연유된 것입니다.

인홍은 신의 자부입니다. 그와 함께 같은 집안에서 살아온 지가 40여 년으로 그 마음과 행동을 익히 보았는데 참으로 간사하고 음흉한 소인입니다. 훗날 국가에 무궁한 재앙이 될 것이 틀림없으니, 이것이 신이 배를 갈라 피를 뿌리면서 한 번 죽기를 각오하고 아뢰기를 그만두지 못하는 까닭입니다. 전하께서는 통촉하소서. 전하는 하늘이 내신 성인이시지만 어찌 군주의 직분을 수행함에 있어 전혀 잘못이 없다고 할 수 있겠습니까. 그런데 인홍은 대사헌이 된 뒤 몇 달 동안에 상의 잘못이나 여러 궁인들의 잘못에 대해서는 시종 말하지 않고, 구구하게 일삼는 것은 원수에게 보복을 가하여 사사로운 분노를 푸는 것에 있는 힘을 다하고 있었습니다. 또 몰래 문객들을 사주하여 그들로 하여금 글을 올려 자기를 칭찬하게 한 것은 너무나도 성명을 무시하고 군부를 우롱한 처사입니다.

지난 여름과 가을 사이 인홍이 서울에 있을 때 인홍의 문객들이 인홍의 지시를 받고 이귀가 상소를 올려 자신의 죄를 나열한 이유로 온 도내의 선비들에게 통문을 돌려 즉각 초계문에 일제히 모여 발명하게 하였는데, 선비 중에 한 사람도 온 자가 없었고 오직 인홍에게 옥송을 청탁하여 편지를 보낸 적이 있는 자가 인홍의 핍박을 받고 마지못해 천리 먼 길을 피곤한 걸음으로 와서 거짓으로 꾸민 글을 마치 온 도내의 공론인 것처럼 올렸으니, 온 나라 사람들이 인홍의 마음을 환히 알았을 것입니다. 또 근래 탄핵을 당한 윤승훈·정경세의 경우는 인홍이 직접 한 것이고 유성룡·한준겸의 경우는 인홍의 도당이 그의 지시를 받아 탄핵한 것입니다.

대개 인홍이 유성룡과 틈이 생긴 것은 그 유래가 오래되었습니다. 과거 역적 정여립이 한때 명성을 훔쳐 외람되게 이조의 낭관에 추천을 받았었는데, 이경중이 앞서 전부에 있으면서 그의 흉악함이 반드시 후일 재앙을 끼칠 것임을 알고는 이에 그를 물리쳤습니다. 그때 인홍은 언관으로서 여립의 편을 들어 도리어 이경중을 공격했는데, 그 계사에 '아름다운 선비로 청명이 있는 자를 경중이 매번 방해하여 막는다' 하였으니,

이른바 아름다운 선비란 바로 여립을 가리킨 말입니다. 정여립이 복주된 뒤에 성룡이 차자를 올려 '역적 여립이 세상을 속이고 이름을 훔쳐 조정의 신하 가운데 그의 농락을 받지 않은 사람이 없었지만, 당시 여립이 끝내는 재앙이 될 것임을 말한 사람은 이경중 한 사람뿐이었다' 하였는데 이로 인하여 경중의 상소를 찾아서 성상께 다시 진달하였고, 따라서 인홍이 역적을 편든 실상이 드러나 죄를 얻어 관작을 삭탈당하였습니다. 대저 유성룡의 차자는 기필코 인홍을 모함하려는 것은 아니었는데 인홍은 성룡이 고의로 자신을 모함하려 했다고 여겨 큰 유감을 품고 기어이 보복을 하려고 하였습니다. 지난해 인홍이 부름을 받고 왔을 때 상소하기를 '신이 유성룡과 사이가 좋지 않다'고 하였습니다. 전일 대간 문홍도는 바로 인홍의 고향 사람으로 '그가 소유한 전원이 중외에 두루 깔렸다'는 것으로 성룡을 탄핵했으니, 그를 사주한 것이 과연 인홍에게서 나오지 않았다고 할 수 있겠습니까.

윤승훈·정경세·한준겸은 모두 영남의 방백을 지낸 적이 있는 사람입니다. 대저 난후 영남의 방백이나 곤수 이하의 벼슬을 지낸 사람은 반드시 인홍에게 가서 문안하는 것을 상례로 삼았는데, 시종 그것을 하지 않은 사람은 오직 이 세 사람뿐입니다. 인홍이 이에 깊은 유감을 품고 기필코 그들을 중상하려 하였습니다. 또 인홍은 그때 조정의 명령이 없었는데도 스스로 대장이라 칭하고 멋대로 한 지방의 병권을 잡았습니다. 왜적이 바야흐로 해변에 주둔하고 있을 때도 변성에 가서 적을 막지 않았으며, 정유년에 왜적이 다시 경기 지방을 침범할 때에도 군부의 파천을 서둘러 구원하지 않고 군대를 끼고서 자기 집이 있는 고을과 근처의 10여 고을만을 자위하였습니다. 부장·초관도 인홍에게 통보하여 알리지 않고서는 변장과 수령이 감히 사사로이 임명하지 못하였습니다. 이에 승훈·경세·준겸 등이 그의 위세와 권한이 너무 큰 것을 보고 마음으로 의심하여 정 대장의 명령이라 하는 것은 일체 막아 버렸습니다. 더욱이 경세는 본 도에 있을 때 그의 강포를 노여워하여 전횡하는 죄를 지척했으며, 승훈은 재상이 된 처음에 탑전에서 영남 강우 한쪽의 인심과 사습이 아름답지 못하다고 아뢴 것은 오로지 인홍을 지적하여 말한 것이므로 인홍이 기필코 중상하려 하였습니다. 뒤에 대사헌에 제수되어 사은을 하자마자 즉시 승훈을 공격했으니, 이는 공론을 빙자하여 사사로운 원수를 갚은 것에 지나지 않습니다. 또 인홍은 대간에 있으면서 동료들과 함께 이 귀가 자신을 논한 상소문을 논박할 때 그 상소 내용이 실제는 정경세에게서 나왔다고 하여 이를 갈고 무릎을 치면서 통한을 품었습니다. 얼마 뒤에 '경세가 불효했다'는 의논을 인홍이 직접 내었습니다. 인홍은 구구한 개인의 원한 때문에 당일에 방자하게 사갈과 같은 독을 뿌렸을 뿐 아니라 지금 집에 물러가 있으면서도 대간과 전조를 지휘하여 자기를 따르는 자를 상 주고 명을 따르지 않는 자를 벌주는 등 멋대로 하고 있으니, 이것이 바로 인홍이 조정에서 음사한 행동을 한 실상이요 온 세상이 다 아는 사실입니다.

　인홍의 마음가짐과 행동은 평소 다른 사람과 교제할 때 자기 뜻에 맞고 자기의 지시에 순응하면 좋아하여 보살펴 주는 것이 아녀자의 사랑 정도가 아니었습니다. 술과 음식을 가지고 왕래하는 자는 은근하고 자기에게 친후하다고 여겨 손을 잡고 좋아하며 간담을 토로하여, 그의 바라는 것은 무엇이나 들어주지 않는 것이 없어 곡진한 정의를 보여주었습니다. 그러나 아부하지 않는 사람은 잘못을 찾아 지목하는 것이 원수보다도 더하였으며, 마음속에 깊이 새겨 두었다가 드디어 원수로 여겨 의심스러운 일을 그럴 듯하게 꾸며 협박하였으며, 자신의 심술이 음사 간특함을 꿰뚫어 보고 꿋꿋하게 굴복하지 않는 사람은 불측한 말을 만들어 핍박하거나 뜻밖의 재앙을 야기시켜 위태롭게 만들었습니다. 이러니 남쪽 지방의 많은 선비나 봉사신이 누군들 그의 예봉을 두려워하여 그의 농락에 빠지지 않을 수 있겠습니까.

심지어 같은 패거리들을 골라 풍헌 유사라 명하여 대소 주군에 깔아 놓았는데 이들을 시켜 관리들의 장단을 살피고 향당의 시비를 규찰하였으니, 이는 한 지방의 권강을 한 손에 쥐고 천리 번곤을 제압하여 은연 중 남방에 하나의 또 다른 조정을 만드는 것입니다. 인홍은 임진년 이후 의병 대장이 되어 여러 고을의 의병을 통제하여 강외의 수만의 무리를 절제하면서, 사람을 죽이고 살리는 것을 자신의 은원에 따라 하였으므로 그 기세의 불꽃이 더욱 치열하였습니다. 왜적이 물러간 뒤에도 군대를 끼고 집에서 통솔하지 않는 것이 없었는데, 체찰사나 도원수가 군문을 지날 때면 뜰에 나누어 서서 대등한 예로 대하면서 거만스레 빈주로 만나는 격식을 갖추었으며, 심지어 감사·병사·수사와 제장 이하는 왕왕 앉아서 인사를 받기까지 하였습니다.

그가 사는 고을의 대소 이민은 그의 집을 관아처럼 드나들었고 또 사론이라 가탁하여 자기의 호오에 따라 선악의 등급을 매겨 산림청이라 이름하였습니다. 그리하여 민간들만 그를 꺼릴 뿐 아니라 현재 남방의 대소 관원들도 그의 비방을 대간의 평보다 더 두려워합니다. 이에 추솔 비루하고 조행이 없는 자들이 크게 인홍에게 의지하여 자신을 구원해 줄 후원자로 삼고 있으므로, 감사 이하의 관원들이 그의 집에 갈 때는 반드시 술과 고기를 가득 싣고 갑니다. 그리고 전최를 자기의 뜻에 따르지 않으면 삼사의 무거운 논박이 뒤따르게 됩니다. 지금 감사 이시발은 성주 목사·경주 부윤으로 있을 때부터 방백이 된 뒤에까지 술을 싣고 인홍의 집에 간 일이 없었으므로 인홍이 드디어 크게 유감을 품고서 직접 상소를 올려 은미하게 논하기도 하고 문생을 시켜 드러내어 공척하기도 하다가 끝내 양사가 함께 발론하기에 이르렀습니다. 근방의 10여 고을 수령들은 왕왕 아침에 부임하였다가 저녁에 체직되기도 하였는데, 지례현감 우흥룡, 안음현감 연충수는 모두 뇌물을 보내지 않은 탓으로 탄핵을 받고 물러갔습니다.

또 영남 민간에 난리를 틈타 부자가 된 패거리가 있는데, 이는 평소에 가난하던 사람이 난리에 의병의 이름을 빌려 부자가 된 자들로 대부분 인홍의 문도들이니 인홍이 그 패거리의 우두머리입니다. 오늘 대각에도 그런 사람이 있으니 문여가 그 사람이고, 백의로 지방관으로 발탁된 자가 있으니 김응이 그 사람입니다. 또 하혼이 국가의 노비를 탈취하고 함부로 죄 없는 사람을 죽인 것이나 문경호가 멋대로 남의 장원을 점거하고 자기 처가의 노비를 협박해 빼앗은 것과 같은 것도, 모두 인홍의 문생으로 난리를 틈타 부자가 되어 남방의 맹견이 된 것들입니다. 더구나 인홍 자신이 의병과 공사의 양천들을 거느리고 죄를 짓고 도망친 자들의 큰 소굴이 되었으니, 그 집안 재산의 부유함이 과연 어떠하겠습니까. 방금 새로 저택을 짓고 있는데 엄청나게 크고 넓어서 온 들판을 차지하고 있습니다. 전쟁이 지난 지 10년이 지났어도 아직껏 태묘와 궁궐도 짓지 못하고 있는 실정인데, 인홍의 참람함이 여기에 이르렀으니 또한 신하로서 차마 못한 짓입니다. 시험 삼아 사람을 보내 증험해 보신다면, 그 사이 어떻게 쉽사리 철거할 수 있겠습니까.

또 합천군에 장함이란 자가 있는데, 고 지중추부사 강현의 이모의 아들입니다. 그의 아내는 적에게 포로로 잡혀갔으나 딸은 나이가 어려 다행히 화를 면했는데, 인홍과 친한 풍수를 잘 보는 중국군 시문용에게 함의 딸을 강제로 시집보냈습니다. 가령 어미가 적에게 더럽혀져서 돌아왔다 하더라도 오히려 강제로 시집보내선 안 될 일인데, 더구나 무고한 딸이야 말해 뭐하겠습니까. 인홍이 국법을 무시하고 사족을 더럽힌 죄가 극심합니다. 또 성주의 선비 이순이란 사람은 나이 70이 넘었는데 일찍이 깨끗한 행실로 공천을 받아 재랑이 되었습니다. 인홍이 사적인 원한으로 인물을 해치는 것을 분하게 여겨 드디어 긴 편지를 써서 그의 문객에게 주어 인홍에게 전하게 했더니, 인홍이 칠십 노인에게 이 편지를 받고서는 죄를 줄 수가 없자 이에 사람을 시켜 그의 첩을 빼앗게 해서 분을 풀고는 얼마 뒤에 또 되돌려주면서 와서 사례하게 했으나 이순이 사절하고 받지 않았는데 그 첩은 성주에 있는 품관의 노비였습니다. 인홍이 주고 빼앗음을 마치 자기 물건처럼 할 뿐이 아니었으니, 그가 향인들을 위세로 제압하여도 아무도 감히 따지지 못하는 실상을 여기에서도 충분히 알 수 있습니다. 이는 인홍이 향리에 살면서 방자한 행동을 한 실상으로 남쪽 지방에서는 모두 아는 사실입니다" 하였다.

정인홍의 실상을 있는 그대로 자세하게 보여 준 내용이었다. 선조가 이 내용을 받아들였다면 자신의 명을 재촉할 일은 없었을 것이다.

6월 9일 요동 총독 건이 일본의 정세에 관한 일로 스스로 요량하여 하라고 하는 자문을 보냈다.

'아직도 정착된 것이 없어 천조에 위급을 고하기만 하니, 사직과 인민에 대한 책임을 가진 사람으로서 혹시라도 일에 태만하여 우물쭈물하다가 경보를 듣고서야 허둥지둥하기를 이처럼 해서는 안 될 듯싶습니다. …… 오늘날의 귀국으로서는 또한 나름대로의 계획을 진작해 가야지 오직 경솔하게 군사를 청하는 말만 하는 것은 합당치 않습니다. 만일에 귀국이 스스로 요량하여 군사를 모집하고, 은냥 및 양향의 수송을 모자라지 않게 한다면, 천조에서도 맹장과 정병을 보내 분담하여 방수하게 할 수 있을 것입니다. 모든 일을 말만 할 것이 아니라 실속 있는 공효를 거두도록 도모해야 할 것이니, 그래야 본부원도 도와 결정하기가 또한 쉽게 될 것입니다' 하였다. 맞는 말이었다.

6월 24일 화폐의 사용에 대해 이덕형은 찬성하였으나 유영경이 반대하였다.

유영경이 "지금 해조가 마련한 사목을 근거로 반복해서 참고해 보건대, 해조가 철·연·동 3가지 쇠를 재료로 쓰겠다고 합니다. 그런데 동철은 본래 우리나라에서 나는 것이 아니고, 연철은 비록 우리나라에서 나기는 하지만 채취하기가 그다지 쉽지 않으니 이것은 시행하기가 대단히 어려운 이유입니다. 또 새로 시행하는 전법에 대해 엄격하게 과조를 재정하지 않는다면, 간사한 자들의 소행을 막아 내기 어려울 것이고, 만일 이를 염려하여 한결같이 준엄한 법으로만 처리한다면 백성들이 필시 불편하게 여길 것입니다. 그래서 신이 우매한 소견에는 시행하기가 어렵다고 여겨집니다" 하였다. 철저히 선조의 비위를 맞춘 말이었다.

6월 25일 이덕형, 이항복이 익운공신 등급의 일을 아뢨다. 다음 날 선조가 원균 등의 공신 등급에 대하여 비망기로 말하였다.

"원균을 2등에 녹공해 놓았다마는, 적변이 발생했던 초기에 원균이 이순신에게 구원해 주기를 청했던 것이지 이순신이 자진해서 간 것이 아니었다. 왜적을 토벌할 적에 원균이 죽기로 결심하고서 매양 선봉이 되어 먼저 올라가 용맹을 떨쳤다. 승전하고 노획한 공이 이순신과 같았는데, 그 노획한 적괴와 누선을 도리어 이순신에게 빼앗긴 것이다. 이순신을 대신하여 통제사가 되어서는 원균이 재삼 장계를 올려 부산 앞바다에 들어가 토벌할 수 없는 상황을 극력 진달했으나, 비변사가 독촉하고 원수가 윽박지르자 원균은 반드시 패전할 것을 환히 알면서도 진을 떠나 왜적을 공격하다가 드디어 전군이 패배하게 되자 그는 순국하고 말았다. 원균은 용기만 삼군에서 으뜸이었던 것이 아니라 지혜도 또한 지극했던 것이다. 나는 원균이 지혜와 용기를 구비한 사람이라고 여겨 왔는데, 애석하게도 그의 운명이 시기와 어긋나서 공도 이루지 못하고 일도 실패하여 그의 역량이 밝혀지지 못하고 말았다. 전번에 영상이 남쪽에 내려갈 때 잠시 원균을 민망하게 여기는 뜻을 가졌었는데, 영상이 기억하고 있는지 모르겠다. 오늘날 공로를 논하는 마당에 도리어 2등에 두었으니 어찌 원통하지 않겠는가. 원균은 지하에서도 눈을 감지 못할 것이다" 하였다. 미친 사람이 아니고는 할 수 없는 말이었다.

이에 대해 신하들이 '원균은 당초에 군사가 없는 장수로서 해상의 대전에 참여하였고, 뒤에는 주사를 패전시킨 과실이 있었으니 이순신·권율과는 같은 등급으로 할 수 없어서 낮추어 2등에 녹공했던 것인데, 방금 성상의 분부를 받들었으니 올려서 1등에 넣겠습니다' 하였다.

사관은 "위 헌공이 망명했다가 위나라로 돌아올 적에 교외에 이르러 수종했던 사람들에게 고을을 나누어 준 다음 들어오려 하자 유장이 말하기를 '만일에 모두가 사직을 지켰더라면 누가 고삐를 잡고 따라갔을 것이며, 모두가 따라갔더라면 누가 사직을 지켰겠습니까. 임금께서 나라에 돌아와 사정을 쓰려 하시니 불가한 일이 아닙니까' 하니, 나누어 주지 않았다. 환시는 나라 임금의 가노로서 녹훈한 일은 고찰해 볼 데가 없다. 원균은 주함을 침몰시키고 군사를 해산시킨 죄가 매우 컸다" 하였다. 호종한 신하들과 내시들을 다수 공신에 넣은 것과 원균을 1등으로 한 것에 대해 사관이 간단명료하면서도 통렬하게 논한 것이었다.

6월 29일 정인홍을 구원하는 전 직장 김석광의 상소가 있었는데 이에 대하여 이귀가 상소하였다. 이귀는 이때 안산군수로 있었는데 상소를 올려 스스로를 변명하고 정인홍의 죄악을 극언하였다. 선조가 답을 하지 않다가 이날 전교하였다.

"안산군수 이귀는 어리석고 음흉한 사람으로서 온 세상의 웃음거리가 된 지 오래이다. 김석광의 상소에서 한 말이 설사 실정에 벗어난 말이 있었다 하더라도 자연히 공론이 있을 것이므로, 마땅히 머리를 숙이고 앉아 반성하면서 공손히 조종의 시비 판단을 기다렸어야 할 텐데 감히 상소를 버젓이 진달하여 자신의 일을 변명함으로 해서 군부를 번독하게 하고 조정을 경멸하였으니, 그의 교활하고 기탄없는 태도에 놀라움을 금할 수 없다. 면직하라" 하였다.

7월 3일 사헌부가 충청병사 김응서의 파직을 청했다. 군졸을 침학하여 원망과 비방이 많고 또 녹훈을 위해 뇌물을 바쳤다 하니 체차하라 하였다.

7월 8일 영의정 이덕형이 자신의 공신 삭제를 청했다.
사관은 "옛말에 '상 줄 때에는 공이 따르는 자를 빠뜨리지 않는다' 하였다. 대저 공로를 보답하는 상전은 헛되이 줄 수도 없고 헛되이 받을 수도 없는 것이다. 이덕형은 대가가 난을 피하여 서울을 떠날 때에 궐문에서부터는 수행하지 못하였고 여러 날 뒤에야 뒤미처 이르렀는데, 뒤미처 이른 것을 호종이라 한다면 온 조정이 다 호종한 것으로 어찌 이덕형 한 사람뿐이겠는가. 호종과 왜적을 정벌한 일에 다 기록할 만한 것이 없으므로 굳이 사양하여 참여하려 하지 않으니, 자신을 아는 것이 분명하다 하겠다" 하고 논하였다.

8월 12일 비망기로 이르기를, "사포서가 진상한 수박은 먹을 수 없는 것으로 책임만 면하려 진배한 것이다. 사옹원도 검거하지 않았으니, 이 또한 탕패한 소치이다. 왜적이 가져갔는가? 게으르고 불경한 것이 심하니, 모두 추고하라" 하였다.

사실 신하가 임금을 섬기는 예는 반드시 공경히 하고 성실해야 하며, 흠결이 있어서는 안 된다. 그러나 임금의 말 하나 행동 하나는 사방에서 우러러보는 것인데, 왜적이 가져갔느냐고 꾸짖는 분부는 실로 노여운 김에 나왔어도 임금의 말답지 않았다. 사관은 '한탄스럽기 그지없다'고 한탄하였다.

병란 중에 군사가 된 사노비를 주인에게 돌려주도록 명했다.

"경도의 숙위가 조금이나마 모양을 이루게 된 것은 도감의 군사가 있기 때문이다. 그러나 그 사이에 폐단이 또한 크니, 처치하는 방도를 마련해 속히 개혁시켜 제거하지 않아서는 안 된다. 우리나라의 사천에 관한 법은 참으로 천하 고금에 없던 것으로 사리에 벗어나는 일이라 하겠다. 그렇기는 하나 일단 그 법을 크게 고칠 수 없고 보면 종과 주인의 분의는 하늘과 땅의 도리와 같아서 만고에 걸쳐 피할 수 없는 것으로 혼란시킬 수 없는 것이다. 우리나라에서 인심이 유지되고 세도가 부지되는 까닭은 명분이 엄하고 등위가 명확하기 때문이다. 그런데 한번 변란을 겪은 뒤로는 사람들이 모두 본분을 뛰어넘어 가망 밖의 욕심을 채우려 하여 밤낮으로 간사하고 외람된 마음을 품고 속이고 비뚤어진 술책을 부리고 있는데, 인심이 선하지 못하게 된 것 역시 오로지 이 때문인 듯싶다.

당초에 도감의 군사를 급급히 모집하느라 사천을 따지지 않고 모두 입속을 허락하였는데, 그 말류의 폐단이 이제 와서 더욱 심해지게 되었다. 주인을 배반하는 종은 반드시 이곳으로 돌아가게 되었고, 횡역의 노예들도 역시 이를 믿고 방자한 행동을 부리게 되었다. 《서경》에 이른바 '죄 짓고 달아난 자들의 주인이 되었는지라 소굴에 모였다'는 것이 불행히도 여기에 가깝게 되었는데, 지금 폐단을 짓는 소굴을 논한다면 아마도 도감을 먼저 말해야 할 것이다. 저번에 헌부가 배반한 종을 다스리기를 청하였고, 또 도감의 군사가 된 자기의 종을 마음대로 죽인 사람이 있었는데, 이는 모두가 관가에서 그런 길을 열어준 것이다. 이제 군사가 된 사노를 모두 찾아서 각각 그 주인에게 돌려주고 다시는 사천을 군사로 삼지 말아서 그 폐단을 아주 없애야 한다. 훈련도감에 이르라" 하였다.

사천은 백성이 아닌가. 또 전쟁이 일어나면 어떻게 할 것인가. 임금이 백성에게 한 약속도 저버렸다. 부끄러운 일을 한다는 생각조차도 없었다.

8월 15일 임금의 행태에 대한 사관의 한탄하는 논은 이어진다.

'예로부터 위망한 때에는 매우 무도한 임금일지라도 대간을 특별히 우대하여, 차라리 그 벼슬을 갈지언정 감히 그 사람을 깔보지는 않았으니, 임금이 경외하여 존중하는 것은 분명하다. 오늘날의 기공(紀功)은 한 나라의 공론과 후세의 시비에 관계된 것이다. 간쟁하는 반열에 있는 자가 시비를 가려 외람된 잘못이 없게 하되 그 말이 매우 바르고 그 일이 매우 중대하다면, 존귀한 임금으로서도 감히 그 여탈을 사사로이 할 수 없는데, 분부하기를 '입이 있는 자마다 다 제 마음대로 말한다' 하였다. 말하는 자의 말을 배척하여 아예 들으려고 하지 않았으니, 듣는 자는 듣기에 놀랍고 보는 자는 눈이 캄캄하여 차마 전하여 말할 수 없었다. 임금의 말이 이럴 수 있겠는가.

또 김응서가 함부로 사람을 죽인 것에 대해서는 무부로서 교만하고 방자한 짓을 한 죄를 바루지 않아서는 안 된다. 그런데 어찌하여 후하게 감싸면서 잇따라 여러 번 글을 올려도 끝내 받아들이지 않아 그로 하여금 옥사를 늦추고 술수를 부리게 하여 뒷날의 형정에 끝없는 폐단을 끼치게 하는가. 아, 예전의 언자는 간하다가 듣지 않으면 지위를 떠났는데, 지금의 언자는 간하다가 듣지 않으면 말을 그만두며 오직 작록을 보전하지 못할까 염려하니, 임금에게 깔보이는 것은 신하가 스스로 취한 것이다. 누구를 허물하겠는가' 하고 한탄하였다.

9월 19일 헌부가 관리가 이익만을 취하는 폐단을 아뢨다.

'근래 사풍이 떨치지 않고 관잠이 아주 없어져서, 의관 줄에 있는 자도 이익을 취하는 버릇을 면하지 못합니다. 이에 혹 각사의 공물을 방납하기도 하고, 고실한 국마를 방납하기도 하고, 군사를 대립하기도 하고, 쇄마를 대립하기도 하고, 감사·병사·수령에게 청탁하여 관가에서 받아들이는 것을 갖추어 바치고서 그 값을 거두기도 하고, 긴급한 공무역이 있는 때를 틈타서 시장의 물가를 억제하고서 그 이익을 모두 취하기도 합니다. 이익만 있으면 사소한 것도 다투니, 이것이 어찌 수오의 마음이 소멸되어서 그런 것이겠습니까. 참으로 난리에 피폐해져 살길이 곤궁하여 이렇게 구차한 일을 하기 때문입니다' 하였다. 각종 폐단을 일으키는 자들을 직접 거론하지 않고 온건하게 말한 것이었다.

9월 22일 정원에 상번 군사의 폐단을 없애는 것에 대해 전교하였다.

"번마다 상번 군사의 도목 한 건을 베껴서 정원에 두거나 임시하여 병조에 있는 도목을 정원에 가져와서 5~6인 또는 7~8인씩 그 수에 얽매이지 말고 때때로 뽑아내어 불러와서 색승지가 친히 그 사조를 묻고 그 용모를 살피어 도목책과 대조하고, 이어서 어느 곳에 정해 보내졌고 그곳에서 침책이 있었는지를 묻고 나서 탈이 없는지를 입계하라. 이와 같이 하면 앉아서 모든 곳의 상번 군사의 작은 폐단까지 적간하여 한꺼번에 다 없앨 수 있을 것이니, 정원은 의논하여 아뢰고 살펴서 거행하라. 또 상번 군사의 사조와 용모·연령·신장과 살찌고 여윈 것과 용모 중에 어떤 것이 흉이 있는지를 상세히 살펴서 도목 안에 갖추어 기록하되, 전처럼 심상하게 하지 말도록 병조를 시켜 각도에 행이하여 알리게 하라. 또 신번을 점고할 때에 낭청이 친히 이름을 점호하여 살펴보고 도목과 대조하여 혹 도목과 다른 것이 있으면 본도에 행이하여 그 까닭을 다시 묻기도 하고 도목책에 사표하기도 하되, 방과하였다가 입번을 적간할 때 드러나지 않게 하도록 병조에 말하라" 하였다. 아주 잘한 일이었다.

10월 7일 유성룡을 풍원부원군으로 삼았다. 《실록》에서는 유성룡을 평하기를 "임금의 직무에 궐실이 있어도 면대하여 바로잡았다는 말을 듣지 못하였고, 어진 선비가 억울하게 죽어도 한 마디 언급하지 않았다. 국정을 행하여 온 지 그토록 오래 되었는데도 설시가 엉성하여 끝내 실효가 없으니, 김우옹이 이른바 '대신다운 풍채가 없고 재보의 국량이 모자란다' 한 것이 확론이라 하겠다" 하였다.

그러나 《수정실록》에서는 '성룡은 나라 걱정을 집안일처럼 하여 알고서는 시행하지 않는 일이 없었다. 임진년의 난리를 당해서 시행한 바가 많았는데, 실록을 편수하는 자가 비방하고 배척했을 뿐 아니라 심지어 김우옹의 말로 증거를 삼기까지 하였다. 김우옹은 본래 유성룡을 허여해서 교의가 매우 긴밀했었으니, 그 말을 어찌 믿을 수 있겠는가' 하였다.

10월 16일 이때 유학 이호의 상소가 있었다. 참혹한 현실을 고한 것이었다

"신은 초야에 있으면서 시국이 위태로운 것을 목격하고는 마음이 아프고 뼈에 사무쳐 차마 말할 수 없는 것이 많습니다. 상신이 강구하기는 하나 한 가지 정사도 거행된 것이 있다는 말을 듣지 못하였고, 간관이 논하기는 하나 한 가지 일도 바로잡힌 것을 보지 못하였습니다. 공도가 행해지지 않아서 오직 사를 따르고 탐풍이 크게 떨쳐서 오직 이를 좇으므로, 물화가 있고 없는 데에 따라 그 죄를 덜하고 더하며 재물이 많고 적은 데에 따라 그 벼슬을 높이고 낮추는데, 심지어는 과시까지도 엄하게 되지 않아 고관이 사정을 씁니다.

높다란 집에 베개를 높이 베고 누워서 임금이 낮고 좁은 곳에 사는 것은 생각하지도 않고, 한가하게 청담을 일삼으면서 나라의 일이 어렵고 위태로운 것은 돌보지 않은 채 성악을 크게 벌여 놀이하며 즐기고 있으니, 우리 성상께서 와신 상담하시는 뜻을 누가 과연 깊이 안다 하겠습니까. 군정은 해이되고 형상은 전도되었으며 재력이 다한 것도 오늘 같은 때가 없으니, 그 잘못은 누구의 책임입니까. 경사에서 억매하자 시정에서 원망하고, 외관이 폭리하자 여항에서 괴로워합니다. 전택을 빼앗아 차지하여 먹고 쉬는 곳으로 삼고 노비를 겁탈하여 부리는 도구로 삼는 자는 경중의 권세 있고 귀한 자와 외방의 거세고 사나운 자들입니다. 그 밖의 여러 가지 병폐와 갖가지 하자야 신의 얕은 소견으로 어찌 다 낱낱이 말할 수 있겠습니까마는 요즈음 하늘의 노여움이 거듭 나타나고 땅의 괴이한 일이 계속 발생하고 있으며, 외구가 일어나기 전에 내적이 먼저 일어나 무리를 불러 모아 떼를 지어서 기보로 무리를 이어 촌가를 불태우고 사람을 살상하며 재물을 빼앗고 있습니다. 사대부의 참혹한 것으로 말하건대 유희서의 죽음과 황극중의 죽음이 가장 한심한 것으로서 장래의 걱정을 헤아릴 수 없다 하겠습니다."

정말 뼈아픈 상소였다. 이런 말에도 귀 기울일 줄 모르는 그런 나라였다.

10월 23일 형조가 임란 이후 문란해진 주종 관계를 안정시킬 방법을 아뢨다. 난리 뒤로 사람들이 흩어져 없어지고 문적 또한 없어진 상태였다. 그래서 친족의 노비를 찾아 자기의 소유물인 양하는 풍조가 온통 세상에 만연되어 있었다. 그래서 송사가 줄을 이었다. 형조에서 이런 경우까지 주인을 배반한 것으로 결단하기는 어려웠다.

11월 11일 "왕세자의 둘째 아들이 졸서하였으므로 신들은 놀랍고 슬픈 마음을 가누지 못하겠습니다. 감히 와서 문안합니다." 광해군의 가슴은 또 미어졌다.

12월 7일 사은사 남근이 황제는 조회를 보지 않고 복왕이 내년에 혼인한다고 치계하였다. 이때 중국은 태자를 세우기는 하였으나 황제의 뜻은 복왕에게 있었으므로, 우리 나라에서 책봉을 주청하는 것이 바로 꺼리는 바에 저촉되었다. 그래서 번번이 예부에서 저지되었는데, 그들이 '복왕이 취국한 뒤에 와서 청하면 들어줄 수 있을 것이다' 하였다.

12월 20일 사헌부가 '양전하는 일을 경자년에 시작하면서 사목을 엄하게 세워 각도에 공문을 보내어 알렸으나, 각도의 수령이 고식적으로만 행하려 할 뿐 봉행할 뜻이 없었습니다. 봄에는 가을로, 가을에는 겨울로 구습을 따라 미루므로 거의 이루어질 듯하면서도 끝내지 못한 지 이제 4년이나 되었으니, 국가의 중대한 일이 어찌 이러할 수 있겠습니까. 참으로 한심스럽습니다' 하였다.
이때 조정에서 양전법을 시행한 지 오래되었는데도 완전히 끝내지 못하여 어사를 나누어 보내어 두루 다니면서 실정을 조사하도록 하려 했는데 어떤 사람은 명년 가을 곡식이 익기를 기다려서 하는 것이 마땅하다고 하였다. 드디어 대신에게 의논하게 하였는데,
좌의정 윤승훈이 아뢰기를, "사람들이 세월만 허송하고 있으니 내년을 기다렸다가 또 금년과 마찬가지가 된다면 백성들이 해마다 밭두둑 사이에서 분주하게 될 것입니다. 오늘날 어사를 보내는 것은 중지하기 어려울 듯합니다. 다만 영남은 구황정사가 한창 화급하고 서북의 두 도는 도로가 멀어서 왕래할 때 반드시 농사철을 범하게 될 것이니, 이 세 도

는 우선 내년을 기다리게 하소서" 하였다.

12월 27일 훈련도감의 군사를 정예화 시키도록 비망기를 내렸다.

"도감의 군사를 계사년·갑오년에 재주에 따라 모집한 지 이제 10년이 되었으므로 노쇠하기도 하고 잔열하기도 한데, 새로 뽑는 일을 크게 행하지 않으므로 부오가 정예화되기를 바라기 어렵다. 군사가 정예하지 않으면, 아무리 많아도 무엇에 쓰겠는가. 이제 옛일에 따라 각도로 하여금 장정을 불러모아 신역이 있든 없든 논하지 말고 중이건 여느 사람이건 헤아릴 것 없이 죄다 서울로 보내게 해야 한다. 그 뒤 도제조 이하가 직접 뽑아 그 가운데에서 나이가 젊고 용력이 있는 자를 가려 군오에 편입시키고, 나머지는 죄다 파하여 보낼 것이며 노쇠하고 잔열한 자도 다 면제하되, 반드시 전에 전교한 대로 따로 군직을 내고 금군의 예에 따라 승제하여 녹을 주어야 할 것이니, 그런 뒤에야 사람들이 그 일을 앞다투어 연마할 것이다. 또 아이를 뽑아 어릴 때부터 늘 배우고 익히게 하고, 군사들도 각각 스스로 힘써서 날로 새로워지고 진작되게 해야 한다" 하였다.

이미 훈련도감도 병들어 있었다. 도감을 이탈하여 궁가에서 사병 노릇하는 자가 많으므로 지난 10월에는 훈련도감이 도망한 자들을 잡아 벌하겠다고 하기도 하였다.

북변의 오랑캐들이 강성해지고 있었다.

8월 노을가적의 동향에 대한 평안도 관찰사 허욱의 장계가 있었다.

'노추가 옛 성에서 북으로 7리쯤 되는 곳에 새 성을 다시 쌓았다. 노추가 장군 3백여 명을 데리고 새 성으로 이주하였는데 집은 모두 지었으나 성책은 아직 세우지 않았다. 전부터 철수하여 옮겨간 호는 옛 땅을 그리워할 뿐만 아니라 일이 힘든 것을 싫어하여 배반할 마음을 많이 갖고 있다고 하였는데, 교활한 호의 말을 믿을 수 없으니, 다시 알아볼 생각이다' 하였다.

이어 북병사 이용순이 보고하였다. "본부의 장사들이 모두들 '말을 달리며 전투하는 모습이 자못 기율이 있어 옛날과는 비교가 되지 않는다' 하고, 또 그 군대를 거느린 두 장수는 각각 홍기를 세웠고 갑주와 전마도 매우 정밀하고 건장하였으니, 뒷날의 걱정을 이루 다 말할 수 없습니다. 이제 이 적을 보니 긴 갑옷에 큰 칼을 갖고 철기로 내달으며 깃발을 신호로 진퇴하는 모습이 홀라온과 같지 않습니다" 하였다.

선조가 이르기를, "노을가적은 강적으로 가까운 지경에 서로 마주하여 엿본 지 오래인데 하루아침에 도발한다면 근심되는 것이 작지 않을 것이니, 평안도의 포수는 북방으로 들여보낼 수 없다" 하였다.

함경도 북변의 적은 홀라온인데 말썽을 부리고 있었고, 평안도 북변(건주위)의 적은 노을가적(누르하치)인데 위협은 되었지만 아직 말썽을 일으키지는 않고 있었다.

9월 1일 북병사 이용순이 오랑캐의 변란에 대해 보고하였다. '홀적이 종성의 세 부락을 분탕하고 남녀와 마소를 죄다 잡아갔다. 번호들은 모두 투항해서 우리나라의 단약한 형상을 낱낱이 누설하고는 이어서 다시 앞에서 인도하여 다시 동관을 범하였다. 지금 물러가 풍계로 향하기는 하였으나 오래지 않아 다시 나올 것이다' 하였다.

비변사가 아뢰기를, "북병사와 순찰사의 장계를 보면, 적호가 조금 물러가기는 하였으나 풍계에 유둔하여 목책까지 만들어서 오래 머무를 생각을 하고 있고 또 동관에 침범하여 우리와 접전하고 물러갔는 바, 그 형세가 강성한 듯하니, 앞으로 변방의 걱정이 그치는 것은 쉽게 기대할 수 없을 듯합니다. 수신이 이미 포수·사수를 계청하였으니, 도감의 포수

1백 명을 전에 아뢴 대로 빨리 치장하여 보내고, 남도·북도의 형세가 매우 외롭고 약하니 방어사 이기빈도 잇따라 보내어 변란이 일어난 곳에 달려가서 그때그때 응원하게 해야 합니다. 화약은 전후에 보낸 것이 이미 6백 근이나 되므로 당분간 쓸 것은 지탱할 수 있을 듯합니다. 조총은 이미 70병을 보냈으나 열진에 나누어 방어하기에는 모자랄 것이니, 조총 20병을 별양으로 장치한 승자총 20병을 더 내려보내고 궁현 4백조도 아울러 내려보내야겠습니다. 북병사와 변장·군관 등이 남김없이 방어하러 가면 그 수가 또한 많을 것입니다마는, 근래 기강이 해이해져서 초료를 받아내고는 제 집에 물러가 쉬며, 충군된 뒤에도 초면관에서 도부를 받아내 현납하고 여전히 물러가 있으니 매우 통분합니다. 병조를 시켜 기한을 정하고 독촉하여 들여보내어 한 명도 빠지지 못하게 하되, 제때에 방어하러 가지 않는 자는 군율에 따라 시행하게 하소서" 하였다.

10월 26일 북병사가 홀온과 번호들에게 무력시위를 할 것을 건의하였다.

12월 28일 북병사 이용순이 북쪽 오랑캐의 상황을 보고하였다.

"홀적의 우두머리 아질이가 스스로 대군을 거느리고 번호를 공격하여 가는 곳마다 온전한 데가 없습니다. 경원 지경의 부여지 등 일곱 부락은 호인이 많이 살아서 갑자기 침범할 수 없는데도 단번에 분탕질을 하고, 또다시 군사를 나누어 마구 살육과 약탈을 자행하면서 현성까지 침범하고 강을 건너 뒤쫓아 경원부까지 바짝 다가왔습니다. 이는 우리 나라를 깔본 나머지 이토록까지 거리낌없이 방자한 짓을 하는 것인데, 이 적이 하는 짓을 보면 저희끼리 서로 싸우는 따위는 아닌 듯합니다."

"홀추가 스스로 거느리고 나와 병세가 매우 성대한데, 온성 부락을 죄다 분탕질하고 경원 지경으로 방향을 바꿔 공격을 감행하였습니다. 부여지·시전대 같은 부락은 내정하는 호인인데 남김없이 죽이고 약탈하였으니, 곧바로 우리 지경을 침범하지는 않았다 하더라도 앞으로 있을 환란이 지극히 염려스럽습니다."

"미전은 가장 잔폐된 곳이라서 지키더라도 부족할까 염려되었는데, 신의 군관 정기남이 포위를 뚫고 돌입하여 현재 서로 싸우고 있으니 그래도 보전할 수는 있을 것입니다. 중과가 현격한 차이가 나서 감히 당할 수 없으니, 북방의 병력이 지극히 한심합니다."

이에 비변사가 북병사에게 본 도의 모든 군사적 상황을 보고하라 하였다.

"적의 세력이 치성하니 참으로 작은 걱정이 아닙니다. 북로가 저희들끼리 공격하는 일은 전에도 그러하였으나, 성 밑의 번호에 대해서는 우리 성에 가깝기 때문에 쥐에게 돌을 던지다가 그릇을 깰까 하는 염려가 있어 죽이고 약탈하는 것을 자행하지 못하였었습니다. 그런데 임진년의 난리를 겪은 뒤로는 육진의 병세가 외롭고 약한 것을 북로가 보고 문득 깔보는 마음을 일으켜 노토가 맨 먼저 배반하고 아당개가 이어서 일어나 회령 등의 번호를 약탈하여 마지않습니다. 올해에는 가을에 온성·경원 두 부 사이에서 두 번이나 일어나 의기양양하게 치돌하며 태연자약하게 오가는데, 그 저의를 살펴보건대 필시 우리 번리를 모두 치워 버리려는 것이라 하겠습니다. 그런데 번리가 없어지고 나면 육진도 어찌 입술이 없어서 이가 시린 경우와 같을 뿐이겠습니까.

가을에 적병이 종성을 침범해 왔을 때 이미 본 도로 하여금 남쪽 고을의 군사를 뽑아 보내어 진보를 나눠 막도록 하였는데 과연 거행하였는지 모르겠고, 올해 육진의 군량으로 장만한 수도 얼마인지 모르겠습니다. 적병이 지금 물러갔다고 하나 내년 봄에 다시 올 염려가 있습니다. 따라서 육진의 군량으로 대충 보충병 몇 명이 몇 달 쓸 것을 지급할 수 있는지, 다른 도의 군사가 없더라도 본 도의 포수·사수만으로 넉넉히 나누어 막아 근심 없이 보전할 수 있는지의 곡절과 적병이 떠나고 머무는 상황을 급히 치계하여 처치하는 데 근거가 되게 할 일로 선전관을 보내어 감사·병사에게 하유하는 것이 어떠하겠습니까?" 하였다.

이해의 왜적과의 일은,
정초에 경상감사 이시발이 손문욱과 귤지정이 문답한 내용을 장계하였다.
귤지정이 덕천가강은 수길과는 다르니 시기를 놓치지 말라 하였다.
손문욱이 '모든 일은 반드시 중국 장수에게 알려 처결하고 있으니, 어찌 마음대로 사신을 파견할 수가 있겠는가' 하니
귤지정이 '듣건대 조선이 일본에 내란이 있다는 말을 잘못 들어 허락하지 않는다고 하는데, 그런가? 가강은 침중하고 후덕하여 거짓이 없는 사람으로 매양 풍신수길이 무고한 백성들을 살륙하고 약탈하는 것을 한하였다. 두 나라가 우호 관계를 맺음에 있어 이때를 놓친다면 화가 미칠 수도 있다' 하였다.
손문욱이 '참으로 그대의 말과 같이 수길의 행사와 상반된다면 어찌하여 사로잡힌 사람들을 모두 돌려보내어 수길의 죄를 사과하지 않는가? 만약 그와 같이 한다면 중국 조정에서 반드시 허락할 것이다. 그렇지 않고 그대들 섬에서 입으로만 가강을 극구 칭찬한다면 중국에서 무슨 일에 의거하여 그 점을 알 수 있겠는가' 하니
귤지정이 '대인의 말이 맞다. 속히 본도로 돌아가 이 뜻을 조신에게 자세히 말하겠다' 하였다.
3월 24일 평의지가 예조에 편지를 보냈다. 귤지정이 가지고 왔다.

"평의지는 황공하게도 삼가 조선국 예조 대인 합하께 편지를 올립니다. 사로잡힌 남녀 85명을 귤지정을 차견하여 호송하였습니다. 일본의 사세는 털끝만큼도 변함이 없으니 군문 노야께 이야기해 주어서 빨리 화호의 일을 정하도록 하소서. 신사를 차견해 주신다면 매우 다행하겠습니다…. 조신이 신정을 하례하러 왕경에 갔으니 반드시 대사의 편지 내용을 덕천가강에게 보고할 것입니다" 하였다.

손문욱으로 하여금 귤왜를 접대하고 실정을 파악하게 하였다.

4월 1일 비변사가 대마도와의 수교에 대해 아뢨다. "이 왜적들의 강화 요청이 매우 급박한데, 우리나라가 엉뚱한 말로 속여 조종하면서 지연해 온 지가 벌써 3년이나 되니, 하루아침에 사세가 곤경에 빠지고 형편이 드러나면 어떻게 계책을 운용하겠습니까" 하였다.

선조는 "왜인은 성질이 매우 교활한데 어찌 우리에게 속겠는가. 아마도 우리의 자세한 실정을 벌써 알았을 것이다. 이자하여 장수를 청하는 일은 한두 번 한 것이 아니어서 번번이 경솔하게 할 수 없을 듯하니 짐작해서 해야 한다" 하였다.

그리고 손문욱의 서신으로 평조신에게 답하도록 하였다.

'불행히도 일에 마가 끼어 청정이 관원을 복건성으로 보내 술수를 부렸으므로 천조에 의논이 어수선하게 일어나 각 아문의 차관들이 나라 안에 몰려와 왜인들의 정세를 탐문하게 되었습니다. 불녕은 마땅히 족하가 성의를 다하는 실정을 들어 여러 곳에 주선하겠으니, 족하는 내가 하는 대로 보고 있고 조급하게 하려다가 일을 망치지 말기 바랍니다. 나머지 말은 사자 귤이 말로 전달할 것입니다.'

6월 14일 평의지와 평조신의 서계에, '삼가 바라건대 귀국은 천조에 품하고서 시급히 신사를 차출하여 화호하는 증험을 보이는 것이 좋겠습니다. 나머지는 사자 귤지정이 구두로 말씀드릴 것입니다' 하였다.

이에 전계신의 이름으로 평의지와 평조신에게 답서를 보냈는데, '근년 이래로 본국이 대마도에서 성의를 바치는 실정을 들어 여러 차례 천조의 각 아문에 아뢰어 일이 10분의 6~7은 이루어지게 되었었는데, 첫 번째는 불행하게도 가등청정이 복건에서 장애가 되는 짓을 함으로써 다른 의논이 들끓게 되었고, 두 번째는 불행하게도 제부의 만 노야가 갑자기 서거하여 일을 완결하지 못하게 된 것입니다. 당면한 지금은 건 노야가 사천으로부터 제부에 새로 부임했으니, 머지않아 우리들이 한 차례 달려가서 면품해 보아야 바야흐로 건 노야의 의향이 어떤지를 알게 될 것입니다' 하였다.

7월 23일 주역 진괘를 강하고 왜와 통호하는 일을 의논하였다. 이제 선조는 왜적과의 강화를 적극적으로 말한다.

"대마도의 왜적을 기미하는 계책은 부득이한 데에서 나온 것이다. 이적이 있는 것은 마치 음양과 밤낮이 있는 것과 같으므로 예전부터 제왕이 이적을 대우하는 데에는 방법이 있었는데, 이제 갑자기 끊으면 끝내 어떻게 되겠는가? 보루를 마주하여 서로 대치하는 때에 화호를 의논한다면 그르겠으나 평시에 있어서는 배척하여 끊기가 매우 곤란하다."

"영상의 그 말이 옳다. 그러나 일본과 우리 나라는 형세가 매우 다르다. 우리 나라의 힘이 일본을 대적할 수 있게 되기를 기다린 뒤에 기미하려 한다면, 이는 마치 모기나 등에가 범에게 대항하다가 끝내 대항하지 못하는 것과 무엇이 다르겠는가."

"이렇게 의논만 하여서는 안 된다. 대적인 일본만 아니더라도 대마도나 일기도·오도 등이 병력을 합하여 나와서 변경을 차지하고 화호하자고 위협한다면 그때에도 허락하지 않는다고 하겠는가? 영상의 생각은 어떠한가?"

"기미할 방책을 미리 꾀하지 않고 있다가 말썽이 일어나게 된다면 보루를 마주하고 서로 대치할 때에 화호하려 한들 되겠는가?" 하였다.

8월 8일 비변사가 왜에 대한 대책을 아뢨다. "신사와 구전이(국왕전·전산전·대내전·경극전·세천전·좌무위전·우무위전·갑비전·소이전이 평시에 번갈아 와서 정성을 보였다) 왕례한 전례처럼 하는 것은 한꺼번에 마음대로 시작하기가 어려운 형세로 만일 반드시 그렇게 하려고 한다면 중국에서 허락하지 않아 좋은 일이 도리어 제대로 되지 않을 것이다'라는 말로 약조를 정할 때에 사실대로 고하고 우선 관시를 허락하는 것이 온당할 듯합니다" 하였다.

이에 대마도 관시 허가에 대하여 신하들의 의견을 들었다.

이산해가 "나라를 다스리는 도리에는 상경도 있고 권의도 있는데, 적을 막는 방도는 형세를 살피고 힘을 헤아리는 것에 지나지 않습니다. 우리의 기계를 수리하고 우리의 정예를 축적하여 힘이 적을 제압할 수 있다면 원수와 한 하늘 아래에서 살지 않는 것이 본디 천지의 상경이겠으나, 혹 우리의 변방의 대비와 군사의 힘이 탕연하여 믿을 만한 것이 하나도 없어 존망의 기회가 조석에 급박하다면 우선 기미를 보여서 흉봉을 낮추는 것도 권의의 한 방책입니다. 신은 오늘날의 변방의 대비가 과연 어떠하며 오늘날의 군사의 힘이 과연 어떠한지 모르겠습니다" 하였다. 임금의 비위를 맞춘 말이었다. 그러나 이번에는 상황이 어쩔 수 없으므로 대부분의 신하들 의견이 같았다.

이해에도 못된 왕자들의 극심한 횡포는 계속되고 있었다.

2월 6일 임해군이 무뢰배들이 자신의 이름과 순화군을 사칭하고 배흥립의 집을 침입했다고 하였다.

사관은 "신은 들으니 맹자가 '습기를 싫어하면서 낮은 지대에 산다'라고 하였다. 사람이 불선하면 모든 악명이 그리로 모이는 법이다. 임해군의 패망이 극도에 달하였으니 무뢰배들이 사칭하는 것은 참으로 당연하다. 이때 그가 대죄하는 양심을 인하여 그가 평일에 저지른 패도함을 책망함으로써 그 스스로 반성하여 두려워하는 바가 있게 해야 하는데, 이렇게 하지는 않고 단지 사칭하는 무리들만을 징계하여 다스리려고 하였으니, 왕자가 교만 횡포하고 소민이 원망하여 배반하는 것은 이상하게 여길 것도 없다"고 논하였다.

입에 침도 안 바르고 거짓말을 하는 왕자나 그 거짓말을 모른 체하고 넘어가는 임금이나 한심한 부전자전이었다.

사관이 임해군, 순화군과 정원군의 행패를 양녕대군과 효령대군의 덕행에 비유하여 상세하게 논하고, 한의 여태자와 수의 양제가 그런 부류라고 하였다.

"여러 왕자들의 작폐가 백성에게 미치는데도 위에서는 알지 못하는 것을 이루 다 말할 수 있겠는가. 옛날 태종조에 양녕대군 이제는 세종이 응부(應符)한 것을 알고는 즉시 미친 체하였다. 그리하여 강관이 진달하는 글은 모두 읽지 못하겠다고 하면서 언문으로 번역한 연후에야 진달하도록 허락하였다. 어느 날 야반에 효령대군 이보의 집에 뛰어 들어가자 효령 일가가 놀라고 당황하여 어찌할 바를 몰랐는데, 양녕은 곧장 침실로 들어가 효령의 귀에 대고 말 몇 마디 하고는 돌아왔다. 동틀 녘에 효령 역시 가사를 걸치고 불문에 몸을 의탁하고 말았다. 양녕은 또 복중에 궁성을 넘어서 양주의 기사로 가거나 혹 사냥꾼들과 함께 응견을 신고 산골짜기로 출입하거나 하였으므로 태종이 대노한 나머지 주청하여 폐위시키고 세종을 세자로 세웠다. 대개 효령은 차서가 세종 위에 있었으므로 양녕 자신이 폐위당하여도 효령에게 죄가 없으면 세종이 설 수 없을까 염려한 나머지 귀엣말을 한 것으로 실은 이런 이유에서였던 것이다. 세종이 즉위하여서는 우애가 지극히 돈독하였다. 국초에는 예제가 엄성하였으므로 왕자들이 속절에도 마음대로 원릉을 참배하였다. 양녕이 능에 오를 때에는 반드시 동구에서 말을 내려 통곡하며 걸어가는데 눈물이 흰 수염을 적셨고 슬픔은 옆 사람을 감동시켰다. 어느 날 능에 갔다가 돌아올 때 사평원을 지나게 되었는데 먼저 누상을 차지하고 있자니 한 어사가 남쪽에서 돌아오는 길에 뒤따라 올라와 함께 앉았다. 조금 있다가 금천현 사람이 술을 바쳤는데 술이 맛이 없어 마실 수가 없었다. 양녕이 '나에게 박주가 있어 마시고자 하는데 함께 마실 사람이 없으니 어사께 올리고자 합니다' 하였다. 어사가 술을 좋아하는 자라서 기쁘게 허락하였다. 하인이 즉시 혜후순금작을 올리니 어사가 괴이하게 여기고 완상하므로, 양녕이 '나는 바로 세주로 노충의위이다. 이 물건은 선조 때부터 전해 오는 것인데 또 몇 개 더 있으니 어사께서 원하신다면 이 잔을 바치겠다' 하니, 어사가 '내가 잠시 보배로워 보이기에 완상했을 뿐이지 좋아하여 그런 것은 아니다. 그대는 어찌 그런 말을 하는가' 하고 받지 않았다. 다 마시고 나서 어사가 먼저 갔다. 세종이 양녕을 맞이하기 위하여 제천정에 나아갔으므로 어사가 가지 못하고 길을 되돌아오다가 양녕을 만나서 '전하께서 강정에 납시었으니 가서는 안 된다. 그대도 함께 돌아가야 할 것이다' 하니, 양녕이 '나는 천인이므로 으레 걸어가야 하니 물러갈 것이 뭐 있겠는가' 하고, 드디어 나아가 강을 건너 사은하였다. 세종이 들은 것이 무엇이 있느냐고 물으니, 양녕이 어사의 선한 상황을 갖추 진달하고 또 즉각 불러 보고 탁용하도록 청하자 세종이 허락하였다. 사람을 시켜 어사를 부르니 어사가 복명하였다. 명하여 말석에 앉게 하고 즉시 승지에 초배하니 어사가 무슨 뜻인지 헤아리지 못하였다. 양녕이 술을 돌렸는데 어사에게 술 들기를 청하니 어사가 황공하여 감히 우러러보지 못하였다. 양녕이 손을 잡고 '그대는 나를 모르는가? 자세히 보라. 전에 노충의위라고 일컫던 사람이다' 하니, 어사가 크게 놀랐다. 효령이 어느 날 양녕에게 '제가 원각사에 종을 주조하는데 모든 것이 다 갖추어졌으나 오직 공인들을 먹일 술과 국수가 부족하다. 형께서 도와 달라' 하니, 양녕이 '네가 만약 나를 대시주라고 하지 않는다면 좋다' 하자, 효령이 '그리하겠다' 하였다. 약정한 기일이 되자 양녕이 술과 국수 각 50그릇을 준비하여 절에 보냈다. 효령이 즉시 술과 국수를 거두고 그 그릇 1백 개를 종에 함께 주조하고는 종머리에다 양녕을 대시주라고 썼다. 효령은 또 수륙회를 회암에다 베풀고 양녕을 청하여 참석하도록 하니 양녕이 응락하였다. 양녕이 기일도 되기 전에 사냥꾼들과 함께 짐승들을 몰아서 잡아가지고 드디어 회암으로 갔는데 포인들이 각기 사냥한 것들을 가지고 뜰에서 죽이고 굽고 하니, 효령이 울면서 간하기를 '이와 같은 악업은 부처가 금기하는 것이니 마땅히 죽은 뒤에 응보가 있을 것이다' 하자, 양녕이 그 말에 웃으며 '살아서는 왕의 형이라 온 나라가 높이고, 죽어서는 부처의 형이라 시방(十方)이 받들 것이니 내가 무엇을 두려워하겠는가' 하면서 여전히 멋대로 마시고 고기를 구워 먹었다. 때때로 시장에 가서 멋대로 앉아 족류들을 불러 모아 놓고는 금대를 풀어 술을 사고 시장 사람들에게 주효를 준비하여 바치게 하여 서로 어울려 어지러이 마시고 흩어졌다. 집에 돌아와서는 오래지 않아서 사람을 시켜 미포를 가득 실어다 갚아주니 사람들이 좋아하지 않는 이가 없었고, 훗날 시장엘 가면 오직 양녕이 머물러 마시지 않을까 봐 염려할 뿐이었다. 아, 그 또한 옛날의 태백과 중옹 같은 유가 아니겠는가.

　　왕자 임해군 이진은 궁노를 풀어 보내어 산택을 멋대로 차지하였고, 재화가 많은 시장 사람은 죄가 있다고 칭탁하여 얽어매어 매우 괴롭히다가 시장 사람이 은포를 많이 바친 연후에야 놓아주었다. 또 거위와 오리를 수천 마리나 기르면서 아침이면 반드시 미방으로 내몰았는데, 먼지를 일으키고 남의 쌀을 쪼아 먹어도 감히 소리 질러 쫓지 못하였으며 조금이라도 거슬리는 바가 있으면 반드시 그 대가를 톡톡히 받아내었다. 내가 일찍이 백련사에 간 적이 있는데 중 지호가 '임해군의 원당이 모두 15곳이나 된다'고 하므로, 내가 '임해군이 반드시 시주하기를 좋아하는 탓이다' 하니, 그 중이 '임해군은 오히려 절에서 시주를 받아 간다. 산 채 동물을 그의 궁에 끊이지 않고 대어야 한다' 하며, 그 중은 매우 괴로워하였다. 또 남의 지아비를 죽이고 몰래 궁노를 보내 그의 처를 억지로 데려다가 궁노에게 짝지어 줌으로써 그의 입을 막으니, 형조에서는 고발할 사람을 잃었으므로 대신에게 의논할 것을 청하였다.

순화군은 말할 것도 없다. 술을 마시면 사람 죽이기를 쥐 죽이듯이 하였다.

정원군 이부의 궁노가 하원군 과처의 종과 싸웠는데, 하원의 종이 세력이 약하자 부인이 숙모의 위력으로 진압시키고자 하여 궁문에 나갔다가 도리어 정원의 종에게 잡혀갔다. 사람들이 '하원 부인이 잡혀 왔다'고 소리치자, 정원은 부인이 온 것을 알면서도 거짓으로 '숙모께서 무슨 이유로 우리 문에 오셨겠는가. 필시 잘못 전하는 말일 것이다' 하였다. 구경하는 자들이 길을 막고 놀라 소리 지르고 부인의 조카 임학령이 맨발로 따라왔었다. 이윽고 정원이 나와서 부인을 맞이하여 들어가 놀란 것을 가라앉히는 술을 바치니, 부인이 대노하여 마시지 않고 가버렸다. 대간이 이 말을 듣고 크게 놀라서 정원의 궁노를 죄주기를 청하고 평소 백모에게 불경한 죄를 추문할 것을 청하기로 하였다. 정언 이선복에게 통지하니, 선복이 '자세히 알아보고 추문해야 한다. 또 왕자는 가벼이 논할 수 없다' 하였으나, 대간이 드디어 논하기로 결정하자 이어 선복도 함께 논하였다. 그러자 상이 대노하여 하원의 전처 아들 이익성과 이영제 두 군을 불러 허실을 하문하니, 두 사람이 사실이 아니라고 대답하면서 그의 어미가 경솔하게 나갔다가 욕을 본 것이 잘못이라고 말하였으므로 상이 호표피를 상으로 주었고 간하는 사람을 굳게 거절하였다. 또 학령에게 허사를 날조하여 왕자를 동요시켰다고 하자, 대사간 송순이 아뢰기를 '신은 학령에게서 들은 것이 아니라 여염의 공론을 들은 것이다' 하였는데, 조금 있다가 간장에서 해면되었다. 이조가 예조 참의에 의망하니, 상이 전교하기를 '위인이 사독하여 칼집 속에 들어 있는 칼과 같으므로 조신에 합당치 않다. 이후로는 의망하지 말라' 하였으므로 그로부터 말하는 자가 자취를 감추었다. 상이 즉시 하원의 적손 모를 명하여 덕흥대군의 신주를 그의 집에 옮겨 봉안하게 하였다. 덕흥이 상에게 있어 어떤 친속이기에 감히 군상의 세력을 믿고 하루아침에 아들을 편드는 노여움을 타고서 형이 내치지 않은 형수를 내침으로써 과약한 부인을 의지할 곳이 없게 만든단 말인가. 혹자는 공자는 아버지가 아들을 위해 숨기는 것을 정직하다고 하였으니 상께서 아들을 비호한 것은 정직에 가깝지 않겠느냐고 하지만, 이는 그렇지 않다. 양을 훔치는 것은 작은 죄이고 천하는 대기인 것이다. 죄가 작은데도 숨겨 주지 않는 것은 불인이고, 대기를 잘못 전해주는 것은 부지이다. 오늘 백모를 욕보이고 내일 또 숙모를 욕보이더라도 믿는 것이 임금의 위세라서 사람들이 감히 따지지 못하게 되고, 자기의 소견은 매양 높고 친한 자를 옳지 못하다고 하는 데에만 있게 된다면 아버지와 임금을 시해한다 해도 무엇이 어렵겠는가. 심히 두려운 일이다. 의방의 가르침을 급급히 시행하지 않을 수 없으니, 한나라의 여 태자(戾太子)와 수나라의 양제 같은 이가 그런 부류인 것이다. 아, 세태에 상심된 나머지 옛날 이야기가 생각났고 그것으로 지금의 일을 증험하게 된 것이다. 그러므로 양녕과 효령 두 대군의 일을 아울러 기록하였다."

8월 8일 김순명이 왕자의 일을 아뢰어 미움을 받게 되었다.

사관은 '오늘날의 국사를 어찌 차마 말하겠는가. 음양의 재앙이 비참하고 왕자의 교횡이 혹심한 것은 참으로 천고에 드문 일인데, 위에서 수성하는 공과 금지하는 방도는 거의 들은 바가 없으니, 유식한 자가 한탄한 지 오래이다. 김순명이 능히 그 직분을 저버리지 않고 진장을 밝혀 힘껏 아뢰어서 말이 매우 절실하였으나, 이것을 살피지 못하고 처음에는 임금을 지휘한다고 물리치고 나중에는 조정에 일을 일으킬 것이라고 물리쳤다. 임금의 간쟁을 용납하는 덕은 끝내 볼 수 없고 왕자의 악을 키워나가는 마음은 더욱 기탄이 없으니, 하늘의 노여움과 백성의 원망이 그칠 때가 없을 듯하다. 정원이 아뢰었을 때에 임금을 사랑하고 나라를 근심하는 것이라고 허용하였다면, 김순명의 말만은 임금을 사랑하고 나라를 근심하여 여쭈는 말이 아니겠는가. 빈희와 함께 거처하고 신하들을 드물게 만나므로 조금만 귀에 거슬리는 듯한 말이 있으면 그 말을 받아들이지 않을 뿐만 아니라 그 사람도 용서하지 않으니, 옷자락을 잡고 간한 위의 신비나 난간을 부러뜨린 한나라 주운과 같은 자가 오늘날에 살아 있다면 무슨 죄가 되고 무슨 형벌이 내릴지 모르겠다' 하고 두려운 마음으로 논하였다. 선조는 이미 좋은 군주의 길에서는 한참 벗어나 있었다.

사관은 또 왕자들을 처벌하지 않고 옹호하는 것을 극렬하게 논하였다. '상이 즉위한 이래 30여 년 동안 안에는 성색이나 기완의 오락이 없고 밖에서는 사냥하는 일이 없이 백성을 위하여 걱정하였다. 그러나 임진년의 변란 때에 시민으로서 창을 거꾸로 들이댄 자까지 있었고, 임진년 이후에는 반역하는 백성이 잇따라 일어났으니, 그 까닭이 무엇인가? 왕자·제궁들이 민전을 빼앗아 차지하는 등 못하는 짓이 없으므로 소민이 생업을 잃고 불평하여 배반하기 때문이다. 이 때문에 임해군·순화군이 북지의 백성들에게 묶여서 적에게 보내졌으니, 극도로 사무친 원망이 아니면 어찌 이렇게 하였겠는가. 이것을 징계하지 않으므로 난리가 겨우 진정되자 침탈이 그치지 않고, 침탈할 뿐만 아니라 사람을 초개처럼 죽이기도 하였다. 임해군·정원군·순화군의 궁가로 나라 안의 함정을 만들어 백성이 이 나라가 어느 때에나 망할까 하는 원망을 갖게 하였으면서도 한번이라도 감히 말하는 자가 있으면 이토록 엄하게 꾸짖을 뿐, 자식을 의로운 방도로 사랑하는 교훈을 따른 적이 없었다. 이는 여러 왕자를 놓아 반적을 위하여 백성을 몰아주는 것이니, 참으로 통곡하고 눈물을 흘리며 길게 탄식할 일이라 하겠다.' 울분에 쌓인 탄식이었다.

임해군의 악행은 계속된다.

전 영의정 유전의 아들인 유희서가 살해된 사건이 일어났다. 이것은 임해군이 시켜서 한 짓인데 선조의 광적인 자식 두둔으로 큰 파란을 불러오는 사건이다.

8월 22일 경기감사 강신이 "유성군 유희서가 소분하기 위해 말미를 받아 포천에 있었는데, 화적 30여 기가 돌입하여 가슴을 찔러 죽였으며, 잡물은 전혀 훔쳐 가지 않고 말과 옷만을 가져갔습니다. 재신이 도적의 피해를 당한 것은 근고에 없던 변고이니, 매우 놀랍습니다. 감히 치계합니다" 하였다.

유희서에게는 의주의 관창 출신인 애생이라는 첩이 있었는데 임해군이 보고 좋아하여 드디어 간통하고는 자신의 방노 김덕윤을 시켜 도적 박삼석, 노수 등을 매수하여 유희서를 죽인 것이었다.

유희서의 아들 유일이 아비가 도적의 손에 죽은 것을 원통히 여겨 도당들을 몰래 염탐하였다.

9월 27일 사관은 임해군의 일에 또 분통을 터뜨렸다.

'임해군 이진이 전에 사람을 죽였으므로 언관이 율문에 따라 처치하기를 논하였다. 비록 유사가 아첨하여 옥사가 이루어지지는 못하였으나 진은 한 종수로서 바야흐로 국문 받는 중인데, 제조 등은 넌지시 관대를 청하였으니, 그 아첨하고 뜻을 맞추는 꼴이 몹시 추하다. 본원의 사체가 중한 것만 알고 살인의 사체가 중한 것을 생각하지 않으며, 본원의 일들이 허술한 것만 염려하고 살인 옥사를 살피는 것이 허술한 것을 돌보지 않아, 살인한 자가 버젓이 의관을 하고 밖에 나돌게 하였으니, 분통을 견딜 수 있겠는가.'

선조가 순화군의 잘못을 조사하게 하였다.

"이보가 성에 들어온 뒤부터 사람을 죽이고 사람을 다치게 하였으니 매우 놀랍다. 며칠 전에 입번한 별감 이인경을 사람을 시켜 잡아가서 마구 때리고 형신하여 극도로 상해하였는데, 숙노와 집안에서 사환하는 사람에게 그 까닭을 추문하려 하였더니, 다 궁가에 숨어서 나오지 않는다. 종부시와 형조를 시켜 집안을 수색하여 죄다 잡아서 아뢰라. 또 경회·호응상·한명환·충걸·박인내·천응남·김언국·한천상·이파일·김은국·한응남·차업동·김천점 등도 모두 잡아 가둘 것을 종부시와 형조에 말하라. 또 듣건대, 포수와 무뢰인 다수가 의탁하고 출입하며 방자하게 폐단을 짓는데 이미 종의 초사에 나온 포수도 두세 사람이라 하니, 더욱 놀랍다. 도감이 엄중히 단속하지 않고 포수가 왕자의 집에 출입하도록 놓아두었으니, 도감의 관원도 사핵하여 다스려야 한다" 하였다.

이에 대해 사관은 '위에서 능히 애정을 참고 결단하여 이런 거조를 하였으니 좌우의 폐단을 짓는 무리가 징계되고 자세할 것이다. 임금의 말이 한번 내려지자 보고 듣는 사람들이 다 쾌하게 여겼다. 그러나 왕자들이 교만하고 방자하며 악을 행하는 것은 보뿐만이 아니다. 사람을 죽이고 상해하는 등 놀라운 일이 이보다 못하지 않고, 사람의 고혈을 짜는 참혹함과 그 세력을 의탁하여 모여드는 폐단과 윤리를 손상하고 풍속을 어지럽히는 행동이 보다 더 심하였다. 그런데 어찌 아랫사람들은 임금을 속이고 엄폐하여 통촉할 수 없게 하여 한때의 인심으로 하여금 사랑에 빠진 것으로 의심하게 하는가. 분통하여 견딜 수 없다' 하고 분통을 터뜨렸다.

10월 2일 비망기를 내렸다. "이보가 거리낌 없이 사람을 살상한 것이야말로 놀랍기 그지없는데, 이는 모두 종들과 무뢰한 무리들이 종용했거나 유도한 탓일 것이다. 심한 자는 짐짓 붙좇으며 아첨하여 사건 뒤에 제가 미워하는 사람을 잡아다가 마구 때리도록 부탁하고 잔악한 행동을 멋대로 부리게 하여 화풀이를 하는데, 법부가 제대로 금하지 못하고 유사가 고하지 못하므로 백성들이 원망하면서도 호소할 길이 없으니, 지극히 통탄할 일이다. 전후로 범한 것과 궁가에 드나드는 사람을 낱낱이 엄하게 신문하라. 그리고 포수의 경우는 금병으로서 군문을 배반하고 왕자의 집에 들어갔으니, 이제 엄중히 다스리지 않으면 조짐을 막을 수 없게 될 것이다. 사연에 따라 아울러 추문하여 그중 더욱 심한 자 한두 사람을 승복받아 군령대로 효시함으로써 삼군을 경계시키라고 형조에 이르라" 하였다.

한 자식만 처벌하면 될 것을 수많은 사람을 억울하게 벌을 받도록 하고 있었다. 정말 야비한 임금이었다.

12월 22일 유희서를 죽인 적도들을 잡아들였다.
유희서의 아들 유일이 기를 쓰고 탐문한 결과 도적들 일당을 체포하게 된 것이었다. 그런데 제대로 심문을 하지 않았다.
사헌부가 '적도의 우두머리인 김덕윤의 공초에 따라 개성부의 적도 3

명을 경중으로 잡아 왔는데, 바로 가두지 않고 4~5일 동안 그냥 놔둔 채 구문조차 하지 않고는 본청의 간사한 서리들이 종용하여 간사한 짓을 하도록 맡겨 둠으로써 적도들의 정상을 알아내지 못하게 하였습니다'하니 아뢴 대로 하라고 답하고, 이어서 정원에 전교하기를, "노수·김덕윤 등이 유희서를 살해한 일에 관한 초사를 형조로 하여금 베껴 들이게 하라" 하였다. 선조에게 임해군이 관련되었다는 것이 알려진 때문이다.

그런데 그들이 심문도 하기 전에 모두 죽어 버렸다. 임해군이 한 짓이 분명하지만 밝히지 않고 그냥 넘어갔다. 범인 중 한 사람인 박삼석은 살아남아 의금부로 넘겨졌다. 그런데 살아남은 이유가 있었다.

선조의 학정은 심해지고, 사명당 유정이 도일하다 : 선조 37년 (1604 갑진년)

정초부터 흰 무지개가 해를 꿰었다. 이것은 불길함을 말한다.

사관은 '지금은 변방의 방비가 아주 없어 사방이 공허하고 백성들은 생업을 잃어 시름과 원망을 가득 품고 있으며, 남쪽의 왜적과 북쪽의 오랑캐는 밖에서 어금니를 갈며 으르렁거리고 있고, 왕자와 제궁은 안에서 약탈과 살해를 일삼고 있으며, 언로가 막혀서 삼사는 입을 무겁게 다물고 있고 상하가 믿지 않아서 대신은 우물쭈물 시종 두려움을 품고 있으며, 아유구용하는 자는 총애를 받아 날로 진출하고 강직하여 과감히 간언하는 자는 견책을 받아 날로 물러가므로 조정의 신하들이 서로 경계하여 임금과 궁가에 관한 일을 말하기 꺼리니, 오늘의 기상이 과연 어떻다 하겠는가. 슬프게도 위망이 당장 올 것인데, 위에서는 반성하여 전일의 잘못을 고치는 일이 없고, 아래에서는 국가를 위하여 몸 바쳐 흥망의 책임을 스스로 지는 자가 없으니, 하늘이 어찌 노여워하여 진동하지 않을 수 있겠는가. 아, 또한 참혹하다' 하였다.

새해를 맞는 사관의 절규였다. 총체적인 난국의 어지러운 세상이었다. 즉위 37년을 맞이하는 선조의 치세는 이렇게 학정으로 변해 있었다. 너무 오래 왕위에 있기도 하였다.

먼저 임해군의 악행에 대해서 계속해 보자.

1월 13일 임해군의 종들이 유전의 집에 극심한 행패를 부렸다. 임해군 방의 종이라고 칭하는 자 30여 명과 여인 3명이 도둑 김덕윤의 시신을 메고 집 안으로 돌입하여 죽은 아들의 궤연에 버려두고 말하기를 '유희서의 어미·아내·자녀들은 이 시신을 함께 먹으라'고 하므로, 여자들이 황급하여 어쩔 줄 몰라 하며 며느리·손녀와 함께 호곡하면서 밖으로 나왔다. 그러자 졸한 영의정 유전의 아내이자 죽은 유희서의 어머니인 김씨의 머리채를 잡아 끌고 밀고 차고 때리고 욕하였으며 며느리 등도 때릴 즈음에 마침 이웃 사람들이 구제해 주어 다행히 다치고 죽는 것을 면하였다. 또 다음 날 밤에 궁시와 환도를 가진 자 40여 명이 집을 포위하여 시신을 빼앗고는 '감히 나오는 자가 있으면 반드시 죽일 것이다'고 말하며 갖가지로 공갈하여 사람들을 공포에 떨게 하였다.

1월 22일 김씨가 위의 사실을 모두 밝히며 본부에 정장하기를 '아들 유희서가 살해된 뒤로 이제 한 해가 지났으나 유사의 관원이 법을 집행하지 못하여 죄인을 일찍 잡지 못하게 만들었으므로 밤낮으로 원통하여 울고 있습니다. 난동을 부린 정달마·정업·벌여 등은 우선 잡아다가 엄히 추문하여 법에 따라 치죄하고, 전후에 데리고 온 세력에 의지하여 난을 일으킨 자들도 모두 낱낱이 궁추한 다음 죄를 주어 나라의 기강을 중하게 하고 지극히 분통한 것을 풀어 달라' 하였다. 노부인의 절박한 절규였다. 그러나 일은 최악의 방향으로 흘러갔다.

먼저 범인인 박삼석은 김덕윤이 살해를 교사한 일을 매우 자세히 공술하였고, 이어 임해군이 유희서의 첩인 애생과 간통하고 모의하여 희서를 죽인 일까지 말하였었다. 그런데 삼석이 금부에 와서는 말을 바꾸어 모두 무복이라고 하였다. 이에 선조가 그들을 모두 석방하였다.

그리고 정원에 전교하기를, "희서의 아들 유일은 한 명의 도적을 사주하여 임금의 큰아들을 제거하고 아비의 애첩을 도륙하려 하였으며, 포도대장 변양걸은 대장으로서 도적을 추문할 때 엄하게 하지 않아 일로 하여금 한 뜰에 뒤섞여 들어와 불측한 말을 날조하게 하였으니, 모두 엄히 국문하여 정죄하라" 하였다.

사관은 '그리하여 유일이 도리어 형신을 당하고 끝내는 멀리 유배되었다. 그 당시 왕자들의 교만한 행패와 국가 기강의 해이를 가히 알 수 있다'고 논하였다. 선조는 이런 임금이 되어 있었다. 그러나 이것으로 끝이 아니었다.

2월 2일 포도대장 변양걸을 잡아다 국문하라고 명했다. "포도대장 변양걸은 자신이 대장으로서 도둑을 추국할 즈음에 엄근하게 하지 않고 감히 유일을 같은 뜰 안에 함께 들어오게 하여 모든 도둑의 공초에 관계되는 일을 유일이 일일이 지시하게 하였다는 말이 도둑 박삼석의 공초에 드러났고, 불측한 말을 날조하여 왕자를 모해한 정상도 분명히 드러나 의심할 여지가 없으니, 나래하여 엄하게 국문하여 죄를 정하라" 하였다.

분명한 사실을 어거지로 바꾸어 피해자가 오히려 억울하게 죄를 입고 못된 임해군의 기만 살렸으니 선조가 아파서 제정신이 아닌 것 같다. 선조는 더 이상 백성들을 위한 왕이 아니었다. 성군이 되려던 그는 이제 혼군이 되어 있었다.

그리고 두 달 후 영의정 이덕형이 담담하게 유희서 사건과 관련하여 변양걸의 무고함을 거론하였다. 그러나 선조는 제정신이 아니었다. 영의정에 대한 최소한의 예의도 없었다.

선조가 "영상이 이러저러한 주장을 하는 바람에 대간을 체차하게 되었다. 나는 그 일을 잊어버리고 추론하지 않으려고 하였으나 그렇게 할 수가 없게 되었다. 영상이 '변양걸은 포적한 것 때문에 죄를 입었다'고 했는데, 이는 임해군을 도적으로 삼은 것이다. 또 '어찌 모해한 것이겠는가' 하였는데, 그렇다면 변양걸이 임해군을 추존했단 말인가? 이미 모해하지 않았다면 상이라도 주어야 옳단 말인가? '포적'의 적 자는 도적질한 사람을 가리키는 것이다. 가령 길 가는 사람을 잡아다가 도적질한 사람이라고 하더라도 또한 도적을 잘 잡았다고 하여 상등의 상을 주어야 할 것인가?

대저 변양걸은 자신이 한 나라의 대장으로서 권세가를 두려워한 나머지 고분고분하게 명령받기를 마다하지 않아 유일을 집안으로 맞이하여 체모와 사리를 돌보지 않는 짓을 하였으며, 아무도 모르게 간사한 꾀를 내어 더없이 치밀하게 속임수를 짜고서는 적초에 있지도 않은 말을 날조하여 왕자를 불측한 지경에 빠뜨렸다. 그리하여 삼성을 차리고 옥사를 일으키게 되었는데, 참혹한 형벌을 마음대로 가하여 법망에 빠뜨려 넣음으로써 지극히 흉악한 계책을 기필코 이루려고 했으나 이것이 누가 한 짓인지 모르게 하였다. 그렇다면 상을 주어야 할 일인가, 벌을 주어야 할 일인가. 가령 삼석이 한 번이라도 형벌에 못 이겨 속여서 자복했더라면, 장차 임해군을 어떻게 조처했을 것인가. 아, 차마 말할 수 있는 일이겠는가. 옛날에도 이러한 옥사가 있었다는 말을 들어보았는가.

당초 형조의 계목을 보았을 때 좌우를 돌아보며 이르기를 '어찌 이럴 수가 있겠는가. 이치에 닿지 않는 일은 있을 수 없다. 내가 무지하다면 모르지만 조금이라도 아는 것이 있고 보면 자연히 판별하게 마련이다. 여기에는 필시 곡절이 있을 테니 걱정할 것 없다. 살인했다는 말이 어찌 증삼에게 누가 되겠는가' 하였다. 그대들은 차근차근 들어보라.

임해군이 와서 내 앞에 엎드려 목을 놓아 통곡하면서 극력 자기변명을 하기에, 내가 웃으면서 이르기를 '실로 너에게 책임이 있는데 어찌 남을 탓하는가. 하늘을 원망할 것도 없고 남을 허물할 것도 없다. 그저 순리대로 받아들일 뿐이다. 그러나 위에 구만리 창천이 가까이 있으니, 필시 옥사가 이루어질 리는 없을 것이다. 설령 불행하게 되더라도 사람이란 한 번은 죽지 않을 수 없는 법이니, 자신을 반성해 볼 때 곧다면 어느 경우인들 호연하지 않겠는가. 대저 사람의 화복과 영욕은 모두 하늘에서 타고난 것이다. 그렇게 하지 않았는데도 그렇게 되는 것은 천명이다. 맹분과 하육의 용맹으로도 어찌할 수 없고 소진과 장의의 언변으로도 바꿀 수 없는 것으로 죽게 되어도 원망하지 못하고 구해도 얻을 수 없는 법이다. 네가 어찌 지극히 묘하고 지극히 신기한 이런 이치를 알 수 있겠는가' 하고, 이어 위유해 보냈다. 아, 그런데 차마 말할 수 있겠는가.

추국할 때에 당해서도 나는 일찍이 한마디도 옳으니 그르니 하는 말을 하지 못하였고, 그 옥사를 취품할 때에도 '그대들이 의논하여 처리하라'고 유시하였다. 이는 대개 그 속에 끼어들어 간섭하고 싶지 않았기 때문이었다. 나의 병이 여러 달이 지나도록 낫지 않다가 이제 와서는 정신이 없고 숨이 곧 넘어갈 듯하여 귀신과 이웃이 된 격이라 하겠는데, 이 역시 이 옥사가 빌미가 되지 않았다고 할 수도 없을 것이다.

그러던 중에 유 부인이 글을 올려 호소한 것을 보고서야 비로소 두 아들이 흉하게 죽었다는 것과 뒤를 이을 손자 하나도 없다는 것을 알았다. 이에 내가 측은하게 여겨 스스로 생각하기를 '남은 비록 나를 저버리더라도 나는 남을 저버려서는 안 된다. 유 정승은 충성스럽고 근실하여 기세를 부린 형태가 하나도 없었고 국궁진췌하는 절의를 다했었다. 그래서 내가 평소에 박하게 대우하지 않았는데, 어찌 유명을 달리했다고 하여 차이를 두겠는가. 가령 죽은 사람에게 혼령이 있다면 유가 반드시 날마다 나의 앞에 엎드려 머리를 조아리며 생명을 구걸할 것인데 내가 차마 할 수 있겠는가. 그의 마음을 벌주고 그의 몸을 귀양 보내는 정도로 처리하면 그만이지, 어찌 꼭 끝까지 국문하여 뜻을 통쾌하게 하겠는가' 하고, 마침내 차율을 적용하여 그의 옥사를 결단했던 것이다.

그런데 유일을 이미 결옥한 이상, 그의 앞잡이였던 변양걸만 그대로 추국할 수는 없으므로 동시에 조율하여 결단했던 것이다. 내 생각에는 '대신이 필시 변양걸도 죽일 것을 청하여 임해군의 지극히 원통한 것을 펴 주고 조정의 치욕을 씻을 것이다' 하였는데, 그만 도리어 이런 말을 했으니, 또한 이상한 일이 아닌가. 이는 모두가 나 같은 사람이 이 자리를 차지하고 있기 때문에 빚어진 결과이다. 대간이 무슨 죄가 있겠는가" 하였다.

선조는 이미 제정신이 아니었다. 선조는 그 말 잘하는 솜씨를 충분히 발휘하였다. 그러나 듣는 사람에게는 자식 보호에 미친 사람이지 제정신으로 백성을 생각하는 임금이 전혀 아니었다. 그러나 정원은 후설의 지위에 있는데도 공손히 임금의 뜻만 받들 뿐 침묵을 지킨 채 말 한마디 없었다. 삼사 역시 말이 없었다.

사관은 '옛적부터 충성스러운 말을 하고 곧은 논을 하는 선비는 대부분 거슬림을 받았지만 오늘날처럼 심한 경우는 있지 않았다. 이덕형이 천변을 인하여 구언하는 분부에 따라 진정으로 속에 있는 말을 털어놓으면서 당시의 병폐를 조목조목 진달하였다. 왕자가 교만하여 방자하게 행동을 한 정상과 유일의 집에 옥사를 번복한 원통함은 천변을 불러들이고 국맥을 손상시키기에 충분한 것으로서 시변 중에도 가장 큰 것이었다. 그런데도 대신은 영합하느라 감히 말하지 못하고 대간은 구차하게 용납하면서 감히 말하지 못했다. 그러나 이덕형은 수상의 신분으로서 국가의 두터운 은덕을 받고 있는데, 차마 일신의 계책만을 위하느라 또한 감히 말하지 않을 수 있었겠는가. 이덕형은 평소부터 이 일을 논하려고 하였다. 그러나 유희서가 바로 그의 외족이었기 때문에 피혐하고 말하지 않다가, 그 옥사가 끝난 뒤에야 비로소 소장을 올려 변양걸의 일을 극력 논하였다. 이야말로 광구하는 대신의 체통을 지킨 것으로서 충성심이 격발된 바이니, 어찌 그만둘 수 있는 일이었겠는가. 가령 성상께서 흉금을 열어 놓고 가상하게 받아들여 한번 우악하게 용납하는 분부를 내리시기라도 했다면 천심을 돌리고 여정을 크게 통쾌하게 하여 국가의 형세를 반석 위에 올려놓게 되었을 것이다. 그런데 오직 이이할 뿐만 아니라 견척하기까지 하면서 종이에 가득히 반대하는 말이 낭자하였다. 그중에서도 임해군 추존 운운의 말은, 읽는 사람으로 하여금 자신도 모르게 몸이 떨리게 하였고 또한 '임해군이 와서 부복하기에 위유하여 보냈다'는 대목은 자애하는 은덕으로 보면 지극하다 하겠지만 아들을 올바르게 가르치는 방도는 아니라고 하겠다. 이런데도 과연 임금의 말이라 할 수 있겠는가. 어떻게 귀근들의 방자함을 단속하고 이미 흩어진 인심을 수습할 수 있겠는가. 곧게 간한 것 때문에 충성을 다한 대신을 배척하고 자애 때문에 조종들이 부여한 책임을 망각하였는가 하면, 언로를 막고 구차하게 침묵을 지키는 것을 장려함으로써 사론을 위축되게 하고 국세가 날로 깎이게 하였으니, 신은 오늘날 국가가 필경 어떻게 될지 알지 못하겠다. 그러므로 신은 연초의 흰 무지개가 큰 재변이 아니라, 오늘의 비망기가 곧 나라를 망칠 분명한 증거라고 여겨지는 것이다' 하고 논하였다.

사관의 논은 사관다운 정곡을 찌르는 논이었다. 논은 논으로 그칠 수밖에 없어 아쉽다.

이덕형이 차자를 올려 영의정 본직을 체직시켜 주기를 청하고 또 훈적을 사양하였다.

'살피건대, 임해군 진은 교만하고 음란한 짓을 멋대로 하여 불의한 짓을 많이 저질렀다. 희서는 재신인데도 도적을 시켜 살해했고 하원 부인은 백제인데도 모욕을 가했으니, 왕법이 시행되었다면 당연히 형장을 받았을 것이다. 그러나 선조의 총명으로도 오히려 사애(私愛)에 빠져 그의 악을 모르고 죄주지 않았을 뿐 아니라, 고신의 형벌이 도리어 도적을 잡는 책임을 맡은 중재에게 미치게 했다. 그리하여 임해군 진으로 하여금 횡포를 부려도 아무도 막을 사람이 없고 악을 행해도 징계받는 일이 없게 만들었으니, 이는 실로 성조의 실덕이다. 덕형은 자신이 수상이기 때문에 일을 인해서 아뢴 것은 대신으로서 임금의 잘못을 바로잡아야 한다는 체통을 세운 것이라 하겠다. 그런데 상의 도량이 넓지 못해 갑자기 노여워하는 빛을 보여 엄한 비답을 내리고 잇따라 영상을 체직하였으니, 자식을 바른 방법으로 가르치는 도리에 어긋났고 대신을 공경하는 예의에 있어서도 끝맺음을 잘하지 못했으니 애석함을 금할 수 없다' 하였다.

선조는 실덕이 문제가 아니다. 이제는 이런 왕자들의 악행을 누구도 거론할 수가 없었다. 왕자의 보복과 왕의 보복을 함께 받게 되는데 나설 사람이 있을 수 없었다. 그래서 이 악독한 왕자들은 마음 놓고 악행을 저질렀다. 더 나아가 이제 제정신이 아닌 선조의 명은 더 이상 임금의 명이 아니었다. 대부분 듣는 시늉만 할 뿐 받들어 시행하지 않았다.

1월 8일 국가의 제반 역사에 대립하는 규례에 있어서 조례선상의 값으로 말하면 1개월에 1필에 지나지 않는데 유독 보병에게만은 1개월에

3필을 주고 있었다. 더구나 난리 이후로 무명 값이 매우 비싸서 1필 값이 쌀 10여 말이므로 3필 값을 2개월 합계하면 60여 말이 되어 지금 6품관에게 녹으로 주는 쌀과 비등하였다. 공평하지 못했다.

병조가 아뢰기를, 토목의 중역을 하는 자와 승정원의 사령들처럼 밤에도 쉬지 못하고 숙직하는 자를 제외하고 그 밖의 각 아문의 사환과 긴요하지 않은 역사처를 모두 적당히 줄이고 2필씩 주자고 하였다.

1월 9일 군사를 배정할 때에 위장이 괴로운 데와 쉬운 데로 보내는 것을 뜻대로 하는데, 뇌물의 많고 적은 것을 보아서 그에 따라 배정하였다. 일단 어느 곳에 배정되어서는 또 각 아문의 하인이 지면이라는 명목으로 또 종이·쌀·면 등 여러 가지를 바치도록 요구하는데 이것이 습성이 되어 예사로 여겼다. 분통이 터지는 일이었다.

이에 병조가 아뢰기를, 법사로 하여금 낱낱이 적발하게 하여 만일 범한 자가 있으면 각각 그 관원을 추고하고, 색리들은 가두어 엄히 다스리고 조금도 용서하지 않겠다고 하였다.

2월 11일 곽재우의 기용에 관한 논의가 있었다.

선조가 "곽재우를 한지에 두어서는 안 된다고 말하는 자가 있다. 곽재우는 사체를 모르는 사람인 듯하나 쓸 만하다면 이런 때 어느 직임이든 맡겨서 그에게 공효를 이루게 해야 한다. 곽재우도 전에 '적변이 있으면 마음을 다하여 적을 치겠다'고 스스로 말하였는데, 방비가 바로 긴요한 일이니 우선 이 일을 어떻게 해야 하는지 의논하여 아뢰라고 비변사에 이르라" 하였다.

이에 비변사가 아뢰기를, "곽재우는 변란 초부터 군진에서 힘을 다하고 정진을 제압하였으므로 그 공로가 상당했는데도 여러 해 동안 한산한 자리에 둔 것을 사람들이 다들 애석하게 여기고 있으니 성교가 여기에 미치신 것은 지극히 마땅합니다. 그러나 이 사람은 서생 출신으로 벼슬이 병사에 이르렀으나 한 번도 조정에 나오지 않았으므로 국체에 익숙하지 못합니다. 지금 어느 직임을 맡기려면 반드시 먼저 서울로 불러다가 장려하는 뜻을 보이고 나서 수시로 기용하는 것이 마땅할 듯합니다" 하였다.

선조가 답하기를, "참으로 그렇겠다. 하지만 봄철의 방비가 한창 급한 때이니 쓸 만하다면 즉시 어느 직임을 제수해야 한다. 길을 왕래하는 사이에 혹 기회를 잃을 염려가 있을 듯하다. 그렇지 않다면 본시 조용히 거두어 서용해야 한다" 하였다.

비변사가 다시 아뢰기를, "곽재우를 어느 사로 임시로 부르고 제장을 감독하여 거느리게 할 것을 이미 윤허하셨습니다. 《속록》에 '당상으로서 봉사하는 자는 찰리사라 칭호한다' 하였으니, 이제 곽재우를 찰리사라 칭하여 원수의 아문에 예속시켜 그대로 본도에 있으면서 원수의 지휘를 받게 하고 먼저 방수의 형세를 살피고 아울러 군사를 훈련하는 일을 맡게 한 다음 모든 군기에 관계되는 일을 미리 요리하여 약속하게 하면, 온편할 듯합니다" 하였다. 그래서 곽재우는 찰리사가 되었다.

1월 16일 경기감사 김수가 여러 폐단을 고칠 것을 건의하였다.

"사복시의 분양마를 죽였거나 잃어버린 대가에 대해 정수가 없어서 대개 경하면 쌀 30여 석이고 심하면 40여 석이며 무명으로는 경하면 30~40필이고 심하면 60~70필이나 됩니다. 말 한 마리의 값이 이토록 많은 것은 매우 무리입니다. 이 밖의 공물과 바쳐야 할 다른 물건을 방납하는 사람은 법사로 하여금 신명하여 규핵함으로써 아주 근절시키게 하소서" 하였다.

이때 위로는 왕자·제궁·공경·대부의 집으로부터 아래로 이서·경상의 무리까지 이익이 크니 염치를 불구하고 달려들었다. 이에 모든 고을들의 크고 작은 공물을 앞다투어 차지하고 방납하여 함부로 거두었는데 폐단이 너무 심해 이런 요청이 있었다. 불쌍한 백성들만 죽어나고 있었다.

함경감사 서성이 인삼 방납의 폐단을 개혁할 것을 건의하였다.

'철이 지난 때에 액수 이외에 더 배정하는데, 봄, 여름 사이에 민가에 어찌 한 뿌리의 인삼인들 있을 리가 있겠습니까. 어쩔 수 없이 방납하는 교활한 무리에게서 사야 하므로 그 값이 점점 뛰어 이토록 극도에 이르게 되었으니, 매우 한심스럽습니다.'

1월 20일 별전에서 이덕형, 이항복, 윤승훈, 유영경 등과 녹훈 문제를 토론하였다.

유영경이 아뢰기를, "사알 정경신도 회의하는 곳에 와서 호소하였는데, 그가 하는 말을 들으니, 의주에 호종하였으나 가 사알이라 하여 참입되지 못하였으므로 매우 원통하다고 했습니다. 이도 참여시켜야 될 듯합니다" 하니,

선조가 이르기를, "사실을 헤아려 참여시키는 것이 옳다" 하였다.

사관은 '유영경의 말은 비루하다. 사알은 일개 가노로서 분부를 전하는 자일뿐이다. 한때의 하찮은 노고가 있더라도 명주나 베로 상을 주는 것에 불과할 뿐인데, 어찌 단서 철권에 수록하고 삽혈동맹하는 사이에 끼게 할 수 있겠는가. 더구나 정경신은 가 사알로 말을 전했을 뿐이니 이는 직분상 당연한 것이다. 또한 어찌 그가 호소한 말을 가지고 기록할 것인지 뺄 것인지의 경중을 논할 수 있겠는가. 유영경이 이 일에는 본시 공론이 있다는 것을 모르는 것이 아닐 터인데도 감히 면대한 자리에서 버젓이 아뢰었는데, 이것이 어찌 대신이 논할 만한 것이겠는가' 하고 논

하였다. 유영경은 선조의 비위를 맞춘 것이었다.

3월 15일 공신을 결정하는 과정에서도 선조는 계속 신하들과 의견이 맞지 않았다. 간원이 전계한 익운 공신에 관한 일을 앞서의 공사대로 시행할 것과 호종과 정왜의 두 공신으로 분류하자는 것을 아뢰니 답하였다.

"경들이 논한 말이 옳기는 옳으나 지나치다는 비평을 면하지 못할 것이다. 시험 삼아 말해 보겠다. 호종하여 거가를 따랐던 사람 외에는, 다시 창졸간에 주선하며 왕실을 위해 힘을 다한 사람이 없었겠는가. 어찌하여 호종한 사람 이외에는 모두 삭제해야 한다고 하는 것인가. 대장 3인 이외에는 제장 중에 적과 충돌을 벌이며 잡아 죽인 사람이 다시는 없었겠는가. 어찌하여 대장 3인 이외에는 모두 삭제해야 한다고 하는 것인가. 이 점이 지나치다는 것이다. 이미 지나침을 면하지 못하는 이상 중정한 도리가 못 되는 것이고, 일단 중정한 도리가 못 되는 이상 지나친 것은 진정 잘못된 것이다. 지나친 것은 또한 부족한 것과 마찬가지이다. 어찌 꼭 이렇게 하는 것만이 옳고 저렇게 하면 꼭 그른 것이겠는가. 그래서 앞서 감정한 대로 하여 소요를 일으키지 않도록 하는 것이 낫다고 하는 것이다. 그리고 10년이 지난 뒤에야 비로소 이번에 녹훈하는 일을 거행하게 된 것도 이미 공로를 보답하는 법에 어긋났다 하겠는데, 1년이 다 가도록 논의하느라 상하가 서로 버티고 있으니 더욱 사체가 아니다. 명칭에 있어서도 두 가지로 구분하는 것보다는 하나로 합쳐 간단히 하는 것이 낫다. 과람하게 모록하는 여부가 어찌 공신의 명칭에 달렸겠는가. 진실로 고칠 필요가 없다. 윤허하지 않는다" 하였다. 공신 녹훈에 있어서 선조는 자기 고집이 너무 심했다.

4월 10일 풍원부원군 유성룡이 직을 체면하거나 전직으로 치사하게 해달라는 상소를 올렸다.

'만일 성주께서 가엾게 살펴보시고서 신의 얼마 남지 않은 여생을 애처롭게 여기시고 신의 진퇴가 근거 없는 것을 불쌍하게 여기시어, 특별히 유사에게 내려 신의 직을 체면하게 하시되 그들이 편리한 대로 하게 해 주시거나, 혹은 전직 그대로 치사하게 해 주신다면, 더욱 천만번 재생해 주시는 것이 될 것입니다.'

4월 14일 찰리사 곽재우가 천생산성을 보수할 계획임을 보고하였다. "신이 이달 24일 대구에 와서 순찰사 이시발을 만나 보고 방수 등에 관한 일을 함께 의논하여 약속하였습니다. 신의 망령된 소견으로는 '방수하지 않고서는 나가서 싸울 수 없고, 싸우지 않고서는 굳게 지킬 수 없다. 급급히 산성을 수축하여 물러나 지킬 곳으로 삼으려 할 경우 공력이 많이 드는 곳이라면 농사철에는 형세상 대중을 동원하여 수축하기 어렵다'고 생각합니다. 인동의 천생산성은 형세가 아주 험난한 곳으로, 전에 이시언이 공사를 시작하여 대강 수선을 마쳐 놓았습니다. 신이 직접 가서 형세를 살펴보고 보수할 계획입니다" 하였다.

4월 18일 이항복을 영의정으로 하였다. 이항복은 간당으로 지목되었다는 것을 이유로 영의정을 사양하였다.

4월 22일 이항복이 영의정 직을 재차 사양하였다.
'지금 신에게는 씻어 버리기 어려운 죄가 있고 반드시 물러나야 하는 행적이 있습니다. 그러므로 성상께서는 온갖 정무가 적체되어 있는 것을 염려하시지만, 우매한 신으로서는 국체를 손상하게 될까 두렵습니다. 예로부터 어진 이와 간사한 사람을 분별하기 어려운 것을 늘 걱정했던 것은, 어진 이는 어질지 못한 사람을 가리켜 간사하다고 하지만, 어질지 못한 자는 도리어 자신이 어질다고 여겨 앞뒤로 엄폐함으로써 사람들로 하여금 명실에 대해 현혹되게 하기 때문이었습니다. 그러므로 옛사람들은 항상 간사한 사람 분변하기를 어렵게 여겼던 것입니다. 그런데 지금 신은 그렇지 못해 얼굴에 침을 뱉어도 태연히 닦지 않고 있고, 몸에 주먹이 날아와도 그대로 순응하며 겨루지 않고 있습니다. 그리하여 주어지는 상황에 따라 그대로 순응하면서 세상이 돌아가는 대로 따라가고 있고, 말이라고 부르든지 소라고 부르든지 남들이 지적하는 대로 살아가고 있습니다. 그러니 지금부터 죽는 날까지 문을 닫고 들어앉아 허물을 반성하며 세상과 인연을 끊고 있다가 일생을 마칠 따름입니다. 자기 자신이 스스로 숨기지 않고 있으니, 공론이 간사함을 분변하는 데 무슨 어려움이 있겠습니까' 하였다.

답하기를 "차자를 잘 살펴보았다. 전후로 누누이 한 말이 이번 일을 부끄럽게 여기는 것인데, 말이 지나친 듯하기는 하지만, 경이 앞으로 간신의 당을 매우 미워하여 통렬히 끊으리라는 것을 알 수 있다. 이것이 수상이 되어 백관의 구첨이 될 수 있는 점이니, 굳이 사양하지 말라" 하였다.

5월 1일 충청감사 이홍로가 순빈의 이장을 건의하였다.

사관은 '이홍로는 선한 사람들을 모해하려고 터무니없는 말을 조작하여 사방으로 통하는 큰길 가운데에 방을 걸기도 하고, 혹 익명서를 재상들의 집에 던져 넣기도 하는 등 사림을 악랄하게 모함하여 듣는 사람들을 현혹시키느라 간사한 모계가 날로 더욱 심하여 끝이 없었다. 근년 이래 조정이 조용하지 못하고 인심이 소란스러워진 것이 모두 이 사람 때문이었는데도 목숨을 그대로 보존하여 호서의 중한 소임을 맡게 되었으니, 국가의 실형이 여기에 이르러 극도에 달하였다. 한스러울 뿐이다' 하고 논하였다.

5월 11일 의정부 영의정 이항복의 네 번째 정사를 입계하니, 불윤 비답을 내리고 사관을 보내 위유하였다. 이항복이 여섯 번째 정사하니 본직을 체면한다고 유시하였다. 오성부원군으로 하였다.

5월 22일 윤승훈을 영의정, 유영경을 좌의정, 기자헌을 우의정으로 하였다.

6월 6일 사간원이 극심한 폐단과 백성을 위해 실질적인 행정을 하라는 차자를 올렸다.

'그중에 가장 감당할 수 없는 것을 들어 말한다면, 진헌하는 삼이 오늘날 제일의 폐해입니다. 삼은 본디 만들어 내는 것이 아니라 산에서 캐는 것인데 큰 것만을 가려 받고 있어 진실로 이어 대기가 어렵습니다. 1근의 값이 목면 50여 단이나 되므로 민생의 고혈이 여기에서 고갈됩니다. 이리하여 열 집이면 아홉 집은 비어 버리는데 곳곳이 모두 그러합니다.

각 고을의 항공은 본디 일정한 법이 있는데도 제사의 서리들이 교활하게 농간을 부려 갖가지로 침해하고 있는가 하면 더러는 세가와 거실의 청탁이라고 핑계하면서 방납하고 외람되이 징수하는 경우가 비일비재합니다. 폐단이 쌓여 고질로 굳어진 것이 난 후에 더욱 심해졌으니 어찌 통탄스러운 일이 아니겠습니까. 여염이나 시정 사람들의 원성은 모두가 궁예들이 마구 방자한 짓을 하기 때문이고 궁촌에 사는 하호들의 혹독한 고초는 진실로 수재들의 침어에 관계된 것입니다. 마치 수화 속에 들어 있는 것처럼 울부짖으면서도 호소할 데가 없으니 우리 백성을 통하여 보고 듣는 하늘이 어찌 재이로 견고하여 성명을 인애하지 않을 수 있겠습니까.

삼가 바라건대 전하께서는 형식만 숭상하지 마시고 실제적인 혜택을 힘쓰시어 백성을 좀먹는 행정과 백성을 침해하는 무리들을 일체 통렬히 개혁하고 엄히 금단한다면, 온 나라 백성들이 마치 거꾸로 매달린 위급함에서 풀려 편안한 자리에 앉게 된 것과 같이 될 것입니다' 하였다.

선조는 "그 가운데 궁노들이 폐단을 부리는 일에 대해서는 전일 이미 전교하여 헌부로 하여금 살펴 조처하게 했었다. 이는 본디 헌부의 소임인데 헌부는 어찌하여 엄하게 다스리지 않아서 이렇게 되도록 만들었는가. 직무를 잘 수행했다고 할 수 없다" 하였다.

궁노 위에 임해군 같은 왕자들이 있어서 그런 폐단이 생기고 또 처벌하기가 어렵기 때문에 아뢰는데 선조는 앵무새같이 헌부에서 다스리지 않아서 그런다고 반복 핑계만 하였다. 억울한 백성들은 빌어먹을 왕이라고 했을 것이다.

사관은 '이때 왕자들이 멋대로 불법을 저질러 백주에 사람을 죽인 경우도 있고 민간의 재물을 약탈한 경우도 있어 민심이 이산되고 국가의 근본이 날로 동요되었다. 승종 등이 풍헌을 맡은 관원의 몸으로 이미 의연하게 논열하지도 못했고 하교를 받게 되어서는 단지 폐단을 잘 규찰하지 못한 것만을 들어 아뢰었으니, 어쩌면 이토록 유약하단 말인가' 하고 한탄하였다.

5월 15일 망할 징조에 들어선 명나라의 환관들의 무리한 요구가 또 있었다. 태감부의 신표에 무리하게 1만 5천 장의 종이를 요구했는데 거절하지 못했다.

선조는 '이번에 갑자기 저들의 노여움이 이 지경에까지 이르고 보니, 한 구절을 읽을 적마다 낙담이 된다. 그리고 내상들의 권위가 중외에 행해져 어사와 대성도 모두 그들의 위세에 끌리고 있는 형세이니 그들의 호흡은 상로가 될 수 있는 것으로서 내가 근심하고 있는 것이 한두 가지가 아니다. 이미 진공에 관계된 것이고 보면 우리가 정성을 다하여 힘써야 할 것은 말할 것도 없고 철륜을 산꼭대기에 올리는 것이라도 오히려 거절할 수 없는 것이다' 하였다.

직접 철륜을 산꼭대기로 밀어 올려야 한다면 그런 말은 못 할 것이다. 아무리 생각해도 백성을 위한 임금은 아니었다.

[공신의 확정]

5월 25일 드디어 공신이 확정되었다. 6년 걸렸다.

대대적으로 공신을 봉하니 명칭은 호성공신, 선무공신, 청난공신이다.

호성공신(扈聖功臣)

1등은 이항복·정곤수인데 충근정량갈성효절협력호성공신(忠勤貞亮竭誠效節協力扈聖功臣)이라 하고,

2등은 신성군 이후·정원군 이부·이원익·윤두수·심우승·이호민·윤근수·유성룡·김응남·이산보·유근·이충원·홍진·이곽·유영경·이유징·박동량·심대·박숭원·정희번·이광정·최흥원·심충겸·윤자신·한연·해풍군 이기·순의군 이경온·순령군 이경검·신잡·안황·구성인데 충근정량효절협책호성공신(忠勤貞亮效節協策扈聖功臣)이라 하고,

3등은 정탁·이헌국·유희림·이유중·임발영·기효복·최응숙·최빈·오정방·이응순·신수곤·송강·고희·강곤·내시 김기문·내시 최언준·내시 민희건·의관 허준·이연록·이마 김응수·이마 오치운·내시 김봉·내시 김양보·내시 안언봉·

내시 박충경·내시 임우·내시 김응창·내시 정한기·내시 박춘성·내시 김예정·내시 김수원·내시 신응서·내시 신대용·내시 김새신·내시 조구수·의관 이공기·내시 양자검·내시 백응범·내시 최윤영·내시 김준영·내시 정대길·내시 김계한·내시 박몽주·이사공·유조생·양순민·경종지·내수사 별좌 최세준·사알 홍택·이마 전용·이마 이춘국·이마 오연·이마 이희령인데 충근정량호성공신(忠勤貞亮扈聖功臣)이라 하여, 각각 작위를 내리고 군(君)으로 봉했다. 모두 86인인데 내시가 24명, 이마가 6명, 의관이 2명이고, 별좌와 사알이 또 2명이다.

선무공신(宣武功臣)

1등은 이순신·권율·원균 세 대장인데 효충장의적의협력선무공신(效忠仗義迪毅協力宣武功臣)이라 하고,

2등은 신점·권응수·김시민·이정암·이억기인데 효충장의협력선무공신(效忠仗義協力宣武功臣)이라 하고,

3등은 정기원·권협·유사원·고언백·이광악·조경·권준·이순신(李純信)·기효근·이운룡인데 효충장의선무공신(效忠仗義宣武功臣)이라 하였다. 각각 관작을 내리고 군(君)으로 봉했는데 모두 18인이다.

청난공신(淸難功臣) (이몽학의 난에 대한 공신이다)

1등은 홍가신인데 분충출기합모적의청난공신(奮忠出氣合謀迪毅淸難功臣)이라 하고,

2등은 박명현·최호인데 분충출기적의청난공신(奮忠出氣迪毅淸難功臣)이라 하고,

3등은 신경행·임득의인데 분충출기청난공신(奮忠出氣淸難功臣)이라 하였다. 각각 관작을 내리고 군으로 봉했는데 모두 5인이다.

사관은 '국가가 임진년의 왜변을 만나 종사가 전복되고 승여가 파천했으며 원릉이 화를 입었고 생령들이 해독을 받았으니, 말하기에도 참혹한 일이다. 다행히 황은이 멀리 미침을 힘입어 팔도가 다시 새로워졌으니, 임금의 도리에 있어 논공행상하여 공로에 보답하는 특전을 그만둘 수 없을 것 같다. 그러나 호종신을 80여 명이나 녹훈하였고 그 가운데 중관이 24명이며 미천한 복례들이 또 20여 명이나 되었으니, 또한 외람한 일이 아니겠는가. 이몽학의 난에 이르러서는 주군에서 불러 모은 도적떼에 지나지 않는 것이니, 그것을 토평한 것이 어찌 공이 될 수 있는 일이겠는가. 단서철권을 만든 것이 당초 어찌 이처럼 구차한 데에 쓰려고 한 것이겠는가' 하고 준열하게 논하였다.

선조의 고집 때문에 우여곡절이 많았고 공신의 권위가 많이 훼손되었다. 이덕형은 계속 고집하여 기어이 공신에 들지 않았다. 임금답지 않은 선조가 후안무치하게 결정하는 공신은 되고 싶지 않았던 것이다.

7월 2일 선조의 지병인 인후증과 실음증의 치료를 위해 의술에 능한 사람들의 서계를 받도록 하였다.

7월 15일 양경리를 선무사에 배향하였다.

선조가 비변사에 하교하기를, "지난 정유년 남원이 함락되고 적병이 기세를 몰아올 때 백성들은 도망쳐 숨고 도성은 놀라 무너졌는데, 양경리가 평양에서 이틀 길을 하루에 달려와서 곧바로 서울로 들어와 여러 장수들을 지휘하여 길을 나누어 적을 쳐서 적이 드디어 패주하였으니, 강토를 회복한 것은 이것이 기틀이 된 것이다. 또 얼음 같은 청렴한 지조는 풀잎 하나 취하지 않았고 호령이 엄명하여 사람들이 감히 범할 수가 없었는데 불행히 공을 성취하기도 전에 간신에게 모함을 당하였다.

예전에 사당을 세울 때는 반드시 배향이 있는 것인데 나는 양경리를 선무사에 배향하고 싶다. 널리 공론을 모아 아뢰라."

8월 5일 대신들이 임진년의 공로로 휘호를 청했으나 허락하지 않았다.

8월 8일 별전에서 삼정승을 인견하였다. 자신의 병세, 북방의 일을 논하고, 곽재우에 대한 이야기도 있었다. 곽재우는 늘 솔잎을 먹기 때문에 외모가 여위었었는데 찰리사의 직임에 제수된 뒤에 비로소 밥을 먹었으나 사직한 뒤에는 다시 솔잎을 먹는다고 하였다.

그리고 유정에 대한 이야기가 있었다. "유정이 당초에 스스로 '열흘 전에 도해하겠다'고 하였으니, 장계는 오지 않았으나 아마도 대마도에 이르렀을 것입니다. 올해에는 이렇게 하여 겨우 무사할 수 있으나 내년에는 또한 보장할 수 없습니다. 또 돌아온 뒤에 결말이 과연 어떠할는지 모르겠으니 내년의 방비가 더욱 긴급합니다."

8월 10일 풍원부원군 유성룡이 상소하여 녹훈을 사양하고 또 병 때문에 회맹제에 참여하러 오지 못한다는 것을 아뢰니, 상이 정원을 시켜 회답하게 하였다.

"회맹제는 물려 정하였으니 조용히 조섭하고 올라오라. 녹훈은 큰일이니 더욱 사양하여서는 안 된다."

8월 26일 삼정승이 계속 휘호 올리기를 아뢰었으나 허락하지 않았다. 백관이 한 달 내내 청했다.

사관은 '존호를 올리는 것은 쇠세의 일이다. 임금에게 참으로 세상에 드문 공이 있다면 휘호로 존숭하지 않더라도 절로 천하 후세에 아름다움이 전해질 것이다. 어찌 두어 자 칭호로 더 융성해지거나 더 감손되게 할 수 있겠는가. 일을 맡은 신하가 곡진히 말을 만들어 하루에 세 번 아뢰되 수십 일이 되어도 그치지 않고 기필코 허락받는 것을 쾌하게 여기니, 만세에 비난받을 것이 이보다 큰 것이 있겠는가. 아아, 통탄스럽다' 하고 논하였다.

이때의 삼 정승은 모두 아첨을 잘하는 자들이었으니 임금의 비위를 맞추고자 열심이었을 것이다.

9월 11일 장흥 병영 이전 문제가 큰 사건이 되었다. 사간 문여가 장흥 병영 이전과 관련된 수뢰의 누명을 입자 피혐하였다.

몇 년 전에 강진 병영에 있던 전라 병영을 장흥으로 이전했었다. 그런데 장흥 판관 김여순이 병영을 자기 고을에 설치한 것을 괴롭게 여긴 나머지 백성들로부터 목면을 징수한 뒤 그가 거느린 서울 사람 송응기를 시켜 서울에 올라가 뇌물을 써서 강진의 옛 병영에 도로 설치할 것을 꾀하였다. 그리고 고을 유생 안철민 등으로 하여금 헌부에 진소하게 하였다. 그러나 대사헌 박승종은 논계하는 것을 어렵게 여겨 이를 물리쳤다. 그런데 사간 문여는 당시 헌관으로서 앞장서서 되돌려 설치할 것을 청하였다. 비변사에서는 이를 인하여 품계하였고 그렇게 결정되어 강진 병영으로 다시 옮기게 되어 일단락되었다.

그런데 이날 영의정 윤승훈이 조정의 재상들이 많이 모인 자리에서 큰 소리로 말하기를

'장흥 사람들이 목면 40여 동을 가져다가 대간에게 뇌물로 바치고 병영을 옮기는 일을 논계하도록 했으므로 대간이 뇌물을 받고 논계한 것이다. 우리 집의 종에게서 꾸어간 목면도 2동이나 되는데, 우리 종이 그 빚을 받기 위해 근일 장흥에 내려갈 것이다' 하였다.

뇌물을 받고 병영을 옮긴 사실을 드러낸 것이었다. 그래서 사건이 커졌고 관련된 자들을 잡아다 문초하였다. 그 중에 송응기를 문초한 초사에 '은 1백20냥을 이조 서리 이운장, 약방 고직 장태백, 전 감찰 임익신에게 나눠 주며 이운장은 문여에게, 장태백은 강주에게, 임익신은 원호지·채형에게 각각 바치도록 하였다'고 하였다. 그런데 이 네 사람은 다 장흥에서 영을 옮길 당시의 대간이었다. 그리하여 사간 문여, 안변부사 원호지, 전 이조정랑 강주, 성균관 직강 채형을 나포하라는 명이 있었다.

9월 20일 비망기로 북쪽의 일을 걱정하였다. 노추가 그를 대적할 세력이 없게 된 것을 걱정한 것이다. '노추가 한창 나리와 우열을 다투었는데, 불행히도 노추에게 승리가 돌아가고 말았다. 다시는 그를 대적할 세력이 없다는 의논들이니, 다음엔 우리가 그들의 표적이 될 것은 의심할 여지가 없다. 이러한 때를 당하여 군대를 정비해서 적이 올 것에 대비하는 일을 늦추어서는 안 되는데, 본도의 감사가 이에 뜻을 두고 있는지 모르겠다' 하였다.

윤9월 14일 책봉 주청사 이정구가 올린 장계에 중국 조정에서는 세자 책봉에 트집을 잡고 허락하지 않았다고 하였다. 세자로 책봉하기를 청하는 주문에 대한 예부의 복제와 성지에, '국왕에게 행이하여 다시 깊이 생각함으로써 국가를 장구히 누릴 수 있는 계책을 힘써 강구하여 후회를 남기지 말게 하라' 하였다. 중국 조정의 완전한 심술이었다. 애타게 사정하는 사신만 안타까울 뿐이다.

윤9월 23일 상이 미령하였다.

10월 20일 의병을 일으킨 김천일의 포상을 논의하였다.

사관은 '대가가 서쪽으로 파천할 적에 팔로가 무너지고 인심이 흩어져 곤수와 읍재들은 거개가 자신과 처자식을 보전하기 위해 민간에 숨어 구명도생하기에 바빴는데도 천일은 일개 서생으로서 자신을 잊고 창의하여 향병을 규합하였다. 그리하여 처음에는 강도에서 명령을 통하게 하였고 나중에는 진주성을 보장으로 만들기에 이르렀는데 군졸이 다하고 화살이 떨어져 전사하였으나 후회하지 않았으니, 구구한 충의야말로 숭상할 만하다. 저 적 때문에 임금을 버리고 몸을 보존하기 위해 나라를 등진 무리들이 어찌 부끄럽지 않겠는가. 아!' 하고 논하였다.

10월 28일 5경 1점에 회맹제를 거행하였다.

10월 29일 선무공신 1등급에 내린 포상의 내용을 보면,

'이순신·권율·원균을 책훈하여 1등에 봉하고 모습을 그려 후세에 전하며 관작과 품계를 세 자급 초천한다. 그의 부모와 처자도 세 자급을 초천하되, 아들이 없으면 생질과 여서를 두 자급 초천하고 적장은 세습케 하여 그 녹봉을 잃지 않게 할 것이며, 영원히 사유의 은전을 받게 하라. 반당 10인, 노비 13구, 구사 7명, 전지 1백50결, 은자 10냥, 내구마 1필을 하사한다' 하였다.

11월 6일 정언 이덕온이 영의정 윤승훈의 과실을 논하였다.

'정승의 신분에 있으면서 사사로운 감정을 품고 임금의 성대한 공렬을 없애려 했고, 편안히 제 집에 있으면서 임금의 급한 병에 가 보지도 않았으니, 이런 데도 죄를 주지 않는다면 신하의 의리가 땅을 쓴 듯이 모두 없어질 것입니다' 하였다.

11월 23일 계속해서 몇 날을 돌아가며 영의정 윤승훈의 파직을 청하니 우선 체차하라 하였다. 윤승훈이 임인년부터 이미 유영경·정인홍의 무리들과 논의가 어긋나서 이 때문에 탄핵을 받았다. 두 번째 재상이 되었을 때에도 영경·인홍과 또 서로 뜻이 맞지 않았다. 승훈이 우선 영경과 함께 일을 했는데 그 뒤에 그가 전단의 조짐이 있음을 알고는 크게 틈이 벌어졌다. 성이문·문여 등의 일을 여러 사람이 모인 곳에서 발언하여 원한을 맺은 것이 더욱 심해져 갔다. 이때에 이르러 시론이 승훈이 공론을 막으려 한다고 허물하면서 다투어 일어나 공격하였다.

그리고 며칠 후 영의정 복상은 이산해, 유성룡, 이원익, 이덕형, 이항복, 한응인, 심희수였는데 유영경을 영의정으로, 기자헌을 좌의정으로 심희수를 우의정으로 하였다.

12월 5일 양재 도찰방 박여량이 양재역 업무 개선에 관한 8항의 계목을 올렸다.

"양남의 역마 및 역졸들을 서둘러 들여보내야 한다는 일에 대해서는 양남 역시 결딴난 상태이니, 지금으로서는 거행하기 어렵습니다. 역리·역졸 등이 공·사천에게 장가들어 낳은 소생 중 나이가 걸맞은 자는 각 고을로 하여금 군사가 궐액되었을 때 하는 예대로 10분의 1을 우선 충정케 하되 이를 어길 경우에는 궐군 충정 사목의 예에 의거하여 시행하도록 하소서.

용인에서 서울까지의 70여 리 사이에 낙생과 양재 두 참이 있으니, 공무로 인한 대소 행차가 이 두 참에서 점심을 먹고 지나가는 것이 당연할 듯도 싶습니다. 그러나 평시에도 광주와 과천의 인민 및 역졸들이 지공할 수 없다고 상언하여 이미 격례가 되고 있는데, 더구나 지금처럼 결딴난 상황에서 어떻게 출참하여 이전에 없었던 일을 다시 행하게 할 수 있겠습니까. 이는 형편상 시행하기 어렵습니다. 그러나 혹 머물러 자게 될 경우에는 하루라도 먹을 것이 없어서는 안 되니, 이전의 공사대로 선전관이나 의금부 도사 등 시급히 가는 행차일 때에는 참에서 대충 공궤하도록 하시고, 기타 사명의 각 행차는 각각 그 고을에서 약간씩 지공하여 굶주림이나 면하도록 하게 하소서.

위전이 황폐화된 나머지 위치도 모르고 다소도 모른 채 더러는 민전을 침입한 경우까지 있으므로 너무도 한심스럽습니다. 본도의 강명한 차사원으로 하여금 실제 면적을 파악하여 측량해서 장부를 만든 다음, 관계없는 자가 경작해 먹는 것에 대해서는 일일이 생징하여 역졸에게 나누어 주도록 하소서.

대·소 사명의 보종과 구종을 세울 적에 정해진 수 이외에 함부로 거느리게 하는 것도 통렬히 금지해야 마땅한데, 더구나 차사원들이 또한 마음대로 요구하는 것은 지극히 미편한 일입니다. 더욱이 차사원은 모두 수령들이므로 본 고을에서 이미 말과 구종을 마련하고 또 양식과 반찬까지 가지고 가는 데이겠습니까. 이 뒤로는 차사원에게 말을 바꿔 주거나 지공하는 등의 일을 일체 혁파하여 일분의 은혜나마 베풀어 주게 하소서.

진상물을 운송하는 데 있어 민부와 역졸을 반으로 나눈 것은 그 힘을 분담하기 위해서입니다. 그런데 이제 전적으로 민부에게만 책임을 지운다면 감당하기 어려우니 경솔히 시행할 수 없을 듯합니다. 헌릉의 향전물이 역 앞을 지날 경우에는 역마를 바꿔 운송하는 전례대로 해야 하겠지만, 선릉과 정릉의 향전물일 경우 강가에 나와 기다리게 하는 것은 과연 온편치 못하니, 경역의 인부와 말로 곧장 운송하게 하소서.

본 역에서 현재 보유하고 있는 삼등마는 20필뿐인데 대·소의 공무 행차는 끊이지 않으니 형세상 감당하기 어렵습니다. 지난번 은계 도찰방의 상소로 말미암아 함경도 목장의 말 10필을 보내 주라고 계하하셨습니다. 북로 하나만을 담당하는 은계에 대해서도 오히려 그와 같이 하였는데, 더구나 유독 세 곳의 대로를 담당하고 있는 양재의 경우이겠습니까. 사리로 보아도 각별히 관심을 두어 넉넉히 보살펴야 하니, 은계의 예에 의거, 경기 목장의 말 10필을 각 참에 나누어 줌으로써 조금이라도 형편이 나아지도록 도와주는 것이 마땅하겠습니다.

역졸의 복호에 대해서는 법전에 실려 있는데도 각 고을에서는 예사로 보고 전혀 거행하지 않고 있습니다. 이 뒤로는 일체 법례에 의거하여 거행할 것을 다시 밝히고 어기는 자는 엄중히 다스리소서.

지난 10월 22일에 소통사 2명이 중국 사람 3명을 거느리고 역리를 마구 때린 일은 너무도 놀랍습니다. 계본의 내용을 참고해서 조사하여 해사로 하여금 추고해 통렬히 다스리게 하여 뒷날의 폐단을 막으소서"
하였다.

12월 8일 예조가 과거장의 한심스러운 폐단을 아뢰었다.

"근래 사습이 너무나도 패악스럽게 되어 과장 안에서 차술하는 폐습이 공공연히 자행되고 있으니 지극히 놀랍습니다. 신 허성이 임인년 무렵에 별시 초시의 시관으로 참석하였을 적에 책문이 서로 같은 것이 매우 많아 괴이하게 여겼었습니다. 그런데 이제 와서는 상습이 되어 태연히 부끄러워하지 않고 동접들끼리 공공연히 약속을 하고는 한편을 지어 내면 온 접이 다 같이 베껴 쓰는가 하면, 심한 경우 떼거리로 몰려와 남의 작품을 겁탈하려고 서로 밀치면서 와자지껄 싸움이 벌어져 시험장이 전장을 방불케 하니 말하기도 부끄럽습니다. 이 뒤로는 출방한 뒤에 입격한 시권을 나눠 주지 말고 죄다 본조에 보내도록 하소서. 그리하여 본조 낭청이 감찰한 사람 및 사관의 관원과 함께 다시 사고(査考)하되 글자가 꼭 같지 않더라도 대개 내용을 서로 답습하고 있는 경우는 빈주를 막론하고 일일이 적발하여 모두 방목에서 삭제하고 당사자는 정거케 하소서.

역서하는 본뜻은 간교한 행위를 막기 위한 것인데 간교한 폐단이 날로 심해지니 지극히 한심스럽습니다. 역서하는 사람은 사목 안의 서리 및 군사로 차정하여 보내고 이 밖에 잡인은 일체 금단하고 있으나, 국금을 무시한 채 대부분 서로 아는 글씨 잘 쓰는 사람으로 대명을 적어 넣고 별도로 사사로운 명지를 마련하는 등 아무 거리낌 없이 공공연히 자행하고 있으므로 간혹 유난히 심한 경우에는 시관이 불사르기까지도 합니다. 이전에는 개장할 임시에 헌부가 각사로 하여금 글씨 잘 쓰는 서원이나 서리를 선발하여 입장한 뒤에 이름을 점고하여 적간하게 했으니, 이는 전래의 고사입니다. 법사로 하여금 각별히 밝혀 거행하도록 하되, 대명으로 몰래 들어온 자는 출장할 때 예조 낭청이 대동한 소명을 물어 적발해 낸 뒤 범법자는 남입장중율을 적용하여 시행하는 것이 어떻겠습니까?

과거시험장이야말로 국가가 선비를 뽑는 지엄한 곳입니다. 우리 나라의 공도는 오직 과거장에 있다고 하는 것이 예로부터 내려오던 이야기였는데 간교한 일이 날이 가고 달이 갈수록 더욱 심해져 풍속이 되다시피 하였습니다. 그리하여 성현을 배우는 사자로 하여금 부끄러워하는 마음조차 모르도록 하였으니, 이는 국가의 풍화에 관계되는 만큼 실로 작은 일이 아닙니다. 통탄스러움을 견디지 못한 나머지 황공하게도 감히 아룁니다" 하였다.

어느 것 하나 제대로 되어 가는 일이 없었다. 통탄스러움을 넘어 울분이 치솟는다.

이해 순화군의 행패를 보면,

5월 25일 순화군 이보가 또 사람을 죽였다.

'순화군 이보가 위리에서 벗어난 뒤부터 더욱 흉학한 짓을 마구하여 거리를 드나들면서 사람을 만나면 번번이 죽였는데 이날에도 두 여인을 죽여 참혹한 독기를 뿌린 것이 극도에 달하였으므로 조야가 진동하여 놀라지 않는 사람이 없었다. 그러나 이때 임금은 바야흐로 왕자들을 비호하기만 하여 감히 말하는 사람이 있으면 중한 배척을 가하였으므로 대관도 감히 논계하지 못하고 재상들도 감히 말하지 못하였다.'

6월 26일 홍문관이 차자를 올리기를,

"삼가 살피건대 대사헌 박승종 등과 대사간 성이문 등이 모두 인혐하고 물러갔습니다. 요사이 궁가의 작폐가 더욱 심해져 중외 백성들의 원성과 호소가 하늘에 닿고 있습니다. 그래서 지난번 순화군 이보의 일을 가지고 말씀드리겠습니다.

자신이 직접 칼을 들고 여염에서 난동을 부려 잔인한 형벌과 혹독한 매로 온갖 짓을 하였으므로 온다는 소문만 듣고도 사녀들이 마치 난을 만나 피하듯이 놀라 흩어져 깊숙이 숨기 일쑤였습니다. 이리하여 투속한 무리들이 이때를 틈타 도둑질을 하였으므로 시전과 가산을 몽땅 잃어버린 사람이 수없이 많았습니다. 그리고 청파역의 역리가 멋대로 난동을 부린 실상과 형장을 맞아 죽은 사람이 있다는 말도 사람들의 입에 전파된 지도 하루 이틀이 아닙니다. 더구나 전후 성상께서 정녕하게 분부를 내려 규찰하여 다스리게 했으니, 법부의 관원들은 마땅히 아름다운 뜻을 받들기에 겨를이 없었어야 했습니다. 그런데 함묵하고 날짜만 보내면서 끝내 한마디도 하지 않았으니, 직사를 잘 수행했다고 할 수 있겠습니까. 성상의 분부에 '직사를 제대로 수행하지 않으면서 마치 못 들은 것처럼 한다'고 하신 말씀이 바로 오늘날의 병폐를 정확하게 맞추셨습니다.

이목의 관원은 모두가 말을 해야 하는 책임이 있기 때문에 일에 따라 논열하는 것이 곧 그 직책인 것인데, 간원은 일찍이 이에 대해 한마디도 언급하지 않았으니 잘못이 없다고 할 수 없습니다. 그리고 헌부를 처치할 때에도 구차하게 하여 정당하지 못하게 하였으니, 박승종 이하와 성이문 이하를 체직시키도록 하소서" 하니, 아뢴 대로 하라고 답하였다.

다시 헌부가 순화군의 일을 보고하자 조정의 처결을 따르겠다고 하였다.

"이보는 어렸을 때부터 성질이 사람들과 달랐다. 그래서 내가 전부터 오늘날에 반드시 이런 일이 있게 될 것을 알고서 항시 마음이 아팠고 남몰래 근심해 왔었다. 요사이 한두 가지의 일만 들어 보아도 매우 해괴하고 놀라와 귀로는 들을 수가 없고 입으로는 말을 할 수가 없다. 국가에 치욕을 주고 민생들에게 해독을 끼치고 있으니, 이것이 어찌 나의 죄가 아니겠는가. 내가 무슨 면목으로 계사에 가부를 말할 수 있겠는가. 그러나 이미 이렇게 논계했으니 마땅히 조정에서 처결하는 대로 따르겠다."

8월 7일 의금부가 "순화군 이보를 안치시킨 곳의 수리가 끝났으므로 봉쇄하려는데, 보가 문에 버티고 앉아서 봉쇄하지 못하게 합니다. 반복하여 타일러도 끝내 듣지 않으니, 본부에서 처치할 수가 없습니다. 감히 아룁니다" 하니, 알았다고 하였다.

사관은 '임금도 이를 억제하지 못하니, 다른 사람이야 어찌 논할 수 있겠는가. 하나의 왕자를 죽이는 것은 진실로 차마 할 수 없는 것이긴 하지만 백성은 무슨 죄인가' 하고 한탄하였다.

10월 4일 순화군이 안치된 곳을 수축하는 일에 분개해하며 '만약 더 축조하여 폐문시킨다면 해관은 무겁게 다스리고 군인은 살해하겠다'고 협박하였다. 공조가 보고하니, 선조는 "어쨌든 유사는 자신의 임무를 수행하라" 하였다.

사관은 '국가에서 한 왕자를 용서하여 남교에다 함정을 만들고는 패역스런 짓을 저질러도 자제시키지는 못하고 늘 유사에게 미루니, 가령 유사가 고요처럼 법대로 집행할 경우 국가에서 과연 법대로 논단해서 뒷 재앙이 없게 할 수 있겠는가' 하고 논하였다.

10월 10일 사간원이 순화군을 안치할 곳을 잘못 택한 한성부 색낭청의 추고를 청했다. 이제는 감히 임금에게 왕자를 처치하라고는 하지 못하고 겨우 색낭청만 추고하라고 청했다.

사관은 '고수가 살인을 하면 순임금은 몰래 고수를 업고 도망갈 것이라고 했다. 천자의 아버지도 죄를 면하지 못하는 것인데 더구나 왕자이겠는가. 보가 직접 살인한 것이 한두 번이 아니었으니 왕법에 의거하여 단죄한다면 그 죄는 진실로 천지 사이에 용납하기 어려운 것이다. 성외의 가까운 곳에 안치한 것도 이미 완전히 용서한 것이라고 할 수 있는데 사명도 기다리지 않고 경솔히 탈출하였으니 보의 죄가 여기에 이르러 더욱 크다 하겠다. 대간의 발론이 너무 늦은 것이 아닌가' 하였다.

이해 왜적과의 일을 살펴보면,

2월 26일 왜 사신으로 귤지정이 나왔다. 이에 선조는 서울에 있는 당관을 중국 장수의 차관이라고 속여 귤왜를 만나게 하라고 하였다. 그러나 다음 날 비변사가 사명당 유정을 시켜 왜사를 접응하게 하자고 하니 윤허하였다.

포로 되었다 돌아온 경상도 하동 유생 김광이 평조신의 화친을 받아들여 신사를 보낼 것을 건의하였다.

"무릇 일본이 저희끼리 공격할 때에도 군사를 일으켜 이미 적의 성 밑에 이르렀더라도 적이 서로 화친하기를 청하면 공격하지 않고 군사를 돌립니다. 살상하지 않고 항복받는 것을 좋아하는 것이 왜적의 상정인데, 평조신이 가강에게 속여서 '조선이 화친을 청하니 군사를 동원할 것 없다' 하였으므로 가강은 이미 항복한 것으로 알고 좋아하며 화친하는 일을 평조신에게 전담시켰습니다. 그런데 여러 해 동안 질질 끌므로 지난해 가강이 노하여 '대명에 품명한다는 것은 반드시 핑계하는 말일 것이니 군사를 동원하지 않을 수 없다' 하고, 대장을 나누어 정하여 군기를 정제하니, 평조신이 청하기를 '올해 반드시 정해질 것이니 다시 사람을 보내야 한다. 일이 이루어지지 않은 뒤에 군사를 동원해도 늦지 않다' 하였습니다. 그래서 귤지정을 보낸 것입니다. 가강은 본디 싸우려 하였고 화친하려 하지는 않았는데 다만 평조신이 속인 것을 믿었을 뿐이니, 가강의 글이 오지 않는 것은 의심할 것도 없습니다.

처음에 화친을 청하는 것을 허락하는 것과 조금 다르다고 노여워하더라도 신사가 멀리 온 것을 또한 기뻐하여 올해에는 늦추어서 군사를 출동시키지 않을 것이 틀림없습니다. 올해 이렇게 하여 늦추고 내년에 또 어떤 계책을 내어 늦추고 또 그 이듬해에도 어떤 계책을 내어 늦추면, 2~3년 사이에 가강이 병으로 죽어서 일본이 다투느라 어지러워지는 일이 없지도 않을 것입니다" 하였다.

2월 29일 비변사가 귤왜에게 곧 군문의 분부가 있을 것으로 통보할 것을 말하였다.

3월 5일 경상 좌수사 이영이 치보하기를, "지금 귤지정이 한 말을 보건대 통신사에 대한 요청은 일찍이 말도 꺼내지 않았다가 갑자기 오늘날 말하는가 하면 기타 다소간의 말들도 현저하게 강화하기를 협박하고 있으므로 지극히 통분합니다. 그리고 박수영과 평조신 등의 글 및 귤지정의 말을 가지고 김광의 공초와 참고해 보건대 그 내용이 구구절절 서로 부합되어 마치 한 사람의 입에서 나온 것 같이 '만일 올해에 강화하는 일이 이루어지지 않으면 군사를 발동하여 바다를 건널 것이라는 말을 가는 곳마다 들었는데, 또 내부에서 평조신에게 보낸 글을 보니 역시 들은 것과 같았다' 하였습니다" 하였다.

3월 8일 예조가 왜사의 진서 요청에 한호를 부를 것을 건의하자 불허하였다.

"발 빠른 사람을 차출하여 흡곡 현령 한호에게 내려보내 써서 보내도록 하는 것이 어떻겠습니까?" 하니,

전교하기를 "닭 잡는 데 어찌 소 잡는 칼을 쓰겠는가. 강화를 허락하기도 전에 적인이 요구하는 글을 써 보내는 것은 온당치 못할 듯싶다. 그러나 우선은 서울에 있는 아무에게나 쓰도록 하여 그들의 요구에 응하도록 하라" 하였다.

후에 "흡곡 현령 한호는 필예의 소소한 재능이 있다고 하여 과분하게 임용되었으니 각근하게 봉공해야 마땅할 것입니다. 그런데 지난번 공신도감의 교서를 써낼 적에 현저히 싫어하는 기색이 있었고, 고의로 오서하는 짓을 하여 공역을 남비하기까지 하였으니 지극히 놀랍습니다. 파직을 명하소서" 하였는데

선조가 "한호가 글씨를 쓰기 싫어했다는 말은 사실이 아닌 듯하다. 고의로 오서까지 했다는 것은 더욱 이해가 안 간다. 이번에 교서를 한호 혼자 쓰게 했어도 한번에 쓸 수 있었을 테니 무슨 어려움이 있었겠는가. 더구나 계하했던 사람이 한두 명만이 아니었으니, 한호가 쓴 것은 두서너 폭에 지나지 않았을 것으로 생각되는데, 싫어할 것이 뭐 있었겠는가. 아마도 잘못 전해진 것일 듯싶다" 하였다.

3월 12일 유정으로 하여금 도일할 계획을 귤지정에게 알리도록 조처하라 하였다.

"유정과 손문욱을 대마도에 들여보낼 일로 이미 왜적의 사자에게 전

유하도록 하였다. 그런데도 우리나라에서 여러 해를 천연하고 있으므로 왜적들이 모두 믿지 않고 있다. 내 생각에는 바로 유정을 부산에 보내 왜적의 사자를 만나 보고 그에게 말하게 하기를 '내가 장차 손문욱과 함께 바다를 건너가 두 나라의 우호관계를 성립시키고자 한다. 다만 손문욱이 군문에 들어가 아직 돌아오지 않고 있으니, 반드시 그가 돌아오기를 기다렸다가 함께 바다를 건너야 하겠다. 그런데 네가 여기에 있다는 말을 듣고는 일본 소식을 듣고 싶어 내가 먼저 내려왔다'고 하면서 함께 한담하다가 파하게 하는 것이 어떨까 싶다. 그러나 이는 그저 왜적의 사자가 의심 없이 믿게 하려는 것일 뿐인데, 중요한 관계가 있는 일이니, 충분히 의논하여 조처하라고 비변사에 이르라" 하였다.

3월 15일 경상감사 이시발이 박대근이 귤지정과의 문답을 장계하였다. '지난해도 이런 식이고 올해도 이런 식이니 진정 가강이 더욱 화를 낼까 염려된다. 동병이라도 하면 어떻게 하겠는가' 하였다. 대마도의 화친을 위한 협박은 이렇게 몇 년을 두고 집요하였다.

5월 25일 이달에 포로되었다 도망해 돌아온 순천 수군 박응남의 공초에 '왜적들의 정세는, 그들 쪽에서 군사를 출동시키려면 미리 바닷가에다가 군량을 저장할 창고를 만들고서 먼저 군량을 운반해다 저장한 다음에 군사를 출동시키는데 지금은 별로 창고를 짓고서 군량을 저장하는 일이 없었다' 하였다. 침공할 준비는 전혀 없다는 정확한 정보였다.

6월 8일 비변사가 유정을 대마도에 정탐차 보낼 때 왜가 강제로 본토에 보낼 것을 걱정하였다. 선조가 답하기를 "그렇다. 일본에 들어가도록 협박할 염려가 있다. 그러나 우리가 보낸 것이 아니니 의리에 방해로울 것은 없을 듯하다. 만약 이로 인하여 일본에 들어가 왜적의 실정을 정탐해 온다면 유익함이 없지 않을 것이다. 왜적과 대치하고 있으면서 왜적의 사세를 전혀 모르고 있는 것은 또한 온당하지 못한 일이다. 손문욱은 이미 강을 건넜을 듯하니 모든 일들을 미리 살피어 정제해 놓았다가 손문욱이 오면 즉시 유정과 함께 가게 함으로써 귤지정이 오래 머물러 있지 않도록 하는 것이 온편할 듯하다."

6월 22일 사명당 유정이 화친의 일로 대마도로 가게 되자 와서 배사하였다.

8월 20일 유정과 손문욱 일행이 이날 도일하였다.

12월 13일 대마도로 간 유정의 안부와 변방의 강화를 말하였다.

"유정이 지난 8월에 바다를 건너 이미 대마도에 들어갔는데 소식이 망연하다. 흉험하고 교활한 적들이 온갖 간계로 위협을 하여 일본으로 보낸 듯싶다. 그렇지 않고서야 지금 반년이 되어 가는데 무슨 연고로 돌아오지 않겠는가. 우리나라의 변경 관리들은 그러려니 하고 예사로 여겨 유정의 매개하는 활동에 마음이 풀리고 강화한다는 낭설에 뜻이 해이해져 있는 상태이다. 만일 아무 계책 없이 고식적으로 처리하다가는 갑자기 변고가 있게 될지도 모르니, 지난 경험을 징계해야 된다. 이에 대한 조치를 엄격히 하지 않을 수 없으니 비변사에 이르라" 하였다.

북변이 소란스럽고, 유정이 일본에서 돌아오다 : 선조 38년 (1605 을사년)

1월 4일 허성을 병조판서, 신흠을 도승지로 하였다.
찬집청을 설치하고 우리나라 사람이 지은 시부를 뽑아 올리게 하였다.

3월 17일 이때 중국 장수의 행차가 잇따라 나와 의주부터 부산까지 일로의 백성들이 접대하느라 분주하여 겨를이 없었다. 이들은 포악한 짓을 자행하며 백성들에게 피해를 주고 있었다. 그런데 이는 실제로는 소통사들이 부추긴 것이었다. 이 소통사들은 의주에서 한 무리를 이루고 있다가 중국 장수가 나오면 그를 수행하고자 온갖 술수를 부렸다. 그러다 한번 수행하게 되면 의기 양양하여 기탄없이 수령을 욕보이고 백성들을 구타하며 요구가 한이 없고 반드시 욕심을 채웠다. 난리 후 이 자들의 횡포가 날이 갈수록 심해져 지금에 이르러서는 극도에 달했다.

사헌부가 아뢰기를 "금번 이참장이 남쪽으로 내려갔을 때 소통사들이 각기 가정 한 사람씩을 데리고 가서 여러 고을을 분담하여 돌아다니면서 침해하고 수탈하였는데 베를 한 치까지 심사하여 징수하는 등 수운하는 것이 전일에 비해 아주 많으니, 가슴을 도려내는 듯한 백성들의 아픔이 실로 애처롭습니다. 민심의 울분이 이에 이르러 더욱 극심하니 어찌 마음대로 하도록 내버려두고 징계하여 다스리지 않을 수 있겠습니까. 이참장을 수행했던 소통사들을 참장이 강을 건너간 뒤에 모두 잡아다가 엄히 국문하여 죄주소서. 그리고 지금 이후로는 중국 장수의 차비 역관은 으레 원역관으로 차정하고, 평안 감사와 의주 부윤에게 하유하여 소통사는 일체 수행하지 못하도록 하소서" 하였다.

4월 5일 호성 원종공신 2천4백75명을 결정하였다.
선무 원종공신은 9천60명이고, 청란의 원종공신은 9백95명이었다.

4월 8일 북병사가 북변의 상황, 군비 및 군사의 증강을 아뢨다.
'서울에서 온 포수들은 진보에 나누어 방어시키고 있는데 교만과 태만함이 습관화되어 결코 위급할 때 쓰기가 어렵고, 오직 평양 포수만이 무예에 익숙하고 용맹스러운 자가 퍽 많으니, 4~5백 명을 정선하여 밤낮을 가리지 말고 우선 들여보내 주십시오. 육진 중의 병마도 장용한 자를 선발하면 역시 쓸 수 있겠는데, 모자라는 것은 갑주입니다. 진보 내의 군기가 유명무실하니, 서울의 군기·갑주·화약·화구 등 물자를 넉넉하게 내려보내 주십시오' 하였다.

며칠 뒤 이정험이 동관의 함락과 처절한 교전 상황을 아뢨다.

'첨사가 힘껏 싸웠던 상황과 항호의 향배에 대한 것을 이에 의거하여 알 수 있습니다. 만약 항호가 흘적을 끌어들였다면 어찌 칼날에 죽을 리가 있겠습니까. 적이 물러간 뒤에 쓰러져 있는 시체를 점검해 보니 거의 2백여 명에 이르렀습니다. 종성 부사 고경민은 당초에 적의 형세가 대단하다는 말을 듣고도 머뭇거리고 나아가 구원하지 않아 순식간에 성이 함락당하게 하였습니다. 몸소 진을 주관하는 관원으로서 자기의 죄를 모면하고자 전적으로 백옥에게만 죄를 뒤집어씌워 많은 말로 장황하게 거짓 보고하였으니, 지극히 통분합니다' 하였다. 뒤에 고경민을 감사로 조율하여 유 삼천리에 처해 함경도 동관진으로 정배하였다.

5월 3일 유형을 회령부사로 하였는데 여러 날 부임을 하지 않고 지체하였다. 그러자 사헌부가 아뢰기를, '변성이 함락되어 전하께서 주야로 근심하시던 끝에 유형을 변경의 임무에 뽑아 제수하였으니 부임하여 방수하는 일이 하루가 시급합니다. 따라서 유형으로서는 바로 행장을 꾸려 말에 올라 성화같이 달려갔어야 하는 것입니다. 그런데 새로 임명된 병사 김준계는 배사한 지가 이미 보름이 지났건만 유형은 도내에서 처자식을 끼고서 여러 날 머뭇거리면서 아직도 서울에 올라와 사은하지 않고 있습니다. 그의 교만하고 기탄없는 죄를 징계치 않을 수 없습니다. 추고하여 중벌로 다스리소서' 하였다.

통제사까지 지낸 사람을 부사로 보내니 가고 싶은 생각이 없었을 것이다.

5월 16일 훈련도감의 군사들은 바로 연곡 아래의 친위병으로서, 나가서는 변방에 수자리하고 들어와서는 왕궁을 호위해야 하였다. 그들이 국가에 관계되는 것이 이러하니 장관이 된 자들은 날마다 조련을 일삼아야 할 일이지 사사로이 부릴 수는 없었다. 그러나 근래 장관들이 국법을 두려워하지 않고 사후한다는 핑계로 군인을 데려다 쓰면서 집안에서 노예와 마찬가지로 부렸다.

또 초관에는 각가지의 장인들이 있는데 장관들이 자기 집에서 부리기도 하고 남에게 빌려주기도 하였다. 그런데 이 일도 말할 수 없는 폐단이 되고 있었다. 초군들 가운데 조총을 잘 쏘는 자들을 뽑아 번갈아 사냥을 내보내 짐승을 많이 잡은 자는 쉬운 일을 시키고 적게 잡은 자에게는 벌을 내리기까지 하였다.

헌부가 아뢰기를 '초군들이 각별히 조련을 하고 여가에 스스로 사냥을 나가는 것은 말릴 수 없는 것이겠지만, 어찌 장관이 사사로이 포수에게 사냥을 시킬 수가 있겠습니까. 그들의 거리낌없이 법을 무시한 죄는 징계치 않을 수 없습니다. 도감의 대장과 중군·천총·파총 등을 아울러 추고하여 중한 벌로 다스리게 하소서' 하였다.

5월 20일 모처럼 대범하게 북변 오랑캐 지역을 공격하였으나 실패하였다. 패한거나 다름이 없었다. 비변사는 발뺌하기에 바빴다. 감사 서성은 파직하고 북병사 김종득은 잡아들이도록 하였다.

김종득은 서성과 함께 의논한 뒤 먼저 3천여 병사를 출동시키고 여러 장수들을 유정에 집결시켰는데, 탁두 등 두 추장 또한 기병 3백을 거느리고 와 국가를 위해 목숨을 걸고 싸우기를 원하였다. 종득이 우후 성우길과 함께 군사를 이끌고 종성에서 강을 건너 곧바로 건퇴로 달려갔는데, 오랑캐들이 먼저 이를 알아차리고 철기 수백을 매복시켰다가 돌연히 나타나 어지럽게 치므로 아군이 패하였다. 번호 추장 탁두를 믿은 것도 잘못이었다.

성우길은 홀로 항전하며 직접 칼로 적을 베면서 아군의 뒤를 호위하고 돌아왔다. 이 싸움에서 아군의 전사자가 2백13인이나 되었으므로 물의가 비등하였다. 양사가 서성 등이 가벼이 큰일을 일으켜 국위를 손상시켰으니 잡아다 문초하여 죄를 줄 것을 청하였으나, 상은 서성의 죄는 가벼우므로 파직만을 명하고, 김종득은 잡아다 심문하도록 하였다.

홍여순을 호조판서로, 한효순을 행 평안감사로 하였다.

5월 29일 이시발을 함경감사, 권준을 황해병사로 하였다.

6월 7일 이시언이 북변의 상황과 적의 전투력 등에 대하여 아뢨다.

"적의 철기가 아군과 평원에서 접전할 경우에는 아무리 포수라 할지라도 사격할 틈이 없으므로 신의 생각으로는 성지를 고수하는 것이 상책으로 여겨집니다. 그리하여 적의 형세를 보아가면서 뒤쪽을 치기도 하고 혹 기병이 불편하고 보병이 편리하거든 요새지를 점거하고 있다가 적이 해이해진 틈을 타 그 진영을 야습하면 될 것입니다.

북방은 성자가 너무 큰데 반해서 사람은 적으니 성을 지켜내기가 어렵습니다. 그리고 군량을 준비하는 것이 오늘날의 급선무입니다.

수성하는 기구로는 화기만 한 것이 없는데 그중에 화포가 최상이요, 삼안총도 말 위에서 사용하면 아주 좋은데 중국 사람들도 말 위에서 사용합니다. 이번 건퇴의 전투에 대하여 듣건대, 적이 착용한 갑옷은 모두 중국 갑옷이라서 우리나라의 궁력은 위력이 대단치 않아 뚫을 수 없고 오직 총통만이 관통시킬 수 있었다고 합니다" 하였다.

6월 13일 한효순이 "내수사가 노비 신공에 대해 일족과 이웃 사람들까지 침탈하므로 마침내 온 경내가 공허한 지경에 이르고 말았으니 조정에서 더욱 각별히 조처하여야만 하겠습니다" 하자, 상이 침묵을 지키고 답하지 않았다.

사관은 '상이 효순과 서방의 폐단을 논란하다가 내수사의 노비 신공 문제에 말이 미치자 곧 침묵을 지킨 채 답하지 않았으니, 물 흐르듯 간언을 따르고 위를 덜어 아래에 보태 주는 도는 아마도 이처럼 해서는 안 될 듯싶다' 하고 논하였다.

이미 명종시대 내수사의 횡포에 버금가는 행위도 범람하고 있었다.

7월 6일 비망기로 일렀다. "군대는 중한 상이 없으면 전사의 마음을 격려할 수 없다. 그러므로 향기가 좋은 미끼에 반드시 좋은 고기가 물린다고 하였다. 중국측은 군문 총독이 많은 은자를 받아서 전공이 있는 병사에게 즉시 상을 주므로 모든 사람들이 분발하여 다투어 나아가서 죽는 것을 영예롭게 여기고 있으나, 우리는 원수가 빈주먹이니 무슨 물건으로 상을 주겠는가. 전장이란 죽는 곳이니 반드시 중상과 중벌이 있어야 승리할 수 있는 것이다. 내 생각은 공명 고신첩을 약간 만들어 이시발과 이시언에게 내려보내서 용전분투하여 적을 죽이고 공을 세우는 장사가 있으면 즉시 공명첩에 이름을 써넣어 눈 앞에서 상을 주게 하고자 한다. 이 두 사람이 어찌 나를 속이겠는가.

지난 임진년에 박홍이 경상 좌수사로서 패강에 와 있었는데, 이는 고금에 없는 일이었다. 내가 군법에 의해 주벌코자 재삼 전교하였으나 끝내 시행하지 못하고 방 안에서 천명을 다하게 하여 지금까지 분하게 여기고 있는데, 이는 그 당시 권신이 당로하고 있었기 때문이다. 경상수사가 패강에 물러와 있었으니 일이 어떠하였겠는가. 이와 같았는데도 즉시 군법으로 다스리지 않았으니 나라를 다스릴 수 있었겠는가. 이제 마땅히 경계하여 북도의 제장 중 굳게 지키고 힘을 다해 싸우지 않거나 전투에 임하여 움츠리고 물러나는 자가 있으면 절대로 조금도 용서하지 말라" 하였다.

사안에 따라 공정한 재판을 하고 벌을 주어야 할 일이었다. 능력은 생각지 않고 패전했다고 무조건 죽이려고만 하니, 어느 누가 오합지졸을 거느리고 강한 적과 싸우고 싶어 하겠는가. 선조는 전란 중에 수많은 공명 고신첩을 남발했었다. 그런데 전란 후 백성과의 신의를 저버리고 공명 고신첩을 회수해 버렸다. 그런데 이제 또 공명 고신첩을 거론하고 있다. 정말 파렴치한 임금이었다.

7월 30일 이운룡을 경상우수사 겸 통제사로 하였다. 이운룡이 부임차 가는 길에 이순신의 사당에 참배하고자 하여 성대한 행차 그대로 들어가 먼저 부인께 문안하는 예단을 올렸다. 그런데 부인이 받지 않고 말을 전하기를 '대장과 막하의 신분은 본시 한계가 엄연한데 저승과 이승이 비록 다르다 할망정 예의에는 사이가 없거늘 집어른의 사당을 지척에 두고 호각을 불며 곧장 들어오는 것은 미안하지 않은가' 하였다. 이운룡이 실수하였음을 깨닫고 사죄하므로 그제야 부인도 예단을 받았다 한다. 이렇게 강단 있는 부인은 80세 넘어까지 사셨다.

8월 1일 비망기로 일렀다. "옛날에는 경사가 있으면 진하를 했다. 내가 평소에도 질병이 많았는데, 근년에는 갑자기 실어증에 걸려 백약이 효험이 없어 실로 언제 다시 신료들을 접하게 될지 알 수 없었다. 그래서 시조하지 못한 지가 지금 3년째인데 오늘 비로소 경연을 열었으니, 바로 상천께서 나를 완전히 버리지 않으시고 평생의 죄를 조금 용서해 주신 것이 아니겠는가. 군부가 3년 동안 앓다가 비로소 시조하게 되었으니 세자는 마땅히 군신을 거느리고 하례를 해야 된다" 하였다. 신하들은 연일 진하례를 올리자고 하였고, 왕은 사면령도 내렸다.

8월 20일 헌부가 양계의 영속을 색출하여 변방의 방비를 견고하게 하자 하였다.

'도내의 군사와 백성은 모두 감사와 병사의 소관인데 감영과 병영에 직속하는 자를 구별하여 영속이라고 하니 이는 본래 법전에 실려 있는 것이 아니었다. 누습에 젖어 점점 더 증가하여 무려 수천 명에 이르게 되었는데 애초부터 국사에는 털끝만큼도 보탬이 없었고 양영에서 사사로이 부릴 목적이었다. 사냥을 시켜 짐승 가죽을 거두기도 하고 차비라고 이름하여 미포를 거두기도 하였다. 변방에 위급한 일이 있을 때마다 노약자까지 징병되는데도 이 무리들은 영속이라는 이유로 짐승 가죽이나 미포를 준비한 뒤에 편안히 집에 있으면서 한가히 놀고 있었다. 더구나 그들은 각기 보솔이 있는데 또 급복까지 하니, 양정으로서 쓸 만한 자들이 다투어 투속하였다. 이 때문에 정군이 날로 줄어들고 방어가 날로 허술해지니, 이는 시급히 개혁해야 할 양계의 일대 고질적 폐단이었다. 그런데도 전후 감사와 병사들은 부리기 편리하므로 그 폐단을 경장할 생각이 없었고 식자들이 한심하게 여긴 지 오래였다.' 이제야 이런 말이 나오니 한심하지 않을 수 없었다.

8월 28일 김상헌을 경성 판관으로 삼았다. 처음 상헌이 전랑으로 있을 때 이조참판 기자헌이 유영경을 대사헌으로 의망하려 하자 상헌이 이를 힘써 막았다. 이 때문에 영경의 당이 깊이 유감을 품게 되었다. 얼마 있다가 영경이 국정을 훔쳐 잡자 이를 인연하여 때를 보아 복수하려고 하였다. 그리하여 먼저 상헌을 배척하여 고산 찰방으로 삼았다가 해직되어 돌아오자마자 바로 경성 판관으로 보임시켰으므로 여러 신하들이 모두 분해하며 탄식하였다.

9월 17일 간원이 어의 허준의 파직을 청하니 추고하라 하였다. "어의는 참으로 일각이라도 멀리 떠날 수 없는 것입니다. 그런데 양평군 허준은 품계가 높은 의관으로서 군부의 병을 생각하지 않고 감히 사사로운 일로 태연히 뜻대로 행하고야 말았습니다. 이에 사람들이 모두 분개하고 있으니 먼저 파직시키고서 추고하소서."

9월 24일 도원수 한준겸이 연해안의 진들을 순시하였는데, 방답첨사 조계종, 가덕첨사 박광춘 등이 주사의 모범에 들었다.

9월 28일 체찰사 한효순과 북로와 남왜의 방어에 관하여 이야기하였다.

"왜구는 천하의 강적이라서 당해 낼 수 없으나 군병을 잘 다스린다면 이 오랑캐야 무엇이 두렵겠습니까. 중원의 연병 정책 또한 우리나라처럼 허술하지 않기 때문에 동서로 정벌하여 모두 승첩을 고합니다. 지금 노추가 강성하게 일어났고 홀적이 이어 일어나 군병을 다스려 자강할 줄 아는데, 우리나라만이 유독 군병을 다스리지 않아 모욕을 당하니 실로 애석한 일입니다. 비록 군병을 많이 뽑을 수는 없으나 3만 인은 얻을 수 있습니다. 한강 이남은 2만 명을 뽑아 훈련시키고 한강 이서는 1만 명을 뽑아 훈련시켜 극히 정예로운 군사를 만들어서 남쪽에 경보가 있으면 남쪽을 방어하고 북쪽에 경보가 있으면 북쪽을 방어하며, 일이 없을 때에는 경성을 수호하고 또 그 나머지로 잡군을 만들면 위급할 때에 쓸 수 있을 것입니다. 그러나 3만 명의 군병을 쉽게 얻지 못하면 2만 명의 군병이라도 가합니다. 만약 군병을 훈련시킨다면 어찌 패망하는 모욕이 있겠습니까. 지금의 급선무는 군병을 다스리는 것뿐만이 아니라 반드시 먼저 장수를 가르쳐야 합니다" 하였다. 정말 체찰사다운 똑바른 주장이었다. 이런 주장을 받아들여 강력히 시행했어야 했다.

11월 2일 약방의 담당 관원을 파직하라 전교하였다. "조그만 일이 크게 된다. 그저께 약을 의논하던 날 밤에 필시 경동하는 걱정이 있을 것을 알았기 때문에 의관으로 하여금 제조에게 고하지 말게 하였는데, 듣건대 그날 밤에 와언을 지어 내어 서로 선동하자 약방 사령이 거리를 질주하면서 외치기를 '상체가 미령하니 급히 제조 등을 불러들여야 한다'고 하였다는 것이다. 그리하여 대신·제조 등이 경동하여 황급히 허둥대며 달려왔으니, 그 사이의 놀랍고 우스운 정상은 이루 말할 수 없었을 것이다. 아무 연고 없이 인심을 경동시킴이 이 지경에 이르렀는데, 이는 무지한 의관들의 소행으로 말미암은 것으로 너무도 놀라운 일이다."

11월 13일 경상좌병사 김응서의 파직을 청했다. "위인이 교만 방자하고 탐욕이 있으며 또 형장을 가혹하게 사용하여 크게 민심을 잃고 있으니 파직시키소서."

11월 15일 전라우수사 송안정이 보고하였다. '신의 우매한 계책으로는 각 고을과 각진의 전선을 갑과 을로 나누어 금년에 갑은 영남으로 을은 호우로 들여보내고 명년에는 을은 영남으로 갑은 호우로 들여보내어

서로 윤회하게 하고 그것을 일정한 제도로 만들면 각 진포의 외로운 토병과 처자들의 걱정을 조금은 풀어 줄 수 있을 것입니다. 또 주사의 군읍으로 하여금 각각 방패선 1척씩을 만들어 기계를 예비하게 하고 수장이 예측치 못할 변에 대비하게 하면 영남에 기각의 형세가 이루어지게 되고 호우에는 또한 응변의 계책이 있게 됩니다.'

11월 27일 충청감사 이홍로는 기첩을 축첩하여 폐단을 끼친 것으로, 곤양군수 송여종은 긁어모으기만 일삼는다고 파직을 청했다.

12월 19일 사간원이 문과 전시 때 발생한 시권 문제 등에 관해 아뢨다.

"근래 과장에서 무엄한 일이 많아 발견될 때마다 추문하여 다스린 것이 한두 건이 아닌데, 이번 문과전시 때 차비관이 응시자의 시권에다 주먹으로 협서한 것이 세 곳이나 되니 매우 놀랍습니다. 차비관 등을 이미 나국하였으니 결국 율대로 죄를 정하게 될 것입니다. 그렇다면 참방된 사람도 그대로 둘 수 없으니 방목의 삭제를 명하소서. 전시 때 장내의 일은 승지가 전담하여 단속하는 것인데, 이번 문과전시의 응시자 시권에다 주먹으로 협서한 것이 세 곳이나 되는데도 출방할 때 전연 조사하지 않았고, 기타의 시권도 안보하지 않은 것이 또한 많이 있으니 불찰의 실수가 심합니다. 전시에 입회한 승지를 추고하소서" 하였다.

이에 좌의정 기자헌, 좌찬성 유근, 판윤 신흠, 부제학 홍경신이 아뢰기를,

"신들이 삼가 생각하건대 장옥은 중대한 일입니다. 역서하는 규례를 만든 것은 응시자의 필적을 보지 않음으로써 혐의를 멀리 하려는 뜻에서 나온 것입니다. 또 안보하는 한 가지 일은 상서원의 관원이 승지의 지시

를 받아서 하는 것이어서 신들이 상서원 관원으로 하여금 개서한 곳에는 자세히 안보하게 하였을 뿐 신들은 감히 한 장도 가져다 보지는 못하였습니다. 등급을 매길 때에 이르러 주초에 간혹 오서와 낙서가 된 곳이 있었으나 감히 전일처럼 본초를 가져다가 상고하지 못하였습니다. 그런데 지금 듣건대, 시권 본초에 다른 필적으로 협서하고 안보도 하지 않은 것이 있다고 하니, 이는 신들이 진실로 알 수 없는 일입니다. 다만 피봉과 시권을 주초로 감합할 때 조금도 의심을 두지 않은 채 다시 조사하지 않고 입계하였으니, 불찰의 실수가 큽니다. 너무도 황공하여 대죄합니다."

지난번은 과거 응시자의 불법이었고, 이번은 과거 담당자의 비리였다.

이해의 왜적에 관한 일은,
4월 29일 유정이 일본에서 돌아왔다. 그는 돌아오면서 우리 나라 남녀 3천여 명을 쇄환하였다. 예상했던 대로 일본 본토에 갔는데 가강까지 만나 보았다.

평의지는 조선과 일본의 강화를 말하였다. 유정과 손문욱이 가강에게 갔던 것을 말하면서, '청컨대 귀국에서 강화를 맺는 증험을 보이신다면 양국이 큰 다행이 될 것은 물론 만민의 큰 다행이 될 것입니다. 나머지는 장군과 대사가 아뢸 것입니다' 하였다.

5월 24일 비변사가 아뢰기를, "금번에 귤지정이 가지고 온 서계와 유정이 전해온 말을 보건대, 평조신 등이 앞서 화평을 청한 일은 당초 가강이 주장했던 바가 아니고 저들이 가강의 세력을 등에 업고 그들의 소원을 이루고자 한 것이 틀림없는 듯합니다. 서계의 끝에 '속히 강화의 징험을 보여 달라' 한 것이나 '나머지 말은 대사가 아뢸 것이다' 한 것은 필시 탐색하는 숨은 뜻이 담긴 듯한데, 또 박수영을 돌려보냈으니 적정의 소재를 참으로 잘 알기 어렵습니다. 유정이 대마도에 오래 머물렀고 또 가강과도 만났으니 말이나 표정에서 반드시 은연중 탐색한 것이 있을 것입니다. 그가 올라오기를 기다렸다가 자세한 곡절을 들어 본 다음 중국의 각 아문에 치보하고 서계에 대한 답장도 의논해 보아야 할 듯하여 감히 아룁니다" 하였다.

왜적은 강화의 허락을 받았으므로 백성 1천3백90명을 돌려보낸다 하였다.

그런데 그 쇄환된 자들에 대한 횡포와 속량 문제가 가슴을 미어지게 하였다.

헌부가 아뢰기를 "유정이 쇄환해 온 사람들을 마구 횡점했다. 신들이 삼가 듣건대 전일 포로로 잡혀갔다가 도망쳐 돌아온 이들 중에 간혹 있었는데, 관가나 주인된 자들이 억압하고 부리면서 조금도 관용을 베풀지 않았다고 합니다. 이런 경우가 어찌 단지 이번에 유정이 쇄환해 온 사람들을 마구 횡점하면서 매질하는 데 그칠 뿐이겠습니까. 생각건대 우리나라는 사천은 날로 증강하는 반면 군액은 날로 감축되므로 식자들이 한심스럽게 여기며 경장하려고 생각해 온 지가 오래입니다. 더구나 포로로 잡혀간 사람들이 오랜 기간 적중에 있었으니 죽은 것과 다를 바 없습니다. 그러니 이미 사가의 노비가 아닌데, 어찌 자기의 소유물이라 하여 쇄환된 후에 서로 다투어 가며 점유할 수 있겠습니까. 전후로 쇄환된 사람들 중에 천구에 대해서는 일체 속량하여 줌으로써 군인 되는 길을 넓히고 뒤에 오는 자들의 마음을 권면하소서. 지난번에는 쇄환해 온 남녀를 모두 각 군영의 군관과 토호들에게 빼앗기고 심지어 남편을 죽이고 아내를 겁탈한 경우까지 있게 함으로써 당초 비변사의 첨정공사를 마침내 헛일로 만들었는데, 재삼 행문했어도 거행하지 않았습니다" 하였다.

인간으로서는 할 수 없는 일을 저지르는 구제받지 못할 나라의 일이었다.

이해의 다른 일들은,

4월 10일 의녀를 초계하여 서울 안에서 징집한 것은 의술을 가르쳐 장차 국가에서 쓰기 위한 것인데, 기강이 해이해짐으로 인하여 사치하는 풍조가 만연되어 여염의 크고 작은 술잔치에 의녀를 불러 쓰고 있었다. 모든 상사에서 그들을 붙잡아 보내는 것을 평시 기생의 규례처럼 하였다.

혜민서 제조가 아뢰기를 "해당 관원이 열심히 명령을 수행하는데도 여기저기서 모욕당하는 것을 면치 못하는데, 어느 겨를에 의녀의 얼굴을 대하고 가르칠 수 있겠습니까. 신들은 항상 놀라고 탄식하였지만 또한 어떻게 할 수가 없습니다. 지금부터는 가르치지 못한 연유를 날마다 개록하여 월말에 예조에 자세히 보고하고 예조로 하여금 혹 법사에 보고하거나 혹 입계하여 추고 치죄하도록 하는 것이 어떻겠습니까?" 하였다. 한심하고 빌어먹을 나라라고 하지 않을 수가 없다.

6월 5일 헌부가 행 사용 우치적의 파직을 청하니 추고하라 하였다. '지난해 훈작이 깎인 뒤에 처의 종으로 하여금 궐하에서 격쟁하게 했습니다. 직질이 높은 무신으로서 소민과 같은 무지한 행동을 저질렀으니 그 죄를 징치하지 않을 수 없습니다. 파직을 명하소서' 하였다. 기효근과 이운룡은 공신에 들었는데 자신은 빠졌으니 억울해서 울분이 솟았을 것이다.

7월 24일 성균관 유생 정호성 등이 향교와 서원에 서찰을 보내 정인홍이 지은 발남명집설을 비방하였다.

12월 29일 예조에서 즉위 40년을 기념하여 축하와 잔치를 할 것을 요청하였다. 즉위 40년에 대해서도 39년이 맞다, 40년이 맞다 하며 말이 많았다. 39년은 즉위한 지 40년째 되는 해이지만 40주년은 아니다. 그러나 영의정 유경경이 선조의 비위를 맞추기 위해 고집하여 39년, 즉 40년째의 해로 결정하였다.

선조는 허수아비 같았다.
일본에는 강화 사신을 보냈다 :
선조 39년 (1606 병오년)

1월 2일 정원에 비망기를 내렸다. "공조에서 생우피를 외방에다 다량 복정한다면 반드시 그 피해가 농우에까지 미치게 될 것이다. 서울에는 소를 잡는 곳이 없다는 말인가. 서울에서만 사들여도 이루 다 쓰지 못할 터인데 외방에서 징수하려 할 필요가 뭐 있는가. 공조에 일러서 다시 참작하여 시행하게 하라" 하였다.

사관은 '위대하다, 임금의 말씀이 한번 내려지자 그 덕택은 온 백성을 흡족하게 하였고 은혜는 금수에게까지 미쳤으니, 백성을 사랑하고 생물을 아끼는 그 은덕이 아, 그지없도다' 하고 보기 드문 찬양을 하였다.

1월 3일 양평군 허준의 가자를 개정하라 청하니 허락하지 않았다. "양평군 허준은 이미 1품에 올랐으니 이것도 벌써 분수에 넘친 것입니다. 그런데 이번에 또 보국의 자급으로 올려 대신과 같은 반열에 서게 하였으니, 이것이 어떠한 관함인데 그에게 제수하여 명기를 욕되게 하고 조정에 수치를 끼치십니까." 보국은 3정승에 해당하는 품계인데 의관에게 이렇게 높게 가자 하니 반발한 것이었다.

1월 4일 원접사 유근이 허균, 조희일을 종사관으로 천거하였다.

사관은 '임인년 중국 사신이 나왔을 적에 온 나라의 민력을 다 기울여서 모든 기물을 마련하였으나 관원을 적임자로 뽑지 못함으로써 직무를 유기하여 청탁이 공공연히 행해지고 출납을 멋대로 하여 국가에 하나의 물건도 비축된 것이 없게 만들었다. 그리하여 재차 마련하는 데 대한 백성들의 원성이 높았으니, 기강의 폐지와 관리의 태만이 이때 와서 극에 달하였다' 하고 논하였다.

1월 15일 즉위 40년 축하 의식을 권정례로 행하고 왕세자가 축하의 글을 올렸다.

1월 17일 이비에게 비망기를 내렸다. "부마를 모두 초자시키되 이미 자의에 오른 사람은 한 자급씩만 올려주라. 당은군 등 세 형제는 가자를 친수하게 하라. 오늘날 내종 가운데 족장이 없고 풍산군만 있으니 역시 친수하게 하는 것이 좋겠다. 전일 안응리(황의 아들이다. 황의 아내는 곧 상의 누나이다)에게 관직을 제수하려던 일은 감 자리에 결원이 없어서 제수하지 못하였으니, 아무 관직이든 제수하라" 하였다.

사관은 '근년 이래 친척을 보살피는 은혜는 너무 지나치면서도 어진 이를 예우하는 도리는 미진하였다. 때문에 인척들이 버젓이 등용되어 높은 관작에 오르게 됨에 따라 관작이 인척에게로 돌아가서 공정한 선발을 기하지 못하게 되었으니 요행을 노리는 길이 크게 열리고 정사가 날로

문란해지는 것은 당연한 일이다' 하고 논하였다

2월 13일 선조의 중국 사랑은 유별났다.

"그 면복은 곧 중국에서 하사한 것이므로 나는 우리 황상이 준 것이라면 아무리 입어도 싫증이 없으리라고 여긴다. 품질의 고하를 따질 필요가 있겠는가. 그러므로 감히 고치지 못하는 것이다. 면복은 늘 상방에 있다. 지난 임진년 창졸간에 변란이 발발하여 서쪽으로 파천하였을 적에 궁중의 물건들을 다 버렸으나 황상이 준 망룡의만은 손수 찾아내어 수가하게 하고 사람들에게 '죽을 때에도 반드시 이 옷을 입고 죽을 것이다'고 하였다. 그 옷이 지금도 내 곁에 있거니와 이따금 펴 보면 나도 몰래 눈물이 흘러내린다. 면복을 고치지 않으려는 것은 바로 이런 뜻에서이다. 그러나 정원의 아룀도 옳으니 시기에 맞추어 지을 수 있는지 여부를 상방에 문의하라" 하였다.

사관은 '우리 성상께서는 후도를 삼가서 종시 게을리하지 않았다. 전패 당하는 때일지라도 군신의 의리를 잊지 않았고 사대의 성의가 말끝에 넘쳐흘렀으니 중국에서 다시 나라를 구해주는 힘을 얻어 낸 것이 당연하지 않은가' 하였다.

2월 15일 하늘의 이변으로 간원이 임금의 덕을 닦을 것을 말하였다. 그러나 선조는 오히려 힐문하는 전교를 하였다.

사관은 '대우는 좋은 말을 들으면 절을 하였으므로 하나라가 부흥하였고 덕종은 간언을 막았으므로 당나라가 쇠퇴하였다. 때문에 청명한 시대에는 충성스런 말과 올바른 의논이 조정에 넘치고 위란한 때에는 아첨과 아양이 풍조를 이루는 법이다. 따라서 남의 나라를 잘 관찰하는 자는 언로가 트였느냐 막혔느냐만 살피면 되는 것이다. 아! 오늘날 천재가 극도에 이르렀으니 어찌 사랑하고 아끼는 하늘이 경고하는 이유가 없겠는가. 궁위가 엄숙하지 못하여 왕자가 침탈을 자행하고 조정이 편안치 못하여 진신들 사이에 알력이 있으며, 인륜이 무너지고 의리가 없어짐에 따라 형법이 치우쳐 억울한 일을 신원할 길이 없다. 안으로는 부역이 번다하여 민생이 원망하고 밖으로는 오랑캐가 기승을 부려 군대를 자주 움직이고 있다. 위망의 조짐이 조석에 박두하였으니 이는 바로 충언을 다 받아들이고 좋은 방도를 자문할 시기이다. 그런데 지금 간원의 차자를 인하여 도리어 힐문하는 전교를 내렸으니, 이는 겸허하게 받아들이는 도리에 너무도 어긋난다. 자만하는 표정은 천리 밖에서 사람을 막는 법이니 어찌 애석하지 않겠는가' 하였다. 애석한 정도가 아니라 울분이 치밀어 오르는 것을 막을 수가 없다.

2월 27일 임금의 지시가 제대로 시행되지 않았다.

사관은 '월왕 구천은 납언관을 두라는 명령을 내렸으므로 마침내 회계에서의 원수를 갚았고, 한 무제는 우림기의 제도를 설치하였으므로 끝내 평성에서의 수치를 설욕하였다. 그러니 충신을 포상하고 그 후손을 녹용하는 것은 참으로 제왕의 권면하는 방도이다. 오늘날 우리 성상께서 전몰한 군사를 특별히 생각하여 이미 치제의 예전을 베풀고 또 후손을 녹용하라는 명을 내렸으니, 전사자를 권장하고 유족을 구호하는 도리에 더없이 극진했다고 할 만하다. 그러나 인사권을 잡고 있는 자가 태만하여 받들어 시행하지 않아서 비단옷 속의 젖내 나는 아이들은 모두 높은 벼슬을 하는데 나라를 위하여 싸우다 죽은 자의 후손은 관직을 주지 않으니, 아무리 날마다 성상의 전교가 내려진다 하더라도 겉치레가 되고 말 따름이다' 하였다.

3월 6일 영창대군이 태어났다. 예조가 대군의 탄생에 진하할 것을 건의하였다. 영의정 유영경의 뜻이었다. 태어난 것은 축하할 일이나 태어나지 않았더라면 오히려 더 좋았을 비극의 주인공이다.

이로써 선조는 14남 11녀의 자식을 두게 되었다. 왕자와 공주가 많으면 국가의 복이고 백성들의 복이어야 했다. 그러나 선조의 자식들은 그러지 못했다. 이 많은 왕자와 공주는 오히려 백성들에게 큰 짐이고 불행 덩어리가 되었다. 대부분 아주 못된 짓을 일삼아 백성들을 억울하고 고통스럽게 하였다. 선조 말기는 선조 자신이 아니라 이 자식들에 의해서 폭정이 되었다.

3월 10일 조사 지대 문제로 방납 등의 문제를 엄히 금하라 명하였다. 사관은 '아! 오늘날 민력이 고갈되었다. 간흉한 서리들이 기회를 타고 이끗을 노려 날뛰는 폐단이 살을 깎고 뼈를 부수어 방본이 날로 초췌해지고 국세가 날로 위태로워지는 지경에 이르게 되었다. 관사를 맡은 자로서는 의당 장엄한 자세로 임하여 이러한 폐단들을 통렬히 개혁하여야 됨에도 불구하고 근년 이래 염치의 도는 없어지고 탐욕의 풍조가 극성하여 진신의 집에서 직접 방납에 나서 백성들과 이끗을 다투면서도 전혀 부끄러움을 모른다. 이러한 상황이라면 저 하리들의 간흉함이야 무어 말할 거리가 되겠는가. 더구나 왕자도 이를 본받아서 드디어 큰 폐단을 이루었다. 그리하여 읍리를 잡아 가두고 도로에서 침탈하기도 하고 궁노를 보내어 주현에게 독촉하는 등 권력에 의지하여 위세를 부려도 감히 따지는 사람이 없었다. 따라서 백성들의 원망이 들끓고 억울한 호소가 하늘에 사무치는데도 깊은 구중궁궐에는 언로가 두절되어 생령의 고통을 듣지 못하니, 오늘날의 일이야말로 통곡할 만하다고 하겠다' 하였다. 아무리 통곡해도 그 사무치는 울분을 삭일 수는 없을 것이다.

4월 11일 모화관에서 중국 사신을 영접하였다.

조사 주지번 등이 서울에 들어오니 상이 맞이하였으며 태평관에 관소를 정했다. 이날 조서를 반포하고 또 칙유를 선포했는데, 칙유의 내용은 다음과 같다.

"지난번 왜정을 헤아리기가 어려워 짐이 요동 진무의 차인으로 하여금 그대 나라에 가서 초탐토록 하였다. 그런데 3년이 지난 지금 독무가 아뢰기를 '그동안 해상에는 아무런 동정도 없다'고 하니 관리를 파견하는 일은 한갓 번잡하게만 할 뿐이다. 그래서 그대 나라로 하여금 스스로 탐보케 하여 접대하는 비용을 덜어 주려 하니, 국왕은 때에 맞춰 엄격히 독려하고 힘써 착실하게 거행하라. 이에 멀리 정찰하고 은밀히 탐색하여 변고의 유무를 막론하고 두 달마다 한 번씩 진강유격아문에 보고하여 전보하도록 하고, 만일 중대한 상황이 있을 때에는 아무 때고 즉시 치보하라" 하였다.

4월 16일 양사가 구성의 직첩을 회수할 것을 계속 청하니 윤허하였다. 구성은 기축옥사 때에 정언이었다. 당시 간원이 최영경을 다시 국문토록 청했던 것은 대개 구성이 경상도사 허흔의 말을 듣고 동료에게 편지를 보내 이를 아뢰게 했기 때문이었는데, 영경은 결국 옥중에서 죽었다. 또 임진난에 구성이 호가하여 개성에 이르렀을 때 상에게 아뢰기를, "오늘의 난리는 모두 수상 이산해가 국사를 그르친 소치이니, 마땅히 그 죄를 바르게 하여 백성들에게 사죄토록 해야 합니다" 하였다. 이에 산해가 마침내 죄를 얻어 직위에서 물러났는데, 이로 말미암아 원수로 여기는 자가 더욱 많아졌다. 정인홍이 득세하자 그 무리들을 사주하여 영경의 일을 추론해서 구성을 홍주에 유배하였다. 그 뒤 갑진년에 석방되어 집에서 살았는데, 이때에 이르러 직첩을 줄 것을 명하자 양사가 아뢰기를, "구성은 정철의 지시를 받아 영경을 다시 국문토록 청하였고, 마침내는 선비를 죽였다는 이름을 임금에게 돌렸습니다" 하였다. 이에 대해 끝없이 논하자 선조가 부득이 따랐다. 구성은 서인이었다. 그래서 기어이 진출을 막았다.

5월 23일 통증이 도져서 문안하니 침의를 모두 불러 모아 의논하라 하였다.

5월 28일 부적격 수령을 천거한 사람들을 추고하라 하였다.

사관은 '백성들의 기쁨과 슬픔은 수령의 현부에 달려 있고 국가의 흥망성쇠 역시 여기에 말미암으니, 수령의 임무는 중하다고 할 수 있다. 그런데도 천거하는 자들이 혹 사사로운 은혜나 뇌물을 인연하여 부적격자를 추천, 고을을 맡겨 백성 침탈을 일삼게 하였다. 그래서 고혈이 이미 다하고 유망하는 자가 속출하여 나라가 텅 비게 되었는데, 생각이 이에 미치니 정녕한 성교가 지극하다. 그런데도 받들어 거행할 자가 없었으니, 비록 훌륭한 임금이 있더라도 무슨 도움이 되겠는가' 하고 논하였다.

비변사가 홀적을 회유하기 위해 녹봉과 직첩을 이용하자고 하였다.
'정충신이 직첩을 전해 주자 하호 및 여러 호인들이 기뻐하며 후대하고, 전일의 조약 중에서 포로 56명을 또 출송하여 1백의 숫자를 채웠고, 이 외에도 다섯 사람을 더 출송하였다. 그러나 녹봉을 강정하는 일은 하추가 끝내 따르지 않아 말로 따지기가 어렵다' 하였다.

허성을 이조판서로, 신흠을 병조판서로 삼았다. 사람들이 말하기를, 신흠은 유아하여 무사에는 익숙지 못하다고 하였는데, 이 직책에 임명되자 조처하는 것이 합당하고 책상에는 머물러 있는 서류가 없었으며 문에는 사사로운 방문을 끊었으므로 듣는 이들이 탄복하였다. 그러나 얼마 있다가 병으로 사직하였다.

6월 1일 공조에서 만든 삭필의 품질이 좋지 않다며 공조 낭청이 직접 와서 내관이 보는 곳에서 만들라고 하였다.

사관은 '낭관이 직무를 제대로 수행하지 못한 것은 진실로 잘못이다. 그러나 조관을 믿는 것이 내관을 믿는 것만 못하다면 그 조짐이 우려스럽다' 하였다.

6월 8일 성균관 동무의 벽서 사건이 있었다. 지난달 25일 밤 동무의 벽에다 무뢰배들이 촛불을 밝히고서 조신과 궁인·내관의 이름을 난잡하게 쓴 다음 주를 달아 열거하고 논평을 가한 것이 무려 1천여 자에 달하였다. 기자헌의 흉패한 행실에 대해 특히 심하게 썼다. 많은 사람들이 모여서 구경하고 자자하게 전파되었다.

사간원이 아뢰기를 "이는 익명서에 관계된 것으로 진실로 논할 가치도 없는 것입니다. 그러나 수복들이 항상 거처하면서 주야간에 떠나지 않고 수호하였는데도 성묘에 이런 변괴가 발생하였으니, 그간의 정상에 헤아릴 수 없는 점이 있습니다. 해조로 하여금 다시 엄히 다스리게 하소서" 하였다.

기자헌은 당시 좌의정으로 임금의 총애를 받고 있었으므로 선조가 진노하여 엄히 삼성추국토록 하였다. 본관의 직숙관 및 유생이 모두 하옥되고 전복 등은 대부분 도망하여 숨었는데 여러 날 동안 체포하여 고문하였으나 결판나지 않았다. 우의정 심희수가 위관이 되어 많은 죄인을 다시 조사하여 가벼운 형을 가하였는데, 의금부 지사 송언신은 반드시 죄를 꾸며서 옥사를 이루어 내려고 하였기 때문에 심희수의 소극적인 치죄 방식에 노여움을 품고 마침내 병을 빙자하여 사직하면서 성내고 분한 말을 하였다. 이에 심희수는 차자를 올려 옥사가 끝내 단서가 없다는 정상을 모두 진술하였다. 이어 송언신의 깔보고 업신여긴 말을 거론하며 위관을 강력히 사양하였다. 그러자 선조가 송언신을 바꾸기는 하였으나, 옥사는 가볍게 다스렸다고 하여 특별히 철저하게 다스리도록 하였다. 그리하여 장하에 죽어 간 사람이 많았다.

6월 9일 사헌부가 상소하였다. "군대는 국가의 간성이므로 십분 무마해야 할 것이요 일호라도 침탈이 있어서는 안 됩니다. 지난번 위에서 위졸들의 고통을 진념하시어 종이 한 장 받은 경우에도 관원을 파직시키고 아전을 수금하였으니, 너그럽게 구휼하여 주는 그 성의에 대해 보고 듣는 사람들 치고 누가 감격하지 않겠습니까. 그런데도 유사가 덕음을 잘 준행하지 않고 잘못된 전례를 답습하여 여전히 침탈하고 있으니, 매우 통한스럽습니다.

조사 위장이 분군을 전적으로 관장하고 있으니, 마땅히 고혈을 분별하여 균일하게 돌려가면서 배정함으로써 한쪽은 마냥 고통스럽고 한쪽은 마냥 편안한 폐단을 없애야 하는 것입니다. 그런데 지금은 수월한 곳에 배정되고자 하면 포목을 바치는 것이 항식으로 정해졌고 이를 관리들이 나누어 쓰면서도 태연히 괴이하게 여기지 않습니다. 이 뒤로는 이 폐단을 통렬히 고치고 전례를 답습하여 다시 범하는 사람이 있으면 장률로 논하여 용서하지 않아야 합니다.

대저 오위장은 왕궁을 숙위하는 것으로 그 임무가 가볍지 않은데 난후에는 전혀 신중히 가리지 않고 용잡스런 자들을 구차스럽게 충당하고 있습니다. 이 때문에 조금이라도 명망이 있는 사람은 같은 대열에 서기를 부끄럽게 여겨 다시 의차되지 않으니, 물의가 미편하게 여긴 지 오래입니다. 해조로 하여금 십분 신중히 가리게 해서 대간·시종을 출입한 사람도 아울러 주의하여 그 선임을 중하게 하소서" 하였다.

사관은 '안으로는 위졸에게 포목을 독책하여 받아들였으므로 원망이 극심하였는데, 밖에서 각진의 수졸들에게 독책하여 받아들이는 포목은 이보다 더 극심하였다. 그런데 헌부의 아룀에서 안은 거론하였으면서도 밖을 빠뜨린 것은 무슨 까닭인가' 하고 논하였다.

6월 15일 상미 1백 석과 과해량을 전례에 따라 각 왜인에게 지급하였다.

6월 16일 손문욱·박대근이 가서 귤왜를 만나 보고 서계의 회답을 전하여 주고 문답하였다.

귤지정이 '송운대사와 손첨지가 우리나라를 두루 돌아다니면서 직접 가강의 호의를 듣고서 돌아왔으니, 어찌 가강이 국정을 담당하고 있는 여부를 모르겠으며 또 수호하려는 뜻을 모르겠는가. 이는 모두 핑계 대어 미루는 말이니 다시 말하지 말라' 하고는, 하늘을 우러러 길게 탄식하기를 '여러 해 동안 신고하였으나 끝내 큰 환란을 당하게 되었다. 이 또한 하늘의 뜻이다' 하였다.

박대근이 '그대의 섬에서 화호를 요구하기에만 급급하고 충성을 바치지 않고 있는가 하면 도리어 공갈 협박하는 말을 하고 있다. 이런 말을 하면서 하고자 하는 것을 요구한다면 이는 참으로 이른바 나무에 올라가서 물고기를 구하는 격인 것이다. 우리나라에서 망설이며 결정하지 못하고 있는 것은 모두 그대 나라에서 반복이 심한 탓이다. 그대들이 진실로 속히 화호를 맺으려 한다면 어찌 돌아가서 가강을 달래어 화호를 청하는 내용으로 우리나라에 서신을 보내고 능을 범한 적을 잡아서 보내지 않는가?' 하니,

귤지정이 '이 두 가지 일은 모두가 극히 어려운 것이다. 이곳에 와서는 누차 어려운 일을 가지고 말을 하니, 이는 내가 감히 행할 수 없는 일인 줄 알고 이것을 가지고 증거로 삼아 미루려는 계책을 세우려는 것이다. 그 가운데 가강에게 서신을 요청하는 일은 가장 어려운 것으로서 하늘이 뒤집히고 바다가 뒤집어져도 결코 받아 내기가 어렵다' 하였다.

이어 전별연을 베풀어 주었다. 전후 나아온 왜선 4척은 돌아가기 위해 물위에 정박하여 바람을 기다렸다.

6월 18일 새벽에 귤지정은 먼저 경쾌한 소선을 타고 바람도 기다리지 않은 채 노를 재촉하여 귀국하였다. 조선의 요구 조건을 전하는 것이 급했다.

7월 2일 병조가 군사를 궁궐 짓는 역사에 동원할 것을 청했다.

이에 전교하기를 "상번 군사는 돌멩이나 치우고 잡초를 베기 위해서 온 것이 아니다. 본 조의 직책은 군사를 아끼고 구휼하는 데 있다. 진실로 그렇게 하지 못한다면 그 직분을 잃었을 뿐만 아니라, 이는 여러 도에서 군사를 수탈하고 있는 지각없는 변장들의 우두머리가 되는 셈이니, 앞으로 어떻게 그 근본을 바로잡아 변장의 범람한 짓을 문책하겠는가. 본조는 전에 분부한 대로 시행하고 다시는 이와 같은 말을 하지 말라" 하였다.

사관은 '병조는 군사를 주관하는 곳이며 조정은 사방의 근본이다. 상번의 군사는 숙위하는 군사이다. 병조가 점고나 적간을 핑계로 쌀과 베를 다그쳐 거두어 갖가지로 침탈하였다. 더구나 국경 지역은 먼 데 있고 변장은 지각이 없으니, 국경 지키는 군사가 침해당하는 것을 어떻게 금지하겠는가. 이번에 역군 청하는 것을 주상이 특별히 윤허하지 않았다. 이에 대한 성지가 간곡하니 군사를 훈련하고 구휼하는 마음이 매우 극진하다' 하고 논하였다.

7월 14일 호조가 양주 은광의 민간 채국을 허용하자고 건의하였다.

"이익을 다투어 탐내는 근원을 막는다 하여 쓸 만한 물건을 무용지물로 돌려 버리고 한결같이 굳게 은광을 닫아 놓는 것도 재물을 생산하는 도리에 어긋납니다. 잠시 관아에서 채취하는 것을 멈추고 백성들이 채취하게 하고 대신 세금을 바치게 한다면 공사 간에 이익이 많을 것이니 편리하고 마땅할 듯합니다" 하니

선조가 "백성들이 채취하는 것은 곤란하다. 관아에서 채취할 수 있으면 관아에서 채취하라" 하였다.

사관은 '쓸 만한 물건이 쓰이지 않고 있으니, 우리나라의 재물을 생산하는 길이 참으로 좁다. 다만 권력가가 앞을 다투어 차지하고 이익을 독점하려고 할 것이라는 호조의 아룀은 실로 시대의 폐단을 적중시켰다. 해수나 천곡도 모두 입안을 받았으므로 백성들이 감히 그 사이에서 고기잡이를 못한다. 더구나 은이 생산되는 은광을 민간이 채취하는 것은 참으로 곤란한 일이다' 하였다.

7월 20일 왕자 부인을 간택하기 위한 처녀 단자가 적자 관원을 추고하자 하였다.

사관은 '여러 왕자의 부인을 맞이하기 위하여 사족의 처녀를 간택하려고 궁금을 드나들게 하고 있으니, 이는 선왕조의 고사가 아니다. 더구나 담당을 가두어 놓고 단자를 내게 독촉하니 어떠할지 모르겠다' 하였다. 갈수록 가관이었다.

7월 22일 북도에 군량을 이어줄 방안을 걱정하였다.

사관은 '북녘의 변이 조석에 다가오고 있는데, 흉년의 재앙이 해마다 거듭되어 싸우는 병사들이 추위와 굶주림의 고통을 면치 못하고 있다. 유사가 그들의 괴로움을 걱정하지 않고 병사들을 마치 소 닭 보듯이 하여 방어의 지대가 끝내 텅 비었다는 탄식이 있게 하였으니, 뜻있는 선비라면 누군들 팔을 걷어붙이고 가슴 아파하지 않겠는가' 하고 탄식하였다.

사관은 또 '남방이 불안하고 또 북쪽의 경비가 다급하여 임금의 걱정은 조금도 여유가 없는데 근래에 변장은 적임자가 아니고 수령은 어진 자가 없어 백성을 수탈하는 데 급급할 뿐 방어하는 데는 생각이 미치지 않는다. 방수하는 사졸까지도 권력의 힘만 있으면 무슨 수를 써서라도 부역을 면하고 가난한 사람은 노약자라도 창을 메는 괴로움을 당하여 변방의 방비가 허술하고 나라의 꼴이 안 되니 어찌 통탄을 금할 수 있겠는가' 하고 통탄하였다.

8월 6일 원접사 유근이 조사를 접대한 일을 말하며 허균을 칭찬하였다. '허균은 시격은 높지 않지만 총명하고 박식하여 중국 사신을 접대함에는 이 사람보다 나은 자가 없었습니다' 하였다.

8월 23일 신하들과 일본과의 화의, 서계, 사절의 명칭 등에 대하여 논의하였다.

가강의 서계가 이미 대마도에 도착하여 곧 나온다고 하였다. 유영경이 "평의지는 행장의 딸과 이혼을 하였으나 이미 행장의 사위였고, 평경직은 행장의 선봉으로서 가강과 서로 싸우다가 패하여 모두 가강에게 뜻을 얻지 못하였고 또 어쩌면 대마도를 차지할 뜻이 있기 때문에 그들이 강화하는 일로 가강에게 속죄하려고 한 것입니다" 또 "통신사로 칭할 것이 아니라 통유사로 고치는 것이 어떻겠습니까?" 하였다.

9월 2일 김계가 상소하여 덕흥대원군을 왕으로 추존하기를 청했다. 이는 유영경이 시킨 것이었다. 유영경이 먼저 부제학 이유홍을 시켜 신흠의 뜻을 알아보니 신흠이 정색하고, "이 일은 선유들의 정론이 있는데, 어찌 다른 의논이 있으랴" 하였다. 선조가 이 일을 신하들의 의논을 묻게 하였다. 아첨하려는 사람들은 교묘히 말을 꾸미며 찬성의 뜻을 표했으나, 이항복이 말하기를, "이 일은 임금으로서 행한 자가 있으니, 한 나라의 애제·안제·환제·영제요, 아래에 있는 신하로서 반대가 있었으니, 주자(周子), 장자, 정자, 주자(朱子)였다" 하였다. 그래서 그 일이 묵살되었다.

신흠을 예조판서로 하였다.

9월 20일 호조가 훈련도감의 군사들에게 줄 양료를 마련하기 어려우니 백성들에게서 쌀을 거두어 지급할 것을 말하였다. 사실상 훈련도감을 없애자는 말과 같았다. 이에 대해 선조는 "따로 쌀을 거두는 것은 윤허하지 않는다. 백성에게 더 부과하는 것을 《춘추》에 비평하였다. 백성에게는 항세가 있는데 더 부과할 수 있는가. 한 번도 이미 심하였는데 또 어찌 다시 하겠는가. 더구나 두 번에 그칠 것이 아닌 데이겠는가. 이 일은 시행하지 않는 것이 좋겠다" 하였다.

사관은 "임금의 말씀이 위대하도다. 동방은 희망이 있다. 송나라 사성이 이른바 '임금에게 임금다운 말이 있다' 한 것이 우리 임금을 감동시킨 것이다. 그런 말씀이 있으면 하늘을 감동시킬 만한 것인데, 더구나 사람이겠는가" 하고 기뻐하였다. 매사를 이렇게 하였으면 성군이 되었을 것이다.

9월 25일 헌부가 부국강병과 왕도 실현에 대하여 차자를 올렸다. '지금의 국사는 통곡하고 눈물을 흘릴 것이 셀 수 없이 많다 하겠으니, 이것이 신들의 근심이 적국에 있지 않고 내치가 미진한 데에 있는 까닭입니다. 군사로 말하면 군사가 없는 지 오래고, 백성으로 말하면 백성이 흩어진 지 오랩니다. 인재는 죄다 잘 쓰이지 못하고 인심은 배반하는 뜻을 벗어나지 못하며 학문이 밝지 않고 의리가 어두워 천박한 풍속이 날로 심해지고 경박한 풍습이 점점 더해 가니, 접때 성묘의 변이 있었던 것도 그중의 한 가지입니다. 인심이 이러하니 무슨 일을 할 수 있겠습니까' 하였다.

11월 4일 간원이 내치와 수신, 인재등용, 공물의 폐단 등에 관한 차자를 올렸다.

'공물의 폐단으로 말하건대 정공에 들어가는 것은 십분의 일도 못 되고 쓸데없이 뇌물로 허비하는 것이 십분의 구나 되니, 방납의 뇌물에 대한 폐단을 차마 말할 수가 있겠습니까. 지난번 삼을 공납하는 일로, 임금이 여러 차례 태만히 말라는 글을 내렸고 수령들이 잇따라 처벌을 받았으니 사대하는 정성이 시종 극진하다고 하겠습니다. 그러니 대소 신료들은 의당 분주히 명을 받들기에 겨를이 없어야 하는데 중간의 간활한 무리들이 이익의 권병을 독점하고는 급한 때를 이용하여 값을 마음대로 조작하였습니다. 이것이 해마다 증가하여 한도가 없어졌으므로 비록 삼이 생산되는 곳이라 할지라도 지탱할 수 없게 되었습니다. 그래서 부득이 내지에도 나누어 배정하였는데 내지인들 어떻게 바칠 수가 있겠습니까. 더구나 중강 개시 이후로는 흩어져 없어졌던 잠상이 꼬리를 물고 모여들고 있습니다. 엄중한 형률로 간활한 자들의 수족을 묶어 두지 않는다면 반드시 나라가 공허하게 되고 말 형편입니다. 원컨대 전하께서는 과조를 엄하게 세우시고 현상금을 걸어 한 번 국법을 어기면 모질게 단속하고 용서하지 마소서. 그리하면 모리하여 긁어모은 인삼이 모두 국가의 용도로 돌아올 것입니다. 변방의 백성은 한번 흩어지면 다시 모으기가 어렵고 이익의 구멍이 사방으로 뚫리면 막아낼 수가 없는 것이니, 전하께서는 유의하소서.

관가 노복들의 폐단으로 말하면, 세력을 믿고 횡행하는 무리가 한둘이 아닙니다. 이들 중에는 중간에서 무뢰한으로서 사칭한 자가 과반수인데, 이들은 친분으로 인하거나 혹은 인척간임을 빙자하여 서로 본받아 결탁하였기 때문에 이들의 폐단이 전국에 만연되었습니다. 다행히 전하께서 통촉하시고 금단시키라는 명을 특별히 내리심에 힘입어 여우나 쥐 같은 무리들이 일시에 자취를 감추게 되었으므로 모든 사람들이 매우 기뻐하고 서로 모여 경하하며 다시 살아난 듯이 즐거워하였습니다. 그러나 혹 기회를 엿보는 자들이 다시 횡포를 부릴 조짐이 있을까 염려되니, 전하께서는 다시 더 신칙하여 폐습을 영원히 없애시면 천만다행이겠습니다.'

11월 9일 서얼에 대하여, 선조는 "사족과 서얼의 분수는 한계가 분명하다. 우리나라의 기강이 유지되어 온 것이 이 점에 있는 것이다. 그런데 변란을 겪은 뒤로부터 윤리와 기강이 퇴폐되고 명분이 뒤범벅이 되었다. 서얼들에게 어떻게 씨라 칭할 수 있단 말인가. 그리고 만일 씨라고 칭한다면 앞으로 도서마저도 찍도록 할 것인가. 그러면 사족과 어깨를 같이 하고 옷소매를 나란히 하게 하는 것이다. 이로부터 분수를 넘어 참람해지는 풍조가 고칠 수 없게 될 것이다. 다시 법례를 마련하여 자세히 참작하여 시행하도록 하라" 하였다.

선조 자신은 서자의 자손이 아니었던가.

12월 15일 청탁 인사의 폐를 지적하고 인재 등용을 신중히 할 것으로 전교하였다.

사관은 '지금 사람을 등용하는 자들이 사람의 재덕을 따지지 않고 청탁만 힘쓰고, 지금 선비란 자들도 염치를 돌보지 않고 한갓 부탁하여 등용되는 것만을 영광으로 여긴다. 이리하여 세가의 부형을 둔 자제들은 나이 겨우 약관에 벼슬길에 나가는데 자리만 지키고 녹을 도적질하는 자가 모두 이들이다. 초야에서 쓰이기를 기다리는 한사들로서 재덕을 가졌으면서도 종신토록 버려지는 자들이 얼마이겠는가. 이 점에 대해 식견이 있는 자가 탄식하는 것이며 성교가 자주 내려지는 이유이기도 하다' 하고 논하였다.

이해의 왜적과의 일을 살펴보면,

1월 26일 이때 대마도의 평조신이 죽었다. 이에 비변사가 대마도에 조신의 조위를 칭탁해 적정을 탐지할 것을 말하였다.

2월 12일 주역을 강한 후, 신하들과 여러 가지 국사를 논의하였다.

심희수가 "아무리 저들에게 강화를 허락한다 해도 주사가 해이되어서는 안 되는데 주사가 점점 전일에 미치지 못하고 있으니 매우 우려스럽습니다. 그리고 가강의 말이 '나는 평수길과는 다르다. 임진년에 나는 관동에 있었으므로 나의 군사는 한 명도 바다를 건너지 않았다'고 한다니, 평수길은 우리나라에 있어 불공대천의 원수이지만 지금은 이 사람이 태도를 바꾸었으니 강화를 허락할 수도 있습니다. 북방의 일과 남방의 일을 갈라서 조처한다면 기회를 노려 협박해 올 우려가 있는데 만일 강화를 협박해 온다면 반드시 난처한 일이 많을 것입니다. 개돼지와 강화하는 것이 믿을 수는 없다 하더라도 모든 일이란 임기응변을 어떻게 하느냐가 중요합니다. 황진이 '귤지정이 돌아갈 적에 기색이 좋지 않았다'고 했는데, 이는 아마 강화의 일이 지연되기 때문일 것입니다."

"우리나라의 경우 어떤 장수가 평행장이 평양에서 패전하였듯이 패전

하였다면 어찌 살아날 길이 있었겠습니까" 하자,

선조는 "우리나라의 경우라면 온 나라가 소란해져 대간이 계사를 올렸을 것이지만 저들은 태연히 꼼짝도 않았다. 그들은 다만 성미가 급할 따름이다. 만약 글을 알았다면 더욱 형언할 수 없는 사람이 되었을 것이다. 평소 동평관에 머무르는 왜인이 2백 년 이래로 그 수가 적잖이 많았지만 자기 나라의 일은 전혀 말하지 않고 그저 아무 말없이 매매만 하고 갔을 뿐이다. 우리나라 사람이 동평관에 머물렀다면 하루가 못 되어 우리나라 일을 모두 말하였을 것이다" 하였다.

4월 19일 평의지가 사명당 유정과 손문욱에게 서신을 보냈다.

"일본국 대마주 태수 습유시중 평의지는 삼가 조선국 송운 대사와 첨지 손공 합하에게 아룁니다. 1월 25일 귤지정을 차견한 이래 몇 개월이 지났어도 아직 좋은 소식이 들리지 않는데 우리 우부 가강께서는 지정이 돌아왔는지의 여부를 누차 묻고 계십니다. 만약 지연될 경우 가강은 필시 제가 태만했기 때문이라고 여길 것이니, 삼가 원컨대 예조 대인에게 아뢰어 강화가 성립되었는지의 여부를 속히 알려 주도록 하소서. 문에 기대어 기다리겠습니다. 양찰해 주십시오. 나머지는 직접 말씀드릴 것입니다. 진정 두려운 마음으로 머리를 조아립니다" 하였다.

유정이 일본을 다녀오고도 일 년이 지나도록 강화에 대한 결정이 없으므로 평의지는 애가 닳았고 계속 귤지정을 보내 재촉하고 있었다.

비변사가 일본에 사신을 보내는 데 대해 아뢨다. "선전관을 파견해 영리한 자를 대동하고 부산으로 달려가서 박대근으로 하여금 서계를 누구 앞으로 보내야 할 것인지와 이에 관한 다소 곡절을 지정에게 자세히 물어보도록 해야 하겠습니다. 그리하여 그의 말을 듣고 나서 그에 의거하여 처리하는 것이 마땅하겠습니다. 그리고 그와 문답할 말을 세밀히 준비해야 하는데, 여기에서 써 보내는 것이 또한 마땅하겠습니다."

이에 대해 선조는 '두 나라가 화친하여 사신을 보내 통신하는 것은 사체가 지극히 중한 것인데, 어찌 너희 대마도가 중간에서 하는 말만 듣고 갑자기 사신을 보낼 수 있겠는가. 우리나라가 독자적으로 처리한다 하더라도 반드시 너희 나라의 사정을 상세히 알고 난 뒤에야 허락할 수 있는 것인데, 더구나 위로 품명해야 할 곳이 있음이겠는가. 설사 너희 나라에 통서하여 서로 물어보는 일이 있을 경우에도 누구 앞으로 글을 보내야 할지 모르는 형편이다… 하라' 하였다.

5월 12일 비변사가 박대근과 귤지정의 문답 내용을 말하고 대책을 논하였다.

귤지정은 가강을 국왕이라 하였다. '국왕이라 부르지는 않지만 그 직책은 국왕이다' 하였다.

선조가 비망기로 이르기를 "적이 화친을 요청하는 것은 모두 대마도가 중간에서 한 일이어서 그들이 가강을 칭탁하는 것은 모두가 거짓말이다. 만일 가강이 진실로 속히 화친하려는 뜻이 있다면 유정이 돌아올 때에는 어찌 한 장의 글도 부치지 않고 장황한 사설과 흉악한 위협으로 공갈했겠는가. 수뢰와 가강 가운데 지금 어느 적이 국사를 주관하는지 모르는데 갑자기 그처럼 말을 만들어 뜻을 나타내면 귤지정의 꾀에 속을까 염려된다. 설사 가강이 실제로 왜주가 되었다 하더라도 수길의 무리를 모조리 제거했다면 그만이지만 그렇지 않고 그 무리가 중외에 가득 차 있다면 가강은 어린애를 끼고서 군하를 호령하는 것에 불과하다. 그런데도 이번에 곧바로 가강에게 글을 보내면 여러 적들이 유감을 품게 될까 싶으니, 어떻게 해야 좋을지 모르겠다. 내 생각은 사람을 보내 정탐하여 그들의 사정을 대강 안 뒤에 처리하고자 하는 것이다. 또 한 가지 생각이 있으니, 능을 범한 적을 잡아 죽이면 참으로 의리상 통쾌하나 다만 압송할 것을 기필할 수 없고, 잡아 보내는 것도 마치 금로가 재궁을 송환한 것처럼 하면 어떻게 할 것인가. 대개 왜적은 아주 교활하여 꾀가 십 배나 되어 우리는 걸핏하면 속아왔다. 이는 한 나라의 대사이니, 반복하여 깊이 생각하지 않을 수 없다. 다시 의논하여 아뢰라" 하였다.

다음 날 비변사가 가강에게 서계와 능침 발굴범을 요구하자고 하였다.

"우선은 손문욱으로 하여금 부산으로 달려가 귤지정에게 '수길이 죽은 후에 가강은 수길이 하던 일을 모두 반대로 하여 포로된 사람이 연속 나와도 금하지 않으나, 가강과 우리나라는 본디 의거할 만한 관계가 없다. 가강이 실로 화친하고자 한다면 서계를 서로 통해야 하는데 너희 대마도가 빈번하게 왕래하는데도 어찌 글 한 장도 없는가. 너는 모름지기 이런 뜻을 가강에게 말하여 서계를 가지고 오면 화친을 성사시킬 수 있을 것이다. 또 종전에 우리 나라가 감히 가벼이 화친을 허락하지 않았던 것은 능을 범한 적의 죄를 다스리지 못하여 지극한 통한이 있어서이다'는 뜻으로 말을 만들어 타이르게 하고 서계 역시 이런 뜻으로 답하여 들여보내면 무방할 듯합니다" 하였다.

선조는 "서계를 가지고 오라는 말은 이루어지지 않을 듯싶다. 가강이 반드시 이 한마디 말로 인하여 제가 먼저 우리에게 서계를 보내려 하지 않을 것이다. 적의 뜻은 바로 우리가 먼저 사신을 보내 글을 보냄으로써 '우리가 사신을 보내 화친을 청했다'고 말하거나, 혹은 '항복을 애걸하여 정성을 다해 섬겼다'는 등의 말로 지칭하여 후세에 과시하려는 것이다' 하였다. 선조는 과연 머리로 생각하는 것은 따를 사람이 없었다.

5월 17일 일본과의 국교 재개에 대하여 여러 신하들의 의견을 들었다. 대부분 사신을 보내자는 의견이었다.

사관은 '조정의 여러 재상들이 임시 구제책에만 급급하여 사신을 보내자는 논의를 힘써 주장하면서 종사와 생령을 위한 계책이라고 칭탁하니, 그 말이 매우 구차하지 않은가. 종사와 생령을 위한 계책은 자강하는

한 가지 일 이외에는 없는데, 애석하게도 건백한 신하가 하나도 없었다'
하고 논하였다.

5월 21일 대마도에는 사신 대신 차관을 보내기로 하였다.

전 우후 전계신, 군수 조훤, 첨지 손문욱 및 역관 박대근, 이언서 등을 파견하여 귤지정 등과 함께 들어가게 하였다. 그리고 자문을 진강에 보내 중국 조정에 전문케 하였다.

선조는 아직도 왜적의 침략 불안감에서 벗어나지 못하고 있었다.

7월 4일 일본과의 화의에 대해 전계신 등을 속히 파견하여 염탐하게 하라 하였다.

"내 생각은 이 적들이 통신사 보내 주기를 이처럼 몹시 다급해하면서 지금 말로 협박하는데, 앞으로 화란이 있을 것이라고 분명히 말한 의도에는 반드시 그 까닭이 있을 것이다. 아마도 앞으로 흔단을 열어 쳐들어오고자 하는 계획이 아니겠는가. 저들의 소식은 어떠한가? 잘 생각해서 처리하지 않을 수 없다. 한갓 그들이 고의로 협박하고 있다고 핑계댈 수는 없으니, 다시 회계하라."

9월 3일 비변사가 "이제는 이미 세상이 바뀌어 덕천가강이 나라를 맡고 스스로 수길이 한 짓을 죄다 돌이켰다 하며 우리에게 화친을 청하니, 제왕이 오랑캐를 대우하는 도리에 있어서는 끝내 거절할 말이 없습니다. 귤왜가 오기를 기다려 보아 이른바 두 건의 일이 과연 성실하여 거짓이 없으면 사신을 보내어 회보하는 것은 그만둘 수 없을 듯합니다. 해조를 시켜 사신을 차출하여 미리 여장을 꾸리게 하고 적이 하는 것을 보아가면서 진퇴하여도 무방할 듯합니다."

차관 전계신이 대마도에서 가강의 서계 수정을 불허한 전말과 나눈 대화 내용을 보냈다.

'이어서 일본의 뭇 장수들의 뜻이 유구에 있는 것과 가강이 홀로 승락하지 않는다는 말을 하여 넌지시 저들끼리도 따르기도 하고 거스르기도 한다는 것을 드러내어 알렸고, 또 내년 봄에 고좌군을 치려고 모의한다는 따위 일을 말하면서 한편으로 우리를 협박하고 한편으로는 우리의 깊이를 엿보았습니다. 흉악한 꾀가 망측하므로 매우 통분하나, 이러한 말들은 죄다 장황한 말입니다.'

10월 5일 일본에서 우리나라에서 요구한 두 가지 문제, 가강의 서계와 능을 범한 자의 송환을 모두 해결하였다는 소식이 왔다.

비변사가 "전계신의 보고를 보건대, 도왜 귤지정이 일본의 서계를 가지고 또 능을 범한 두 도둑을 적발하여 뒤따라 나온다 하니, 우리 나라의 지극히 통분한 마음은 이 때문에 조금 위안될 수 있겠습니다. 다만 지극히 흉악한 도둑을 심상하게 압래할 수 없으니, 금부의 낭청과 선전관을 보내어 같이 나래하여 전형을 바루는 것이 마땅하겠습니다. 귤왜를 접대하는 절목은 해조를 시켜 빨리 마련해서 거행하여 전도될 걱정이 없도록 하는 것이 또한 마땅하겠습니다. 감히 아룁니다" 하였다.

다음 날 병조가 아뢰기를, "일본에서 능을 범한 도둑을 묶어 보내는 것은 종사와 신민의 막대한 경사이므로 도둑을 받을 때에는 병위를 엄하게 보여서 사체를 중하게 해야 할 것이니, 서울에 이른 뒤에 거행해야 할 절목은 마땅하게 마련하여 거행해야 할 것입니다. 부산에 이르러 헌부할 때에는 경상 감사·좌병사·좌수사가 한곳에 같이 앉고 세 곳의 소모군과 근처 각 고을의 편오군을 모아서 군용을 성대히 벌여 귤왜가 와서 헌부할 때에 볼썽사납게 하지 않게 하고 올라올 때에는 따로 차사원을 정하고 군인을 많이 내어 차차로 압송하게 하소서. 또 이 도둑은 죄가 매우 중하니 또한 감사를 시켜 단단히 함거에 가두어 보내어 중도에서 자살할 염려가 없게 하라고 충청도·경기 등의 감사에게 하서하고, 경상 감사에게는 따로 선전관을 보내어 표신을 가지고 가서 하유하고서 압령하여 오게 하는 것이 마땅하겠습니다" 하였다.

10월 7일 일본에 보낼 사신을 통신사 대신에 회답사라 하고 여우길을 임명하였다.

여우길이 아뢰기를, "신들이 듣건대, 덕천가강의 부중의 일체의 기무는 한두 중이 그 권세를 모두 잡았으므로 유정이 갔을 때도 먼저 이들과 교제하여 서로 정이 도타워지게 하여 적의 정세를 정탐하는 여지로 만들었다 합니다. 신들이 갈 때에도 저들의 정황을 살피려면 이런 계책을 버릴 수 없을 듯하니, 유정은 다시 갈 수 없더라도 그때 데리고 갔던 영리한 중 한 사람을 가려서 데려다 보조하게 하는 것이 어떠하겠습니까?" 하니, 중은 데려갈 수 없다고 하였다.

11월 12일 수군과 육군을 성대하게 하고 귤지정을 맞았다. 그러나 그는 우리 군병을 보고 냉소하여 마지않았다. 그가 가지고 온 원가강의 서계는 다음과 같았다.

"수년 동안 의지 조신 등에게 명하여 천고의 맹약을 다지도록 하였으나 그 일을 완수하지 못한 채 조신이 죽었으므로 지난해부터는 그의 아들 경직에게 명하여 그 일을 주선토록 하였습니다. 요전에 의지가 비품하기를 '여러 번 귀국에 화친을 청하였으나 귀국에서는 혐의를 풀지 못하여 지금까지 지연시키고 있으니, 친히 서계를 만들어 청하는 것이 옳다'고 하였으므로 이같이 통서하는 것입니다. 한 건의 일에 대해서는 다행히 죄인이 대마도에 있는 터이므로 의지에게 확고하게 명령하였으니 반드시 결박하여 보낼 것입니다. 또 누방이 전대의 잘못을 고치는 것에 대해서는 지난해 승 송운과 손 첨지 등에게 모두 이야기하였으니 지금 다시 무슨 말을 하겠습니까. 바라건대, 전하께서는 속히 바다 건너 사신을 보내도록 쾌히 허락하여 우리 60여 주의 인민들이 화호의 실상을 알 수 있게 하여 주시면 피차에 다행일 것입니다. 계절에 따라 나라를 위해 자중하소서" 하였다.

또 대마도의 왜인 마고시구, 마다화지를 능을 범한 자로 보내왔는데 저자에서 목 베었다. 마고시구는 '도주에게 죄를 입어 바깥 마을에 쫓겨나 있다가 갑자기 밤에 포박되어 보내졌다'고 하였고, 마다화지 또한 공술하기를 '임진난 때 종군하지도 않았는데 도주에게 죄를 얻어 바깥 마을에 갇혀 있다가 갑자기 포박되어 보내졌다'고 하면서 모두 불복하였다.

가짜 서계에 가짜 능침자. 대마도 왜적들이 하는 짓이 임진왜란 전과 똑같았다. 사실 우리 조정도 변한 것이 없었다. 의심하면서도 어쩔 수 없으므로 그냥 넘어갔다.

12월 24일 회답사 여우길, 경섬, 정호관이 일본을 향해 떠났다.

이해의 왕자들의 횡포는,

5월 23일 비망기로 정원에 전교하였다. "전번에 궁가에 투입한 도감의 포수들을 치죄하여 엄금하라고 전교하였다. 들으니, 이들 무리가 아직도 전의 버릇을 따라 군법을 두려워하지 않고 궁가를 출입하는 자가 한둘이 아니니 매우 놀랍다. 도감의 평소 기율이 엄하지 못하여 이런 일이 생겼으니 역시 그르다. 하나하나 적발하여 중률로 다스리고 초관은 군문에서 결장하라. 앞으로 도감에서 한결같이 군인들이 궁가에 출입하지 못하게 재삼 신칙하고 그 후에 범한 자가 있으면 자세히 조사하여 범한 바가 분명하게 드러날 경우 반졸로 논하여 즉시 효수하여 삼군에 순시하라. 도감은 항상 적발할 것을 훈련도감에 말해 주라" 하였다.

5월 26일 훈련도감 포수로서 임해군, 정원군, 순화군의 집에 투탁한 자들의 명단을 말하였다. 초군으로서 궁가에 출입한 자가 수없이 많은데 서계한 것은 15명에 그쳤다. 그리고 더욱 심한 자는 전교에 따라 시행하겠다고 하였지만 빈말이었다.

사관은 '도감의 초군은 바로 임금의 친병인데, 왕자가 이에 감히 숨겨두고 종으로 삼는 것을 조금도 꺼리지 않았으니, 이는 실로 왕자의 죄이다. 그러나 도감에서 만약 그 가운데 더욱 심한 자를 적발하여 잡아다가 효시하였다면 군율이 엄숙해져 자연 두려워 복종했을 것이다. 그런데 당초부터 감히 묻지 못하다가 엄지가 내린 뒤에도 손을 쓰지 못하고 끝내 좌시를 한탄하며 회계하였으니, 어찌 도감에 죄가 없다고 하겠는가' 하고 논하였다.

군사들을 죄줄 일이 아니라 왕자들을 죄주어야 할 일이다. 왕자들은 비호하고 놔두니 임금도 우습게 알고 전혀 말을 듣지 않고 속이기만 하고, 다른 한편으로는 무자비한 횡포를 거칠 것이 없이 자행하였다. 그리고 군사를 사병으로 거느리는 것은 위험천만한 행위였다.

6월 18일 사헌부가 순화군이 숙부를 잡아다 구타한 정상을 아뢨다.

"순화군 이보는 풍병을 앓은 지 이미 오래므로 진실로 책할 것도 없습니다만, 그가 거느린 하인들이 그의 망령된 말을 듣고 일가의 친속을 수금하기까지 하였으니, 놀랍기 그지없습니다" 하였다.

사관은 '자기의 숙부를 수금하고 장을 쳤으니 너무도 윤리에 어긋난 짓이다. 그의 종만 다스리기를 청한 것은 이미 근본을 다스린다는 논리에 입각한 것이 아니다. 더구나 다른 궁가에서 멋대로 잡아다 가둔 죄 없는 사람이 한없이 많은 데야 말해 뭐하겠는가' 하고 한탄하였다.

8월 23일 임해군에게 물건을 빼앗긴 사람들은 정소하게 하고 작폐한 종들은 치죄하여 왕자들의 경계가 되게 하였다.

"규문 안에서는 은혜가 의리를 가릴 수도 있지만 조정에서는 의리가 은혜를 용납할 수 없다. 임해군 이진은 법규를 무시하고 비의를 많이 자행하여 사가에서 백성을 구타하며 노비를 마음대로 빼앗고, 사나운 종을 시켜 여염집을 부수며 가는 곳마다 주민을 침탈하여 닭이나 돼지에까지 피해가 미치므로 소민들이 원망하여 원성이 길에 가득하다. 양계의 관기를 데리고 살 수 없도록 조종조의 법제가 엄중하게 금하고 있는데도 성천의 기녀를 여러 해 동안 돌려보내지 않고 있다. 그러나 유사가 감히 거론하지 못하고 헌부에서도 논박하지 못하여 방종함이 이 같고 국법이 날로 무너져간다. 중외에 노비 등 물건을 빼앗긴 사람들로 하여금 모두 정소하게 하여 진위를 분별하여 각기 그 주인에게 돌려보낼 것이며, 성천의 기녀라고 하는 사람은 그 고을로 돌려보내고, 종으로 외람되게 민폐를 일으킨 사람은 헌부가 일일이 적발하여 치죄해서 여러 왕자들의 경계가 되도록 하라" 하였다.

사관은 '심하다, 임해군의 방종함이여. 남의 재물을 빼앗고 남의 전답과 노비를 겁탈하며 게다가 사나운 노복이 횡행하게 하여 여염집을 두루 욕보여서 원망하는 소리를 차마 들을 수 없고 사람 죽이기를 초개와 같이 하니, 부도의 피해는 이루 말할 수 없다. 다행히 성교가 한 번 내리자 도성 안 백성들이 춤을 추니, 이것이 이른바 한마디 말로 족히 나라를 일으킬 수 있다는 것인가 보다' 하고 기뻐하였다. 그러나,

다음 날 간원이 임해군의 파직을 청했다. 그러나 들어주지 않았다. "어제의 전교는 부득이한 것이었다. 비록 부득이하여 그런 것이긴 하나 마음이 우울한 지 오래이다. 이것은 무뢰한 종들이 지도한 것이다. 왕자의 파직은 간단하지 않고 천륜의 은혜도 무거우니, 강상의 죄가 아닌 바에야 어찌 파직할 수 있겠는가. 내가 이미 참작하고 있으니, 오직 그 잘못을 바로잡고 사나운 종을 다스리며 관기를 내쫓아 마음과 생각을 고치도록 한다면 꼭 착한 사람이 안 된다고도 할 수 없다. 죄를 주는 것은 불가하고 나의 뜻도 아니다. 번거롭게 하지 말라. 윤허하지 않는다" 하였

다. 간원도 윤허하리라고는 생각지도 않았다.

9월 10일 개성유수로 떠나는 신잡이 할 말을 하였다.

"지난번 임해군의 일 때문에 위에서 전교하였으므로 백성들이 기뻐하고 신하들이 서로 경하하여 일국이 모두 중흥의 희망을 가졌으나 그 뒤에 언관이 잇따라 상소하였으니, 부자 사이인데 어찌 성상께서 염려되시는 것이 없겠습니까. 궁가의 장무 등이 민간에서 폐단을 저지르는 일을 왕자가 어찌 죄다 알 수 있겠습니까. 다만 인심은 매우 두려운 것인데 국민이 다 원망하여 말하기를 '어찌하여 이토록 극도의 지경에 이르렀는가' 하며 도리어 외적이 오기를 바라고 있습니다. 도성은 천일이 비추므로 궁노가 폐단을 저지르는 것이 그다지 심하지는 않습니다. 그러나 궁노의 일가나 관련되는 사람의 침학이 점점 더 심해져 방백·수령도 협박하고 모욕을 가하는데, 이러한 일을 전하께서 어찌 죄다 환히 아실 수 있겠습니까. 정원이 연유를 갖추어 입계하지 않은 것도 그 책임을 면할 수 없습니다. 궁노라 거짓말하고 폐단을 저지르는 자를 낱낱이 치죄하라는 일로 팔도에 하유하면 폐단을 없애는 것이 어찌 범연하겠습니까.

신이 듣건대, 문관 이계지가 철원에서 곤궁하게 살 때에 정원군의 응노가 그 집에 불쑥 들어와 침방 안에 매를 앉히고 그 아내를 겁주어 밥을 짓게 하였다 합니다. 사족의 부인이 있는 집에서도 그 폐단이 이러하니 매우 한심합니다. 그 뒤에 왕자가 그 폐단을 저지른 연유를 듣고 곧 그 죄를 다스렸다 합니다. 외방에서 폐단을 저지르는 일을 왕자는 실제로 모르니, 외방에 하유하고 사헌부를 시켜 낱낱이 적발하여 죄를 다스려야 하겠습니다.

소신이 외람되게 금부 당상이었을 때에 들으니, 전라도사 김문보가 중국 사신이 왔을 때에 쓸 물선을 삼례에서 도점하였으나 경기에 이르러서는 죄다 흩어져 버렸는데, 이것은 중국 사신이 왔을 때에 쓸 공물을 궁가에서 다 약탈하였기 때문이라 합니다.

근래 신하들을 드물게 만나시므로 아랫사람의 뜻이 위에 아뢰어지지 않습니다. 이러한 폐단은 말하는 자도 갖가지로 다 아뢸 수 없으니, 언로를 활짝 열어서 죄다 말하게 해야 하겠습니다" 하였다.

못된 왕자를 처벌하지 않고 감싸기만 하니 왕자들의 악독한 기세는 전국에 뻗쳐 그 종의 종들까지도 행패를 저지르고 있었다. 종들의 세상이기도 하였다.

12월 13일 궁방에 숨어 있는 중죄자를 체포하고 진상을 밝히게 하라 하였다.

사관은 "궁가의 폐단은 한두 가지가 아니다. 도망친 자를 불러들이고 반란한 자를 받아들이는 등 못하는 짓이 없는데도 법부가 제대로 다스리지 못해 나라의 기강이 이로 인해 무너지게 하고 있으니 어찌 마음이 아프지 않겠는가" 하고 논하였다.

이해의 다른 일들은,

7월 경상도사 이언영이 감사 유영순에게 과거장에서의 난동을 보고하였다.

'난리를 겪은 뒤로 선비들의 습관이 옛날처럼 순후하지 않다. 그날 생원시를 보이려고 개장하고 의제와 의제를 내걸자, 과장의 모든 선비들이 모두 자리에 굳게 앉아 열심히 글을 지었다. 그런데 연소한 무리 10여 명이 제목을 고치라고 강청하기에 도사가 고칠 수 없다는 뜻을 간곡히 타이르는 즈음에 어떤 한 총각 유생이 그들 무리를 지휘하여 기어이 과제를 고치려고 패악스런 소리를 하며 막대기로 북을 두드리면서 시관이 과제를 고치지 않는다면 자기들은 파장하고 나가겠다고 하였다. 기왓장이나 돌멩이를 던지는가 하면 과장의 울타리를 뽑기도 하며, 서로 다투어 마구 때리고 윽박질러 과장에 가득 찬 유생들을 모두 쫓아내고 문밖에 자리 잡고 지키면서 몇 명씩 떼 지어 드나들며 빗발치듯 돌멩이를 던져 댔다. 시관들이 자리를 지키지 못하고 방 안으로 피해 들어가자, 그들 무리를 불러들여 곧장 청사에 올라와 막대기와 돌멩이로 마구 휘둘러 창살을 죄다 부수었고, 심지어는 객사를 꼭 불태우고야 말겠다고 고래고래 외쳤다. 그래서 시관들이 각각 중지하고 나갔다. 그러나 할 수 없이 시제는 다섯 차례, 부제는 네 차례까지 바꾸는 사이에 날이 이미 저물어서 불을 밝혀 놓고 제술하게 했는데, 거의 밤중까지 걸렸다'고 하였다.

　나라의 기강이 무너졌다고 해도 분수가 있는 것이다. 해도 너무한 일이었다.

　사관은 '소동을 일으켜 문을 밀어젖히고 마음대로 드나든 것은 참으로 거자의 잘못이지만 사람을 시켜 들어오라고 청하고 밤늦도록 과장을 열어 준 것은 또한 시관의 잘못이다' 하고 논하였다.

　간원이 '이번에 경상도에서 감시를 여는 날에 좌도에서는 거자들이 시관이 협잡한다고 외치면서 서로 소란을 일으키다가 문을 부수고 밖으로 몰려 나갔습니다. 시관된 자로서 마땅히 사전에 진정시켜 이러한 사태에 이르지 않게 해야 할 것이고, 이미 몰려 나갔으면 또한 마땅히 그대로 과장을 폐지하고 사유를 갖추어 장계했어야 할 것입니다. 그런데 감히 직접 사람을 시켜 이미 나가 버린 거자들을 들어오라고 빌었고, 날이 저문 뒤에 과제를 고쳐 내걸고 그들 마음대로 밤새도록 써서 바치게 하여 국가의 시험으로 하여금 구차스럽고 전도되어 이렇게 막다른 데까지 이르게 하였습니다. 우도에서는 도사가 본도의 사람으로 시험을 주관하는 관원을 삼았으므로 시취할 때에 방애가 없지 않을 것인데, 잘 처리하지 못하여 돌멩이를 던지고 협박하는 소란을 빚어 결국 시험을 거르게 되었습니다. 시관들의 나라 체면을 손상시킨 죄를 다스리지 않을 수 없습니다' 하였다.

7월 18일 서울 과거장 이소의 생원시 결과 1등과 2등의 시권이 그들의 것이 아니었다. 결과적으로 떨어질 사람이 합격하고 합격할 사람이 떨어진 것이었다. 실로 한심한 사태가 벌어진 것이다.

사관은 '이번 과방은 1백 명 가운데 제1위와 제2위가 모두 본인이 지은 것이 아니었고 보면 그 전체의 착오를 꼭 살펴보지 않고도 알 수 있다. 헌부가 사람 삭제만 청하고 과방 삭제는 청하지 않았으니 옳은 일인지 모르겠다' 하였다.

이러한 일련의 과거 시험의 파행에 관하여 사헌부가 상소하였다.

'이번 증광시에 착오가 많은 것과 지난해 식년시의 뒤탈이 있는 것은 곧 성교의 이른바 부득이 조처할 일입니다. 경상 좌우도의 일은 잘못이 시관에게도 있고 혹은 거자에게도 있으니, 응당 사목에 따라 조처하면 그만이며 같은 사례로 논할 것은 없습니다. 1소와 2소에서 피봉을 잘못 감합한 것이라든가, 입격하여야 할 사람이 탈락하고 탈락되어야 할 사람이 입격한 것이라든가, 또는 전편을 심사하지 않은 것이라든가, 또는 입격 순서의 고하가 잘못 처리된 사례가 있었으며, 미처 조사하지 못한 답안지도 많으니, 이는 과거의 모양을 이루지 못한 것입니다. 그리고 시생을 시험 보이는 시제가 중국에 관련성이 있어 혹시 뜻밖의 뒤탈이 있게 되면 우리 나라가 할 말이 없을 것이니, 이는 작은 일이 아닙니다. 신들이 파방에 따른 폐단을 모르지 않으면서도 번독스러움을 피하지 않고 재삼 고집하는 것은 과거를 바루고 뒤탈을 염려해서일 뿐입니다' 하였다.

12월 전 현령 나대용의 상소에 따라 창선을 건조하여 쓸 만한지를 시험하게 하였다. 나대용이 말하기를 '거북선은 전쟁에 쓰기는 좋지만 사수와 격군의 숫자가 판옥선의 1백25명보다 적게 수용되지 않고 활을 쏘기에도 불편하기 때문에 각 영에 한 척씩만을 배치하고 더 이상 만들지 않고 있다. 신이 늘 격군을 줄일 방도를 생각하다가 기해년 간에 감독할 때, 판옥선도 아니고 거북선도 아닌 다른 모양의 배를 만들었는데 칼과 창을 빽빽이 꽂았으므로 이름을 창선이라 하였다. 격군 42명을 나누어 태우고 바다에 나아가 노를 젓게 하였더니 빠르기가 나는 듯하였고 활쏘기의 편리함도 판옥선보다 나았다. 그 뒤로 나라가 평화로워지자 한번도 전쟁에 쓰지 않은 채 여러 해를 버려두어 썩어 가고 있다. 이후로는 신분이 미천하다 보니 말까지 받아들여지지 않아 사람들이 실답게 여기지 않기 때문에 다시는 이어 만들지 않았고 그 제도마저도 그대로 버려둔 상태이다. 만일 다시 이 배를 만들도록 하여 대소의 여러 장수에게 각기 1척씩 맡긴다면 배 숫자는 전보다 배나 되지만 사수와 격군은 더 늘지 않아도 저절로 충분할 것이다. 또 연해의 각 고을에는 배의 사수·격군의 전 숫자를 창선에 옮겨 싣고, 각 고을의 배는 그 고을 수령의 수하군 및 하번 군사가 강어귀에 정돈하여 변란에 대비하다가 변란 소식이 들리면 즉시 전쟁터로 달려가게 하고 그 가운데 직질이 높은 수령에게 조방장이란 호칭을 주고 미리 단속하게 해야 한다'고 하였다. 이를 통제사 이운룡이 조정에 보고한 것이다.

비변사가 "창선에 대한 제도는 통제사가 일찍이 시험해 보지 않은 것이라 하니, 장계에 언급된 대로 나대용을 속히 내려보내 감독해 만들게 하여서 쓸 만한지의 여부를 시험해 보게 하소서. 이런 내용으로 행이하는 것이 어떻겠습니까?" 하니 윤허하였다.

유영경의 뇌물 매관의 실례를 말하였다. '당시는 유영경이 오래도록 권력을 잡았던 때로 뇌물이 공공연히 행해지고 있었다. 남쪽 변방의 어느 수장이 배 한 척의 쌀을 영경에게 보내면서 훈련도감의 군량미라고 하였는데, 도제조 이항복이 이를 듣고 그 배에 실은 것을 거두어 도감에 실어 들였다. 또 어떤 무부가 영경에게 뇌물을 바치고 만호의 벼슬을 얻었는데 이름이 같은 자가 와서 다투어 숙배하려고 했으므로 듣는 이마다 실소하지 않는 자가 없었던 경우도 있었다.'

온갖 폐단은 난무하고, 선조는 죽음의 문턱에 들어섰다 : 선조 40년 (1607 정미년)

1월 4일 일본으로 가는 사신 일행에게 포로를 쇄환하고 조총을 사들이라 하였다. 우리가 만든 조총은 쓸모가 없다고 하였다. 선조는 나라를 위해 좋은 취지에서 명한 것이다. 그러나 이로 말미암아 사행에 참여하는 사람들이 물품을 많이 가지고 가 모두 이익을 취할 생각을 하게 되었다. 실로 한심한 일이었다.

2월 6일 북병사가 오랑캐의 동태를 알렸다. '노을가적이 휘하의 호인 3명을 보내 말하기를 「우리는 몽고의 유민으로 오로지 중국을 섬겨 왔고 올량합은 조선에 귀화하였다. 그런데 홀온은 본디 흉노로서 예속된 곳이 없이 떼를 지어 살면서 조선에 귀순한 번호를 거리낌 없이 죽이고 약탈하여 뿔뿔이 흩어지게까지 하였는데, 그 사유를 알지 못하겠다. 그래서 당초 혐의를 맺게 된 원인을 자세히 알아본 뒤에 홀추의 죄를 추궁하고 공격할 일로 현성의 추장 한두 명을 데리고 가려 한다」하였다. 왕호를 참칭하면서 우리의 변방 관원에게 글을 보내고 있는데, 그 흉모를 정말 헤아릴 수 없으니 매우 염려된다. 현성의 호인은 옛날부터 우리나라를 섬겨온 호인이므로 다른 곳의 명을 따를 수 없다고 사리를 들어 잘 말해 주었다. 노추의 문서를 감봉하여 올려 보낸다' 하였다.

이에 조정에서 북방의 동태에 대해 논의하였다.

선조가 "노을가적이 스스로 왕의 칭호를 사용하고 있으니 그 조짐이 자못 흉악하다. 평안도는 내가 일찍이 보건대, 탄탄대로인 데다 천연의 요새가 전연 없었다. 그리고 인삼의 공납 때문에 주민들이 떠나 텅 비었으니, 급한 변이 있게 될 경우 누구와 함께 지키겠는가. 노을가적이 강변에서 멀지 않은 곳에 있으니, 필시 우리의 강약과 허실을 엿보고 있을 것이다. 만일 만여 명의 병력으로 경내에 밀어닥친다면 그 기세를 감당하지 못할 것이니, 이것이야말로 너무도 우려스러운 일이 아니겠는가" 하였다.

그러나 이때 노을가적은 홀라온과 종성에서 싸워 승리하였다. 노을가적의 군대는 또 경원 성 밖에까지 나왔다가 돌아갔다. 노을가적이 이번 싸움에서 말로는 비록 우리를 위해 우환을 제거하는 일이라고 하였으나 군세를 크게 벌여 마치 무인지경을 달려가듯 우리나라의 변경을 뚫고 지나갔다.

사관은 '오랑캐들끼리 서로 싸우는 것이야 우리에게 꼭 불리하다고 할 수는 없다. 그러나 우리 경내를 뚫고 들어와 우리 백성을 약탈한 죄에 대해서는 문책하지 않을 수 없다. 그런데 문을 닫고 숨을 죽인 채 한마디 말이라도 하고 한 명의 병사라도 출동시켜 문책하지 못하였다. 길에 오가면서 사람과 가축을 잡아가거나 놓아주는 것이 저들의 손에 달려 있고 우리에겐 아무런 권한이 없으니 통분한 일이다. 시언이 '열진이 조금이나마 완비되고 훈련하는 모양이 갖춰졌다'고 치계한 말이 마침내 '어떻게 책응하겠는가. 계책을 실행할 수 없다'는 것으로 귀결되고 말았으니, 이는 전에 보고한 것이 거짓이었는가, 아니면 뒤에 가서 겁을 먹었기 때문인가. 탓할 가치조차 없다' 하고 논하였다.

　사관은 또 '변방의 신하가 홀적이 패한 것을 우리의 다행으로 여기고 심지어는 간첩을 보내어 서로 탄멸하게 하려 하였으니 잘못된 계획이다. 융적의 성품은 떼 지어 살면 각자가 서로 시기하면서 방어하지만, 통합되면 내지를 넘보게 된다. 홀적은 사나운 개이고, 노호는 산에 숨은 호랑이라서, 그들 병세의 강약과 지모의 장단은 천 리 밖에서도 헤아릴 수 있다. 사나운 개라도 있다면 호랑이가 항시 개를 노리게 되겠지마는, 그 개를 잡아먹고 만족하지 않을 때는 장차 사람을 노리게 된다. 홀적이 멸망되기 전에는 노호의 병사가 반드시 남쪽으로 향하지 않을 것이나, 두 적이 서로 싸우면 홀적은 패망하고 노호는 강성하여질 것이니 우리에게 무슨 다행함이 있겠는가' 하고 논하였다. 사관이 아주 정확한 판단을 하고 논한 것이었다.

2월 13일 벼슬을 구하는 자는 물리치라고 전교하였다.

　"무릇 벼슬을 구하려는 사람은 모두가 잃을까 염려하는 무리들로서 종기의 고름이라도 빨아줄 부류이니 장차 이들을 어디에 쓰겠는가. 그들이 마음속으로 조금이라도 염치를 안다면 이러한 짓은 하지 않을 것이다. 더구나 수령은 백성을 직접 상대하는 관원이니 전조로서는 이러한 사람을 힘써 모두 억제시키는 것이 도리이다. 사람을 임용할 적에 반드시 벼슬을 구하지 않는 이를 가려 제수하고 벼슬을 구하는 자는 반드시 물리쳐서 엽관 풍조가 이루어지지 못하도록 하라. 수령의 자리가 하나만 비어도 머리가 터지도록 다투는데, 정체에 손상이 되고 전조의 수치가 된다. 가장 비루한 인심이고 가장 가증스러운 시습이라 하겠다. 이 뜻을 깊이 인식하여 소홀히 하지 말라."

3월 3일 헌부가 아뢰기를, "훈련도감에 초군을 설립한 본 뜻은 숙위와 방어 등의 일만을 시키기 위해서인데, 요즈음 도감에서 더러 서리로 부리거나 근수라는 구실로 대동하고 있습니다. 따라서 이들은 이름이 초군의 적에 편입되어 으레 급료를 받고 있는데, 훈련에 있어서는 실제로 참여하는 일이 없으니, 대열이 비고 허술해지는 것이 바로 이 때문입니다. 도감으로 하여금 외람되게 서리에 편입된 자를 속히 본래의 초군으로 되돌려 보내게 하고, 이른바 근수도 일체 금지시켜 훈련에 전념하게 하소서" 하였다.

3월 13일 비망기로 동부승지 이유홍에게 전교하였다.

"우리나라는 천하에 무용도 기세도 없는 나라여서, 우리나라의 변방 장수도 천하에 용렬하기 짝이 없다. 회초리로 때려 다스릴 만한 해랑도의 두건 쓴 도적들마저 오히려 감당하지 못하고 있으니, 이것이 산 송장이지 사람이라고 하겠는가. 말하기도 부끄럽다. 체포할 대책을 세우라고 전에 엄히 분부했건만 지금 이 도적들이 여전히 해상을 횡행하고 있고 심지어는 수포에 나선 병선을 빼앗기기까지 하였으니 지극히 통탄스럽고 놀랍다. 군령이 엄하지 않아 적이 하는 대로 내버려 두고 대비하지 않았으니, 병사 권준은 나국하여 엄히 다스리지 않을 수 없으며 수포장은 군법에 따라 처결해야 할 것이다. 주의해서 고식적으로 처리하지 말라고 비변사에 이르라" 하였다.

사관은 '해도로 도망한 백성들이 10명 혹은 백 명씩 떼를 지어 재빠른 작은 배를 타고 해상에 출몰하다가 왕래하는 배들을 만나게 되면 그 세력의 강약을 보아 침범하기도 하고 피하기도 하니, 이는 좀도둑이 도발하는 것에 불과하였다. 그런데 감사와 병사가 기계를 펴 때려잡지 못하고 조정으로 하여금 비밀리에 계획을 세워 큰 적을 대비하듯 하게까지 하였다. 이는 위임할 때에 이미 적임자를 고르지 못한 탓인데, 그들이야 탓할 것조차 없다 하겠다' 하고 논하였다.

그때에 권준이 황해병사였는데 이 어채선 피납 사건으로 죄에 걸려 파직당했다.

3월 18일 순화군 이보가 졸하였다. 어떻게 죽었는지 모르지만 잘 죽었다. 사실 진즉 법대로 처형했어야 했다. 그동안 불쌍한 백성들만 너무 많은 피해를 당했다.

선조가 특별히 명하여 그의 직을 회복시켜 순화군이라 하고, 익성군 이향령의 아들 이봉경을 후사로 삼았다.'

3월 23일 신흠을 상호군으로, 허균을 삼척부사로, 우치적을 북도 우후로 하였다.

한효순을 이조판서로, 박홍로를 병조판서로 삼았다. 효순과 홍로는 모두 유영경에게 아부하여 영경이 끌어 주었다.

4월 1일 헌부가 용렬한 관리, 사치한 조관을 파직하라 청했다. "근일에 해사의 관원이 자기 책임을 다하지 아니하고 크고 작은 모든 일을 일체 서리에게 위임하고 있어 물정이 미편하게 여겨 온 지 오래되었습니다. 우선 드러난 것만 가지고 말한다면, 병조의 경우는 북도 방어사가 무사에 대해 계청한 서장을 서리가 중간에서 덮어 두어 즉시 거행되지 않게 하였고, 형조의 경우는 전 주부 권긍이 서로 송사한 질문을 서리가 공공연히 훔쳐 내어 증빙 삼을 수 없게 하였습니다. 관원들이 평소 자리만 차지하고 앉아서 직무를 수행하지 않고 일체를 간리에게 위임하였다는 것은 이를 근거로 알 수 있습니다" 하였다.

사관은 '헌부의 탄핵이 옳기는 하나 겉치레임을 면하지 못하였다. 아랫사람이 윗사람을 능멸하여 윗사람의 권위가 무너지고 복장에 분별이 없다. 호가와 거실이 서로들 기를 쓰고 앞장서니 창우와 조례들도 돌아가며 서로 본받는다. 그리하여 사치는 더욱 심하고 물가는 앙등하니, 옛사람의 말에 사치의 해로움이 천재보다 심하다는 것이 진실로 이 때문이다. 국헌을 잡은 자는 의당 법이 미치기 어려운 데서부터 먼저 시행하여 그 나머지를 단속토록 해야 하는 것인데, 지금 탄핵받은 사람은 모두 하찮은 취급을 받은 사람들이니 어떻게 그들의 마음을 꺾어 법강을 진기시킬 수 있겠는가. 탄핵이 끝나자마자 참람된 짓을 공공연히 행하니 무슨 유익이 있겠는가' 하고 논하였다.

4월 3일 사관은 '국가에 선정이 없어 재용이 부족하다면 근본에 힘쓰고 절용할 것은 생각하지 않고 기필코 백성에게서 거두어 채우려 하여 급급히 함부로 징수하는 일이 나날이 잇따라서 백성은 본업을 잃고 노약자를 부축하면서 떠돌고 있으니 토지가 많다고 하나 재물이 어떻게 증식될 수 있겠는가. 그렇다면 비옥한 땅 1천 리가 있어도 척촌의 땅도 없는 것과 마찬가지가 된다. 예부터 사명을 받은 신하가 위의 것을 감손시켜 아래에 보태 주려는 마음을 먹은 이는 적고 다투어 아래의 것을 벗겨 위에 아첨하는 것으로 능사를 삼아 왔다. 그래서 아래의 실정이 위로 통하지 못하고 위의 은택이 아래에 닿지 못하여 근본이 먼저 뽑히게 됨에 따라 국가는 따라서 망하였던 것이다' 하고 논하였다.

4월 4일 벌목의 노역에 폐단이 극심함을 강원도사 최광필이 상소하였다.

"신이 삼가 살피건대 한 문제 때에는 태평했다고 할 수 있는데도 식견이 있는 선비는 오히려 쌓인 섶에 불을 놓고 그 위에서 잠을 자는 것과 같다고 하였습니다. 이로써 오늘날의 형세를 살펴본다면 안으로는 조정의 정사가 날로 문란하여지고 밖으로는 흉측한 도적이 창궐하니, 마땅히 경외하고 수성하여 하늘의 꾸중에 보답하고 백성을 보호하여야 할 것입니다. 그런데 조정에서는 천재가 혹독하여 백성이 탄식하는 것은 생각하지도 않고 오직 궁궐이 넓지 못함을 걱정하여 지난해부터 영건의 논의가 시작되어 올봄에는 마침내 토목 공사를 일으켰습니다. 도감의 엄중한 명령이 성화보다 급하니 공사는 큰데 힘은 미약하여 백성이 떠도는 것이 나날이 더욱 심해져서 신이 영서에서부터 강릉까지 오는데, 아내와 자식을 부축하며 껴안고 가는 이가 도로에 끊이질 않았고 열에 아홉 집은 비어 있어 기상이 참담하였습니다. 이 일이 어찌 그만둘 수 없어서 그만두지 못하는 것이겠습니까.

신이 삼가 살피건대 강원 일로는 토지가 척박하고 백성이 빈한한 것이 팔도에서 가장 심한데, 동량의 큰 재목이 모두 이곳에서 생산되는 까닭으로 재목을 분정한 것이 다른 도에 견주면 제일 많습니다. 산봉우리는 험준하고 돌길은 거칠어서 절정에서 벌채하여 물가에까지 운반하자면 장정은 산에 들어가고 노약자는 먹을 것을 나르느라 사자와 노비를 논할 것 없이 모두 손발이 부르틉니다. 가정에 남정이 없으매 품꾼을 사서 부역을 대신 보내는데 1개월의 삯이 거의 10여 곡이고, 품꾼이 혹 중도에 도망하거나 압사를 당하면 또 다른 사람을 사게 되는 것이 비일비재하여 결국은 집안이 기울어 파산하고 말기 때문에 추위와 굶주림에 울부짖고 있습니다. 영동의 아홉 고을과 영서의 강 연안은 지난해 수재로 민생이 모두 익사하였고 비옥하던 벌판은 모래사장으로 변하였으니,

죽은 이를 조문하고 급복하는 것이 당연한 조처입니다. 그런데 재목의 수효는 더욱 많고 길 또한 요원하여 3~4일의 노정에 양식을 싸가지고 수백 리 밖으로 재목을 나르니, 공역이 백배나 더 들어 원성이 높은데, 지금 또 특별히 경차관을 파견하여 강물 따라 내려보내도록 엄하게 독려하고 있습니다.

농토에서 농사일을 시작하여야 할 때에 목재를 나르는 역사를 하고 있고, 위문하고 진휼하여야 할 시기에 다그치는 노역을 시켜 농사일을 버려두게 하여 농사철을 어기고 있습니다. 더구나 일기가 아직도 추워 봄물이 생기지 않은 탓으로 작은 개울이 졸졸 흐를 뿐이라서 우람한 돌과 깎아지른 바위가 치솟아 있어 풀 다발도 띄워서 내려보내지 못할 정도인데 어떻게 거대한 재목을 내려보낼 수 있겠습니까. 얕은 여울에 목재를 띄우는 것은 육지에서 배를 끄는 것과 같아서 나무하나 운반하는 데 1백 명의 장정으로도 감당할 수가 없습니다. 그리하여 오래도록 물속에 서 있다가 죽거나 상하는 경우도 많습니다. 비단 쇠잔한 작은 고을만 밥 짓는 연기가 끊겼을 뿐 아니라 큰 고을까지도 안팎이 마침내 황폐되어 버렸으니, 신은 백성들이 신음하다가 난동을 일으키고 외적이 그 틈을 타게 되면 망하는 화를 구원할 수 없게 될까 걱정입니다. 아, 중흥의 근본이 궁관을 건립하는 데 있는 것이 아닌데 전하의 명철하심으로 이러한 거조가 계실 줄 누가 알았겠습니까.

삼사가 전하의 좌우에 있으면서 일찍이 한마디도 아뢰지 아니하고 대신은 전하의 수족이면서도 이러함을 살피지 아니하고 전하는 조종의 기업을 지키면서도 더욱 살피지 않는다면 종묘사직은 어떻게 할 것이며 국가는 어떻게 할 것입니까" 하였다.

강원도의 굵은 재목 2만 1천여 본을 이미 벌채하였다고 경차관 유경종의 보고가 있었다. 얼마나 힘들었겠는가. 울분을 넘어 피가 거꾸로 솟는다.

　사관은 '최광필은 혼암하다는 것으로 한때의 웃음거리가 되었다. 그러나 그가 논한 것이 정확히 시폐를 적중시켰다. 아, 민생이 괴로움에 시달려 고통당하는 정상을 이 한 장의 상소를 가지고도 그 나머지를 알 수 있다. 그런데 사람 때문에 말을 폐하니 애석하다' 하였다.

　4월 11일 강원감사가 장계하였다. "삼가 유지를 받들건대 '옛날을 상고하면 산해에 대한 관직과 우형에 대한 직책을 둔 것은 대체로 풍요롭고 후한 이익을 거두어 조렴하는 무거운 요역을 면하게 하기 위한 것이다. 근년 이래 국가의 기강이 해이해져서 산림과 천택 가운데 조종조에서 백성에게 마음대로 고기 잡고 채벌하게 하면서 사람에게 위임하여 세금을 거두지 않았던 것들이 모두 호족과 세가에게 점유되어 그들의 이익을 독점하는 바탕이 되고 있다. 심지어는 조운하는 해로와 공상하는 어장을 입안된 땅이라고 칭하는가 하면 심한 경우에는 제비가 집을 짓는 방죽과 음귀를 제사지내는 사당까지도 세금 징수의 대상이 되어 있어 풀 베고 고기 잡는 이들이 범하면 잡혀서 갇히지 않는 이가 없다. 농민과 상인이 이 때문에 본업을 잃고 있으니 식자들이 천정을 우러르며 탄식한 지 오래되었다. 전례에 따라 겉치레로만 하지 말고 십분 착실히 조사하여 입안을 취소시키되, 비단 여러 궁가와 사대부·호족·세가의 어장·시장뿐만 아니라 해택·제언까지도 거짓으로 입안하여 이익을 독점하고 백성을 해롭게 하는 것은 일일이 적발하여 금단시키거나 공가에 귀속시킨 다음 그 상황을 날짜별로 적어서 계문하라. 지금부터는 각도의 관찰사 가운데 혹 승전을 무시하고 소장에 의하여 각 고을로 이문하는 사람 및 각 고을의 수령 가운데 조정의 지극한 뜻을 본받지 아니하고 입안을 내어 주는 사람은 모두 제서유위율에 의하여 처단한다는 뜻을 경은 자세히 알라' 하셨으므로, 어장·시장·해택·제언 등의 입안을 외람되이 받은 경우는 이를 적발하여 첩보할 것으로 각 고을에 이문하여 통지하였더니 모두 그런 것이 없다고 하였습니다……" 하였다.

 사관은 '한번 국헌이 거행되지 않아 언로가 막힘으로부터 여러 궁가의 조례들이 멋대로 횡행하여도 잡아 다스릴 수가 없게 되었다. 심지어 시정의 간사한 무리가 권세 있는 호족과 결탁하여 백성의 이익을 침탈하는 자들이 각 지역에 가득하여 법을 무시하고 간특한 짓을 하는가 하면 이권을 마음대로 농락하므로 근심과 탄식이 바야흐로 일어나고 있다. 그리하여 백성은 나날이 더욱 곤핍하게 되었고 세금의 징수는 더욱 번다하여졌어도 국가는 더 부유해지지 않았다. 이는 마치 농사를 해치는 해충과 같고 나무를 갉아 먹는 벌레와 같아서 반드시 국가를 망치고야 말 것이다. 왕언은 한번 나오면 사방에서 눈을 씻고 바라보므로 법을 봉행하는 신하는 당연히 철저하게 찾아 가려내어 무거운 법으로 처단함으로써 낮도깨비 같은 무리들이 용납되어 숨을 곳이 없게 했어야 하였다. 그런데 끝내 겉치레로 봉행하는 것을 면치 못하여 방백은 각 고을에 위임하고 각 고을은 서리에게 위임하였다. 그래서 눈을 부라리고 중지하라고 꾸짖으나 적발하지 못해 마침내 없다고 일컫고 말아서 밝아진 태양의 빛이 가려지며 흩어지려던 간사한 무리가 다시 날뛰게 되었으니 못내 통탄스럽다' 하고 통탄하였다.

 4월 15일 비망기로 '통사들을 석방하라고 지난 9일 명을 내렸는데도 6~7일씩이나 가두어 두고 석방하지 않았으니 매우 해악스럽다. 내가 듣건대 오늘날 해당 관원들이 직사를 살피지 아니하여 모든 문부를 직접 확인하지 아니하고 일체 이서들이 하는 대로 맡긴다고 하니 당상이 어찌 모두 알 수 있겠는가. 반드시 용렬한 낭청들이 간사한 이서들에게 속아서 그렇게 되었을 것이다. 만일 조금이라도 직사에 유의하여 자세히 살피고 생각하였다면 어찌 이렇게 되겠는가. 감옥에 수감된 사람은 하루 넘기기가 한 해와 같은데 저 간사한 이서들은 이것을 기화로 삼아서 오직 한 명의 죄수라도 석방될까 봐 염려하는 것이 바로 그들의 본성이다. 판부에 그대로 가두어 두라고 한 말은 바로 군관과 성시헌을 지적하여 말한 것이다. 대체로 군관과 성시헌은 앞서의 공사에서 모두 그대로 수감하라고 판하하였기 때문인데, 저 낭청과 간사한 이서들이 반드시 이 글자를 통사에게 부회하였기 때문일 것이다' 하였다.

4월 18일 궁궐 영조도감이 군자감의 창고를 철저히 수직하도록 아뢰었다.

사관은 '전쟁이 일어난 이래 백성이 흩어지고 국고가 텅 비었는데, 이를 백성들이 거두어 채우자니 징렴이 끝이 없었다. 비록 백성을 사랑하고 재용을 절제하여 힘을 북돋아 주어 생활하게 하더라도 오히려 보존하기가 어려운데, 영조도감을 설치한 후로 극심한 노역과 과중한 징수가 일시에 폭발하였다. 각 고을의 수령은 포목을 거두어들일 때 애써 극도로 정갈하고 섬세한 것을 거두어들이면서 명령은 성화처럼 급하니 겨우 보존되던 백성들이 놀라 사방으로 흩어졌다. 본업을 버리고 말리를 추구하였으므로 농토가 황폐되어 백성들은 나날이 시들어 병들고 무뢰배는 떼 지어 도적이 되어 산골에 가득 차서 곳곳에서 노략질을 하기 때문에 도로에 행인이 단절되기에 이르렀다. 아, 백성이 제자리를 잃은 것은 유래가 있는데, 백성이 흩어져 유망하기를 재촉하니, 영조의 한 관청이 참새를 모는 송골매가 된 격이다' 하고 논하였다.

궁궐 짓는 것을 중지하자고 하였으나 영건도감은 계속 짓자고 하였다.

사관은 '참혹하도다. 오늘의 토목 역사여! 포를 거두고 쌀을 내게 하는 것이 백성의 심장을 깎는 것보다 각박한데 육지에서 끌고 물에서 운반하게 하여 민력을 다 긁어내었으므로 백성들은 얼굴을 찌푸리고 서로 바라보며 원망과 탄식이 길에 가득하였으니 이번의 절박한 한재도 이에서 말미암지 않았다고 기필할 수 없다. 경악의 유신과 법을 집행하는 언관이 그 폐단을 목격하고 이처럼 차자로 진달하였으므로 상께서 도감에 내려 의논하여 처리하게 하였으니, 도감 제조는 준봉하여 정지하기를 청하기에 겨를이 없었어야 하는데도 그대로 인습하고 구차하게 후일의 폐단으로 말하였으니, 어찌 매우 가슴 아픈 일이 아닌가' 하고 매우 가슴 아파하였다.

4월 19일 관서의 인삼 납공을 모두 면제하고 인삼의 삼상을 금단하게 하였다.

사관은 '나라가 망하려면 반드시 우물이 생겨 빌미가 되는 것이다. 대저 인삼이라는 물건은 기껏해야 의방 가운데 일등의 풀에 불과한 것으로 시기에 맞추어 채취하여 소 오줌이나 말똥과 함께 쓰이는 것이니, 있더라도 천하 사람으로 하여금 병이 없게는 못하는 것이고, 없더라도 천하의 사람을 모두 병 되게는 못하는 것이니, 있고 없는 것이 국가의 쓰임새에 관계되지 않는 것은 분명하다. 지금은 인삼 때문에 온 나라가 허둥대며 항상 부족하다는 탄식이 있기 때문에 민생이 슬퍼하며 이마를 찡그리는 괴로움을 견디지 못하고 있으니 백성을 치료하는 풀이 도리어 백성을 병 되게 하는 물건으로 되었다. 지금 한 사신의 행차에도 두루 여러 고을에 청구하고 있고 중국 관원이 나오면 징색하느라 마을에 소동이 인다. 북경에 갈 때는 또 대궐에서 역관을 불러들여 은과 삼을 적당히 주어 당물을 사들이게 하는데 이를 궐내 무역이라고 하니, 이는 사신도 금지시킬 수 없고 어사도 감히 적발하지 못한다'고 논하였다.

5월 2일 인삼 방납의 폐해에 관해 호조에서 아뢰기를 "인삼에 관한 한 가지 일을 말씀드리겠습니다. 공납하는 백성들은 이 때문에 흩어지고, 방납하는 무리들은 이익을 만 배나 얻고 있습니다. 지금 조정에서 헤아려 변통하여 새로 삼을 무역하는 규정을 세워서 거의 전일의 폐단을 제거할 수 있게 되었는데, 방납하는 삼상 무리들이 하루아침에 큰 이익을 잃게 되자 한없이 원망하고 분노하여 갖가지 계책으로 방해하고 헐뜯으니, 그 정상이 매우 밉습니다" 하였다.

사관은 '인삼 무역하는 법을 실시해 방납하는 폐단을 제거하려는 것은 잘한 일이라 하겠다. 그러나 이른바 방납하는 삼상들은 모두 의지하는 곳이 있으니 제궁의 소속이 아니면 반드시 권귀의 집에 의탁하고 있어, 혹 죄범이 있더라도 달려가 편지 한 장만 얻어오면 무사하게 되므로 임금의 명령이 행해질 수 없고 국법으로 금할 수 없으니, 오부의 관원이 제어할 수 있는 바가 아니다. 그러므로 조정의 권한은 시정으로 돌아가고, 시정의 이익은 권문으로 들어가서, 이익으로써 권세를 바꾸고, 권세로써 이익을 바꾸어, 이익과 권세의 위치가 바뀌었으니 임금의 형세가 외롭다 하겠다' 하고 논하였다.

5월 4일 허균은 불교를 숭배한다고, 곽재우는 벽곡을 한다고 파직을 청했다.

선조가 답하기를 '허균의 일은 그 허실을 알 수 없으나 예로부터 문장을 좋아하는 자는 혹 불경을 섭렵하였으니, 균의 심사도 그러한 것에 불과할 것으로 생각된다. 또 혹시 말이 전해지면서 부연된 것은 아닌지 모르겠다. 곽재우가 벽곡하고 밥을 먹지 않은 것 역시 그대로 두어야지 어찌 죄를 주겠는가' 하였다.

5월 13일 유성룡이 졸하였다. 3일 동안 조시를 정지하였다.

사관은 '도성 각전의 백성들이 빠짐없이 묵사동에 모여 조곡하였는데 그 숫자가 1천여 명에 이르렀다. 묵사동에는 유성룡의 고가의 유기가 남아 있었다. 각 아문의 늙은 아전 30여 명도 와서 곡하였다. 시민과 서리 등이 본가가 청빈하여 치상을 하지 못할 것이라 하여 포를 모아 부의하였다. 성안 백성들이 곡한 일은 오직 이이와 유몽학이 죽었을 때에만 있었는데, 이이의 상은 서울에서 있었고, 유몽학은 장령으로 있었을 때 시방의 적폐를 개혁하기를 아뢰어 백성들에게 은혜가 있었기 때문이었다. 그러나 이번에는 그 사람이 조정에서 발자취가 끊어졌고 상이 천 리 밖에 있었는데도 온 성안 사람들이 빈집에서 회곡하였으니, 어찌 시사가 날로 잘못되어 가고 민생이 날로 피폐해지는데도 이어 수상이 된 자들이 모두 전 사람만 못하기 때문에 이렇게 추감하기에 이른 것이 아니겠는가. 지금의 백성들 역시 불쌍하다' 하고 논하였다.

유성룡은 임진왜란을 거울 삼기 위하여 《징비록》이라는 책을 냈는데 세상에 유행되었다. 그러나 식자들은 자기만을 내세우고 남의 공은 덮어 버렸다고 하여 이를 기롱하였다 한다. 그러나 유성룡이기에 이런 훌륭한 책을 저술하여 후대에 물려준 것이다.

'이산해가 그 아들 이경전과 함께 오래도록 폐척되어 있으면서 유성룡을 원망하여 제거하려고 꾀하였다. 그 결과 무술년에 주화하여 나라를 그르치고 변무의 사행을 피했다는 이유로 탄핵을 받고 떠나게 되었는데, 향리에 있은 지 10년 만에 죽으니 나이가 66세였다.'

유성룡이 젊었을 때 율곡 이이와 힘을 합쳐 국가 개혁을 이루었으면 더 큰 명성을 얻었을 것인데 이 점은 무척 아쉬운 부분이다. 그러나 임진왜란 발발 후 능력을 발휘하여 국가를 위기에서 구하는 데 큰 힘이 되었다. 그래서 명재상이라는 칭송도 얻게 되었다. 전쟁이 끝나고 이제 국가를 바로잡고 부흥시켜야 할 순간에 간신 같은 무리들과 이미 혼군이 되어 버린 선조로 인하여 파직되어 물러나게 되었으니, 진정 필요한 순간에 힘을 발휘할 수가 없게 되었다. 국가의 불행이었다.

뒤에 유성룡의 아들 유취가 유성룡의 유차를 올렸다.

'삼가 생각건대 국사가 지금 비록 조금 평온하고 큰 난리가 그쳤으나 남은 근심이 아직도 많으니, 성명께서는 깊고 멀리 생각하시어 군하의 정을 공평하게 듣고 아울러 살피소서. 군정을 개혁하소서. 정사를 세우고 사람을 등용하여 근본이 이미 견고해진다면 변방의 걱정이 없을 것입니다.

오직 바라건대 성명께서는 깊고 멀리 생각하시어 덕을 닦고 정사를 세워 근본을 확립하고, 공평하게 듣고 아울러 관찰해서 군정을 다 아시고, 백성을 기르고 어진 사람을 등용하고, 군정을 밝게 닦고 훌륭한 장수를 신중히 가려 위임하여 성공을 이루도록 하소서.'

5월 15일 정인홍이 기축옥사 연루자에 관해 상소하였다.

사관은 '정인홍은 유성룡의 차자가 자기를 모함하기 위해 나온 것이라고 생각하여 극도로 원망하였다. 그리하여 무술년에 그의 무리 문홍도 등을 사주하여 성룡을 낭자하게 공격하여 삭출한 뒤에야 그만두었다. 그러다가 이에 이르러 또 소를 올려 스스로를 변명하면서 성룡을 비방하여 흉인으로 만들었으니 그 거리낌 없이 방자한 작태가 이와 같았다' 하였다.

5월 22일 간원이 아뢰기를, "무릇 서찰을 위조하는 죄는 스스로 그 율이 있는데, 어제 행 판중추부사 기자헌의 계사를 보건대 도감의 사령이라 이름한 자를 이문하여 수금한 후에 결말을 기다리지 않고 지레 먼저 방송하였다 하니, 매우 놀랍습니다. 형조의 당상을 추고하고 색낭청을 파직하소서. 근래에는 많은 무뢰배들이 궁노라 가칭하고서 외방에서 폐단을 지어 남의 전택과 노비를 공공연히 빼앗는 것이 끝이 없으므로 백성이 살 길을 잃어 원망과 비난이 길에 가득합니다. 이익은 간세한 사람에게 돌아가고 원망은 국가로 돌아오니, 매우 한심합니다. 청컨대 법사(法司)에 명하여 금단을 신명하여 각도에 이문해서 낱낱이 잡아 가둔 다음 계문하여 시행하게 하소서" 하니, 아뢴 대로 하라고 하였다.

사관은 '난리 끝에 백성들이 겨우 외롭게 남아 있는데 궁가의 침탈이 끝이 없어 남의 전답을 점유하고 남의 재산을 빼앗으며, 대낮에 도성 안에서 도적질을 감행하니 온 나라가 시끄럽고 만백성이 얼굴을 찡그린다. 심지어 궁노를 가탁한 자들이 외방에 횡행하면서 함부로 소요를 일으키는 것이 끝이 없으니 대간이 아뢴 것은 잘한 일이다' 하고 논하였다.

사간원이 좌우 포도대장을 파직할 것을 청하였다. 당시 경외에 소문이 요란스럽게 전파되기를, "훈련도감의 포수 등이 당을 지어 횡행하면서 사람을 죽여 쓸개를 빼내 약용으로 삼는다" 하였는데, 심지어는 임금에게 저촉되는 부도한 말까지 제멋대로 나돌게 되었다. 백성들이 의혹된 나머지 그 진위를 가리지 못한 채, 마을에서는 어린아이를 감춰 두고 감히 내보내지 못하는가 하면, 길가는 사람들도 칼을 차고 창을 지니면서 감히 홀로 다니지 못할 정도로 인심이 오랜 기간 동요하였다. 이에 헌부가 좌우 포도대장으로 하여금 수색 체포하여 보고토록 청하고, 간원이 또 철저하게 체포하지 못한 대장 등의 죄를 논하여 파직시킬 것을 청했다. 선조는 추고만 하도록 명하였다.

6월 3일 사간원이 궁가의 침학, 방납의 폐해, 묘궐 영건, 사치풍조 등을 상소하였다.

'어묵이 채 마르기도 전에 봉행하기를 성실히 하지 않아, 함부로 횡행하는 궁노를 조금도 징계해 다스리지 않아서 노비와 전택을 빼앗는 것이 옛날과 같으므로 온 나라 안이 시끄럽고 만백성이 얼굴을 찌푸리며 원망하는 소리가 위로 하늘에까지 뻗쳤으니, 만약 하늘이 들음이 있다면 재앙을 내리기에 충분합니다.

방납하는 한 가지 일은 국가에서 구제하기 어려운 폐단으로 생민의 고혈이 모두 이로 들어가고 맙니다. 이는 군현의 항공을 미처 수납하기 전에 공가의 급한 용도를 임시하여 마련하기 때문에 시정의 모리하는 무리가 사대부 가운데 이익을 좋아하고 염치가 없는 자에게 부탁하여 갖가지 방법으로 방납하기를 도모하고 이익을 망라하는 터전으로 여겨 관절 바치기를 꾀합니다. 그러고는 열읍을 횡행하면서 징렴하는 것이 10배뿐만이 아닌데도 먼 곳의 백성들은 호소할 곳이 없어 의복을 모조리 전당 잡히고 모자라면 우마까지 잡히니, 산업이 탕진하여 그대로 그곳에서 살아갈 계책이 없어 안고 끌고서 사방으로 흩어진 자의 숫자가 얼마나 되는지 모릅니다. 말이 이에 이르니 참으로 한심합니다.

난리가 평정된 지 10여 년이 되었는데도 신궁을 가묘에 붙여 두고, 군부가 아직까지 여염에 계시니 이번 묘궐을 영건하는 것은 참으로 그만둘 수 없는 역사입니다. 그런데도 무지한 백성들은 급하지 않은 일로 여기는 듯하니 무더위와 된추위 속에 고생한다는 원망이 없지 않을 것입니다.

근년 이래로 풍속이 사치를 숭상하여 복식의 아름다움을 자랑하여 여염에 비단옷이 찬란하고 천한 창기들에게 주취가 현란합니다. 피차가 서로 숭상하여 절제할 줄을 모르니 이때가 어느 때이기에 사치의 심함이 감히 이럴 수가 있겠습니까?' 하였다.

홍문관에서도 같은 내용을 상소하였다.

선조가 답하기를 '궁가의 일에 대해서는 말을 하지 않을 수 없다. 대저 독서로 출신한 사람도 오히려 그 행실을 삼가지 못하여 꼭 모두가 백이가 아니므로 심지어 은대의 간언이 있기까지 하였는데, 미열한 왕자를 예로 대하지 않고 어찌 각박하게 책하는가. 더군다나 이미 전지까지 내렸으니 이 밖에는 내가 다시 할 수 있는 일이 없다' 하였다.

사관은 '오늘날 궁가의 해가 맹호보다 심하여 백성의 질고가 왜적의 변 정도뿐이 아니니 이번의 가뭄도 모두 이에서 말미암지 않았다고 기필할 수 없다. 옥당의 차자가 말은 비록 과중하였으나 삼가고 두려워하여 너그럽게 용납하기에 겨를이 없어야 할 터인데 도리어 엄한 분부를 내리어 언로를 막았으니, 어찌 애석하지 않은가' 하였다. 애석한 정도가 아니었다.

6월 29일 전세의 조운 공물 수납 사용 등에 대해 호조에서 상소하였다.

'그 가운데 가장 큰 것을 추려 말하면 사도시, 풍저창, 내자시, 내섬시, 예빈시, 양현고, 광흥창, 군자감 등의 항목입니다. 해사에서 받아들이는 전세는 각기 연조가 있어 진성에 기록하는 것이니 마땅히 장부를 들고 수납해야 하는데도 조운하여 강에 도착하면 창리가 분주하게 오가며 이 창고의 사람은 저 창고에 바치는 것을 빼앗으려 하고, 저 창고의 사람은 이 창고에 바치는 것을 빼앗으려 하여, 정공의 국세가 도리어 모리배의 다투는 단서가 되고 있으니, 한심합니다.

공물에 이르러서는 제용·공상·진헌·군기 등 각종 바치는 물건을 각기 받아들이는 관청이 있는데 때로는 혹 호조에서 별정이란 핑계로 직접 받아들이기도 합니다. 지난날 은자를 호조에서 받아들여서는 안 되는데 받아들였다가 끝내 간세한 자들에게 도둑질 당하였으니, 해조에서 스스로 받아들이는 것이 과연 무슨 이익이 있습니까. 사리를 참작해 보건대 즉시 개혁하여야 합니다' 하였다.

윤6월 23일 정문부의 파직을 청했다. "장단부사 정문부는 계급이 높은 문관으로서 분우의 중함을 모르고 오직 벼슬자리가 낮은 것을 싫어하는 마음만을 내어 항상 술에 방종하고 제멋대로 행동하는 것을 일삼아 온 경내가 원망하니, 파직을 명하소서" 하였다.

윤6월 29일 비변사가 아뢰기를, "지금 회답사 여유길 등이 적간관에 이르러 보낸 서장과 일본 관백 원수충이 답한 서계의 등본을 보건대 가강이 평씨를 멸망시키고 스스로 임금이 되어서는 셋째 아들 수충에게 위를 물려주고는 관동으로 옮겨 거처한다고 하였습니다. 이는 저들 나라의 큰 사건이니 이 밖에는 사신이 비록 조정에 돌아와 서계한다 하더라도 이보다 더 큰 것은 없을 것입니다. 당초 회답사의 행차를 이미 중국에 주문하였으니, 지금 돌아온다는 뜻 역시 주문하지 않을 수 없습니다. 승문원으로 하여금 문서를 마련하여 동지사 행차 편에 부치는 것이 마땅하겠기에 감히 아룁니다" 하였다.

7월 19일 회답사 여우길이 일본에서 돌아왔다. 돌아오면서 남녀 1천 2백40명을 쇄환하였다.

'우길이 가져온 일본 국서에는 전면에 원수충이라고만 쓰고 국왕을 쓰지 않았으며, 또 예조에 답한 서계에는 우리나라 사람을 원인이라고 하는가 하면 예조 참판 오억령의 성명을 직서하였다.' 장령 최유원이 여우길 등이 힘껏 다퉈 그 서계를 고치지 못했다는 이유로 상소하여 나라를 욕되게 한 죄로 논하였다. 이에 양사가 잡아다 국문할 것을 청하니, 상은 다만 가자한 것만을 거두도록 명하였다.

내용이 아니라 형식을 가지고 나라를 욕되게 하였다고 비판하고 탄핵하는 소동을 벌이고 있었다. 실로 한심하였다. 어떻든 왜적과의 길고 긴 강화는 이렇게 끝맺음을 하였다.

8월 23일 사사로이 대마도에 배를 보내 무역한 부산진첨사 신경징을 탄핵하였다.

"부산진은 대마도와 서로 마주하고 있으니 출입의 방비를 엄히 하지 않을 수 없습니다. 주관하고 단속하는 책임은 오로지 첨사에게 있는데 첨사 신경징은 모리배를 많이 불러 모아 국법을 무시한 채 산달을 멋대로 무역하도록 놓아 두고 그들과 이익을 분배하기까지 하였으니 아주 형편없습니다. 그리고 사사로이 배를 대마도에 보내어 많은 물건들을 무역하여 공공연히 실어왔으니, 재물을 탐하여 나라를 욕되게 한 죄를 징계하지 않을 수 없습니다. 신경징을 속히 잡아다 국문하여 법에 따라 정죄케 하소서" 하였다.

오히려 이런 무역을 허용하고 더욱 장려했어야 하는 것 아닌가.

8월 14일 이조가 비변사와 회의하여 무신 가운데 재능이 뛰어나 등용할 만한 사람을 뽑아내어 등급을 나누어 서계하니, 전교하기를,

"우리나라의 일은 허위가 아닌 것이 하나도 없다. 지금 이른바 명성과 공적이 두드러지게 드러났다고 이른 자들은 내가 보기에는 논박이 두드러지게 드러난 자들이다. 그리고 아래에서 사사로이 이처럼 취사한다면 반드시 뒤 폐단이 없지 않을 것이고 무관 가운데 심복하지 않을 자가 있을 듯하다. 또 포폄에 하등을 받은 자는 반드시 2년을 경과해야 사용하는 것으로, 그 법이 매우 준엄하다. 평상시 세초에도 써넣을 수 없는 것인데 지금 성전을 뒤섞어 베푼다면 더욱 법을 우롱하는 것이니 해로움만 있을 뿐 유익할 것이 없다" 하였다.

8월 24일 헌부가 토호들의 폐단을 말하였다. "외방 토호들의 폐단이 날로 더욱 만연하여 무지하고 사나운 무리들이 전토를 모두 차지해서 전

지가 사방으로 잇달았는데, 스스로 악독함을 믿고서 관역에 전혀 응하지 아니하고 정당한 공물이라도 심상히 여기고 마음을 움직이지 않는 자가 많습니다. 따라서 세력 없는 백성들만 일방적으로 고통을 받고 있으므로 식자들이 한심스럽게 여긴 지 오랩니다."

8월 26일 순검어사 강홍립이 육진의 부병과 속오군을 토병으로 모집할 것 등에 관해 보고하였다.

"길주 이북의 속오군은 남에게 고공살이하는 장정들입니다. 만일 법을 만들어 모집한다면 수천 명의 군사는 하루도 안 되어 얻을 수 있을 것으로, 모적에 오른 사람은 공사천을 막론하고 모두 토병을 만들면 토병의 위세가 진작될 것입니다.

'남군이 부방할 때 기마병은 말 값을 민간에게 내도록 요구하고 뒤따르는 비용과 식량의 준비도 면포 수십 필을 밑돌지 않으며 보군의 비용도 10여 필을 밑돌지 않는다' 하니, 남군의 말 값을 토병에게 주어 말을 사게 하고 치장하는 비용을 토병에게 주어 의복을 갖추게 하고 남군이 먹을 식량을 토병의 식량으로 삼는다면, 남군은 멀리 부방한다는 원망이 없을 것이고 열읍은 맞이하고 보내는 폐단이 없을 것이고 각도는 징발하는 소요가 없을 것입니다. 그리고 토병은 의식과 전마가 있어서 병사는 배불러 노래 부르고 말은 마구에서 뛰노는 것을 볼 수도 있을 것입니다" 하였다. 아주 좋은 안이었다.

10월 1일 금군 경도감 등에 관해 개성유수 신잡이 보고하였다.

"가까운 고을의 사람을 경도감에 이속시키는 것은 크게 어려운 일이 아니나 처자를 거느리고 영속되는 것은 전가를 이배시키는 것과 다를 것이 없습니다. 그러므로 사람들이 놀라고 두려워하여 점고 간택하는 즈음에 먼저 도피하므로 부득이 당사자를 잡아 가두고 당사자가 도망하면 일족을 잡아 가두고 군졸을 많이 배정하여 죄인처럼 서울로 압송하고 있습니다. 이런 군졸이 편안하게 머물러 살면서 훈련을 익힐 수 있겠습니까. 그 형세는 머지않아 반드시 도망하여 돌아갈 것이니 수령도 죄책을 입게 되어 부득이 많은 인족을 가두고 독현할 것이고, 도감의 군대는 여전히 소루하리니 참으로 작은 걱정이 아닙니다" 하였다.

사관은 '도감의 일은 병사를 조련시키는 것이니 조련된 군사로 하여금 국가를 호위하게 할 수 있다면 그 이익은 매우 큰 것이다. 그러나 지금 도감의 군사는 조련으로 업을 삼지 않고 모두 흩어질 뜻을 품고 있어 오늘 충원하면 내일 도망하니 이래도 적을 방어할 수 있겠는가. 이뿐만 아니라 한 사람이 도망하면 그의 가족과 이웃이 함께 피해를 당하여 백성들이 안정된 삶의 낙을 누리지 못하니 지엽이 해를 입기 전에 뿌리가 먼저 뽑히지 않을까 두렵다. 아, 옛날 군대는 나라를 방위했는데 오늘날의 군대는 백성을 병들게 하는구나' 하고 한탄하였다.

10월 3일 간원이 공물 방납 등에 관하여 아뢨다.

"공물을 방납하는 폐단이 날로 더욱 외람되어져 본토에서 생산되는 물건이라도 모리배가 먼저 자진 납부하여 본 고을에서 손을 쓸 수 없게 만듭니다. 행여 본색을 가지고 와서 납부하는 자가 있으면 사주인들이 백방으로 조종하여 그 물건이 좋은 것이라고 하더라도 퇴짜를 놓게 하고 결국은 자기 물건을 납부하도록 도모하였으며, 값을 마구 올려 10배의 이익을 취하니 생민의 고혈이 고갈되었습니다. 이익의 길이 한 번 열리자 소민만 다툴 뿐 아니라 세가, 귀족도 공공연히 대납하는 것은 물론 간혹 사대부의 집안에서도 장사꾼과 더불어 납부를 도모하고 이익을 나누면서 부끄러운 줄을 모르니 이미 고질적인 폐단이 되었습니다. 만약 법금을 거듭 밝혀 통렬히 개혁하지 않는다면 그 폐단은 이루 다 말할 수 없을 것입니다. 바라건대 지금 이후는 각도 관찰사로 하여금 월령을 상고하여 시기에 임박하여 간품해서 각별히 선정하게 하고 차사원이 직접 받아 오면 해관이 대감과 함께 입회하여 거두어들이되, 그 사이에 간혹 방납했다가 탄로된 자가 있으면 조관은 장오죄로 논하고 장사꾼은 법전에 따라 전가사변시키소서" 하였다.

10월 9일 미명에 선조가 일어나 방 밖으로 나가다가 갑자기 넘어져 졸도하였다.

세자가 문안하려고 동궁에서 나오는데 내인이 상이 위급하다고 전하였다. 세자가 수레에서 내려 급히 달려가 입시하였다. 약방 도제조 유영경, 제조 최천건, 부제조 권희, 기사관 목취선·이선행·박해, 어의 허준·조흥남·이명원이 입시하고, 내관들과 의관들이 침실 밖 대청에 대기하고 있었다. 연흥부원군 김제남도 입시하였다. 선조는 일어나지 못하고 의식이 들지 않으니, 청심원, 소합원, 강즙, 죽력, 계자황, 구미청심원, 조협말, 진미음 등을 번갈아 올렸다.

선조가 정신이 든 후에, "이 어찌된 일인가, 어찌된 일인가" 하고 소리 지르니, 왕세자가 손을 저어 좌우를 나가게 하였다. 모두 합문 안으로 물러나 대령하였다. 이날 하루 종일 좋아졌다 나빠졌다 하다가 한밤중부터 안정되었다. 지난 3월부터 병이 있어 약이 끊이지 않았는데 이날 증세가 심했던 것이다. 하여튼 죽다 살아난 것이었다.

다음 날 비망기로 시약청에 전교하였다. "의관들은 풍증이라고 말하나 내 생각에는 필시 명치 사이에 담열이 있는 것 같다. 망령되이 너무 찬 약제를 쓰다가 한 번 쓰러지면 다시 떨치고 일어날 수 없을 것이다. 보통 미음도 마실 수 없으니 몹시 우려된다. 지난날의 시술이 족히 귀감이 될 만하니 이처럼 하지 말라."

삼공을 명소하여, "나는 본디 질병이 많아서 평일에도 만기의 정무는 절대로 감당하기 어려웠다. 더구나 지금은 병에 걸린 지 1년이 다 되어 가는데 조금도 차도가 없어 정신이 혼암하고 심병이 더욱 침중하다. 이러한데도 왕위에 그대로 있을 수 있겠는가? 세자 나이가 장성하였으니 고사에 의해 전위해야 할 것이다. 만일 전위가 어렵다면 섭정하는 것도 가하다. 군국의 중대사는 이처럼 하지 아니할 수 없으니 속히 거행하는 것이 좋겠다" 하였다.

영의정 유영경, 좌의정 허욱, 우의정 한응인이 아뢰기를, "신들이 삼가 비망기를 보고 서로 돌아보며 놀라고 황공하여 품달 할 바를 모르겠습니다. 상께서 여러 달 동안 조섭하시어 즉시 쾌복되지는 않았다고 하더라도 점차 수라를 드시어 원기가 회복되어 가니 온 나라 신민이 평복될 날을 간절히 바라고 있습니다. 그런데 천만 의외에 이번에 갑자기 이런 명을 내리시니 신들은 몹시 걱정스러운 마음 금할 수 없습니다. 군국의 기무는 조섭 중에 계시더라도 적체된 것이 없으니 바라건대 이런 점은 염려하지 마시고 심기를 화평하게 하여 조섭에 전념하시면 종묘와 사직이 은밀히 도와서 성후가 저절로 강녕하게 될 것입니다. 이는 신들의 소원일 뿐만 아니라 군신의 뜻이 모두 이와 같습니다. 황공하게 감히 아뢉니다" 하였다.

중전이 내지를 내려, "상께서 병중에 계신 지 거의 1년이 다 되어 가니 심기 불편함이 전일보다 배나 더하다. 지금 이 전교를 따르지 않는다면 심기가 더욱 손상되어 환후가 더욱 위중하실까 우려된다. 대신은 상의 명을 순순히 따르라. 이것을 바랄 뿐이다" 하였다.

영의정 유영경, 좌의정 허욱, 우의정 한응인이 회계하기를, "신들은 삼가 내전의 하교를 보고 황공스러운 심정을 가눌 길이 없습니다. 신들의 민망한 마음은 이미 대전의 비망기에 대한 회계에 모두 아뢰었습니다. 그 밖에는 달리 아뢸 바를 모르겠습니다" 하니,

언서로 답하기를, "계사는 지극하다. 그러나 지금은 지난날에 비교할 수 없다. 만일 이 일로 인하여 심려를 많이 써서 더욱 손상된다면 후회해도 미칠 수 없을 것이니 몹시 민망스럽다. 다시 바라건대, 대신은 깊이 권도를 생각하여 힘써 상의 명을 받들어 오늘날의 옥체를 조섭하는 소지를 만들면 몹시 기쁘고 다행스러운 일이겠다" 하였다.

삼공이 다시 아뢰기를, "다시 내교를 받들건대 사의가 더욱 간곡하십니다. 신들도 목석이 아닌데 어찌 마음속에 두려운 점이 없겠습니까. 그러나 오늘 전교는 군정의 생각 밖에서 나온 것이니 신들은 감히 명을 받들 수 없어 땅에 엎드려 죽을 죄를 기다립니다" 하였다.

유영경은 원로 대신들이 다른 논의를 할까 걱정하였다. 이날 원임 의정인 이산해·이원익·이덕형·이항복·윤승훈·기자헌·심희수 등도 빈청에 모였는데 모두 영경에게 휘척당한 나머지 비변사로 피해 나가서 삼공의 의계에 참여하지 못하였다. 다음 날 허욱·한응인 및 여러 대신들이 또 빈청에 모였는데, 영경이 약방에 있으면서 허욱과 한응인에게 사람을 보내 말하기를, "삼공이 지금 회의하여 다시 아뢰어야 하겠는데, 어느 곳이 적당하겠습니까" 하니, 여러 대신들이 그 뜻을 깨닫고 모두 피해 나가려고 하자, 이원익이 말하기를, "빈청은 시임과 원임이 자리를 함께하는 청사입니다. 우리들이 여기에 있다고 하더라도 시임들이 공사를 하는데 무슨 방해가 된다는 말입니까" 하고, 굳게 앉아 움직이지 않았다. 그러나 모두가 말하기를, "오늘날의 형세상 피해 줄 수밖에 없습니다" 하고, 드디어 서로 이끌고 나갔다. 대개 이는 영경이 다른 논의가 있게 될까 두려워한 나머지 단지 허욱의 무리와만 약속해서 아뢰려 했기 때문이었다. 그러나 이러한 행위는 이산해에게 빌미를 주게 되고 이산해는 정인홍을 부추겨

공격을 하게 한다. 결과적으로 선조의 운명을 재촉하고 유영경 자신의 명도 재촉하는 일이 되었다.

10월 21일 북병사 유형이 노토 부락 등을 탐문한 것을 보고하였다.
"회파의 군대가 죽음으로 적을 맞아 힘을 다해 크게 싸웠으므로, 결국, 패망하였지만 노군도 손실이 커서 전사한 장수가 6명이나 되었습니다. 그리고 회파의 잔류한 장수는 3명이고 거느린 군사는 겨우 수천 명인데 지금 홀추에게 사람을 보내어 항복하기를 개유하고 있다 합니다."
노을가적(누르하치)는 이제 적대 세력들을 모두 제거한 최강자가 되었다. 우리에게는 남쪽의 근심이 없어지고 북쪽의 근심이 커지게 되었다.

10월 30일 정원군의 장자 이종이 13세인데, 그림을 그려 바쳐 웃게 하여 가슴이 트인다 하며 상으로 가자하라 하였다.

11월 1일 왕궁이 지척인 곳에서 강도가 떼를 지어 횡행하고 매일 밤 약탈하면서 조금도 두려워하거나 꺼리는 기색이 없었다.
장령 유경종이 아뢰기를 "이는 전에 없던 변고입니다. 좌우 포도청은 의당 즉시 입계하고 추적해야 하는데 전혀 듣지 못한 것처럼 하고 있으니 매우 놀랍습니다" 하였다.

11월 9일 왕세자는 동궁으로 환궁하라고 하였다. "세자는 저궁이 따로 있는데 이처럼 엄동설한에 허술한 냉방에 와서 유숙하고 있으니 내 마음이 편치 않다. 더구나 내 병은 하루 이틀에 회복될 것이 아니니 지금부터는 평상시처럼 동궁에 물러가 유숙하도록 하라."
선조의 신임을 잃고 물러나 있는 이산해, 이경전 부자는 그렇다고 가만히 있을 사람들이 아니다. 이산해는 유영경이 어린 영창대군을 옹호하여 선조의 비위를 맞추고 있는 것을 잘 알았다. 그런데 최근 선조의 병세를 보니 오래 살지 못할 것 같았다. 그렇다면 광해군 편에 서야 된다. 이런 것을 직감으로 아는 것은 이산해의 천부적인 능력이었다. 그래서 유영경을 공격하여 선조를 자극하고 광해군의 환심을 사는 작전에 들어갔다.

11월 12일 장령 유경종이, "국가의 대소사는 비밀에 관계되는 것이라고 하더라도 삼사가 참으로 모를 수가 없는데 더구나 비밀에 해당되지 않는 일이겠습니까. 지난번 상께서 비망기로 삼공에 하문하실 때 정원이 비밀로 하고 즉시 전하지 아니하여 삼사로 하여금 전혀 알지 못하게 하였으니, 매우 놀랍습니다. 당일 해당 승지와 주서를 함께 파직시켜 뒤 폐단을 막으소서. 사관은 상번과 하번이 기록한 일을 서로 보이는 것이 규례인데, 지난번 삼공에 내린 비망기는 하번이 그 초책을 비밀로 하여 상번으로 하여금 알지 못하게 하였으니, 몹시 놀랍습니다. 당일 해당 사관을 파직시키소서" 하니, 모두 추고하라고 답하였다.

다음 날 사간 송석경이 어의 허준을 탄핵하였다. 송석경은 이산해 일당으로 영의정으로 약방 도제조를 겸하고 있는 유영경을 공격하기 위해 먼저 어의 허준을 탄핵한 것이다. 윤허하지 않았다.

11월 20일 어의 허준의 탄핵 문제로 사간 김대래가 인혐하였다. 그리고 양사가 송석경, 유경종을 파직할 것을 청하니 윤허하였다.

김대래는 유영경의 일당이었다. 유영경이 권력을 독차지한 지 오래되어 그의 당류가 대각에 가득 차 있었으므로 유영경에게 저촉되는 말만 나오면 이렇게 곧바로 쳐서 제거하였다. 이번에는 이렇게 끝났으나 그대로 물러날 이산해 일당이 아니었다.

12월 3일 '허준은 의술에 밝은 양의인데 약을 쓰는 것이 경솔해 신중하지 못하다. 이것을 알고 처방하라' 하였다.

12월 9일 허균을 공주목사로 하였다.

이해도 저물어 간다. 선조가 즉위한 지 40년이 넘었다.
 돌이켜 보면, 선조는 백성을 위하는 임금이 아니었다. 오히려 백성은 오로지 임금을 위하여 존재한다고 생각하였다. 백성을 위해 공안을 개정하자는 요청은 수십 년에 걸쳐 계속되었다. 그러나 선조는 자신의 재산과 자신에게 오는 공물을 줄일 생각이 전혀 없었으므로 공안은 개정되지 못했다.
 이제 전쟁이 끝나고 10년이 다 되어 가지만 피폐된 국토는 전혀 회복되지 못하고, 민생은 도탄에서 헤어나질 못하고 있었다. 이렇게 된 원인은 전적으로 임금 선조에게 있었다.
 가장 잘못된 것은 악행을 일삼는 왕자들을 처벌하지 않고 두둔한 것이다. 왕자들의 비행을 거론하는 신하는 도리어 처벌을 받았다. 선조는 저들은 더 못된 짓을 하면서 내 아들 잘못하는 것만을 거론한다는 한심스런 생각을 하고 있었다. 그러나 왕자들은 더 기가 살았고 제지하는 자도 없으니 거칠 것이 없이 내놓고 악행을 저질렀다. 14남 11녀나 되는 선조의 자식들 대부분의 집에서 못된 짓을 자행하였다. 행동대원은 이들 궁가의 종들이었다. 전국에 널려 있는 이들 종들, 또 이 종들의 종들, 그리고 그보다 훨씬 많은 임금 직속의 내수사 종들, 이 종들에게 붙어먹고 사는 종들, 이들이 각종 행패를 부리며 백성들을 괴롭히고 억울하고 힘들게 하였다. 종들의 세상이기도 하였다.

이들 궁가는 이제는 방납에도 관여하였다. 좋은 고을의 방납을 독차지하여 공물가의 수십 배로 착취하였다. 이런 일에 사대부 세력가들도 참여하여 전국에 피해를 보지 않는 고을이 없었다. 바다까지도 서로 나누어 강점하여 어부는 고기를 잡아도 자기 먹을 것도 없을 정도로 착취를 당했다.

이제 병약한 선조의 말은 전혀 시행되지 않았다. 듣는 척만 할 뿐이었다. 엄선하라는 고을 수령은 세력가의 어린 자제와 뇌물을 많이 바친 자가 차지했다. 그러니 모두 탐관오리가 되어 백성을 수탈하는 데만 혈안이 되었다.

각종 요역도 심했다. 궁궐을 짓기 위해 재목을 팔도에 분정하니, 사람은 적고 산은 험하나 목재는 많은 강원도는 목재를 베고 운반하는데, 사고로 죽고, 과로로 죽고, 굶어 죽는 사람들이 속출하였다.

이 정도만 표현하여도, 세상은 그 어려웠던 명종 시대보다도 더 억울하고, 힘들고, 배고픈 세상임을 알 수 있을 것이다.

더하여, 최악의 왕자 임해군은 훈련도감의 군사를 사병으로 거느렸다. 자신의 명을 재촉하는 짓을 하고 있는 것이다. 또 이제 태어난 지 일년 된 비운의 왕자 영창대군은 태어나지 않았으면 더 나았을 것이다. 이는 광해군의 반인륜적인 난정을 초래하게 된다. 그 원죄는 모두 선조에게 있다 하겠다.

이제 선조의 마지막 순간으로 들어가 보자.

잘못에 대한 응분의 대가는 바로 자신의 죽음이었다 : 선조 41년 (1608 무신년)

1월 2일 영의정 유영경이 신병을 이유로 첫 번째 사직하니 불윤 비답을 내렸다.

"경은 풍채가 빼어나고 바르며 기량이 단응하여 마치 외로운 독수리가 가을 하늘을 날듯 풍진 밖에 멀리 벗어났고 빛나는 구슬이 물속에 있는 듯 진흙의 흔적이 스스로 끊기었으니 실로 종묘의 보배요 국가의 선비이다. 청렴결백하고 품행이 방정하여 분서와 금규에서 명성이 드높았다.

지난번 국가가 많은 어려움을 당했을 때에 충신의 대계를 힘입었었다. 해변 고을 다스리라는 명을 받고 따뜻이 위무한 것이 몇 해였으며 영남에 군량을 수송하며 많은 어려움을 겪기도 하였다. 사헌부에 있을 때엔 추상같은 탄핵을 하였고 이조에 있을 때도 문밖에 청탁배가 몰리지 않았다. 청송은 본래 정절이 있으니 한서로 인하여 변하지 않고 백옥은 스스로 결백하니 어찌 조습으로 인하여 변하겠는가. 몸에 간직한 것이 이와 같으니 일을 시행함에 반드시 통달하게 된 것이다. 이에 정승 선발하는데 뽑혀 적석의 반열에 올랐다. 존망의 대기는 노공처럼 잘 결단하는 경에게 맡겼고 문무의 여러 일은 구준처럼 큰 계획을 지닌 경에게 의뢰했다. 조정에서는 모범으로 삼았고 국가에서는 초석으로 여겼는데, 조심스러운 시기에 어찌 갑자기 물러간다는 상소를 할 줄 생각이나 하였겠는가.

의리상 희비를 같이해야 하니 원컨대 병을 참고 견디며 출근하라. 신이 보호하여 약을 쓰지 않고도 병이 낫는 기쁨을 볼 수 있을 것이다. 빨리 나를 도와줄 것을 생각하고 나로 하여금 곤경에 빠져들게 하지 말라.

아, 힘써 정승에 머물러 위임한 뜻을 몸받고 소절을 힘써 끝내 광제의 공을 이룩하라. 사직을 윤허하지 않는 것이 옳겠으므로 이에 교시하니 잘 알도록 하라" 하였다.

선조의 사람을 알아보고 평가하는 수준은 이미 이산해를 편애할 때부터 드러났다. 오로지 자신의 비위를 잘 맞추고 겉모습만 좋은 사람을 선호하니 이런 말을 할 수 있었다.

1월 7일 도승지 권희가 병에서 회복한 것으로 진하를 건의하였다. 아직은 병이 낫지 않았다 하였다.

이산해가 다시 정인홍을 부추겼다. 정인홍은 이산해와 같은 생각이었고, 이런 일에는 불같은 성격이 아닌가.

1월 18일 정인홍이 유영경을 공격하는 상소를 올렸.

"영경이 원임 대신을 참여하지 못하게 한 것은 무슨 뜻인지 신은 알 수가 없습니다. 임금께 연고가 있으면 세자가 국가를 감독하는 것은 고금의 통례입니다. 영경이 여러 사람의 뜻밖이라고 말한 것은 무엇을 하려고 하는 것인지 신은 알 수가 없습니다. 대간이 듣지 못한다면 국정이 아니고 사적인 일입니다. 정원과 사관이 함께 비밀로 하였으니 이는 사당이 있는 것만 알고 왕사인 줄은 알지 못한 거사입니다.

세자가 입시한 후로 밤중에 눈물을 흘리며 이슬을 맞고 서서 하늘에 원성의 명을 빌은 정성은 전하께서 아시는 바가 아닙니까. 대저 이 몇 가지 일은 성상의 마음으로 사랑한 바이고 하늘이 본 바이며 온 나라 사람들이 아는 바인데, 영경의 이간질이 이와 같으니 이는 세자를 업신여긴 것이고 천하를 배반한 것입니다. 옥체의 병이 비록 완쾌되지는 않았으나 차츰 회복되는 것도 세자의 효성이 하늘을 감동시킨 소치입니다.

영경이 스스로 세자를 해치려는 정상이 이미 폭로된 것을 알고 시기가 날로 극심하니 자신을 위한 모략이라면 못하는 짓이 없을 것입니다. 전하께서는 영경이 다시 우리 임금의 아들을 세자로 여기리라고 생각하십니까. 그 형세는 장차 여기에 그치지 않고 반드시 그 간사한 계책을 이룩하여 마음이 상쾌한 뒤에야 말 것입니다.

현재 요로에 있는 자 모두가 영경의 사인으로 영경이 있는 줄만 알고 전하가 있는 줄은 알지 못하며 차라리 전하를 저버릴지언정 차마 영경을 저버리지 못하는 것입니다.

신이 보건대 전하의 부자를 해치는 자도 영경이고 전하의 종사를 망치는 자도 영경이며 전하의 나라와 백성을 해치는 자도 또한 영경입니다. 아, 참으로 세자가 당초부터 선택되어 사자가 되지 않았더라면 또한 한 명의 왕자일 뿐입니다. 어찌 동요시키고 위태롭게 하는 걱정이 이에 이르렀겠습니까. 이는 전하께서 처음에는 선택하여 세자로 세우고 끝내는 불측한 곳으로 들여보내는 것이니, 전하께서 일개의 흉신에게 무슨 어려움이 있다고 장차 현사에게 화 끼치는 것을 면치 못하겠습니까" 하였다.

남을 공격하는 글을 쓰는 것은 정인홍의 장기이다. 유영경을 공격하는 것쯤이야 식은 죽 먹기이다. 선조의 분노가 치밀었고 결과적으로 선조의 명을 재촉하는 상소가 되었다. 선조가 계자를 찍지 않고 도로 정원에 내렸다.

1월 21일 영의정 유영경이 정인홍의 상소에 대해 자신을 변명하는 상소를 올렸다.

답하기를, "정인홍의 상소를 보니 극히 흉악하나 다만 이해하지 못하겠다. 내가 심병이 있어 똑바로 보지 못하고 슬쩍 보아 넘겼을 뿐이다.

그중에 나에게 관계된 말이 있었으나 또한 말한 까닭을 모르겠으니 더욱 음흉하다. 인홍이 이유 없이 임금의 마음을 동요시키고 영상을 모함하였으니, 여러 소인 중에 영상을 모함하려는 자가 유언비어를 조작하여 남쪽 지방에 전파시킨 것을 인홍이 주워 모아 이 상소를 한 것인가. 그 말을 비록 따질 만한 것이 못되지만 무사한 중에 일을 만들어 내어 지친 간에 부득불 이로 인하여 의심하고 틈이 생겨 조정이 혹 조용하지 못하면 큰 불행이다. 스스로 반성하여 떳떳하면 비록 천만 명이 떠들더라도 어찌 혐의할 것이 있겠는가. 또 전교한 일은 원래 다만 삼공에게 전하게 한 것이고 범연히 대신에게 전한 것이 아니다. 저 떠드는 자가 과연 어떤 사람인가. 경은 안심하고 출사하고 개의하지 말라" 하였다.

충청도 진사 이정원 등이 유영경을 공격하는 상소를 올렸다. '신들이 초야에 있으며 성상의 은혜를 많이 입었는데 교활한 자가 국가를 멋대로 하고 임금을 속이는 것을 앞서서 보기만 하고 아직까지 한마디도 진동처럼 아뢰지 못했으니 신들이 전하를 저버린 것도 매우 많습니다' 하였다.

이에 대해, 전한 김대래가 아뢰었다. '대저 지금 이 상소는 영경 한 사람을 모함하려는 것뿐만 아니라 반드시 일망타진하여 국가에 어진 사람을 하나도 없게 만든 뒤에야 그만두려 하는 것입니다.'

1월 22일 정인홍의 상소로 허욱과 한응인이 대죄하였다. 정원도 대죄하였다.

이에 대해 "인홍의 말은 마치 실성한 사람이 한 것과 같으니 극히 마음이 아프다. 영상을 모함했을 뿐만 아니라 일시의 대간과 시종을 모두 당파라 지목하여 일체 죄망에 얽어 넣었으니 이는 일망타진하려는 계책이다. 그 마음의 악독함이 이와 같으니 경들은 안심하고 대죄하지 말라" 하였다.

정인홍의 상소에 불편한 심기를 정원에 알렸다. "정인홍이 세자로 하여금 속히 전위를 받게 하려고 하였으니 그 스스로 모의한 것이 세자에게 충성을 다하는 것이라고 여겼겠지만 실은 불충함이 극심하다. 제후의 세자는 반드시 천자의 명을 받은 뒤에 비로소 세자라고 할 수 있다. 지금 세자는 책명을 받지 못했으니 이는 천자도 허락하지 않은 것이고 천하도 알지 못한다. 하루아침에 갑자기 전위를 받았다가 만일 중조에서 힐문하기를 '그대 나라에서 말하는 세자는 중조에서 책봉을 허락하지도 않았는데 그대들 임금이 사적으로 스스로 전위하였다. 그대들 임금 자리도 천자의 벼슬이나 그대들 임금이 마음대로 할 바가 아닌데 세자도 어찌 감히 사사로이 스스로 받겠는가. 중간에 그렇게 된 까닭이 있는가' 하고 불측한 누명을 세자에게 더하고 대신에게 힐문하면 어떻게 결말을 짓겠는가.

나는 다만 일신의 고민으로 인하여 물러나려고 하지만 대신이 국가를 경영하는 데는 어찌 두루 생각하지 않고 조급하고 망녕된 사람의 생각과 같아서야 되겠는가. 대신이 어찌 다만 옛 임금이 물러나는 것을 인정하는 것을 차마 못할 일이라고 할 뿐이어서야 되겠는가. 지금 인홍의 상소 때문에 위로는 내 마음이 불안하여 밤에는 잠을 자지 못하고 낮에는 밥을 먹지 못하며, 아래로는 대신과 대간이 모두 그 직책을 불안하게 여기니 전에 없었던 변고라고 할 수 있다. 정원은 자세히 알라" 하였다.

이제는 세자를 세자가 아니라는 말까지 하는 데에 이르렀으니, 말년의 선조는 완전히 제정신이 아니었다. 광해군의 학정과 비극은 이런 데서 시작되었다.

1월 24일 유영경이 자신을 변명하는 상소를 올렸다.

답하기를 "통탄할 만한 것은 간사한 자의 흉악한 계책이 이르지 않은 바가 없어 임금까지 관련시켜 말하였으니 이는 참으로 무군 반역의 무리이다. 조만간 반드시 탄로 날 것이니 하늘이 어찌 이토록 간사한 자를 용납하겠는가" 하였다.

정원이 정인홍을 공격하는 상소를 올렸다.

1월 25일 정인홍의 상소로 세자가 비통한 심정을 아뢨다. 상이 위로하였다.

"근래 인심이 극히 흉하여 기필코 조정에 일을 일으키려고 불측한 말을 만들어 이르지 않는 바가 없으니 몹시 마음이 아프다. 세자는 명위가 이미 결정되어 내가 세자와 조금도 틈이 없는 것은 하늘이 아는 바이다. 누가 감히 흉역한 마음을 두겠는가. 저 소인들이 스스로 흉악한 계책을 만들고 일망타진의 계책을 꾸며 조정을 괴란시키고 부자를 이간시키려고 하였으니 그 마음이 몹시 흉참하다. 그러나 이는 입에 담을 것도 못 되니, 세자는 안심하고 치지도외하라."

1월 26일 정언 구혜가 정인홍, 이경전, 이이첨의 귀양을 요청하여 윤허하였다.

"신들이 듣건대 작년 초겨울 성후가 미령하여 전섭한다는 명을 내릴 때, 약방이 약을 잘못 썼다는 말과 전섭을 방계하는 것은 부당하다는 말이 모두 이산해의 집에서 나왔으며, 이경전·이이첨의 무리가 낮에는 흩어지고 밤에는 모여 백방으로 모함을 꾀한 것은 입이 있는 자는 모두가 말하고 귀가 있는 자는 모두가 들었습니다. 그 음흉한 무리들이 흉악함을 반성하지 않았을 뿐만 아니라 그 계책을 성취시키지 못한 것을 분하게 여겨 또 근거가 없고 불측한 말로 남몰래 인홍에게 사주하였으니, 인홍은 바로 산해의 심복입니다. 한번 그 말을 듣고는 소매를 걷어 올리고 일을 도맡아 터무니없는 거짓을 꾸미는 데 온갖 힘을 다했고 흉악하고 참혹한 말을 하는데 조금도 꺼리는 바가 없었으며, 영경 한 사람을 모함하였을 뿐만 아니라 신하로서 차마 말하지도 듣지도 못할 일로 동요시키고 이간시키는 데 못하는 짓이 없었습니다.

이미 알면서도 제대로 다스리지 못하면 간흉들이 더욱 꺼리는 바가 없어 장차 계속하여 일어나 반드시 국가를 전복시키고야 말 것입니다. 양궁을 이간시키고 사림에게 화를 전가시킨 그들의 죄를 다스리지 않을 수 없습니다. 전 참판 정인홍, 전 사인 이경전, 전 정랑 이이첨을 아울러 우선 멀리 귀양을 보내어 국시를 정하고 인심을 진정시키소서" 하니 아뢴 대로 하라고 하였다.

생원 하성이 정인홍을 옹호하고 유영경의 처벌을 요청하는 상소를 올렸다.

'영경의 죄악을 불가불 모두 열거해야 하겠습니다. 한없이 뇌물을 탐하여 모든 이익을 망라하고 뇌물은 산처럼 쌓여 그의 문전은 마치 시장과 같으며, 풍기의 소굴이 계씨보다 부자이고 이조와 병조의 임명은 모두 그 손에서 나오며 탐관오리는 모두 그의 문객입니다. 백성들의 고혈이 모두 그의 욕심을 채우기 위해 수송되는 것은 신들이 함께 영남에 있으면서 귀와 눈으로 보고 들은 것입니다. 한 도가 이와 같으니 다른 도도 알 수 있습니다. 더구나 자제와 사위 조카들은 모두 높고 좋은 벼슬을 차지하고 인척과 친척도 모두 고관의 옷을 입었으며 벼슬길에 포진되어 있는 자가 얼마나 되는지 모르겠으니, 비록 제멋대로 권세를 부린 두헌과 양기라도 이에 이르지는 않았을 것입니다' 하였는데

답하기를, "너희 무리가 비록 백 번의 상소를 올리더라도 어찌 이로써 내 마음이 조금이라도 현혹되겠는가. 다만 흉악하고 간사한 심사가 드러날 뿐이니 너희들은 망언하지 말라. 다만 누구의 사주를 받아 이 상

소를 하였는가? 하늘의 해가 위에 있으니 솔직하게 지적하여 대답하라" 하였다.

1월 28일 진사 정온 등이 상소하여 정인홍을 옹호하고 유영경을 공격하였다.

1월 29일 유영경이 자변소를 올렸다. 선조는 개의치 말라 하였다.
이 모두가 이산해, 정인홍, 유영경 같은 사람들을 잘못 알아 온 선조 자신의 잘못이었다. 이 잘못한 것에 대한 응분의 대가는 바로 자신의 죽음이었다.

2월 1일 선조가 훙하였다. 57세였다
이날 미시에 옥후가 갑자기 위급하니, 정원과 사관이 어찌할 바를 모르고 허둥지둥 차비문 안으로 들어왔다.

왕세자가 들어왔다. 약방 제조 최천건은 차비문 안으로 들어왔고 도승지 유몽인도 들어왔다. 완평부원군 이원익, 영중추부사 이덕형, 오성부원군 이항복, 행 판중추부사 윤승훈, 행 판중추부사 기자헌, 행 지중추부사 심희수가 잇따라 들어왔다.

왕세자가 어의로 하여금 들어가 진찰하게 하였는데 어의가 나와서 "일이 이미 어쩔 수 없게 되었으니 어찌할 바를 모르겠습니다" 하였다.

여러 대신들이 모두 울면서 나왔는데, 잠시 후 곡성이 안에서 밖에까지 들리자 여러 대신 및 궁궐 뜰에 있던 자가 모두 통곡하였다.

내봉한 유서를 빈청에 내렸는데 "형제 사랑하기를 내가 있을 때처럼 하고 참소하는 자가 있어도 삼가 듣지 말라. 이로써 너에게 부탁하니 모름지기 내 뜻을 몸 받아라" 하였다.

여기서도 먼저 백성을 하늘처럼 모셔야 한다는 말이 있어야 했다. 끝까지 백성을 생각하는 임금은 아니었다. 그리고 유언은 지켜지지 않았다.

선조는 성군의 자질을 가지고 등극한 임금이었다. 그러나 머리는 좋지만 나약하고 겁 많은 기질로 끝내 강인한 임금이 되지 못했다. 미증유의 전란을 겪으면서도 강하게 단련되지 못하고, 오히려 비겁하고 혼란스러운 임금으로 전락하고 말았다.

참고문헌

- **조선왕조실록**
  중종, 인종, 명종, 선조 및 선조수정, 한국고전번역원

- **고전번역서**
  계곡집, 장유, 이상현 역, 1997, 한국고전번역원
  고봉전서, 기대승, 성벽호 등 역, 2007, 한국고전번역원
  고대일록, 정경운, 박병련 등 역, 2009, 남명학연구원
  대동야승, 성현 등, 한국고전번역원
  백사집, 이항복, 임정기 역, 1999, 한국고전번역원
  사계전서, 김장생, 김능하 등 역, 2005, 한국고전번역원
  상촌집, 신흠, 김동주 등 역, 1994, 한국고전번역원
  서애집, 유성룡, 권호기 등 역, 1977, 한국고전번역원
  송자대전, 송시열, 권정안 등 역, 1988, 한국고전번역원
  아계유고, 이산해, 이상하 등 역, 1998, 한국고전번역원
  약포집, 정탁, 이기훈 등 역, 2013, 퇴계학연구소
  연려실기술, 이긍익, 권오돈 등 역, 1967, 한국고전번역원
  오음유고, 윤두수, 권경열 역, 2007, 한국고전번역원
  우계집, 성혼, 성백효 역, 2002, 한국고전번역원
  월사집, 이정귀, 이상하 등 역, 2015, 한국고전번역원
  월정집, 윤근수, 김영봉 등 역, 2014, 동양학연구원
  율곡전서, 이이, 권오돈 등 역, 1968, 한국고전번역원
  퇴계집, 이황, 권오돈 등 역, 1968, 한국고전번역원
  학봉전집, 김성일, 정선용 역, 2001, 한국고전번역원
  회재집, 이언적, 조순희 역, 2015, 한국고전번역원

- **이순신 관련서**

(완역) 이충무공 전서(상, 하), 이은상 역, 1989, 성문각
이순신의 일기, 박혜일 외 3, 1998, 서울대학교 출판부
난중일기, 박광순 역, 2003, 하서출판사
난중일기, 노승석 역, 2005, 동아일보사
함경도일기, 강신철 저, 2001, 21세기군사연구소
구국의 명장 이순신(상, 하), 최석남 저, 1992, 교학사
임진왜란 해전사, 이민웅 저, 2004, 청어람미디어
이순신과 임진왜란, 이순신역사연구회, 2005, 비봉출판사
충무공 이순신 전서, 박기봉 편역, 2006 비봉출판사
난중일기 외전, 배상열 저, 2007, 비봉출판사
부활하는 이순신, 황원갑 저, 2005, 이코비즈니스
삼가 적을 무찌를 일로 아뢰나이다, 정광수 저, 1989, 정신세계사
이순신과 히데요시, 윤봉석 역, 1997, 우석
내게는 아직도 배가 열두척이 있습니다, 김종대 저, 2004, 북포스
이순신의 두 얼굴, 김태훈 저, 2004, 도서출판 창해
긴 칼 옆에 차고 수루에 홀로 앉아, 남천우 저, 1992, 수문서관
이순신은 전사하지 않았다, 남천우 저, 2004, 미디스북스
평역 이순신 자서전, 남천우 평역, 2006, 미디스북스
충무공의 생애와 사상, 조성도 저, 1982, 명문당
충무공 이순신, 조성도 저, 1982, 남영문화사
이순신 병법을 논하다, 임원빈 저, 2005, 도서출판 신서원
위인전이 숨기는 이순신 이야기, 김헌식 저, 2004, 평민사
칼의 노래, 김훈 저, 2001, (주)생각의 나무
불멸의 이순신, 김탁환 저, 2004, (주)황금가지
명량 진짜 이야기, 노병천 저, 2014, 바램
이순신과의 동행, 이훈 저, 2014, 푸른역사

- **임진왜란 관련서**

  징비록, 유성룡 저, 남윤수 역, 2000, 하서출판사
  유성룡과 임진왜란, 이성무 외 3 엮음, 2008, 태학사
  조선사회와 임진의병 연구, 송정현 저, 1998, 도서출판 학연문화사
  임진왜란과 경상우도의 의병운동, 김강식 저, 2001, 도서출판 혜안
  임진왜란사 연구, 조원래 저, 2005, 아세아문화사
  임진왜란사 연구, 이장희 저, 2007, 아세아문화사
  다시 쓰는 임진대전쟁, 양재숙 저, 1994, 고려원
  7년전쟁, 김성한 저, 2012, 산천재
  역사추적 임진왜란, 윤인식 저, 2013, 북랩
  임진왜란과 도요토미히데요시, 국립진주박물관, 2003, 부키
  교과서가 말하지 않은 임진왜란 이야기, 박희봉 저, 2014, 논형
  해소실기, 김완, 2006(네이버 블로그)

- **인물서 및 기타**

  유성룡, 이덕일 저, 2007, ㈜위즈덤하우스
  선조, 이한우 저, 2007, ㈜해냄출판사
  임금 노릇 못해 먹겠다, 기만중 저, 2004, 거송미디어
  율곡 인간과 사상, 이종호 저, 1994, (주)지식산업사
  율곡 10만 양병론의 진실, 김언수 저, 2011, 도서출판 태봉
  동호문답, 안외순 옮김, 2005, 책세상
  권율, 신봉승 저, 1999, 도서출판 답게
  송강평전, 박영주 저, 2003, 도서출판 고요아침
  조선 최고의 공직자, 최범서 저, 2006, 도서출판 가람기획
  임꺽정, 홍명희, 1985, ㈜사계절출판사
  부산과 대마도의 2천 년 대마도연구센터, 2010, 국학자료원

60간지

갑자	을축	병인	정묘	무진
1504년 1564년 명종 19년	1505년 1565년 명종 20년	1506 1566년 명종 21년	1507년 1567년 선조 즉위년	1508년 1568년 선조 1년
갑술	**을해**	**병자**	**정축**	**무인**
1514년 1574년 선조 7년	1514년 1575년 선조 8년	1516년 1576년 선조 9년	1517년 1577년 선조 10년	1518년 1578년 선조 11년
갑신	**을유**	**병술**	**정해**	**무자**
1524년 1584년 선조 17년	1525년 1585년 선조 18년	1526년 1586년 선조 19년	1527년 1587년 선조 20년	1528년 1588년 선조 21년
갑오	**을미**	**병신**	**정유**	**무술**
1534년 1594년 선조 27년	1535년 1595년 선조 28년	1536년 1596년 선조 29년	1537년 1597년 선조 30년	1538년 1598년 선조 31년
갑진	**을사**	**병오**	**정미**	**무신**
1544년 인종 즉위년 1604년 선조 37년	1545년 명종 즉위년 1605년 선조 38년	1546년 명종 1년 1606년 선조 39년	1547년 명종 2년 1607년 선조 40년	1548년 명종 3년 1608년 선조 41년
갑인	**을묘**	**병진**	**정사**	**무오**
1554년 명종 9년 1614년	1555년 명종 10년 1615년	1556년 명종 11년 1616년	1557년 명종 12년 1617년	1558년 명종 13년 1618년

기사	경오	신미	임신	계유
1509년	1510년	1511년	1512년	1513년
1569년	1570년	1571년	1572년	1573년
선조 2년	선조 3년	선조 4년	선조 5년	선조 6년
기묘	**경진**	**신사**	**임오**	**계미**
1519년	1520년	1521년	1522년	1523년
1579년	1580년	1581년	1582년	1583년
선조 12년	선조 13년	선조 14년	선조 15년	선조 16년
기축	**경인**	**신묘**	**임진**	**계사**
1529년	1530년	1531년	1532년	1533년
1589년	1590년	1591년	1592년	1593년
선조 22년	선조 23년	선조 24년	선조 25년	선조 26년
기해	**경자**	**신축**	**임인**	**계묘**
1539년	1540년	1541년	1542년	1543년
1599년	1600년	1601년	1602년	1603년
선조 32년	선조 33년	선조 34년	선조 35년	선조 36년
기유	**경술**	**신해**	**임자**	**계축**
1495년	1550년	1551년	1552년	1553년
명종 4년	명종 5년	명종 6년	명종 7년	명종 8년
1609년	1610년	1611년	1612년	1613년
기미	**경신**	**신유**	**임술**	**계해**
1559년	1560년	1561년	1562년	1563년
명종 14년	명종 15년	명종 16년	명종 17년	명종 18년
1619년	1620년	1621년	1622년	1623년

관직 직위표

품계		의정부	돈녕부	의금부	6조
정1품	대광보국	영의정	영사		
	숭록대부	좌·우의정			
종1품	숭록대부	좌·우찬성	판사	판사	
정2품	정헌대부	좌·우참찬	지사	지사	판서
	자헌대부				
종2품	가정대부		동지사	동지사	참판
	가선대부				
정3품	통정대부		도정		참의
	통훈대부		정		참지(병조)
종3품	중직대부		부정		
	중훈대부				
정4품	봉정대부	사인(2)			
	봉열대부				
종4품	조산대부		검정(2)	경력	
	조봉대부				
정5품	통덕랑	검상(1)			정랑(3)
	통선랑				병·형조는(4)
종5품	봉직랑		판관(2)	도사	
	봉훈랑				
정6품	승의랑		주부(2)		좌랑(3)
	승훈랑				병·형조는(4)
종6품	선교랑				호조-산학교수(1) -별제(2)
	선무랑				형조-율학교수(1) -별제(2)
정7품	무공랑				
종7품	계공랑		직장(2)		호조: 산사(1)
					형조: 명율(1)
정8품	통사랑	사록(2)			
종8품	승사랑		봉사(2)		호조: 제사(2)
					형조: 심율(2)
정9품	종사랑				호조: 산학훈도(1)
					형조: 율학훈도(1)
종9품	장사랑		참봉(2)		호조: 회사(1)
					형조: 검율(2)

사헌부	사간원	홍문관	승정원	성균관	외관직
		영사(겸)			
		대제학		지사	
대사헌		제학		동지사(2)	관찰사, 부윤, 병마절도사
	대사간	부제학 직제학		대사성	목사, 대도호부사, 수군절도사, 병마절도사
집의	사간	전한		사성(2)	도호부사, 첨절제사, 병마우후
장령(2)		응교(1)		사예(3)	수군우후
		부응교(1)			군수, 병마동첨절제사, 수군만호
지평(2)	헌납(1)	교리(2)		직강(4)	
		부교리(2)			현령, 판관, 도사
감찰(24)	정언(2)	수찬(2)		전적(13)	
		부수찬(2)			현감, 찰방, 병마절제도사, 감목
		박사(1) 봉고(예문관)	주서(2)	박사(3)	
		저작(1)		학정(3)	
		정자(2) 검열		학록(3)	
				학유(3)	훈도, 심약, 검율, 역승

단어 뜻풀이

3도(三都): 서울·평양·개성.
8결(八結): 전토 8결마다 1부(夫)의 역가(役價)를 징수하는 것.

ㄱ

가공(家供): 각사에 출사하는 관원들의 공억(供億)에 대한 비용을 줄이기 위해서 이를 각자 자기 집에서 준비하게 하는 것.
가공(加工): 종범(從犯), 일반적으로 범죄에 조력한 자 또는 조력 행위를 말함.
가뉴(枷杻): 칼과 차꼬 등 형구.
가반당(假伴倘): 반당(伴倘)은 서울의 각 관아(官衙)에서 부리는 사환(使喚). 가반당이라고 한 것은 정수 외에 임시로 있는 반당을 말한다.
가자(加資): 품계를 올려주는 것. 특히 정3품 통정대부(通政大夫) 이하의 품계에서 그 이상의 품계로 승진시키는 것을 말한다.
가취(嫁娶): 혼인.
가포(價布): 역(役)에 나아가지 않는 사람이 군포(軍布)에 준하여 역 대신 바치는 포(布).
가함(假銜): 임시 직함. 직함을 빎.
각로(閣老): 중국 명대(明代) 이후 모든 재상을 각로라고 하였다.
각립(角立): 서로 대립하여 서로 굽히지 않음.
각신(閣臣): 태학사를 달리 이르는 말. 태학사는 재상의 겸직.
간가(看家): 무기(武技)에 능한 사람으로 남에게 고용되어 도적 막는 책임을 맡은 사람.
간귀(奸宄): 법을 범하고 난을 일으키는 자.
간독(簡牘): 청탁하는 편지.
간람(奸濫): 불법을 저지름.
간세(奸細): 간첩.
간식(旰食): 아침 일찍 일어나고 저녁 늦게 밥 먹는다는 말로, 왕이 정사(政事)를 부지런히 돌봄을 이름.
간심(看審): 자세히 살핌.
간알(干謁): 이권을 가지고 사적으로 청탁함.
간재(幹才): 일을 처리하는 수완.
간증(干證): 범죄에 관련된 증인.
간첩(簡帖): 편지.
간통(簡通): 서간(書簡)으로 의논을 통하는 것.
감간고(敢諫鼓): 아랫사람의 뜻을 임금에게 알릴 수 있도록 설치한 도구.
감결(甘結): 상급 관청에서 하급 관청에 내리는 공문.
감문(監門): 문지기.
감반(甘盤)의 공: 임금을 가르친 공.

감선(減膳): 나라에 변고가 있으면 임금이 근신하는 뜻에서 수라상의 음식 수를 줄이는 것.
감시(監試): 생원(生員)·진사(進士)의 시험을 말함.
감여(堪輿): 풍수지리.
감주(甘酒): 술을 즐김.
감합(勘合): 군대를 파견할 때 사용하던 대나무로 만든 부계(符契). 윗뚜껑에다 인신(印信)을 새겨 둘로 쪼개 하나는 명을 받들고 가는 사람에게 주어 증빙하게 하고, 하나는 파견될 군대의 주장(主將)에게 주어 현지에 도착하여 서로 증빙하게 하였다.
갑과(甲科): 과거(科擧) 성적에 따라 나누는 세 등급 중의 하나. 과거에 급제한 사람을 갑·을·병 3과로 구분하여 갑과 3인, 을과 7인 병과 23인, 도합 33인을 합격 정원으로 정하는데, 첫째의 장원, 둘째의 방안(榜眼), 셋째의 탐화(探花)가 갑과에 속한다.
갑병(甲兵): 전쟁.
강서(講書): 경서(經書) 등의 강독(講讀)을 시험하는 것.
강와율(强窩律): 강도와주(强盜窩主)를 다스리는 율. 즉 강도를 제 집에 숨겨준 자를 처벌하는 율을 말함.
강자(杠子): 교군(轎軍).
강충(降衷): 하늘이 인간에게 부여한 중정의 덕.
강항령(强項令): 불의에 굽히지 않는 관리를 말함.
개만(箇滿): 고만(考滿), 즉 임기의 만료.
개삭(改槊): 삭(槊)은 배를 결합하는 목전(木栓)이나 또는 방향을 정하는 노·키 등을 말하는데, 이러한 부분품의 개조 또는 수리를 말함.
개소(開素): 상중에 소찬(素饌)을 푸는 일. 육식을 시작함.
개인(開印): 관아(官衙)에 보관된 인함(印函)을 연다는 뜻으로 그해 업무의 시작을 말함.
개제(愷悌): 화락하고 공평함.
개좌(開坐): 물목이나 사실을 한 폭 종이에 벌여 적는 일.
객사(客使): 다른 나라에서 온 사신.
거관(去官): 관에 복무하다가 연한이 차서 그 직을 떠나는 것.
거마목(拒馬木): 마병(馬兵)의 돌입을 막기 위한 나무 장애물.
거승(巨僧): 이름난 중.
거실(巨室): 세력 있는 가문.
거애(擧哀): 곡(哭)을 함.
거자(擧子): 과거에 응시하는 사람.
거주(擧主): 천거한 사람.
거치(車輜): 군량을 보급하는 수레.
건(蹇): 험난한 것.
건(乾)·곤(坤): 건은 하늘·남자·임금·아버지·지아비 등을 상징하고, 곤은 땅·여자·왕비·어머니·지어미 등을 상징한다.

건극(建極): 나라를 다스리기 위하여 법을 세움.

건난(蹇難): 험난한 것.

건명(建明): 정사를 이룩하여 밝힘.

걸군(乞郡): 문과에 급제한 자로서 어버이가 늙고 집안이 가난한 시신(侍臣)이 수령의 자리를 주청하던 일.

걸신(乞身): 사직을 청원하거나 청원하여 면직됨.

검교(檢校): 사실을 캐어 조사함.

겁맹(劫盟): 위협하여 맹약하게 함.

겨린(切隣): 이웃.

격군(格軍): 사공을 도와 노를 젓는 사람.

격소(檄召): 글을 보내 부름.

격양(激揚): 격탁 양청(激濁揚淸)의 준말로 악을 물리치고 선을 발양시킨다는 뜻.

격쟁(擊錚): 징을 쳐서 임금에게 진정(陳情)하는 것.

견여(肩輿): 두 사람이 앞뒤에서 매는 가마.

견증(蠲烝): 선한 정치. 즉 정치를 잘하려고 노력함을 뜻하는 말.

견하(堅瑕): 견고하고 허술함.

결(結): 모든 전지는 토양의 비척에 따라 6등급으로 나누는데 2등급에 따라 척수가 달랐음. 1평방척을 1파(把), 10파를 1속(束), 10속을 1부(負), 1백 부를 1결(結)이라고 함.

결복(結卜): 수세(收稅)를 위하여 전지의 면적을 셈하는 단위. 토지의 비척(肥瘠)에 따라 실지의 면적이 달라진다. 전척에는 주척(周尺)으로 4척 7촌 7푼 5리인 1등척부터 9척 5촌 5푼인 6등척까지 6등급이 있다.

결채(結綵): 존귀한 행차를 환영하는 뜻에서 문·다리·누각 같은 곳에 색실·색종이·색헝겊 등을 걸어 장식하는 것.

겸정(兼程): 이틀 길을 하루에 달리는 것.

겸제(箝制): 자유를 구속하고 억누르는 것.

경리(經理): 일을 경영하여 처리함.

경방자(京房子): 경주인(京主人)이나 계수주인(界首主人: 서울에 있으면서 각도 감영에 관한 일을 맡아 보는 사람)이 관할 읍에 발송하는 공문·통신 등을 전달하는 하인.

경변(更變): 고침.

경위(涇渭): 청탁(淸濁).

경저(京邸): 중앙과 지방 관청의 연락 사무를 맡아보기 위해 지방에서 파견된 향리(鄕吏)들이 일을 보는 처소.

경주인(京主人): 지방 관청과 중앙 관청과의 연락 사무를 맡아보게 하기 위하여 지방에서 파견된 향리(鄕吏). 이들은 공물(貢物)·입역(立役) 등의 일을 대행하였음.

경차(京差): 서울에서 파견되어 상행위를 하는 사람.

경차관(敬差官): 특별한 일을 수행시키기 위하여 임금이 차출하여 보내는 관원.

경창(京倉)과 상평창(常平倉): 경창은 서울의 한강 가에 설치하여 각종 조세를 받아들였던 창고. 여기서는 주로 경관의 녹봉을 주고, 지방에서 수송해 오는 조세를 받아들였다. 상평창은 조선 초기에 중국의 제도를 모방하여 물가 조절 기관으로 둔 관아. 대동법의 실시로 선혜청이 설치되자, 진휼청과 함께 여기에 소속되어 주로 흉년에 서울 이외의 지방을 구제하였다.

경천(徑遷): 임기 만료전에 전임됨.

경체(徑遞): 임기가 차기 전에 체직되는 것.

경출(徑出): 교대할 사람이 오기 전에 퇴근함.

경탈(輕脫): 조심성이 없고 가벼움.

경통사(京通事): 서울에 둔 통역관으로 향통사와 대칭되는 말.

경필(警蹕): 임금의 거둥 때 통행을 금지하는 일.

경함(傾陷): 계략을 꾸며 함정에 빠뜨림.

계개(計開): 헤아려서 기록한 것.

계고(稽古): 학문.

계문(啓聞): 관찰사·어사·절도사 등이 글로써 상주(上奏)함.

계복(啓覆): 임금에게 상주(上奏)하여 사형수를 다시 심리하는 일. 사죄는 신중히 심리하기 위하여 초복·재복·삼복을 거치는데 복심 때마다 임금에게 아뢴다.

계사(啓辭): 논죄에 관하여 임금에게 올리는 상주(上奏) 문서.

계엄(戒嚴): 행군·거둥 등에 앞서 태세를 갖추거나 행동을 개시하도록 경계하는 호령. 계엄은 세 단계로 나누어 북을 쳐서 알리는데 이것을 엄고(嚴鼓)라 하며, 세 번의 엄고를 각각 초엄(初嚴)·이엄(二嚴)·삼엄(三嚴)이라 한다. 이를테면 행군이나 거둥 때에 초엄에는 군사가 각각 제 위치에 모이고 이엄에는 대열(隊列)을 갖추고 삼엄에는 출발한다.

계옥(啓沃): 충심으로 임금에게 진언함.

계장(計贓): 장물을 돈으로 환산하고 그에 따라 죄를 줌.

계적(桂籍): 과거에 급제한 사람의 명부(名簿).

계제직(階梯職): 참하관이 참상으로, 당하관이 당상으로 올라갈 적에 자동적으로 올라갈 수 있는 관직을 말한다. 훈련원 정·봉상시 정·통례원 좌통례 등이 여기에 해당된다.

계하(啓下): 계청한 문서를 임금이 보고 결재하여 내리는 것.

고공법(考功法): 벼슬아치의 근만을 가지고 승진에 반영시키는 일.

고굉(股肱): 대신. 팔과 다리. 즉 보필하는 신하.

고기(顧忌): 뒷일을 염려하고 꺼림.

고도(古道): 옛날의 도의.

고두(叩頭): 이마를 땅에까지 대고 절하는 것.

고립(雇立): 남을 대신하여 공역(公役)을 치르는 자.

고마(雇馬): 민간에게 징발한 말.

고명(誥命)·면복(冕服): 고명은 명나라가 조공국 군왕의 즉위를 승인하는 문서이고, 면복은 임금의 정장인 면류관(冕旒冠)과 곤룡포(袞龍袍)를 말함.

고명자(高明者): 성품이 너무 강한 자.

고범(故犯): 고의로 범한 죄.

고수(瞽瞍): 순임금의 아버지.

고신(告身): 벼슬아치에게 주는 직첩으로, 곧 사령장을 가리킴.

고알(告訐): 피해자가 아닌 사람이 남의 잘못을 관에 알림.

고택(膏澤): 임금의 은택.

고항(高抗): 고상하고 굽히지 않음.

고핵(考覈): 조사하여 밝힘.

고후(高厚): 하늘과 땅.

곡돌사신(曲突徙薪): 환란을 미리 방지한다는 뜻.

곡사(曲士): 마음이 바르지 않은 사람.

곡성(曲城): 성문 밖으로 구부려 둘러쌓은 성. 곧 옹성(甕城).

곡전(曲全): 이모저모로 돌보아 주는 것.

곤기(閫寄): 군권(軍權)을 위임함. 장수의 임무.

곤수(閫帥): 병사 수사의 이칭.

곤외(閫外): 왕성(王城)의 밖으로 곧 변방을 가리킴.

곤월(袞鉞): 포폄의 뜻임.

곤조곤도(棍曹棍徒): 무뢰배.

곤지(困知): 노력하여 깨우침.

곤타(綑打): 결박하고 때림.

공가(公家): 국고(國庫).

공궤(供饋): 음식을 드리는 것.

공름(公廩): 관에서 먹여 주는 것.

공명고신(空名告身): 성명을 적지 않은 임명장임. 국난을 당하여 국고가 탕진되었거나 흉년이 들어 백성을 진구하기 위한 방책의 일환으로 곡식이나 돈을 받고 내주었음.

공억(供億): 의식을 지급하여 줌.

공의(功議): 팔의(八議)에 들어 있는 의공(議功)과 의친(議親). 의친은 왕실의 친척을 말하며 의공은 국가에 큰 공훈을 세운 사람을 가리킨다. 팔의는, 의친·의공·의고(議故)·의현(議賢)·의능(議能)·의근(議勤)·의귀(議貴)·의빈(議賓)을 말하며 이들은 평의(評議)에 의하여 형벌을 감면받았다.

공차(公差): 공무로 파견함.

공탕(公帑): 국고(國庫)를 말함.

공판(公辦): 공비로 갖추어 냄.

공함(公緘): 공함 추문(公緘推問)의 준말, 공식적인 서면, 즉 공함(公緘)으로 죄과(罪過)를 묻는 것이다. 공함으로 묻는 것을 함문(緘問), 답하는 것을 함답(緘答)이라고 한다.

공해(公廨): 관청.

공헌왕(恭憲王): 명종의 시호.

공형(公兄): 고을의 아전을 가리킴.
과극(科剋): 남의 물건을 착취 또는 횡령한다는 뜻.
과기(瓜期): 벼슬의 임기.
과두(裹頭): 종.
과매(寡昧): 덕이 적고 우매하다는 뜻. 임금이 자신을 겸손하게 이르는 말.
과방(科榜): 과거(科擧)의 방목(榜目). 과거에 급제한 사람의 명단.
과소법(過所法): 관문(關門)을 통과할 때 증명서를 갖게 하는 법.
과질(瓜瓞)의 경사: 자손이 번성하는 경사를 말함.
과차(科次): 성적의 등급을 매김.
과학(科學): 과거를 위한 학문.
관(官): 경연.
관가(管家): 노복.
관가(觀稼): 임금이 적전(籍田)에 거둥하여 농사일을 살펴보는 것.
관가의 돼지 배 앓는 격: 근심이 있어도 누구 하나 알아주는 사람이 없어 혼자 끙끙 앓는 것을 가리키는 속담임.
관각(館閣): 홍문관과 예문관의 합칭. 광의로는 이 밖의 문사를 맡은 성균관·승문원·교서관 등을 포함하기도 한다.
관관(館官): 성균관 관원.
관량(管糧): 식량 관리.
관무재(觀武才): 무과 시취의 하나. 금군, 각 군문의 군관, 전임 조관, 출신(과거에 급제하고 아직 벼슬하지 않은 자), 한량(무신의 자제로 아직 벼슬하지 않은 자) 등에게 무예를 시험하여 뽑는다.
관문(關門): 조선조 때 상급 관청에서 하급 관청에 시달하던 공문서.
관반(館伴): 외국 사절의 영접이나 접대 등에 관한 일을 관장하는 영접 도감(迎接都監)의 주무관인 임시 관직.
관발관(管撥官): 파발을 관리하는 관리.
관방(關防): 국경의 요새.
관사(官舍): 고을의 행정.
관사(官師): 백관의 뜻.
관유(館儒): 성균관에서 기숙하는 유생.
관자(關字): 공문(公文). 공문서. 관문(關文).
관절(關節): 뇌물과 청탁.
관차(官差): 관아에서 보낸 아전이나 사령 따위.
관하(管下): 소속 부하.
괄군(括軍): 군사를 모음.
광간(狂簡): 이상만 높고 실천력이 부족함.
광관(曠官): 관직을 오래 비워 두거나 직무를 태만히 함.

괘방(掛榜): 정령(政令) 등을 공시(公示)하는 것.

괘오(註誤): 거짓 보고로 일을 그르침.

교룡기(交龍旗): 임금의 거둥 때 독(纛) 다음에 세우는 기로, 친열(親閱)할 때 이 기로 각 영을 지휘한다.

교명(教命): 책봉할 때 훈유하는 글.

교주고슬(膠柱鼓瑟): 너무도 고지식하여 변통성이 없는 것을 말함.

교할(交割): 물건과 물건을 서로 교환하는 일. 또는 사무를 서로 인계인수하는 일.

구간(苟簡): 구차하게 미봉책을 사용함.

구경(九經): 《중용》에서 말한 천하를 다스리는 아홉 가지의 큰 도. 곧 몸을 닦는 것[修身], 현인을 높이는 것[尊賢], 가까운 사람을 친애하는 것[親親], 대신을 공경하는 것[敬大臣], 뭇 신하를 체찰하는 것[體群臣], 백성을 자식처럼 사랑하는 것[子庶民], 모든 공인(工人)이 모이게 하는 것[來百工], 먼 지방 사람을 잘 대우하는 것[柔遠人], 열국의 제후를 무마하는 것[懷諸侯] 등이다.

구덕(九德): 너그러우면서도 근엄한 것, 유순하면서도 확고한 것, 삼가면서도 공경하는 것, 치재(治才)가 있으면서도 경외하는 것, 부드러우면서도 굳센 것, 곧으면서도 온화한 것, 간략하면서도 모가 있는 것, 강건하면서도 독실한 것, 용감하면서도 의를 좋아하는 것, 이 아홉 가지를 가리킨다.

구무(構誣): 터무니없는 일을 꾸미어 모함함.

구비(求備): 한 사람에게 재덕이 겸비하기를 바라는 것.

구사(丘史): 종친(宗親) 및 공신(功臣)에게 내려준 관노비.

구솔(丘率): 말구종.

구신(具臣): 숫자만 채우는 신하.

구언(求言): 천재지변이나 기타 변고가 있을 때 백성에게 교서(教書)를 내려 바른 정치에 도움이 되는 곧은 말을 올리게 하는 것.

구원(九原): 황천.

구유(拘儒): 고지식한 유학자.

구유(具由): 사유를 갖춤.

구임(久任): 일을 오랫동안 맡김.

구전(口傳): 이조 판서 또는 병조 판서가 직접 임금의 구두 명령을 받아 관원을 임명하는 것.

구정(九鼎): 우(禹)가 주조한 솥. 삼대(三代) 때의 상전(相傳)의 보물임.

구책(龜策): 거북의 등껍질을 불에 구워 터지는 무늬를 보고 치는 점.

구형(九刑): 주나라에서 시행한 아홉 가지 형벌. 묵형(墨刑), 의형(劓刑), 비형(剕刑), 궁형(宮刑)·대벽(大辟)과 유형(流刑), 편형(鞭刑), 속형(贖刑), 복형(扑刑)을 통틀어 구형이라 한다.

국저(國儲): 세자.

국천척지(跼天蹐地): 두려워하여 몸 둘 곳을 모른다는 뜻.

국휼(國恤): 국상.

군자삼감(軍資三監): 조선 시대에 군수 물자를 관장하던 세 관아. 즉 군자감, 군자강감, 군자분감의 합칭.

군적(軍籍): 군사 명부.

군흥(軍興): 군비(軍費). 군수 물자.

굴억(屈抑): 굽혀 억누름.

굴혈(窟穴): 악인의 소굴.

궁각(弓角): 활을 만드는 데 쓰이는 물소뿔.

궁금(宮禁): 궁궐. 궁중의 금령.

궁온(宮醞): 임금이 내리는 술.

권병(權柄): 권력으로 사람을 좌우할 수 있는 신분이나 그 힘.

권서(權署): 임시로 일을 처리함. 즉위한 직후로 왕호를 사용하지 않을 때.

권설(權設): 임시로 설치한 관이나 관작.

권점(圈點): 홍문관(弘文館)·예문관(藝文館) 등의 관원을 뽑을 때 후보자들의 성명을 죽 적어 놓고 전선관(銓選官)들이 각기 뽑고자 하는 사람의 성명 아래에 찍는 둥근 점. 점수가 많은 사람이 뽑힌다.

권정례(權停禮): 예식대로 하지 않고 약식으로 행하는 예. 즉 조하(朝賀)나 기타 행사에 임금의 임석을 생략하고 임시변통으로 의식의 절차를 다 밟지 않고 거행하는 의식.

권지(權知): 어떤 벼슬의 후보자나 시보(試補) 같은 것을 가리키는 말.

궐군(闕軍): 빠진 군사.

궐도(闕到): 입번(立番)해야 될 군졸이나 나와야 될 인원 등이 나오지 않은 것을 말한다.

궤산(潰散): 패하여 흩어짐.

궤장(几杖): 임금 앞에서 궤에 기대고 지팡이를 짚어도 괜찮다는 뜻으로, 벼슬이 1품에 이르고 나이가 70이상이 되었으나 나랏일 때문에 치사(致仕)하지 못하는 신하를 우대하여 내려 준다.

귀척(貴戚): 임금의 인척.

규괴(睽乖): 서로 어그러짐.

규풍(規諷): 비유를 들어서 바로 잡음.

극명덕(克明德): 능히 덕을 밝힘. 총명한 덕.

근독(謹獨): 자기 혼자 있을 적에도 도리에 어그러짐이 없도록 근신하는 것.

근밀(近密): 임금이 거처하는 주변.

금기(金氣): 가을 기운.

금니(金柅): 쇠로 만든 수레 정지 장치. 소와 말을 매어 놓는 쇠말뚝. 즉 사악한 소인들이 활동하지 못하도록 강력하게 제지하는 장치를 뜻한다.

금란군(禁亂軍): 금란사령. 금란패를 가지고, 금제를 위반한 사람을 염탐하여 찾기도 하고 잡아들이기도 하던 사령.

금속(禁贖): 금령(禁令)을 어긴 자가 법에 따라 형벌을 면하기 위해 내는 금품.

금오랑(金吾郎): 금부도사(禁府都事).

급복(給復): 부역 면제.
급재(給災): 재해를 입은 논밭의 전세를 면제하여 주는 것.
급창(急唱): 관아에서 부리는 노복.
급첩(給帖): 임명장을 줌.
긍구긍당(肯構肯堂): 아비가 시작한 일을 자식이 잘 계승하여 공업(工業)을 이루는 것.
기각(掎角)의 형세: 군사를 둘로 나누어 적을 견제하는 것. 마치 사슴을 잡을 때 한 사람은 사슴의 발을 붙잡고 한 사람은 그 뿔을 잡는 형세로 적을 견제한다는 데서 생긴 말.
기경(起敬): 공경하는 마음을 일으킴.
기계(器械): 군사 장비.
기공(妓工): 궁중에서 가무(歌舞)하는 창기(唱妓)와 악공(樂工).
기관(旗官): 군대의 깃발을 들고 다니는 군졸.
기묘사림(己卯士林): 기묘년(1519 중종 14년)에 남곤, 심정, 홍경주 등에 의하여 파직, 유배, 죽음을 당한 조광조 등과 이들을 돕거나 추종한 사람들.
기미(羈縻): 직접 통제하지 않고 간접적으로 통제하는 것을 말함. 회유하여 얽어맴.
기병(奇兵): 유격대(遊擊隊).
기복(起復): 관리의 경우 상중에는 벼슬하지 않는 것으로 되어 있지만 국가의 필요에 의하여 상제의 몸으로 벼슬에 나오게 하는 것을 말함. 기복출사(起復出仕).
기시(棄市): 사람들이 많이 모인 곳에서 목을 베고 그 시체를 길거리에 버리던 형벌.
기인(其人): 경기·강원·황해·경상·전라·충청의 각 고을의 향리(鄕吏) 중에서 해마다 윤차(輪次)로 서울에 와서 제사(諸司)에 분정(分定)되어 땔나무 등을 장만하는 데 사역된 사람.
기재(寄齋): 성균관 유생 아닌 유생이 성균관에서 기거(起居)하며 공부하는 일. 거재(居齋).
기전(起田): 경작하는 농토.
기정(奇正): 측면에서 불의에 공격하는 기병과 정면에서 공격하는 정병(正兵).
기조(騎曹): 병조.
기체(氣滯): 기도(氣度)가 막혀 나는 병.
기친(期親): 기년복(朞年服)을 입는 친족.
기탄(忌憚): 어렵게 여겨 꺼림.
기폐(欺蔽): 사실을 속이고 총명(聰明)을 가리움.
기해(起解): 조서를 만듦.
기효신서(紀效新書): 명나라 장수 척계광이 지은 병서. 왜란 후에 군제를 개편하여 훈련도감을 신설하고, 명군과 왜군의 무기, 무술을 모방하여 훈련할 때도 이 책에 의존해서 총병(銃兵)인 포수(砲手), 궁병(弓兵)인 사수(射手), 창검병인 살수(殺手)의 3부문으로 나누어 실시하였고, 지방에도 초관 또는 속오군을 두어 훈련시켰다.
길경(桔梗): 도라지.

ㄴ

나례(儺禮): 음력 섣달 그믐날 밤 공중에서 마귀와 사신(邪神)을 쫓아낸다는 뜻으로 베푸는 의식.

나이(那移): 함부로 옮겨 쓰는 것.

나장(羅將): 군아에 속한 사령. 의금부의 매질, 압송하는 사령.

낙죽(酪粥): 우유.

낙형(烙刑): 단근질하는 형벌.

난여(鑾輿): 임금의 수레. 임금의 행차.

남행(南行): 부조의 음덕(蔭德) 또는 자신의 재덕이 있어 과거에 급제하지 않고 벼슬길에 오른 사람들을 뜻하는 말.

납곡(納穀): 병란(兵亂)이나 흉년에 군량 및 구호양곡을 확보하기 위한 정책으로 곡식을 헌납받는 것.

납서(蠟書): 밀을 둥그렇게 뭉쳐서 그 속에 비밀문서를 넣어가지고 가는 것을 말함.

납속 동지(納粟同知): 곡식을 바치고 임명된 동지.

납언(納言): 왕명을 출납하는 관명인데, 곧 사헌부와 사간원의 관원을 가리키는 말.

납의(衲衣): 군복.

납회(納誨): 잘못을 바루는 곧은 말을 아룀. 착한 말을 올림.

낭료(郎僚): 낭관(郎官)인 요속(僚屬)으로 낭청(郎廳)이라고도 한다.

낭선(筤筅): 낭선(狼筅)이라고도 쓰는 병장기의 일종. 길이가 1장 5~6척 되는 대모죽(大毛竹) 끝에 한자 정도의 칼날을 달고 중간 중간에 꼬챙이를 붙여서 적을 막는 병기임.

내구(內廐): 조선 시대 궁궐 안에 따로 둔 사복시. 즉 궁중의 가마나 말에 관한 일을 맡아보던 관청.

내금위(內禁衛): 임금의 좌우에서 호위(護衛)를 맡아보던 군대.

내노(內奴): 내수사(內需司)에 딸린 노비.

내반원(內班院): 대궐 안의 내시의 일을 맡아보던 관청. 내시부.

내부(內附): 중국에 들어가 의탁함.

내선(內禪): 임금이 살아 있으면서 아들이나 아우에게 전위하는 것.

내소(來蘇): 후래 기소(後來其蘇)의 준말로 학정에 시달린 백성이 구제되기를 바라는 것을 말함.

내수외양(內修外攘): 안으로 국정을 닦고 밖으로 적을 방어하는 것.

내승(內乘): 내구(內廐)와 어승(御乘)을 맡아보는 벼슬.

내역(來役): 심부름 온 사람.

내원당(內願堂): 궁중의 명복을 비는 절.

내중일(內中日): 매월 오(午)일과 묘(卯)일.

내탕(內帑): 임금이 사유한 재물.

노륙(孥戮): 처자까지 사형하는 것.

노마(路馬): 임금이 타는 수레를 끄는 말.

노비 신공(奴婢身貢): 독립된 호를 이루고 사는 외거노비로부터 신역 대신에 대가로 받아들이던 공물. 사섬시에서 관장하였음.

노상(勞傷): 근심 걱정으로 마음이 상함.

노옥(老獄): 끝이 없는 사건.
노인(路引): 여행을 허가하는 증명서.
노제(老除): 나이 많은 군인을 역(役)에서 제외시킴.
노포(露布): 격문(檄文)이나 승첩(勝捷)의 글을 말함.
녹직(祿職): 봉급이 있는 관직.
논보(論報): 하급 관청이 상급 관청에 의견을 첩보(牒報)하는 것.
논사(論思): 논변(論辯)과 사려(思慮). 홍문관.
논열(論列): 죄목(罪目)을 나열하여 탄핵함.
농단(壟斷): 이익을 독점함을 뜻하는 말.
누의(螻蟻): 땅강아지와 개미.
누조(累朝): 여러 대의 조정.
늠급(廩給): 관의 곡식 창고에 있는 것을 지급함.
능단(綾段): 무늬가 있는 비단.
능체(陵替): 아랫사람이 윗사람의 권한을 침해하는 것.

ㄷ

다리: 덧넣었던 딴머리.
다섯 달의 정하여진 기한: 다섯 달 만에 장사지내게 정하여진 기한으로 곧 임금의 장기(葬期). 천자(天子)는 일곱 달 만에, 제후(諸侯)는 다섯 달 만에, 대부(大夫)·사(士)·서인(庶人)은 석 달 만에 장사하도록 정해져 있다. 《예기(禮記)》 왕제(王制).
다시(茶時): 성상소가 어느 한 곳의 분대에 감찰들을 모으는 것인데 이 모임에서 다례를 행하므로 이렇게 불렀다.
단령(團領): 옷깃을 둥글게 만든 관원(官員)의 공복(公服).
단서 철권(丹書鐵券): 옛날에 공신에게 반사하여 대대로 전해 가면서 죄를 사면받게 한 공신녹권으로, 단사로 쓰고 철제로 권을 맺기 때문에 생긴 말.
달로(㺚虜): 조선과 중국의 북방에 살던 종족으로, 그 계통은 분명하지 않으나 시대에 따라 달단(韃靼)·몽고(蒙古)·거란(契丹) 등으로 불리던 종족의 일부이며, 이때의 달로는 원(元)이 망한 뒤에 북으로 달아나 흩어져 살던 이들을 말하는데, 명(明)의 북부와 조선의 평안도 북변에서 자주 말썽을 일으켰다. 노(虜)자에 갈음하여 자(子)·노(奴)를 붙여 부르기도 하며, 앞에 건이(建夷·건주위(建州衛)의 오랑캐)라 한 것도 이들을 가리키는 것이다.
달순(達順): 행동이 모두 도리에 맞음.
담제(禫祭): 초상으로부터 27개월 만에 곧 대상을 치른 후 다음 달 하순의 정일(丁日)이나 해일(亥日)에 지내는 제사.
답고(踏敲): 가무(歌舞).
답보(踏寶): 어보(御寶)를 찍음.
답인(踏印): 관인(官印)을 찍음.
당(唐): 요(堯) 임금의 나라.
당고(黨錮): 어진 선비들을 종신 금고한 일.

당보(塘報): 척후(斥候)하는 군사의 적세에 대한 보고문.

당보아(塘報兒): 적군의 동태와 형편을 살피어 알리는 임무를 띤 사람. 당보군(塘報軍).

당참(堂參): 관리들이 전근할 적에 바치는 예물(禮物)을 말함. 지방 수령들이 임명을 받으면 이조에 예물을 바쳤었는데, 이에 의한 민폐가 극심했으므로 명종 21년(1566)에 폐지하였다.

당참채(堂參債): 수령(守令)이 새로 나가거나, 또는 다른 고을로 옮길 때 서리(書吏)에게 주던 돈. 당참전(堂參錢). 당참(堂參).

당학질(唐瘧疾): 이틀거리로 앓는 학질.

당화(唐貨): 중국의 물건.

대가(代加): 자궁(資窮) 등의 이유로 자급을 올려 줄 당사자 대신에 아들·사위·아우·조카 등에게 자급을 올려 주는 것.

대각(臺閣): 사헌부와 사간원을 함께 이르는 말.

대감(臺監): 사헌부 감찰.

대강군(擡扛軍): 짐꾼.

대거(對擧): 둘 이상의 과거를 상대적으로 시행하는 일. 가령 문과시를 설행한 경우, 그 상대로 무과시를 아울러 설행하는 과거를 말함.

대건(大蹇): 난처한 지경에 처했다는 뜻.

대경(代耕): 녹을 받은 것.

대계(大計): 후계.

대고(大故): 부모의 상. 임금의 죽음.

대교(大巧): 남이 따르지 못할 아주 교묘한 재주.

대군(大君): 임금의 적자(嫡子).

대노(代奴): 상전을 위하여 송사를 대행하는 그 집의 종.

대립(代立): 대신 복무하게 하는 것.

대모(大暮)의 동매(同寐): 긴 밤을 같이하여 잔다는 뜻으로, 죽음을 비유하는 말.

대방(大防): 법칙. 세상의 질서유지를 위해 문란함을 방비하는 예의. 예법(禮法).

대벽죄(大辟罪): 사형에 해당되는 죄.

대보(大寶): 옥새.

대비취인(大比取人): 인재를 널리 취한다는 뜻으로 향시를 말함.

대사례(大射禮): 임금이 신하들을 크게 모아 함께 활쏘기를 시험하여, 맞힌 자에게는 상주고 맞히지 못한 자에게는 술을 마시게 하는 의례.

대사마(大司馬): 병부 상서를 말함.

대석(臺席): 사헌부의 공석(公席).

대수(大隧): 능의 수도(隧道). 지면으로부터 현궁(玄宮:재궁을 넣는 광(壙)임)까지 판 길.

대역 반좌율(大逆反坐律): 고변함에 있어 대역(大逆)으로 고변한 것이 무고였을 경우에, 무고 입은 자에게 과한 죄만큼 무고한 자에게 과죄하는 것임.

대월(對越): 천지신명을 대함.

대장군전(大將軍箭): 무게가 50근, 길이가 6자인 무쇠로 된 화살. 30근의 화약을 폭발시켜 내쏘면 9백 보(步)를 날아간다.

대죄거행(戴罪擧行): 죄가 정해질 때까지 그대로 일을 보는 것.

대포(大布): 올이 굵은 베.

대행대왕(大行大王): 승하한 지 얼마 안 되어 아직 시호가 없는 전왕(前王)을 지칭하는 말.

대휼(大恤): 국상을 말함.

도(徒): 《대명률》 오형(五刑: 태(笞)·장(杖)·도(徒)·유(流)·사(死)의 하나. 비교적 중한 죄를 범한 자를 관에 맡겨 두고 노역에 종사시키는 형벌인데, 1년·1년 반·2년·2년 반·3년의 5등급의 형기가 있으며, 형기 1년이면 장 육십, 1년 반이면 장 칠십, 2년이면 장 팔십, 2년 반이면 장 구십, 3년이면 장 일백을 병과한다.

도감(都監): 상장(喪葬)·혼인 등 국가에 큰일이 있을 때에 그 일을 맡아보기 위하여 임시로 설치하는 관사(官司).

도거(刀鋸): 형벌의 뜻.

도거(刀鋸)를 받은 천한 자: 도거는 칼과 톱으로 형구(刑具)를 말하는 것으로 도거를 받은 천한 자란 곧 환관(宦官)을 가리킨다.

도검(韜鈐): 무사(武事).

도계진상(到界進上): 감사가 부임하고 곧 물선을 진상하는 것.

도금비록(韜衿祕錄): 병법(兵法).

도기(到記): 성균관 유생들이 출근하여 식당에 출입한 횟수를 적는 부책(簿冊). 아침·저녁 두 끼를 1도(到)로 하여 50도가 되면 과거 볼 자격을 얻게 된다.

도리(桃李): 문하생(門下生)이나 천거한 사람을 비유한 말.

도목(都目): 관원의 치적을 종합 심사하는 일. 6월에 하는 것을 권무정(權務政)이라 하고 12월에 하는 것을 대정(大政)이라 하였음.

도목장(都目狀): 지방 관청의 종 및 시정(侍丁), 봉족, 호수(戶首) 등의 이름을 기록한 장부.

도목정(都目政): 도목정사(都目政事)의 약칭으로 관리의 임명, 승진, 전보 등을 위한 인사 행정. 경관(京官)은 해사(該司)의 당상관이나 제조가, 외관(外官)은 관찰사와 절도사가 매년 6월 15일과 12월 15일에 관원들의 성적을 매겨 올리면 등급을 매겨 임면(任免)과 출척(黜陟)을 시행한다.

도법(徒法): 허명무실한 법.

도서(圖書): 일본의 사자(使者)가 우리나라에 입국할 때 제시하던 입국 허가증.

도설리(都薛里): 내시부(內侍府)에서 어선(御膳)을 맡아보는 우두머리.

도승(度僧): 중에게 도첩(度牒)을 줌.

도시(都試)의 연재(鍊才)나 관사(觀射): 도시는 무과 시험. 연재는 무예(武藝) 시험을 말하며 관사는 임금이 신하들의 사예(射藝)를 관람하는 것.

도유 우불(都兪吁咈): 군신이 토론하는 것으로, 선정의 뜻.

도제(道齊): 정치를 함에 있어 "덕(德)으로써 인도하고 예(禮)로써 가지런히 한다"를 아울러 이른 말.

도첩(度牒): 새로 중이 되었을 때 나라에서 주는 허가증(許可證).

도헌(都憲): 대사헌(大司憲).

도회(都會): 공물을 판출하기 위한 계(契).

도회군(逃回軍): 포로가 되었다가 도망쳐온 군사.

도회처(都會處): 관찰사의 관리 아래 교생들에게 강서(講書), 제술(製述) 시험을 보이는 장소를 가리킨다.

독현(獨賢): 어려운 일을 홀로 담당함.

독화(黷貨): 부정하게 재물을 얻음.

동(同): 1동은 50필임.

동·서벽(東西壁): 좌우 참찬을 말함.

동·서적전(東西籍田): 조선 시대 종묘에 제사지낼 쌀을 생산하던 두 곳의 전답. 동적전은 지금의 서울 전농동(典農洞)에 있었고, 서적전은 지금의 개성(開城)에 있었다.

동거(童車): 짐을 운반하는 수레.

동군(東君): 봄을 맡은 신(神).

동몽훈도(童蒙訓導): 어린이를 교육시키기 위해 각 군현에 두었던 벼슬. 후에 동몽교관으로 고침.

동벽(東壁): 관원이 회좌(會坐)할 때에 동쪽에 자리 잡는 벼슬.

동취(銅臭): 돈 냄새임. 동전을 말함.

동취인(銅臭人): 돈을 가지고 관작(官爵)을 사거나 돈 많은 사람을 기롱하는 칭호임.

동향대제(冬享大祭): 겨울에 지내는 대제로 곧 대사(大祀).

동호필(董狐筆): 동호는 중국 춘추 때 진(晉)나라의 사관. 꺼림 없이 직필하는 것을 동호필이라 한다.

두목(頭目): 중국 사신을 따라 무역하기 위하여 우리나라에 오던 북경의 상인.

두축(頭畜): 가축. 소와 말.

두회기렴(頭會箕斂): 세금을 가혹하게 거둔다는 뜻.

둑제(纛祭): 대가나 군대의 행렬 앞에 세우는 대장기에 지내는 군기제. 뚝섬[纛島]에서 지냈다.

둔경(屯耕): 군사가 변방에 주둔하여 농사를 지으며 적을 방어하는 것.

둔사(遁辭): 책임을 회피하기 위하여 억지로 꾸며서 하는 말.

둔전(屯田): 지방에 주둔한 군대의 군량이나 관청의 경비에 쓰기 위하여 경작하는 전지(田地).

득신(得伸): 소송에 이김.

등롱금(燈籠錦): 중국 촉 지방에서 생산되는 최고급의 비단으로, 금(金)으로 등롱(燈籠) 무늬를 넣어 짠 비단임.

등문고(登聞鼓): 신민(臣民)이 간쟁(諫諍) 또는 진정(陳情)할 일이 있으면 이것을 쳐서 임금에게 알릴 수 있도록 조정(朝廷)에 걸어 둔 북.

등제계본(等第啓本): 매년 가을 각도에서 그해 농사의 작황을 9등급으로 사정해서 호조를 통하여 임금에게 올리는 감사의 장계이다.

등통(鄧通)의 산(山): 구리 광산을 뜻함.
등황 조서(謄黃詔書): 천자의 조서가 내리면 각성(各省)의 독무가 황지(黃紙)에 조서를 등사하여 그것을 소속 주현에 반포하는 것을 말한다.

ㅁ

마사(馬史): 사마천(司馬遷)이 쓴 《사기(史記)》.
마정(馬政): 말을 기르는 국가의 행정.
마태(馬太): 말먹이 콩.
마패자(馬牌子): 공문 등을 송달하는 마부.
마후(馬后): 후한(後漢) 명제(明帝)의 왕후. 덕행이 후궁들의 모범이 되었고 사가의 일로 조정에 간청하는 행위가 없었다.
만(鏝): 날이 없는 뭉툭한 창.
만기(萬機): 나라의 일.
만보(瞞報): 제대로 보지 못하고 한 보고.
만청자(蔓菁子): 순무 씨.
말감(末減): 말감(末勘). 가장 가벼운 죄에 처하는 것을 말함.
말선(襪線): 버선의 끈. 곧 짧은 것을 뜻하는 것으로 재주가 없음을 비유한 말이다.
말업[末]: 농사 이외의 장사 등의 일.
망(望): 후보자.
망궐례(望闕禮): 지방관으로 나가 있는 관원이 명절이나 왕, 왕비의 탄신일에 대궐을 향하여 절하던 의식, 또는 정조, 동지, 성절(聖節:천자의 생일), 천추절(千秋節:태자의 생일)에 임금이 중국을 향하여 절을 하던 예식.
망기(望氣): 멀리서 떠 있는 기운을 보고서 조짐을 아는 일.
망단(蟒緞): 용무늬를 놓은 비단.
망민(罔民): 백성의 무지(無知)함을 역이용하여 죄망에 걸려 들게 하는 것을 뜻하는 말.
망보(望報): 해당자 명단에 대한 보고.
매륜(埋輪): 수레가 가지 못하도록 바퀴를 땅에 묻는 것으로, 충직하게 간하는 것을 말함.
매상(昧爽): 동틀 녘.
맥도(貊道): 세제(稅制)의 한 가지로 국가의 유지를 고려하지 않고 아주 작은 세금을 거두는 것을 말함. 정상적인 부세는 9분의 1 또는 10분의 1을 전세로 받는 것이 상례인데, 맥도는 20분의 1을 받는 것을 말함.
면만(面謾): 눈앞에서 거짓말을 함.
면방(免防): 방수(防戍)를 면제함.
면유(面諭): 면전에서 하유함.
면저(綿褚): 면으로 된 관을 덮는 보자기.
면주전(綿紬廛): 관의 인가를 받아서 면주를 전매(專賣)하는 곳을 말함. 면주전은 육주비전(六注比廛)의 하나인데, 육주비전은 선전(線廛)·면포전(綿布廛)·면주전·지전(紙廛)·저포전(紵布廛)을 각각 한 주비(注比)로 하고 내어물전과 청포전(靑布廛)을 합해 한 주비로 함.

면피(面皮): 뇌물을 말함. 인사치레의 선물.

면향(免鄕): 향역(鄕役)을 면제시킴.

명검(名檢): 법도.

명경 무재(明經茂才): 명경(明經)은 한 무제 때에 비롯한 선거 과목. 학문이 정통하고 행실이 닦이고 경서(經書)에 대하여 박사(博士)에 알맞은 자를 선거하여 등용하였다. 무재(茂才)는 한대(漢代)에 비롯한 선거 과목. 천하의 재능이 우수한 선비를 선거하여 등용한 것.

명기(名器): 작호(爵號)와 거복(車服: 임금이 공로가 있는 신하에게 내리는 수레와 의복). 또한 관작(官爵)의 뜻으로 쓴다.

명부(命婦): 봉작을 받은 부인. 궁중의 여관으로서 봉작 받은 사람을 내명부라 하고, 왕녀, 왕비모, 대전유모, 왕세자녀 및 종친, 문무관의 아내로서 봉작 받은 사람을 외명부라 한다.

명지(名紙): 과거에 응시할 적에 응시자의 성명과 신상 사항을 적은 시험지.

명체 적용(明體適用): 고금의 일에 밝아 쓰기에 적절함.

명초(命招): 임금이 명패(名牌)로 신하를 부르는 것.

명행(溟涬): 분명히 나뉘지 않은 조용한 상태.

모고살인(謀故殺人): 사람을 모살하거나 고살(고의로 죽임)한 것.

모곡(耗穀): 양곡을 대여하였다가 받아들일 때 창고에서의 손실을 대비하여 미리 10분의 1을 더 받아들여 놓은 곡식.

모공(冒功): 없는 공을 있는 것으로 만드는 것.

모두(蟊蠹): 해충.

모롱(冒弄): 사실인 것처럼 꾸며 농간을 부림.

모릉(摸稜): 가부를 결정짓지 않는 모호한 태도.

모반 대역(謀反大逆): 모반(謀反)과 모대역(謀大逆)의 합칭. 모반은 나라를 위망(危亡)하게 하려고 꾀한 것이고, 모대역은 종묘·산릉·궁궐 등을 훼망(毁亡)하려고 꾀한 것이다.

목민 어적(牧民禦敵): 백성을 다스리고 적을 방어함.

목방(木方): 동방.

목요(木妖): 제택(第宅)을 지나치게 화려하게 치장하는 사람을 기롱하는 칭호.

몽준(蒙準): 상소하여 허가를 받음.

묘당(廟堂): 의정부의 별칭.

묘모(廟謨): 백성을 다스리는 방략.

묘산(廟算): 조정의 계책.

무경 칠서(武經七書): 중국의 일곱 가지 병서. 《육도(六韜)》, 《손자》, 《오자(吳子)》, 《사마법》, 《황석공삼략》, 《위료자》, 《이위공문대(李衛公問對)》.

무단향곡(武斷鄕曲): 시골에서 세가(勢家)가 백성을 권세로 억압함.

무면(無面): 돈이나 물건이 축나는 것.

무병 자구(無病自灸): 긁어 부스럼이라는 뜻.

무일편(無逸篇): 주(周)나라 주공(周公)이 성왕(成王)을 경계하여 지은 훈사(訓辭).

무정(務停): 농사가 한창 바쁜 시기에는 잡송(雜訟)에 관한 일을 중단하는 제도. 춘분에서 추분까지 9개월 동안임.

문금(門禁): 문의 출입에 대한 금제(禁制).

문병(文柄): 문장(文章)을 주관하는 권한과 책임.

문음(門蔭): 과거를 거치지 않고 부조(父祖)의 공덕(功德)에 의해 얻은 벼슬.

문이(文移): 상급 관청에서 하급 관청에 보내는 공문서.

문인(文引): 타고장을 출입하는 사람이나 타고장을 왕래하며 행상하는 상인에게 거주지 관청에서 발행하던 통행증.

문정(問鼎): 남의 나라를 침략하여 빼앗는다는 뜻.

문폐(問弊): 백성의 질고를 탐문함.

물고(物故): 죄를 지은 사람이 죽음.

물색 단자(物色單子): 물색은 죄수나 찾는 사람의 인상(人相)을 그린 것. 단자는 그에 대한 내용을 간단히 적은 문서.

미고(靡盬): 왕사(王事)를 소홀히 하지 못한다는 뜻.

미려(尾閭): 대해(大海) 밑에 바닷물이 쉴 사이 없이 샌다는 곳. 즉 끝없는 소모처(消耗處)라는 뜻.

미복(迷復): 도(道)를 잃은 것이 이미 멀어 다시 돌아올 곳이 없는 것.

미생(尾生)의 지혜로 소진(蘇秦)·장의(張儀)의 꾀를 쓰려 한다: 고지식한 신의로 과분한 일을 꾀한다는 뜻. 미생은 한 여자와의 약속을 지키려다가 익사하였고, 소진·장의는 변론가로서 전국 시대에 종횡한 사람들임.

미원(薇垣): 사간원의 별칭.

민결(民結): 백성의 논밭.

민암(民喦): 험악한 민심.

민이(民彝): 백성의 떳떳한 도리. 사람이 본래 타고난 양심.

밀부(密符): 관찰사·통제사·수어사·총융사 및 각도 유수, 절도사, 방어사 등에게 수여하는 병부.

ㅂ

박시제중(博施濟衆): 은혜를 널리 베풀어 대중을 구제함.

반궁(泮宮): 성균관의 별칭.

반당(伴倘): 왕자·공신 및 당상관을 우대하기 위하여 개인별로 지급하는 사환.

반삭(頒朔): 책력을 반포하는 것.

반서(反噬): 은인을 배반하여 해침.

반식(伴食): 무능한 관리를 비웃는 말.

반일정(半日程): 1일정은 90리.

반전(盤纏): 여비.

반좌율(反坐律): 무고(誣告) 또는 위증(僞證)으로 남을 죄에 빠지게 한 자에게 피해자와 동일한 형벌을 주는 형률(刑律).

반주율(叛主律): 노비가 주인을 배반했을 경우 이에 대해 제재를 가하는 형률(刑律)을 말한다.
발락(發落): 결정함.
발해(發解): 진사시(進士試)에 합격한 것.
발호(跋扈): 권세나 세력을 제멋대로 부리며 함부로 날뜀.
방계(防啓): 타사·타인이 임금에게 아뢰어 청한 일, 또는 임금이 분부한 일에 대하여 그렇게 시행하지 말도록 아뢰는 것.
방납(防納): 공물(貢物)을 대납(代納)하고 납공자(納貢者)로부터 그 대가를 많이 받아내던 일. 공물은 토산물이므로 일반 백성으로서 얻거나 만들기 어려울 경우에는 현물을 사서 바쳐야 하는데, 궁방(宮房)·관청의 수요 시기와 품질·규격 등이 흔히 맞지 않으므로 경주인(京主人) 등을 시켜 대납하게 하니, 상인·하급 관리 등이 끼어들어 직납(直納)이 가능한 것까지도 막아 대납하고서 뒤에 그 대가를 배징(倍徵)하였다.
방목(榜目): 과거(科擧)에 급제(及第)한 사람의 성(姓)과 이름을 적은 책. 준말은 방(榜).
방방(放榜): 과거 합격자를 발표하는 것.
방백(方伯): 관찰사(觀察使).
방악(方岳): 방백(方伯).
방장(方丈): 고승들이 거처하는 처소.
방첩(幇貼): 보인(保人)을 가리킴.
방첩(幇貼): 이는 이문(吏文)으로 돕는다는 말인데, 곧 봉족과 같은 뜻이다.
방추(防秋): 변방 오랑캐들의 가을철 공격을 막기 위해 군사를 동원해 지키는 일.
방현(妨賢): 현명한 사람의 진출을 방해하는 것.
배사(拜辭): 지방관이 부임할 때에 전정(殿庭)에 나아가 임금에게 숙배하고 하직하는 것.
배일 겸행(倍日兼行): 밤낮으로 쉬지 않고 이틀 길을 하루에 감.
배첩(拜帖): 남을 방문할 때에 내는 명함.
배표(拜表): 우리나라 임금이 중국 황제에게 보내는 표문(表文) 등을 다시 살펴보고 봉(封)하는 일을 말함.
배표(拜表): 중국 황제에게 보내는 표문을 사신이 떠나기에 앞서 정전(正殿)에 형식적으로 중국 궐정(闕庭)을 마련하고서, 임금이 백관(百官)을 거느리고 배례하는 의식을 거행하는 것.
백문(白文): 관인(官印)이 없는 문권(文券).
백부(柏府): 사헌부의 별칭.
백세(百歲): 죽음.
백승(百乘): 1승은 수레 1백 대.
백이(百二)의 요새: 천연의 지세가 험고하고 견고함을 이름.
백지[白楮]: 저화(楮貨).
백집사(百執事): 일반 관리.
백패(白牌): 사신이 도착할 날짜 등을 미리 알리는 공문.

번가(番價): 번드는 것을 면하고 내는 대가.
번고(反庫): 재고(在庫) 조사.
번곤(藩閫): 병마절도사를 말함.
번독(煩瀆): 번거롭고 버릇없음.
번호(藩胡): 우리나라에 복종하는 북변 성 주변의 여진족.
범마(犯馬): 하마비가 있는 지역에서 말에서 내리지 않는 것과 하급 관리가 상급 관리의 앞을 지나면서 말에서 내리지 않는 것.
법온(法醞): 임금이 내리는 술.
벽곡(辟穀): 곡물을 먹지 않고 생활하는 것.
벽문(闢門): 문을 열어 천하의 현자를 받아들임.
벽용(擗踊): 너무 슬퍼서 가슴을 치며 몸부림 침.
별복정(別卜定): 어떠한 지방에서 나는 물건을 정례로 정해 놓은 것 외에 서울의 각 관아, 각 도나 각 군에 바치는 일.
별선온(別宣醞): 임금·왕비 등이 별례로 내린 술.
별세초(別歲抄): 사전(赦典)이 있을 때 죄인의 이름을 초록하여 주달하는 일.
별시(別試): 나라에 경사(慶事)가 있을 적이나 또는 천간(天干)에 병(丙) 자가 든 해에 보이는 문과나 무과 시험.
별시사(別試射): 특별히 실시하는 활쏘기 시험으로, 철전, 유엽전, 편전, 기추(騎芻)를 각각 실시함.
별제(別祭): 삭망전 외에 정조, 동지, 한식, 단오, 중추 아침에 특별히 지내는 제사. 삭망전의 같은 날에 겹치면 별제만을 지낸다.
별차(別差): 특별히 차임해 보내는 관리.
별치부(別致賻): 정·종3품 이하의 시종이나 대시(臺侍:장령·지평 등)가 죽었을 때 임금이 따로 돈이나 물품을 내리는 것.
병류(迸流): 물리쳐 귀양 보내는 것.
병봉(拜蜂): 악은 작은 것에서부터 한다는 말.
병식(兵食): 무기와 식량.
보감 결장(保勘結狀): 신원보증서(身元保證書).
보거(保擧): 인물을 보증하여 천거하는 일. 학덕이나 재주가 뛰어난 사람을 상관이 보증하고 천거하여 주청하는 것.
보곤(補袞): 임금의 과실을 보완함.
보궁(保躬): 몸을 보호함.
보병가(步兵價): 보병가포. 보병의 군적에 있는 자가 현역의 복무를 하지 않는 대신 바치는 포목. 즉 군포(軍布)임.
보사(步射): 달려가면서 활을 쏘아 일정 기준 거리 이상에 도달하는 것과 표적에 접근하는 정도를 보는 활쏘기 시험.

보인(保人): 정병(正兵)을 돕기 위해서 둔 조정(助丁). 원래는 병역을 면제받는 대신에 현역병의 농작(農作)에 노동력을 제공하게 했었으나 뒤에는 군대의 비용으로 쓰기 위해 역(役)을 면제하여 주는 대가로 보미(保米)나 보포(保布)를 받았다.

보장(保障): 한 지역을 담당해 지키는 일.

보전(寶典): 《실록》.

보종(步從): 사명에게 역에서 딸려 보내는 역졸.

보책(寶冊): 시보(諡寶)와 시책(諡冊).

보합(保合): 대화합(大和合).

복(服): 1복은 한 번 먹을 약의 양.

복마(卜馬): 짐 싣는 말.

복벽(復壁): 임금이 잘못을 저질렀거나 기타 다른 사유로 집정(執政)할 수 없을 때 대신이 임시로 그 정무(政務)를 일정기간 대행하다가 모든 조건이 풀린 후에 다시 그 정사를 임금에게 환원하는 것.

복상(卜相): 정승을 새로 가려 뽑음.

복시(覆試): 초시(初試)에 합격한 사람에게 다시 보이는 과거. 회시(會試)라고도 함. 과거의 성질에 따라 복시가 최종 시험이 되거나 다시 전시(殿試)를 더 보이거나 함.

복예(僕隸): 경사(京司)의 서리(書吏)·고직(庫直)·서원(書員) 등을 이전(吏典)이라 하고, 사령(使令)·구종(驅從) 등을 복예(僕隸)라 한다. 지방에서는 아전(衙典)·장교(將校)를 이전이라 하고, 관노(官奴)·사령(使令)을 복예라고 한다.

복정(卜定): 공물(貢物) 이외에 긴급히 필요한 것이 있을 적에 상급 관청에서 결정하여 하급 관청으로 하여금 각 지방의 토산물이나 기타 필요한 물품을 강제로 납입하게 하던 일을 말함. 여기에는 변통 없이 꼭 실행하도록 강요하는 뜻이 들어 있음.

복제(覆題): 우리나라에서 보낸 주문에 의거하여 중국 예부에서 올린 제본(題本)을 말함.

복주(伏誅): 형벌을 순순히 받고 죽음.

복태마(卜駄馬): 짐을 싣는 말.

복합(伏閤): 나라에 큰일이 있을 적에 조신이나 유생들이 대궐문 밖에 엎드려 상소하는 것.

복호(復戶): 군인이나 양반의 일부 및 궁중의 노비 등 특정한 대상자에게 조세(租稅)나 그 밖의 국가적 부담을 면제하여 주던 일. 부역을 면제해 줌.

본색(本色): 전지(田地)에서 생산된 그대로의 보리·밀·콩 등을 가리키는데, 여기서는 양곡의 뜻으로 쓰였음.

봉심(奉審): 왕명으로 능이나 묘를 보살피는 일.

봉장(封章): 밀봉하여 상주(上奏)하는 의견서.

봉전(封典): 중국 조정에서 공신(功臣)이나 그 선세(先世)에 내려주던 작위(爵位). 여기서는 일본의 왕(王)과 관백(關白)에게 작위를 봉해 줌을 허락하였다는 말이다.

봉점(逢點): 점검받는 것.

봉조하(奉朝賀): 당상관의 실직을 지내고 치사한 사람을 특별히 우대하기 위해 제수하는 직. 평소에 출사하지 않고 의식에만 참여하는데, 종신토록 녹을 준다.

봉족(奉足): 보인. 공역에 종사하는 사람을 돕기 위하여 금품이나 노동을 제공하는 것. 또는 그 일을 담당하도록 배정된 사람이다. 보조자의 뜻.

부경(傅輕): 의심스러우면 형을 가볍게 함.
부극(掊克): 가렴주구(苛斂誅求)함.
부기(浮寄): 의지할 곳 없음.
부대시참(不待時斬): 사형은 추분 이후부터 춘분 전에 집행하는 것이 통례로 이를 대시참이라고 하는데, 이에 흉악한 사형수에 대해 시기를 기다리지 않고 즉시 참형에 처하는 것.
부도(浮屠): 불교.
부렴(賦斂): 조세 등을 매겨서 거두던 일.
부로(覆露): 양육하여 준 은혜를 뜻하는 말.
부묘(祔廟): 사당에 신주를 모심.
부방(赴防): 변경이나 해안 지대를 방비하기 위하여 수자리하러 가는 일. 다른 도의 군사가 서북 변경을 방비함.
부수(膚受): 부수지소(膚受之訴)의 준말. 사정을 절박하게 말하여 상대로 하여금 이해·시비를 가릴 겨를이 없게 하는 하소연.
부승(負乘)의 기롱: 자격 없는 사람이 높은 벼슬자리에 올라 앉아 있는 것에 대한 기롱임.
부시(婦侍): 궁녀와 내시.
부월(斧鉞): 도끼. 출정하는 장수, 또는 지방 관직으로 나가는 사람에게 생살권을 준다는 뜻으로 임금이 손수 도끼를 주었다.
부전(赴戰): 전선(戰線)으로 감.
부제(部題): 병부에 올린 건의서.
부집(父執): 아버지 친구.
부처(付處): 대명률의 유형에 준하는 형벌의 하나. 비교적 가까운 도에 보내어 그곳 수령의 처치에 맡기는데, 살 곳을 정하고 가족이 모여 살게 할 수는 있으나 그 곳을 떠나지는 못한다.
부토(抔土): 능(陵).
분(分): 점수.
분간(分揀): 죄를 지은 형편을 보아 용서하여 처결함.
분경(奔競): 엽관이나 이권 운동을 하거나 은밀히 청탁을 하는 것.
분경(分更): 그 시간 동안의 순찰을 분담하는 것. 경은 하룻밤을 다섯으로 나눈 것으로 곧 초경(初更), 이경(二更), 삼경(三更), 사경(四更), 오경(五更).
분군율(僨軍律): 군사를 패망시킨 죄.
분상(奔喪): 먼 곳에서 부모의 죽음을 듣고 급히 집으로 달려오는 것.
분수(分數): 점수.
분아(分兒): 관원에게 연례에 따라 물품 등을 나누어 주던 일. 분하(分下).
분황(焚黃): 관직이 추증(追贈)되었을 때, 교지(敎旨)와 황색 종이에 쓴 교지의 부본(副本)을 주면, 그 자손들이 추증받은 이의 무덤 앞에서 그 사유를 고하고 황색 종이에 쓴 부본을 불에 태우는 것을 말한다.
불곡(不穀): 임금의 겸칭.
불궤(不軌): 반역(叛逆).

불녕(不佞): 자신의 겸칭.
불차(不次): 차서를 뛰어 넘음.
비궁(閟宮): 종묘(宗廟).
비답(批答): 신하가 올린 계청(啓請)·소차(疏箚) 등에 대하여 임금이 가부 또는 의견을 붙여서 답하는 것.
비만(飛輓): 군량을 운송하는 것.
비망기(備忘記): 뒤에 일을 처리하거나 다시 정식 문서로 정리할 때에 빠뜨리지 않기 위하여 우선 대강을 적어 두는 문서. 또는 조지에 반시할 것까지는 없는 비교적 가벼운 분부를 임금이 적어서 승정원 등에 내리는 문서.
비모곡(費耗穀): 조세(租稅)를 징수할 때, 앞으로 손보될 것을 보충하기 위하여 10분의 1을 첨가하여 받는 곡식을 말한다.
비율(比律): 죄에 맞는 조문이 없을 때 비슷한 조문에 의거함.
빈공(賓貢): 타도에 향시가 있을 때 그 지방 사람이 아닌 사람이 그 지방에 가서 시험에 응시하는 자를 일컫는 말이다.
빈사(賓師): 제후가 벼슬시켜 신하로 대우하지 않고 빈객의 예로 대우하는 사람.
빙장(氷墻): 얼음으로 만든 담.
빙호(氷壺): 청렴하고 청백함.

ㅅ

사가독서(賜暇讀書): 유능한 젊은 문신들을 뽑아 휴가를 주어 독서당(讀書堂)에서 글을 읽게 한 일.
사간(事干): 사건에 관계된 사람.
사감(查勘): 사실을 조사하는 것.
사관(史官): 기사(記事)·편사(編史)를 맡은 관원. 여기서는 조정에 행사가 있을 때마다 참석하여 기사하는 예문관 검열과 승정원 주서를 가리킨다.
사관(四館): 성균관, 예문관, 승문원, 교서관의 통칭.
사구(司寇): 형조 판서의 별칭 또는 형조.
사국(史局): 기사(記事)·편사(編史)를 맡은 부서, 곧 춘추관. 예문관의 봉교 이하는 춘추관의 기사관을 겸직한다.
사단(四端): 인(仁)·의(義)·예(禮)·지(智)의 단서가 되는 네 가지의 마음씨, 곧 인의 발로라고 보는 측은지심(惻隱之心), 의의 발로라고 보는 수오지심(羞惡之心), 예의 발로라고 보는 사양지심(辭讓之心), 지의 발로라고 보는 시비지심(是非之心).
사대(查對): 중국으로 보내는 표(表)나 자문 등을 살피어 틀림없는가를 확인하는 일을 말함.
사도(斯道): 유교.
사득(査得): 상고하여 앎.
사련(辭連): 죄인의 초사에 연루된 사람.
사륜(絲綸): 임금의 전교를 가리키는 말. 조칙(詔勅).
사리(闍梨): 승려의 별칭.

사마(司馬): 병조.
사마소(司馬所): 지방 군현마다 생원과 진사들이 모여 유학을 가르치고 정치를 논하던 곳.
사명(師命): 군사에 관계된 명령.
사명(辭命): 외교 문서.
사문(四門): 사방 인재가 들어오는 문.
사물(四勿): 공자가 제자 안회(顔回)에게 가르친 네 가지 경계. 즉 예가 아니면 보지 말고[非禮勿視], 예가 아니면 듣지 말며[非禮勿聽], 예가 아니면 말하지 말며[非禮勿言], 예가 아니면 움직이지 말라[非禮勿動]는 것이다.
사반(私伴): 사사로운 반인(伴人). 원래 반인은 신역(身役)이 없는 양인(良人)을 당상관 이상에게 근수(跟隨)로 부리게 준 사람을 일컫는 것인데, 이들을 사적으로 차출하여 부리는 것을 사반이라 한다.
사봉(斜封): 왕실의 청탁.
사사(肆赦): 죄수 석방.
사사전(寺社田): 나라에서 절에 주던 전답.
사선(沙船): 강이나 하천을 다니기에 편리한 배.
사수(死綏): 군사가 패하면 장수는 마땅히 죽어야 함을 뜻하는 말.
사수(四獸): 네 방위를 맡은 신(神). 곧 동쪽의 청룡(靑龍), 서쪽의 백호(白虎), 남쪽의 주작(朱雀), 북쪽의 현무(玄武)를 가리킴.
사수(死綏): 후퇴하느니 차라리 죽겠다는 각오로 싸우는 것.
사시(蛇豕): 뱀과 돼지처럼 탐악(貪惡)한 왜적을 지칭함.
사신(詞臣): 글 맡은 신하.
사우(死友): 죽음을 함께할 수 있는 벗.
사원(詞垣): 한림원(翰林院)의 별칭.
사유(四維): 나라를 유지하는 데 기본이 되는 네 가지 수칙인 예(禮)·의(義)·염(廉)·치(恥)를 말함.
사유(師儒): 성균관이나 향교 등 공공 기관에서 유생을 가르치는 스승.
사의(邪意): 부정한 의논.
사일(仕日): 근무 일수.
사장(辭狀): 사직서.
사조(辭朝): 관직(官職)에 새로 임명된 사람이 부임(赴任)하기에 앞서 임금에게 하직 인사를 드리는 일을 말함.
사주인(私主人): 지방에서 서울에 와 벼슬하는 사람들이 묵던 사삿집.
사중지어(沙中之語): 논공행상을 비평하는 말.
사직신(社稷臣): 국가의 안위가 달려 있는 중신(重臣)의 뜻으로, 곧 국가와 사생을 같이하는 신하를 일컬음.
사총(四聰): 사방 백성 일을 듣는 귀.
사출(斜出): 관청을 거친 문서라는 말.

사파(仕罷): 퇴근.
사판(仕版): 관리의 명부.
사패(賜牌): 임금이 내리는 전지나 노비의 소유에 대한 문서.
사패(司敗): 형조.
사환(査還): 챙겨 가져감.
사후선(伺候船): 정찰선.
삭료(朔料): 다달이 주는 월급.
삭서(朔書): 매월 시행하는 글씨 시험.
삭선(朔膳): 초하룻날에 각도의 산물로 임금께 차려 바치는 음식.
산디(山臺): 산디놀음을 하기 위하여 큰길가나 빈터에 임시로 높이 쌓아 만든 무대.
산료(散料): 다달이 나누어 주는 급료(給料).
산릉(山陵): 임금의 능.
산척(山尺): 사냥 또는 약초를 캐며 사는 천민. 심마니.
산호(山呼): 임금을 축수하여 천세(千歲)를 부르는 것. 황제에게는 만세(萬歲)를 부른다.
살수(殺手): 창검술(槍劍術).
살신성인(殺身成仁): 몸을 바쳐 옳은 도리를 행함.
삼강(三江): 한강(漢江)·용산강(龍山江)·서강(西江).
삼고(三鼓): 삼경(三更).
삼대(三代): 하(夏)·은(殷)·주(周) 세 왕조(王朝)를 말함.
삼도(三道): 충청·전라·경상도.
삼령오신(三令五申): 세 번 명령하고 다섯 번 거듭 신칙하는 것으로 곧 지휘관이 몇 번이고 알리어 경계시키는 것.
삼명일(三名日): 설·동지·임금의 생일.
삼사(三司): 사헌부·사간원·홍문관.
삼성 교좌(三省交坐): 강상죄인을 추국할 때 의정부, 사헌부, 의금부가 합좌하는 것을 말한다.
삼숙: 3일간을 묵는 것.
삼안총(三眼銃): 총구(銃口)가 세 개인 총.
삼우(三隅): 하나의 사실을 가지고 나머지를 유추해서 안다는 뜻.
삼의사(三醫司): 내의원(內醫院)·전의감(典醫監)·혜민서(惠民署).
삼장(三長)의 재주: 여기서는 사가(史家)가 필히 갖추어야 할 세 가지 장점. 곧 재지(才智)·학문(學問)·식견(識見)을 가리킨다.
삼종(三從)의 도(道): 여자가 순종해야 하는 세 가지 도리로서, 친가에 있을 때는 아버지 뜻에 순종하고 시집간 뒤에는 남편의 뜻에 순종하고 남편이 죽게 되면 아들의 뜻을 따르는 것을 말한다.
삼척(三尺)의 법: 법률을 이르는 말.
삼태(三台): 영의정·좌의정·우의정.

상가(賞加): 공로에 보답하기 위하여 상으로 주는 가자(加資).

상격(賞格): 상을 내리는 격식.

상고(上考): 전최(殿最)에서 상(上)이 됨.

상기증(上氣症): 피가 머리로 몰려 얼굴이 붉어지고 두통, 이명 등을 일으키는 증세.

상두(桑土)의 계책: 사전(事前)에 대비(對備)하는 계책을 말함.

상마연(上馬宴): 외국 사신이 임무를 마치고 돌아갈 때에 베푸는 잔치. 전별연.

상문(桑門): 불교(佛教).

상사소불원(常赦所不原): 일반 사면(一般赦免)에서 제외되는 죄.

상식(上食): 상기 중 끼니때마다 평시와 같이 죽은 이에게 음식을 올리는 것.

상언(上言): 부, 조, 남편 등의 억울한 일을 풀어주기를 청하거나 증직, 정표(旌表)를 청하는 등 주로 집안이나 친지의 일로 백성이 임금에게 진정하는 글을 올리는 것.

상역(桑域): 일본.

상원(上元): 정월 대보름.

상재(桑梓): 고향.

상직(上直): 번을 서는 것을 말함.

상차(上箚): 차자를 올림. 차자는 신하가 임금에게 올리는 글의 하나로 계(啓)보다는 형식을 갖추어 적고 소(疏)보다는 간단한 서식으로 된 글이다.

상참(常參): 의정 대신을 비롯한 중신·시종신이 매일 편전에서 임금에게 국무를 아뢰는 일.

상피(相避): 서로 혐의를 피하는 것, 즉 친척이나 기타의 긴밀한 관계가 있는 사람의 같은 자리의 동석, 같은 곳에서의 벼슬, 그 사람에 관계된 일에 대한 논의, 그 사람이 참여한 과거에 시관(試官) 등을 서로 피하는 것을 말한다.

색리(色吏): 담당 서리.

색목(色目): 여러 가지 조목의 세금을 가리킴.

색장(色掌): 색장은 나누어 맡은 사무나 또는 그 사무를 나누어 맡은 사람.

생기(省記): 상번한 사람의 명단.

생기(省記): 약기(略記)의 뜻. 특히 소관 행사의 처소·시간·인원 등을 간략하게 적어 임금에게 아뢰는 문서.

생징(生徵): 부족한 수를 강제 징수함.

생취(生聚): 백성을 기르고 재물을 모음. 인구를 출산하여 늘림.

서경(署經): 서경은 고신서경과 의첩서경으로 크게 나뉘는데, 의첩서경은 정부의 외안이나 법의 개정에 대해 대간이 서명하여 동의를 표하는 것이다. 고신서경은 관리를 임명하라는 명을 내리면 전조에서 당사자의 성명, 내외사조, 처사조를 기록하여 대간에게 가부의 의견을 요구하고, 대간은 하자 유무를 조사하여 하자가 없을 경우 서명하여 동의를 표하는 것이다.

서계(書契): 주로 일본과의 교린 관계(交隣關係)에 대한 문서를 말하는데, 일본 사행(使行)의 임무 내용, 사절과 상왜(商倭)를 구별, 왜구 여부의 식별 등 다양한 역할을 했다.

서기양인(恕己量人): 자기의 처지를 미루어 다른 사람의 입장을 헤아림.

서벽(西壁): 모일 때 좌차(座次)에서 서쪽 벽에 앉는 벼슬인데 각 관사에 따라 다르다. 의정부는 삼정승이 북쪽에 앉고 좌우 찬성이 동쪽에 앉아 동벽(東壁)이라 하고 좌우 참찬이 서쪽에 앉아 서벽이라 하므로, 서벽은 좌우 참찬의 별칭이 되었다.

서성(西成): 가을에 곡식이 익음. 추수.

서신(庶愼): 국가의 금지 사항.

서연(書筵): 세자가 강론하는 자리.

석갈(釋褐): 천한 사람이 입는 갈옷을 벗어버린다는 뜻으로 벼슬길에 나아가는 것을 말함.

석전제(釋奠祭): 서울은 성균관의 문묘(文廟)에서 지방은 향교의 대성전에서 공자와 동서에 배향된 선현에게 올리는 제향으로 2월과 8월의 첫 정일(丁日)에 거행함.

석척(夕惕): 임금이 종일 두려워하고 삼가 날이 저문 뒤에도 계속 삼간다는 뜻.

선두안(宜頭案): 내수사에 속한 노비들을 20년마다 한 번씩 정밀하게 조사하여 장부를 임금에게 보이는 것.

선마(騸馬): 불깐 말.

선문(先文): 도착 날짜를 알리는 공문.

선반(宣飯): 관아에서 관원에게 끼니때에 제공하는 식사.

선복(船卜): 배에 실은 짐.

선사(善事): 윗사람을 잘 섬기는 것.

선상(選上): 서울의 각 관청의 사역에 종사시키기 위하여 지방 관청에 소속된 노비(奴婢)들을 선발하여 올리는 일.

선생안(先生案): 전임자 명부.

선온(宣醞): 임금이 술을 하사함. 또는 그 술.

선후(善後): 마무리를 잘함.

설관(舌官): 통역관.

성복(成服): 복제(服制)에 따라 상복을 입기 시작하는 것. 국상에는 승하한 뒤 5일 만에 대렴하여 빈전을 만들고 그 이튿날에 성복한다.

성부(城府): 마음.

성사(城社): 성과 사당. 성은 여우가 사당은 쥐가 몸을 붙여 안전하게 사는 곳. 간사한 신하가 임금의 곁에 의지하여 자기의 안전을 꾀하는 것에 비유한다.

성산(聖算): 나이. 임금의 계책.

성상소(城上所): 사헌부(司憲府) 관원이 대궐문에 드나드는 백관(百官)을 살피는 곳. 또는 그 직임.

성지(聖旨): 황제의 분부.

성첩(城堞): 성가퀴.

성회(聖懷): 천자의 마음.

세목(細木): 발이 고운 무명.

세성(歲星): 목성.

세수(歲首): 설날.

세신(世臣): 조상(祖上) 때부터 대대로 내려오면서 그 나라에 벼슬한 신하를 말한다.

세작(細作): 간첩을 말함.

세초(歲抄): 매년 6월과 12월에 사망 또는 도망하거나 질병에 걸린 군병을 보충하는 것.

소간(宵旰): 소의한식(宵衣旰食)의 준말로, 날이 새기 전에 일어나서 옷 입고 해가 진 후에 늦게야 저녁을 먹는다는 뜻으로 임금이 정사에 부지런함을 말함.

소군(小君): 왕비의 별칭.

소대(召對): 왕명에 의해 입대해서 정사에 관한 의견을 상주하는 것을 말하기도 하고, 경연의 참찬관 이하를 불러 임금이 몸소 글을 강론하는 것을 말하기도 한다.

소도 동취(笑刀銅臭): 소도는 웃음 속에 칼을 머금었다는 뜻으로 남과 친밀한 척하면서 자기 뜻을 거스르는 자는 반드시 다 중상하던 당나라 이의부(李義府)를 일컬은 말이다.

소렴 곡근(小廉曲謹): 작은 청렴과 근신.

소모관(召募官): 군사를 불러 모으는 관원.

소무(蘇武): 한 무제(漢武帝) 때 흉노에 사신으로 가서 19년 동안 억류되어 있으면서 갖은 유혹을 뿌리치고 절조를 지켰다.

소미(小米): 좁쌀.

소방(疏放): 지체되어 있는 수인의 죄를 살펴서 죄가 가벼운 자는 용서하여 석방하는 것.

소분(掃墳): 조상의 분묘에 가서 제사 드리는 것.

소식(素食): 찬 없는 밥.

소유(所由): 사헌부 서리.

소의한식(宵衣旰食): 날이 새기 전에 옷을 입고 해가 기울어서 저녁밥을 먹는 등 임금이 정사에 진력함을 말한다.

소지(所志): 자신이나 또는 타인의 사정을 호소하는 소장.

속공(屬公): 관가에 몰수됨.

속신(贖身): 노비가 대역을 세우고 양민이 됨. 2품 이상 관원의 천첩에게 자식이 있으면 장례원에 신고하여 자기의 비(婢)를 대신 입역시키고 속신할 수 있음.

속오군(束伍軍): 조선조 선조(宣祖) 27년에 훈련도감(訓鍊都監)을 설치하고, 지방에 신역이나 벼슬이 없는 15세 이상의 양민과 양반을 뽑아 조직한 군대로, 평시에는 군포를 바치게 하고 조련할 때와 유사시에는 군역을 치르게 하였음.

속전(贖錢): 돈을 바치고 형을 면하는 것이다.

솔정(率丁): 자기 집에 거느리고 있는 장정(壯丁)이나 또는 보인(保人)으로 받은 장정을 말한다.

솔축(率畜): 데리고 삶. 첩으로 삼음.

송서(送西): 서반(西班)의 중추부(中樞府) 또는 오위(五衛)의 벼슬자리로 보내는 것.

쇄마(刷馬): 각 지방에 배치한 관용(官用)의 말.

수(守): 품계가 낮고 관직이 높을 경우 그 벼슬 이름 앞에 붙여 일컫는 말.

수가 거안(隨駕擧案): 거가를 수행하는 관원의 명단.

수노상좌율(收孥相坐律): 죄인의 처자까지 연좌시키는 형벌.

수로(酬勞): 공로를 보답함.

수륙회(水陸會): 수륙재(水陸齋). 불가에서 물이나 육지에 있는 잡귀를 쫓아내기 위해 재를 올리고 경을 읽는 것.

수방(守邦): 나라를 지킴. 제후의 일.

수본(手本): 하관(下官)이 상관에게 올리는 자필(自筆)로 쓴 보고서(報告書).

수성(守成): 부조(父祖)가 이미 이루어 놓은 업적을 잘 지키는 일.

수양(修攘): 내수 외양(內修外攘)의 약어. 내수는 내부의 국정을 잘 닦아가는 것. 외양은 외부의 침입하는 이적들을 물리치는 것.

수용(晬容): 어진(御眞). 영정(影幀).

수유(受由): 말미. 휴가.

수장(水醬): 음료(飮料).

수점(受點): 관원을 임명할 때나 시호를 정할 때 이조에서 세 가지 안을 올리면 임금이 최종적으로 그 중에서 한 안을 택하여 점을 찍는 일.

수정목(水精木)의 횡포: 권신(權臣)의 횡포를 말함.

수주(守株): 고지식하여 임기응변을 할 줄 모른다는 말.

수차(水次): 물가에 있는 망루(望樓).

수철(水鐵): 무쇠.

수철장(水鐵匠): 무쇠로 주물 따위를 만드는 장인(匠人).

수토관(守土官): 외방(外方)을 지키는 관원.

수한(水旱): 장마와 가뭄.

숙노(椋奴): 궁가(宮家)의 사무를 맡아보는 종.

숙배(肅拜): 벼슬에 제수된 자가 그 은혜에 감사하는 뜻으로 임금 앞에 나아가 배례하는 것인데, 동반(東班) 9품 이상, 서반(西班) 4품 이상에 제수된 자는 이튿날 숙배하는 것이 법례이다.

숙장(宿將): 전쟁 경험이 많은 장수.

숙특(淑慝): 선악.

순경(巡更): 야경 도는 것.

순리(循吏): 관사를 잘 처리하고 법칙을 잘 지키는 관리.

순문(舜門): 어진 사람을 놓치지 않고 등용한다는 말.

순부(順付): 돌아오는 인편에 부침.

순양(純陽): 10월.

순자(循資): 현우(賢愚)를 막론하고 연한만 차면 자급(資級)이 오르고 자급에 따라 벼슬이 주어지는 것.

술회(戌會): 천지의 종말을 이르는 말이다.

습여성성(習與性成): 습관이 들어 본성(本性)처럼 되는 것을 말한다.

습의(習儀): 국가적인 의식(儀式)의 예행연습.

승발(承發): 관아의 이서(吏胥) 밑에서 잡무를 담당하는 이.

승수(升數): 베의 날을 세는 단위.

승여(乘輿): 임금의 수레.

승초(陞超): 정3품 당상관(堂上官)에 오르는 것을 말함.

승핍(承乏): 벼슬자리에 임명되었음을 겸사하여 이르는 말. 적당한 사람이 없어서 자기가 잠시 그 빈 자리를 채운다는 뜻.

시굴 거영(時屈擧嬴): 국가에 어려움이 많은 때에는 백성들을 급히 구제해야 되는데, 도리어 토목공사를 일으켜 사치를 꾀하는 것을 말함.

시권(試券): 시험 답안.

시목(柴木): 연료.

시배(時輩): 당시의 사람들.

시복(時服): 평상복.

시사(視事): 임금이 정사를 보는 일.

시약(侍藥): 약시중 드는 것.

시위소찬(尸位素餐): 자리만 차지하고서 녹을 받아먹는 것.

시의(時宜): 그 당시의 사정에 알맞음, 또는 그런 요구.

시인(侍人): 환관.

시임(時任): 현임(現任).

시정(侍丁): 늙은 부모의 봉양이나 시병(侍病)을 위하여 병역을 면제하여 준 장정.

시정기(時政記): 그때그때의 정무(政務) 및 주대(奏對) 등을 뒤에 빙고(憑考)하기 위해 적어 놓은 일기(日記).

시제(時制): 70세를 일컫는 말.

시조(視朝): 임금이 조정에 나가 일을 봄.

시종신(侍從臣): 홍문관·사헌부·사간원의 관원, 예문관의 검열, 승정원의 주서 등 왕을 항상 시종하는 신하를 통틀어 이르는 말.

시질(侍疾): 간병(看病).

시책(試策): 책(策)으로 시험함.

시회(時晦): 일시적으로 자기 능력을 갖춤.

식(息): 거리의 단위로 1식은 30리.

신공(身貢): 노비가 신역(身役)대신 바치는 공물.

신록(新錄): 홍문관 관원을 새로 뽑는 일.

신역(身役): 몸으로 치르는 노역(勞役).

신은(新恩): 새로 과거에 급제함.

신지(信地): 분담 지역.

신추(薪芻): 땔나무와 말먹이 풀.

신포서(申包胥): 춘추 초(楚)의 대부로 성은 공손. 오의 군사가 영(郢)에 들어오자 진(秦)에 가 군사를 청하면서 7일 동안 물 한 모금 먹지 않고 통곡하니, 진 애공(秦哀公)이 그의 정성에 감복하여 원군을 보내 오의 군사를 물리쳤다.

실결(實結): 재해를 입지 않은 농토.
심증(心證): 극도로 상기하여 까무러치는 증세.
십악(十惡): 열 가지 무거운 죄악. 즉, 모반, 모대역(謀大逆), 모잔(謀叛), 악역, 부도, 대불경, 불효, 불목, 불의, 내란을 말함.

○

아경(亞卿): 육조(六曹)의 참판이나 좌·우윤(左右尹) 등.
아권(衙眷): 수령의 내아(內衙)에 있는 권속(眷屬).
아다개(阿多介): 털요. 표피(豹皮)로 만든 요.
아도(雅道): 바른 도리.
아록(衙祿): 조선 시대 수령(守令)에게 딸린 식구들에게 주는 식료(食料). 아록전(衙祿田)이라고 이름하는 전지를 나누어 주어, 그 전지에서 징수한 조세를 가지고 아록에 충당하였음.
아부(牙符): 상아(象牙)로 만든 부절(符節). 조선조 때 일본에서 오는 사신이 가지고 다니던 물건으로 하나는 조정에 보관하고 하나는 본인이 가지고 있었다.
아부(亞父): 아버지의 다음으로 존경하는 칭호.
아솔(衙率): 수령이 부임할 때에 함께 데리고 가는 가솔(家率).
아일(衙日): 5일마다 백관(百官)이 조회(朝會)하여 임금에게 정무를 아뢰는 날.
아자(牙子): 흥정꾼.
아쾌(牙儈): 거간꾼.
아파(衙罷): 관아(官衙)가 파함. 관아의 하루 일이 끝남.
안거포륜(安車蒲輪): 바퀴를 부들풀로 싸서 편안하게 탈 수 있는 수레로 곧 현사(賢士)를 우대한다는 뜻으로 쓰이는 말이다.
안보(安寶): 옥새를 찍음.
안행(顔行): 선봉(先鋒).
안험(安驗): 자세히 조사하여 증거를 세움.
알밀(遏密): 노래나 음악을 일체 금함으로써 왕이나 왕비의 죽음에 조의를 표함.
알발(訐發): 남의 비밀을 들춤.
알성(謁聖): 임금이 문묘에 거둥하여 공자 신위에 배알하는 것.
암혈(巖穴): 산중.
압량률(壓良律): 양인을 강제로 점거하여 노비를 만들었을 경우 이에 대해 제재를 가하는 형률을 말한다.
압반(押班): 조회 때 백관들의 위차를 관리하는 것.
압슬(壓膝): 무릎을 짓누르는 형벌.
애인하사(愛人下士): 사람을 사랑하고 자신을 낮추어 선비를 예우함.
애일(愛日)의 정성: 부모를 봉양함에 있어 하루하루 세월이 흘러가 남은 날이 줄어드는 것을 애석해 하는 정성.
애책(哀冊): 임금 또는 후비의 승하를 슬퍼하며 생전의 공덕을 기리는 글.

애췌(哀悴): 너무 슬퍼하여 용모가 초췌해짐.
애통(哀慟): 어버이의 죽음.
애훼(哀毁): 애통해하여 몸이 쇠약해짐.
야대(夜對): 밤에 경연관들을 불러 경사(經史)와 시정에 대해 강독하고 논사하는 것.
야불수(夜不收): 긴급한 일을 전하기 위해, 밤에도 중지하지 않고 달리는 파발군으로 추정됨. 정탐병(偵探兵).
약선(藥線): 도화선.
약속(約束): 법령.
약정(約正): 향약 조작의 임원.
양궁속(良宮屬): 함흥에 있는 태조의 옛집을 본궁(本宮)이라 하고 양민(良民)으로서 본궁에 소속된 자를 양궁속이라 하였다. 사노비(私奴婢)들이 주인을 배반하고 이곳에 투탁하는 자가 많았고 본궁에서 빼앗아가는 경우도 있었다.
양맥(兩麥): 보리와 밀.
양사(兩司): 사헌부 사간원.
양육(粱肉): 기장밥과 고기·기름진 음식.
양이(量移): 멀리 귀양 보냈던 사람의 죄를 감동하여 가까운 곳으로 옮김.
양재(兩齋): 성균관의 상재(上齋)와 하재(下齋). 상재에는 생원(生員)·진사(進士)가 거처하고, 하재는 유생(儒生)들이 거처하였다.
양전(量田): 전지(田地)를 측량함. 모든 전지는 비옥도에 따라 6등급으로 나누고 20년마다 측량하여 적부(籍簿)를 만들어 호조와 소재 도·읍에 비치한다. 이 적부를 양안(量案)이라 한다.
양지(良知): 선천적으로 타고난 도덕성과 인식본능.
양초(糧草): 식량과 마초.
양추(糧芻): 군량과 말먹이.
양해(禳解): 사악한 기운을 제거하기 위해 비는 것.
어막차(御幕次): 임금이 있는 막차.
어수(魚水): 임금과 신하가 화합함.
어전(漁箭): 물고기를 잡기 위해 물속에 나무를 세워 고기가 들어가게 만든 울.
어표(魚鰾): 부레풀.
어헌(魚軒): 왕비가 타는 수레.
언석(諺釋): 언해.
엄관(閹官): 내시.
업업(業業): 두려워하는 모양.
여(旅): 단위명. 1여는 군사 5백 명.
여갈(如渴): 어진 이를 마치 목마를 때 물 구하듯 함.
여계(厲階): 재앙의 실마리.
여귀성(輿鬼星): 동쪽에 보이는 별 이름.《진서(晉書)》 천문지(天文志)에 "여귀성이 다섯인데 중앙에 있는 별을 적시(積尸)라 한다. 이 별이 나타나면 사람이 많이 죽는다" 하였다.

여기(沴氣): 악한 기운.

여대(輿臺): 하인.

여상(如傷)의 마음: 백성들이 혹시라도 상할까 염려하는 인자한 마음을 가리킴.

여알(女謁): 여인의 청탁. 궁녀가 임금의 총애를 믿고 은밀한 청탁을 하는 것.

여얼(餘孽): 남은 자손.

여외(旅外): 군사의 수를 늘이기 위하여 원정 군액(元定軍額) 외에 더 둔 정군(正軍).

여차(廬次): 여막.

역명(易名): 시호.

역복(域樸)을 화성(化成)하게 한다면: 어진 인재가 많은 것을 역복이라 한다. 역복을 화성하게 한다 함은 사방의 백성이 쫓고 어진 인재가 많도록 한다는 뜻이다.

역삭(易朔): 새해가 되었다는 뜻.

역상(曆象): 천문(天文).

역서(易書): 응시자의 신원을 모르도록 시험지를 옮겨 씀.

역자석해(易子析骸): 남의 자식과 제 자식을 바꾸어 먹고 해골을 빠개어 불 때 밥을 지음. 적의 침범으로 포위를 당하여 큰 고난을 당하는 것을 말함.

연(輦): 탈것의 하나. 임금의 탈것에는 말[馬] 외에 대련(大輦), 소련(小輦), 소여(小輿)가 있다.

연곡(輦轂)의 아래: 임금이 계시는 도성을 이르는 말.

연대(烟臺): 적의 정세를 망보고 불이나 연기를 올려 알릴 수 있게 만든 둑. 봉수대(烽燧臺)·봉화둑.

연루(蓮漏): 물시계.

연방(延訪): 여러 군신을 맞이하여 정사에 관한 일을 보던 것.

연분 등제(年分等第): 한 해의 풍흉에 따라 상상(上上), 상중, 상하, 중상(中上), 중중, 중하, 하상(下上), 하중, 하하로 나누어 매기는 토지세의 등급.

연상(硯箱): 벼룻집.

연소 막상(燕巢幕上): 제비가 제집에 곧 불이 번져 오는 것을 모르고 있는 것.

연예(燕譽): 부덕(婦德)을 다한 명예.

연익(燕翼): 조상이 자손을 도와 편안하게 하는 것.

연일(練日): 소상(小祥).

연제(練祭): 소상(小祥)을 말함. 소상 때는 상복을 빨아 입는다 하여 연제라고 함.

연포(練布): 누인 베.

연호 잡사(烟戶雜事): 매호당 부과하는 잡다한 역사.

연호군(煙戶軍): 나라에서 큰 공사를 갑자기 일으킬 때, 호적을 통하여 그 지역에서 대규모로 동원하는 인부.

연호정(煙戶政)의 외람: 뇌물을 받고 함부로 벼슬을 주는 것.

열무(閱武): 임금이 열병(閱兵)하는 것.

염간(鹽干): 소금 굽는 인부.

염권(厭倦): 싫어하고 게을리함.
염매(鹽梅): 소금과 매실. 신하가 임금을 도와 선정을 베풂.
염민(冉閔): 진(晉)나라 무관(武官).
염분(鹽盆): 소금가마.
염산(斂散): 쌀 때 사들였다가 비쌀 때 싸게 공급함.
염초(焰硝): 화약.
영갑(令甲): 법령(法令).
영건(營建): 건축.
영선(營繕): 건물을 짓고 수리함.
영위(榮衛): 혈기(血氣).
영자(營煮): 감영에서 소금 굽는 일.
영정(永定): 영원히 고치지 않도록 확정함.
영제(禜祭): 기청제임. 재앙을 물리치기 위한 제사.
영직(影職): 직함만 있고 실직(實職)이 없는 벼슬.
영향(影響): 그림자와 메아리.
예산(睿算): 임금의 생각에 대한 높인 말.
예장(睿獎): 임금의 권장.
예지(睿志): 임금의 뜻.
예차(預差): 예비 후보.
오간(五間): 간(間)은 간첩을 말함. 이간책(離間策)에는, 그 고을 사람을 이용하는 향간(鄉間), 그 관청 사람을 이용하는 내간(內間), 적의 간첩을 이용하는 반간(反間), 외간에 거짓으로 일을 꾸미고 아군으로 하여금 알게 하여 적군이 알아내게 하는 사간(死間), 계속 반복하는 생간(生間) 등 다섯 가지가 있음.
오구(梧丘)의 왕사자(枉死者): 죄 없이 억울하게 죽은 사람을 가리킴.
오도(吾道): 유도(儒道).
오도(五島): 일본 구주(九州) 서북 바다에 동서로 벌여 있는 섬들. 비교적 큰 섬이 다섯이다.
오릉 중자(於陵仲子)의 청렴: 대의(大義)는 망각한 아집적인 결벽을 말함.
오벽(五僻): 사람이 가지고 있는 5가지 편벽된 점. 곧 친절과 사랑[親愛], 천시와 증오[賤惡], 두려움과 공경[畏敬], 슬픔과 동정[哀矜], 오만함과 게으름[敖惰] 등 5가지 감정에 치우치는 것을 말한 것.
오병(五兵): 도(刀)·검(劍)·모(矛)·극(戟)·시(矢)를 말함.
오복(五福): 수·부·강녕(康寧)·유호덕(攸好德)·고종명(考終命).
오상(五常): 인(仁)·의(義)·예(禮)·지(智)·신(信).
오서대(烏犀帶): 검은 무소뿔로 장식하여 만든 띠.
오운(五雲): 임금이 있는 곳을 비유함.
오작인(作作人): 수령이 시체를 임검할 때에 수령을 따라가서 시체를 주어 맞추는 일을 하던 하인.

오재(五才): 장수의 조건. 즉 지(智)·신(信)·인(仁)·용(勇)·엄(嚴).
오조(烏鳥)의 사정(私情): 어버이의 은혜에 보답하는 마음을 비유하는 말.
오현(五賢): 김굉필·정여창·조광조·이언적·이황.
오형(五刑): 다섯 가지 형벌, 즉 태형·장형·도형·유형·사형을 말함.
옥당(玉堂): 홍문관의 별칭임.
옥촉(玉燭): 사시의 조화.
온반(醞盤): 술상.
온청(溫淸): 부모의 거처를 겨울에는 따뜻하게 해드리고 여름에는 시원하게 해드리는 일.
옹성(甕城): 큰 성의 문밖에 있는 작은 성. 원형 또는 방형으로 성문 밖에 부설하여 성문을 보호하고 성을 든든히 지키기 위하여 만들었음.
옹인(饔人): 음식 만드는 사람.
옹폐(壅蔽): 윗사람의 총명을 가려서 막음.
와주(窩主): 장물아비.
완개(玩愒): 편안함을 즐기고 재물을 탐함.
완배(完杯): 정해진 예수(禮數)대로 술잔을 드는 일이다.
완석(完席): 사헌부 관원들이 좌기할 때 좌우를 물리치고 둘러앉아 풍헌(風憲)에 관계되는 일과 관직에 제수된 사람의 서경(署經) 등을 의논하는 자리.
완석(完席): 전원이 모여 의논하는 자리.
완염(琬琰): 옥돌, 곧 보책을 가리킴.
완정(完定): 전원이 회의하여 결정함.
완초(莞草): 왕골.
완취(完聚): 성곽(城郭)을 완전하게 수리하고 백성을 모음.
완호(玩好): 진귀한 노리갯감.
왕기(王畿): 경기를 말함.
왕도(王道): 천하를 다스리는 임금으로서의 도리.
왕령(王靈): 왕의 위엄.
왕인(王人): 황제의 명을 받들고 온 사람.
외고(外姑): 장모.
외공(外貢): 각도에서 상납하는 공물(貢物).
외구(外舅): 외숙(外叔).
외생(外甥): 생질(甥姪).
외지부(外知部): 법을 잘 알아서 비리(非理)의 송사(訟事)를 부추기고 그 송사에 이기면 상당한 이익을 취득하는 자로 잇속을 탐하는 몰염치한 자를 가리킨다.
요(膋): 기름.
요고(堯鼓): 간언(諫言)을 잘 받아들인다는 말.
요구(要口): 전략상 중요한 곳의 입구.

요망(瞭望): 높다란 곳에서 적정(敵情)을 관망함.
요속(僚屬): 어느 관부(官府) 또는 지위 높은 사람에 딸린 관원.
요역(徭役): 나라에서 시키는 노동.
요전(瑤鐫): 옥에 새긴 것. 곧 애책(哀冊)을 뜻함.
용관(冗官): 별로 중요하지 않은 벼슬이나 벼슬아치.
용사(用事): 권세를 부림.
용양(龍驤): 군사를 말함.
용장(龍章): 곤룡포(袞龍袍). 임금의 의복. 곧 임금을 뜻함.
용절(龍節): 황제의 위력을 상징하기 위하여 사신이 소지하고 가는 의장(儀仗)의 하나.
용하변이(用夏變夷): 중국의 예의와 문물로 사방 오랑캐를 교화시키는 것.
우곡(雨穀): 곡식이 공중에서 쏟아지는 것.
우룡(虞龍): 왕명의 출납을 맡은 신하.
우림위(羽林衛): 황제 호위군의 명칭.
우불(吁咈): 틀렸다 하고 찬성하지 않는 것.
우상(憂傷): 근심과 상심.
우위(羽衛): 의장병(儀仗兵).
우전(郵傳): 역참(驛站).
운(運): 많은 수의 사람들을 몇 명씩 나누어 조를 짠 것을 말함.
운제(雲梯): 높은 사다리.
운주(運籌): 여러 가지 계책을 짜내는 것.
울두(熨斗): 다리미.
울억(菀抑): 마음이 답답하고 분함.
웅번(雄藩): 큰 고을.
원구(元舅): 왕의 외숙.
원묘(原廟): 정묘(正廟) 이외에 다시 세운 사당을 말함. 문소전, 연은전 따위.
원문(轅門): 군문(軍門).
원상(院相): 승정원에 입직하여 임금을 도와 서무를 처결하는 재상. 임금이 어리거나 국상 중이거나 모반 등으로 나라가 위태로와 일이 많을 때 국정 전반의 세무까지 임금을 도와 처결하게 하기 위하여 원상을 둔다.
원일(元日): 정월 초하루.
원적당차법(原籍當差法): 원래의 호적대로 신역을 시키는 법.
원전(元田): 양전(量田)할 때에 원장(元帳)에 기록된 전답.
원점(圓點): 조선 시대 성균관과 사학의 유생들의 출석을 점검하기 위하여 식당에 들어갈 때 도기(到記)에 찍는 점. 도기란 곧 유생들의 출석부로, 식당에 비치해 두고 아침 식사와 저녁 식사 두 끼를 1도(到)로 하여 50도가 되면 과거에 응시할 자격을 얻게 되었다.
원정(元情): 사정을 호소하는 일.

원항(鵷行): 조정 대신의 반열을 말함.

원훈(元勳): 나라에 공이 있는 원로 대신.

월령 의원(月令醫員): 전의감(典醫監)·혜민서(惠民署)에 소속한 당번 의원을 말한다.

월록인(越祿人): 감봉 처분을 받은 사람.

월은(月銀): 매월 받는 은전(銀錢). 월급.

위(威): 두렵게 함.

위관(委官): 중죄인을 추국할 때 의정 대신(議政大臣) 가운데서 뽑아 임시로 임명하는 재판장.

위리안치(圍籬安置): 유형(流刑)에 해당하는 형벌의 하나. 안치는 본디 한곳을 떠나지 못하게 정하여 둔다는 뜻으로 '누구를 어디에 안치한다' 함은 '누구를 어디에 유배한다.'는 뜻이 된다. 위리는 안치의 한 방법으로, 죄상이 중한 자를 안치하는 집에 가시나무로 울타리를 둘러 죄인이 그 밖으로 나가거나 외인과 접촉하지 못하게 한다.

위병(威柄): 임금의 권력.

위복(威福): 형벌과 복을 주는 임금의 권력임.

위비(爲非): 정도에 어긋나는 행위.

위여(威如): 위엄이 있는 모양.

위전(位田): 제사 비용을 마련하기 위한 밭.

위지(委質): 처음 벼슬한다는 뜻으로 쓰임. 또 일설(一說)에는 자기 몸을 임금에게 바친다는 뜻으로 쓰임.

위편(韋編): 책을 맨 가죽끈.

위포(韋布)의 선비: 위포는 가죽띠와 베옷이니, 곧, 한소(寒素)한 옷차림의 선비를 가리킨다.

위황(萎黃): 시들어 누른빛을 띰.

유(流): 매우 중한 죄를 범하였으나, 차마 죽이기까지는 할 수 없는 자를 변방의 먼 곳으로 내쳐서 종신토록 돌아오지 못하게 하는 형벌인데, 2천 리·2천5백 리·3천 리의 3등급이 있으며, 모두 장 일백을 병과한다.

유기병(遊騎兵): 기병 유격대.

유둔(油芚): 기름종이.

유명(幽明): 저승과 이승.

유문(留門): 특별한 사정이 있어서 궁문 또는 성문을 정시에 닫아걸지 않고 기다리는 것.

유박불근(帷薄不謹): 가정을 다스리지 못하여 풍기가 문란함.

유방(留防): 국경의 군영에 머물러 있으면서 외적을 방어하는 것.

유아(儒雅): 기량이 온화하고 학문이 깊은 사람.

유옥(留獄): 미결된 형사 사건.

유왕불회(惟王不會): 왕의 필요에 의하여 쓰는 것은 회계(會計)에 넣어 따지지 않는 것.

유위(有爲): 큰일을 하는 것.

유유(唯唯): 남의 뜻을 거스르지 않는 것.

유장(儒將): 선비로서 장재(將才)가 있는 사람.

유주(遺珠): 어진 이를 등용하지 못함.

유중(留中): 임금이 신하의 상주(上奏)를 보류해 둔 채 처리하지 않는 것을 말하는 것.

유지(有旨): 명령을 내림. 임금의 명령서. 임금의 분부에 따라 승지의 명의로 내리는 명령서.

유질지우(惟疾之憂): 부모가 자녀들에게 병이 있게 될까 근심함을 말함.

유충(幼沖): 나이 어림.

유한(維翰)의 충성: 우리나라가 중국을 잘 호위한 충성이라는 뜻.

유향소(留鄕所): 지방 수령(守令)의 자문 기관. 향정(鄕正) 혹은 좌수(座首) 한 사람과 별감(別監) 약간 명이 있었음. 풍속을 바로잡고 향리를 규찰하는 지방자치기관. 수령의 다음가는 관청이라 하여 이아(貳衙)라고도 한다. 지방의 유력자나 벼슬에서 은퇴한 자를 택하여 향리나 관청 노비의 불법을 규찰하고 불효·불목(不睦)을 감찰하여 미풍양속을 유지하기 위한 자치 기관임.

육사(戮社): 국법에 의해 처형함.

육사(六事): 정사에 절도가 없는 것. 백성이 직업을 잃는 것, 궁실이 사치스러운 것, 여알(女謁)이 많은 것, 뇌물이 성행하는 것, 참소하는 사람이 날뛰는 것 등 여섯 가지의 일이다.

육식자(肉食者): 고관(高官).

육아일(六衙日): 한 달 중 여섯 번의 아일. 아일은 백관이 정기적으로 임금에게 조회하여 정무를 아뢰던 날.

육욕(戮辱): 큰 치욕.

윤대(輪對): 문무 관원(文武官員)이 윤번(輪番)으로 궁중에 들어가서 임금의 자문에 응대하기도 하고 또 정사의 득실을 아뢰기도 하는 일.

윤음(綸音): 왕명.

율률(慄慄): 두려워하고 조심하는 모양.

은감불원(殷鑑不遠): 멸망의 선례가 바로 전대(前代)에 있다는 뜻.

은대(銀臺): 승정원의 별칭.

을람(乙覽): 제왕의 독서를 일컬음.

음관(蔭官): 공신이나 당상관의 자손으로 과거에 의하지 않고 채용된 관리, 즉 부조(父祖)의 공덕으로 벼슬하는 것을 말함.

읍재(邑宰): 수령.

응견(鷹犬): 사냥개와 매.

응납국속(應納國粟): 꼭 바쳐야 할 조세(租稅).

응문(應門): 손님을 접대함.

응패(鷹牌): 사냥꾼.

의득(議得): 의논하여 결정하는 것. 특히 나라의 중대한 일에 대하여 중신들이 의결하는 것을 말한다.

의망(擬望): 관원을 채용할 때 전조(銓曹)에서 후보자를 추천하는 일. 3명의 후보자를 추천하는 것을 삼망이라 하고, 1명인 경우에는 단망이라 한다.

의살(義殺): 사형을 집행함에 있어 대의에 따라 처형함을 말한다.

의여(衣袽)의 경계와 상두(桑土)의 염려: 의여란 헌옷가지로, 배에 물이 스며드는 것을 막는 것이고, 상두는 뽕나무 뿌리로, 장마철이 되기 전에 새가 이것을 취해다가 집을 짓는다. 모두 경계하는 마음을 게을리하지 않고 미리 환란에 대비한다는 뜻임.

의의(擬議): 의정부나 육조(六曹)에서 중신들이 모여 관서에서 보고한 사목(事目)이나 임금이 의논하도록 명한 일에 대하여 그 가부를 의논하는 일.

의제(擬除): 의망하여 제수함.

의주(儀註): 나라의 전례(典禮)에 관한 절차를 적은 것.

의차(擬差): 추천하여 임명함.

의첩(依牒): 의정부의 의안(議案)이나 법의 개정에 대해, 예조가 대간의 서경을 참고한 뒤에 내주는 공첩(公牒)을 말하는데, 이로부터 법적인 효력이 발생된다.

의친(議親): 왕의 단문(袒免) 이상, 왕대비·대왕대비의 시마(緦麻) 이상, 왕비의 소공(小功)과 세자빈의 대공(大功) 이상의 친족을 말함.

의친(議親): 팔의(八議)의 하나. 임금의 10촌 이상 친(親)과 대비, 왕대비의 8촌 이상 친, 왕비의 6촌 이상 친 등으로서 죄를 범했을 때 형의 감면을 의정(議定)하는 것.

의형(義刑): 죄(罪)를 범함에 있어 사정(私情)에 치우치지 않고 대의(大義)에 따라 공정하게 함을 말한다.

이공(貳公): 찬성(贊成)의 별칭.

이공전(異功煎): 비위(脾胃)를 돕는 한약.

이관(移關): 관문(關文)을 보내는 것.

이굴(理窟): 도리(道理).

이단(履端): 정월 초하루.

이락(伊洛)의 맥(脈): 정주(程朱)의 학맥. 이(伊)는 이천(伊川), 낙(洛)은 낙양(洛陽)인데 정호(程顥)·정이(程頤)가 이천과 낙양의 사이에서 강학을 하였고, 주희(朱熹) 또한 이 학통을 이어 받았으므로 이르는 말이다.

이륜(彛倫): 사람으로서 떳떳하게 지켜야 할 도리.

이명(离明): 임금의 눈.

이목(耳目): 귀와 눈. 즉 언관(言官).

이목지관(耳目之官): 간관(諫官). 즉 사헌부·사간원 등의 관리.

이문(吏文): 중국과 주고받는 문서에서 쓰이는 독특한 용어, 또는 그러한 문체(文體).

이비(吏批): 이조(吏曹)가 관장하는 사령(辭令). 곧 문관에 대한 보직·해임·전보 등에 관한 명령 또는 이 일을 맡아보는 관원으로 이조의 판서, 참판(參判)·참의(參議) 등을 가리킴.

이비(吏批)·병비(兵批): 이비는 문관의 정사를 맡은 관원으로 이조(吏曹)의 판서, 참판, 참의와 이방 승지이고, 병비는 무관의 정사를 맡은 병조의 판서·참판·참의·참지와 병방 승지.

이사(吏事): 관리의 사무.

이상(二相): 찬성(贊成).

이선(里選): 향리(鄕里)에서 천거해 보낸 사람. 즉 공사(貢士).

이습관(肄習官): 연수하는 관원. 곧 정식 관원으로 임명되지 않고 일을 익히는 임시 벼슬아치.

이시척촉(贏豕躑躅): 소인들이 불우함에 처해 있으면서 진출을 꾀함.

이어(移御): 임금의 거처를 옮김.

이엄(耳掩): 귀덮개. 곧 모피(毛皮)로 만든 방한구.

이영각(邇英閣): 경연청.

이이(訑訑): 경박하고 자존심 많아, 지기 싫어함. 잘난 체하며 남의 말을 듣지 않음.

이자(移咨): 자문(咨文)을 보내는 것. 자문은 우리나라가 중국과 왕래하던 문서.

이전(吏典): 아전.

이천석(二千石): 수령을 가리킴. 지방관.

익선관(翼善冠): 임금이 상시(常時)에 쓰는 관.

인납(引納): 미리 받음.

인량(寅亮): 천지의 도를 공경히 밝히는 일.

인문(印文): 날인한 문서.

인산(因山): 국장(國葬).

인수(仁壽): 인덕(仁德)이 있어 목숨이 긺.

인수(印手): 인쇄공.

인시(人時): 백성들의 생업(生業)에 필요한 시기로, 봄에 갈고 여름에 매고 가을에 거두는 적당한 시기를 말함.

인아(姻婭): 외척을 말함.

인요(人妖): 정상에서 어긋난 짓을 하는 사람.

인음증(引飮症): 물을 자꾸 더 먹고 싶어 하는 증세를 말함.

인정(人情): 뇌물.

인정(人定): 통행을 금지하는 것.

인찰(印札): 정간(井間).

인혐(引嫌): 인책하여 피함.

일궁(日宮): 임금의 무덤.

일득(一得): 우자천려 필유일득(愚者千慮必有一得)의 약어. 곧 아무리 어리석은 사람이라도 그의 여러 가지 생각 중에는 반드시 취할 만한 것이 있다는 뜻.

일명(一命): 가장 낮은 계급.

일명(一名): 처음으로 관등(官等)을 받아 관리가 되는 것.

일민(逸民): 학문과 덕행이 있지만 세상에 나서지 않는 사람.

일성일려(一成一旅): 사방 10리가 1성이 되고 5백 인이 1려가 된다. 이는 곧 지역이 좁고 인민이 희소하여 세력이 단약함을 가리킴.

일수(日守): 지방 관아에 소속되어 천한 일을 맡아 하는 하인.

일월(日月): 벼슬한 기간.
일융(一戎): 일융의(一戎衣)를 줄여 쓴 말로 한 번 군사를 일으켜 천하를 진정시켰다는 뜻.
일인(一人): 임금을 가리킴.
일족지폐(一族之弊): 개인의 죄를 일족에게 문책하는 일.
일죄(一罪): 사형에 해당되는 죄. 첫째가는 죄. 사죄(死罪).
임민(臨民): 백성을 직접 대하여 다스림. 수령을 말함.
임석(衽席): 눈앞.
임우(霖雨): 단비.
입거(入居): 변방을 충실하게 하기 위하여 내지(內地)의 백성과 전가사변(全家徙邊)의 형을 받은 자를 변방의 고을에 강제 이주시키는 일.
입공 자효(立功自效): 공을 세워 속죄하는 것.
입안(立案): 등기부. 청원에 의하여 관에서 인가 또는 인증하는 일. 문서.
입장(立長): 맏아들을 왕으로 세우는 일.
입장마(立仗馬): 임금의 의장(儀仗)으로 세우는 말. 화가 무서워서 감히 말하지 못하는 신하를 비유하는 말.
입후(立後): 봉사(奉祀)할 사람을 들여세움.
잉임(仍任): 종래의 직임을 계속 맡음.

ㅈ

자궁(資窮): 당하관 최고의 자급인 정3품 하계(下階), 곧 동반의 통훈 대부 또는 서반의 어모 장군(禦侮將軍)에 이른 것.
자니(紫泥): 황제의 칙서.
자망(自望): 이조를 거치지 않고 해당 장관이 임의로 추천하여 임명하는 것.
자목(子牧): 수령이 백성을 사랑으로 다스림.
자문(咨文): 중국과 왕래하던 문서(文書).
자봉(自奉): 자신을 봉양하는 일.
자성(粢盛): 제수(祭需). 제향 음식.
자용(自用): 자기 마음대로 함.
자자(刺字): 범죄자의 얼굴이나 팔에 흠을 내어 죄명을 먹칠하여 넣는 형벌.
자자(孜孜): 힘쓰는 모양.
자진설(自盡說): 자살설.
자천(慈天): 아버지.
자호(自好): 자기 명성을 좋아하는 것.
작미사목(作米事目): 노비들이 신역(身役) 대신 바치는 저화(楮貨)나 면포(綿布)를 쌀로 대체하여 바치게 하는 규정.
작미(作米)·수세(收稅)·모속(募粟)·무속(貿粟): 군량미를 확보하기 위한 방법으로, 작미는 노비들이 신역 대신 바치는 저화(楮貨)나 면포를 쌀로 대체하여 바치도록 하는 것이고, 수세는 전세를 쌀로 받는 것이며, 모속은 관작을 내리고 쌀을 바치게 하는 것이요, 무속은 은으로 중국에서 쌀을 사들이는 것을 말한다.

작산(作散): 한산(閑散)이 됨. 벼슬살이를 아주 그만두지는 않고 실직이 없는 처지가 되는 것.

작성(作成): 인격과 학문을 닦아 완성함.

작용자(作俑者): 옳지 못한 일을 처음 시작한 사람.

작자(作者): 제도를 처음 만드는 사람.

작지(作紙): 문서를 작성하는 데에 드는 종이 값으로 받는 금품.

작헌례(酌獻禮): 임금이나 왕비, 또는 문묘에 임금이 몸소 제사하는 예.

잔도 철산(棧道鐵山): 몹시 험준한 요해지(要害地)를 이르는 말.

잠(箴): 경계하는 뜻을 서술한 글.

잠루(岑樓): 높은 무대.

잠상(潛商): 암거래 상.

잠저(潛邸): 즉위하기 전에 살던 집.

잡탈(雜頉): 갖가지 사고.

장계(狀啓): 외방에 나가 있는 사신이나 지방관이 서장으로 임금에게 아뢰는 것.

장기취계(將機就計): 기획을 타서 계책을 쓰는 일.

장도(贓盜): 부정한 방법으로 재물을 얻는 것. 곧 강도·절도와 그 밖의 공사(公私)의 재물·이익을 부정하게 얻어 자기 것으로 하거나 남에게 돌아가게 하거나 그러한 것을 보관한 일 따위가 다 여기에 포함된다.

장마(仗馬): 일신상의 안전만 도모하여 침묵을 지키는 것.

장무(掌務): 사무를 주관하는 서리(書吏).

장번 내관(長番內官): 내시부의 환관들 가운데 장기적으로 시중을 드는 자를 말함. 교대로 시중을 드는 자는 출입번 내관이라 하였음.

장보(章甫): 유림.

장봉(章縫): 선비.

장속(裝束): 만반의 태세를 갖춤.

장수(藏修): 학문(學問)을 닦고 익히는 것.

장순(將順): 임금의 선(善)에 순응함.

장식(將息): 양생(養生)함.

장심(將心): 임금을 장차 어떻게 하겠다고 생각하는 의사(意思), 즉 역심(逆心)을 뜻한다.

장오죄(贓汚罪): 관리로서 뇌물의 수수, 관물(官物)의 사취(私取), 백성의 재물 침탈(侵奪), 기타 부정한 방법으로 재물을 취득한 행위에 대한 죄인데, 장오죄로 녹안(錄案)되면 본인은 물론 자손들이 벼슬에 제한을 받게 된다.

장옥(場屋): 과거를 가리킴. 시장(試場).

장옥(墻屋)의 화: 내부에서 일어나는 화를 이른 말로 내란을 가리킨다.

장재(長齋): 오랫동안 채식을 함.

장책(粧冊): 제본(製本).

장표(章標): 어떤 부대인가를 나타내는 표지(標識).

장획(臧獲): 노비(奴婢).

재결(災結): 재해를 입은 농토.

재계(齋戒): 제사 전에 심신을 깨끗이 하고 부정(不淨)한 일을 멀리하는 것.

재궁(梓宮): 왕·왕비의 관(棺).

재상 수속(災傷收贖): 재해를 입은 전지(田地)의 조사 보고를 사실과 다르게 함으로써 처벌의 대상이 된 관원에게서 받은 속전(贖錢)을 말한다.

재성 보상(裁成輔相): 지나친 것은 억제하고 부족한 것은 보충하여 주는 것.

재숙(齋宿): 임금이 나라의 제사를 행할 때 그 전날 밤에 재소(齋所)에 나와 묵으면서 재계하는 것.

재인(梓人): 일반 목수.

재전(齋殿): 궐내에 지어 놓은 재실.

재중(齋中): 성균관에서 기숙하며 수업하는 유생.

재질(宰秩): 판서(判書)의 직질.

재집(宰執): 재상(宰相)의 지위에 있고 국정(國政)을 담당하는 사람.

저보(邸報): 관보(官報).

저이(儲貳): 세자(世子).

저전(楮田): 닥나무를 기르는 밭.

저택(瀦宅): 대역 죄인의 집을 헐고 못을 파는 것.

적간(摘奸): 죄를 밝히기 위하여 캐어 살핌.

적신(積薪): 선진이 아래에 지체됨을 비유하는 말.

적위(翟褘): 왕후를 가리킴. 천자가 내리는 왕후의 예복.

적자(赤子): 갓난 아이.

적자(賊子): 부모를 해친 자식.

적장(賊贓): 도둑의 장물.

적정(賊情): 적의 요구 조건.

적지(迪知): 실속으로 앎.

전(箋): 국가에 길흉사가 있을 때 임금에게 올리던 사륙체의 글.

전(殿): 하등(下等).

전가사변(全家徙邊): 죄인을 그 가족과 함께 변방으로 옮겨 살게 하는 형벌. 북변(北邊) 개척의 방편으로 이용한 것.

전간(傳看): 여럿이 돌려가며 보는 글.

전결 탁군(田結托軍): 전결 수에 따라 군사를 뽑는 것.

전결(田結): 전지(田地)의 결수(結數). 결(結)은 수세(收稅)를 위하여 토지의 면적을 셈하는 단위의 하나로 토지의 비척에 따라 실지의 면적이 달라진다.

전경 문신(專經文臣)을 고강(考講)하는 일: 궁중에서 문신에게 경서로 보이는 강독 시험. 정월·4월·7월·10월에 임금이 친림하여 통훈 대부 이하 37세 미만의 문신에게 오경 중에서 1경을 시험 보였다.

전곡(錢穀): 은전과 식량.

전대(專對): 사신(使臣)을 뜻함.

전미(田米): 좁쌀.

전복(典僕): 담당 노복.

전사(傳舍): 여관.

전사(專使): 특사.

전생(牷牲): 큰 제사에 쓰는 털빛이 순색(純色)인 소.

전석(全釋): 전연 처벌하지 않고 놓아주는 것.

전수(轉輸): 물자를 다른 곳으로 운반하는 것.

전알(展謁): 참배.

전장(銓長): 문무관의 전형을 맡고 있는 이조(吏曹)·병조의 장관을 가리킴.

전조(銓曹): 이조와 병조.

전좌(殿坐): 왕이나 왕대비가 정사할 때나 조하를 받을 때 정전(正殿)의 옥좌(玉座)에 나와 앉는 것.

전죽(箭竹): 화살대.

전차(塡差): 비어 있는 자리에 관원을 보충함.

전최(殿最): 관원의 근무 성적을 심사하여 우열을 매기던 일. 관찰사가 지방관의 실적을 조사하여 매년 6년 15일과 12월 15일에 중앙에 보고한다.

전탄(箭灘): 살여울.

절간(折簡): 청탁.

절당(切當): 사리에 맞음.

절발(竊發): 도적이 일어남.

절색(折色): 현물을 화폐로 환산한 것으로 봉급을 말함.

절수(折受): 물건의 대가로 받거나 청원에 따라 헤아려서 결정하여 주거나, 대상이 백성이건 관원, 관사이건, 돈으로 주건 물건으로 주건 간에 그 일을 맡은 관사가 심사 결정하여 떼어 주는 것을 절급이라 하고, 절급받는 것을 절수라 한다.

절제(節制): 지휘.

점열(點閱): 점검하고 사열함.

점지(占地): 점유하고 있는 땅.

점퇴(點退): 받은 물건이 마음에 들지 않다고 도로 물리침.

점하(點下): 결정.

정거(停擧): 과거 응시의 자격을 정지당함.

정계(停啓): 대간이 계속해서 논란해 오던 사건에 대한 논계를 그만두는 것.

정고(呈告): 휴가 신청.

정공(正供): 정당한 부세만을 내게 하는 것.

정관(亭觀): 누각.

정국(庭鞫): 궁궐 안에서 죄인을 심문하는 일.

정군(正軍): 실역(實役)에 종사하는 군정(軍丁). 국역에 종사하는 사람을 제외한 16세부터 60세까지의 남자는 모두 군정으로 등록하여, 그 중에서 건실한 자를 가려 뽑아서 군역에 종사하게 하는데, 이를 정군이라 함.

정권(政權): 인사권, 즉 이조.

정려(鼎呂): 구정대려(九鼎大呂). 즉 중국 고대의 보물로 중국 정통 왕조를 지칭하기도 함.

정력(定力): 확고한 학문의 힘.

정료(庭燎): 뜰을 밝히는 횃불.

정미(赬尾): 꼬리가 붉어짐. 물고기가 피로하면 꼬리가 붉어진다는 뜻으로 백성이 학정에 시달림을 비유한 말.

정병(正兵): 군적에 들어 있는 장정(壯丁) 중에 실역(實役)에 복무하는 군사.

정사(呈辭): 사직장을 냄.

정사(政事): 인사행정.

정선(征繕): 거마(車馬)를 징발하고 무기를 정비하는 일. 부세(賦稅)로써 무기를 마련하는 일.

정속(定屬): 죄인을 관노비(官奴婢)에 편입하는 것.

정순(呈旬): 낭관(郎官)이 사임하려고 할 때에는 10일에 한 번씩 세 번을 계속하여 소속 상관에게 사임원서를 제출함.

정시(庭試): 특별히 전정(殿庭)에서 과거를 보였으므로 정시라 하였으며 문무과(文武科)에 한하였다. 초시와 전시만 있었음.

정신(鼎新): 새롭게 함.

정업원(淨業院): 동대문 밖에 있었던 암자. 단종의 비 정순왕후가 나가 있던 곳으로, 주로 여승들이 있었다.

정역(定役): 범죄에 대한 형벌로 노비로 삼거나 충군하는 등의 노역을 정하는 것이다.

정위(正位): 자리를 바르게 함.

정쟁(廷爭): 조정에서 간쟁함.

정전(丁錢): 승려가 되려는 자가 도첩을 받을 때 군포 대신 바치는 돈. 보통 정포 20필 값을 바침.

정전법(井田法): 중국 고대의 전지 제도. 일정한 전지를 정(井)자 모양으로 구획하여 중앙의 1백 묘(畝)는 공전(公田), 밖의 8백 묘는 사전(私田)으로 하였다. 그 사전은 여덟 집에 나누어 주어 경작하도록 하고 중앙의 공전은 여덟 집이 공동으로 경작하여 공전에서 수확되는 곡식을 세금으로 바치고 사전에서의 수확은 개인 소득으로 하게 하였다.

정조(正朝): 설날.

정조(政曹): 정사를 맡은 조. 곧 이조(吏曹)와 병조(兵曹).

정조시(停朝市): 국상(國喪)이나 대신(大臣)의 장례(葬禮), 그 외의 비상한 재변(災變)이 있을 때, 조정에서는 조회를 정지하고 시장에서는 매매 행위를 정지하는 일. 조시는 조정(朝廷)과 시장(市場).

정체(政體): 인사 행정.

정치(鼎峙): 삼각의 형세를 말함.

정탈(定奪): 임금의 결정.

정표(旌表): 정문(旌門)을 지어 주어 세상에 알리는 일. 곧 효자·충신·열녀나 국가에 큰 공이 있는 사람에게 정문을 지어 주고 그 일을 널리 알리는 일.

정혈(正穴): 묘가 쓰여진 곳.

제급(題給): 관에서 증명서와 함께 물품(物品)을 내어주는 것.

제목(除目): 관리를 제수하는 문서. 제수자의 명단.

제배(儕輩): 나이나 신분이 같거나 비슷한 사람.

제본(題本): 신하가 황제에게 공무로 올리는 소장을 말함. 사무(私務)로 올리는 것은 주본(奏本)이라고 하는데, 나중에 통틀어 주섭(奏摺)이라고 하였음.

제서유위율(制書有違律): 제서(制書:왕지〈王旨〉)를 봉행함에 있어 이를 어기는 행위를 처벌하는 율(律)을 말함.

제언(堤堰): 수리 목적으로 막은 둑.

제조(提調): 각사 또는 각청의 관제상의 우두머리가 아닌 사람에게 그 관청의 일을 다스리게 하던 벼슬로써 종1품 또는 2품의 품계를 가진 사람이 되는 경우에는 도제조, 3품의 당상이 될 때에는 부제조라고 하였다.

제좌(齊坐): 사헌부 관원이 일제히 모임을 갖는 것.

제준(題准): 제본(題本)으로 상주(上奏)한 사건을 재가하여 시행하게 하는 것.

제지관(製誌官): 지문(誌文)을 짓는 사람.

조도(調度): 세금을 거둠.

조득(照得): 참조하여 앎.

조례선상(皁隸選上): 경각사(京各司)에서 부리기 위하여 지방의 각 고을에서 노비를 뽑아 올리는 것.

조미(糙米): 현미.

조박(糟粕)의 기롱: 근본적인 의미는 모르고 겉치레뿐인 것을 비유하는 말.

조보(朝報): 승정원서 처리한 사항을 매일 아침 기록하여 반포하는 관보(官報). 조칙을 비롯하여 장주(章奏)와 묘당의 결의 사항, 서임 사령, 지방관의 장계 등을 그 내용으로 하고 있다. 기별(奇別)·난보(爛報)·조지(朝紙) 등의 별칭이 있음.

조사(詔使): 명나라 사신.

조산(造山): 흙을 쌓아 산을 만드는 것.

조선공사삼일(朝鮮公事三日): 조선 사람은 일을 계획함에 있어서 3일 후를 내다보지 못한다는 뜻이다.

조아(爪牙): 군사.

조옥(詔獄): 의금부(義禁府).

조자(租子): 곡물세.

조저(朝著): 조정.

조참(朝參): 매달 5일·11일·21일·25일 네 번 모든 문무관이 검은 옷을 입고 근정전이나 인정전에서 임금에게 문안드리고 정사를 아뢰는 것.

조천(祧遷): 대수가 차서 신주를 다른 곳으로 옮겨 모시는 것.

조폐(凋弊): 쇠잔하고 피폐함.

조하(朝賀): 백관이 조회하여 하례를 올리는 것. 정조(正朝), 동지, 삭망, 왕과 왕비의 탄일 등에 거행한다.

족식(足食): 식량을 풍족하게 함.

존성(存省): 본심을 지키고 행실을 살핌.

졸곡(卒哭): 상례(喪禮)에 있어서, 사람이 죽으면 곡성을 그치지 않고 성빈(成殯)하고 나면 슬픔이 복받칠 때에 무시로 곡하며, 졸곡 뒤로는 아침·저녁의 정시(定時:조석곡전(朝夕哭奠) 때)에만 곡한다.《오례의(五禮儀)》에 의하면 칠우는 강일(剛日:유일의 대(對)로 갑(甲)·병(丙)·무(戊)·경(庚)·임(壬)이 드는 날)에 지내게 되어 있다. 칠우 다음의 강일에 졸곡제를 지낸다.

종계 개정(宗系改正): 윤이·이초의 농간에 의하여 명나라《태조실록》과《대명회전》에 조선 태조가 고려의 권신이던 이인임의 아들로 잘못 기록된 것을 정정해 주도록 요구한 일을 말한다.

종권(從權): 권제(權制)를 따름. 고기를 먹는 것을 뜻함.

종량(從良): 종이나 천민(賤民)으로서 양민(良民)이 됨.

종사(宗社): 종묘(宗廟)와 사직(社稷)으로 종묘는 임금의 조종(祖宗)을 모신 사당이고 사직은 토지(土地)·오곡(五穀)의 신(神)에게 제사하는 단(壇)이다. 나라가 있어야 종사가 이어지고 망하면 끊어지므로 종사를 국가의 뜻으로 쓴다. 왕성(王城)에는 동쪽에 종묘를 두고 서쪽에 사직을 두어 임금이 제주(祭主)가 된다.

종사(螽斯)의 경사: 자손이 번성하는 경사를 말함.

종재(宗宰): 종척과 재신.

종중 결장(從重決杖): 죄가 두 가지 이상일 때 그 무거운 죄를 따라 곤장을 치는 것.

좌거(坐車): 수레.

좌경(坐更): 초소 같은 데 앉아서 밤을 경계하는 것.

좌기(坐起): 관원이 출근하여 직무 보는 것.

좌도(左道): 불교를 뜻함.

좌목(座目): 벼슬아치를 서열(序列)에 따라 모아 기록한 문서.

주객사(主客司): 외국 사신을 담당하는 관청.

주격(舟格): 배를 부리는 격군(格軍).

주문(主文): 대제학(大提學).

주병(主兵): 병조의 일을 주장하는 병조 판서.

주사(舟師): 수군(水軍).

주의(注擬): 관원을 임명할 때 문관은 이조에서, 무관은 병조에서 후보자 3명을 추천하여 임금에게 올리는 것.

주전(廚傳): 역참(驛站)에서 제공하는 음식과 거마.

주즙(舟楫): 배와 노. 임금의 정치를 돕는 신하.

주차(駐箚): 임지에 머무르면서 사무를 처리함.

주첩(奏帖): 황제에게 아뢰는 문서.

주초(朱草): 제출한 답안지를 붉은 글씨로 역서관이 별지에 옮겨 쓰는데 이를 주초라 한다. 이것을 답안지와 대조하여 교정을 본 다음 시관(試官)이 이를 가지고 채점하게 된다.

주포(紬布): 명주.

죽백(竹帛): 역사책.

준급(准給): 황제의 인준을 받아 지급함.

준삭(準朔): 일정한 달수를 채움.

준예(俊乂): 재주나 슬기가 매우 뛰어난 사람.

준장(准杖): 한번 심문할 때 곤장 30대를 치게 돼 있는데 그 수대로 다 침.

준조(樽俎): 학궁의 일을 말함.

준철(濬哲): 깊은 지혜.

중강 개시(中江開市): 압록강의 의주 중강에서 명나라 요동의 미곡(米穀)을 수입하기 위해 시장을 열었음.

중궤(中饋): 음식을 만드는 일. 곧 아내를 뜻함.

중기(重記): 사무를 인수인계할 적에 물품의 목록과 숫자 등을 기록한 문서와 장부.

중방(中房): 수령을 시중드는 종자.

중사(中使): 궁중에서 왕명을 전하는 내시(內侍).

중전(重典): 엄중한 법률.

중화(中火): 점심을 말함.

즉묵(卽墨): 제(齊)나라가 연(燕)나라에 격파당하고 이 성만이 보존되었는데, 마지막 하나 남은 이 성에서 전단(田單)이 소를 이용하여 연군(燕軍)을 대파하고 국가를 회복시키는데 발판이 되게 한 성(城)임.

지가(知家): 금단을 범했을 때 그 범한 장소의 집에 범함 자를 잡아 두는 일.

지관(地官): 호조(戶曹). 호조 판서.

지만(遲晩): 자백.

지부(地部): 호조(戶曹).

지영(祗迎): 공경히 맞이함.

지오(支吾): 반항.

지의(紙衣): 솜 대신에 종이를 속에 넣어서 만든 겨울옷.

지정(地征): 농지세.

지주(地主): 감사와 수령을 가리킴.

지취(旨趣): 어떤 일에 대한 깊은 맛, 깊은 뜻.

지치(至治): 매우 잘 다스려진 정치.

직수아문(直囚衙門): 죄인을 직접 수금할 수 있는 아문.

직전(職田): 사전(私田)의 일종으로 벼슬아치들에게 벼슬에 있는 동안 나누어 주는 땅. 세습하지 못하는 게 원칙임.

직절(直截): 머뭇거리지 않고 사실대로 결단함.

진기(殄氣): 나쁜 기운.

진목회(眞木灰): 참나무 숯.

진성(陳省): 지방 관아에서 상부 관사(官司)에 보내는 물품 명세서나, 또는 백성들이 관청에 낸 청원이나 진정서를 말한다.

진소목(眞燒木): 땔나무.

진시(陳試): 초시(初試)에 급제한 사람이 복제(服制) 때문에 상피하여 회시를 보지 못할 경우 다음 과거에 허부하는 것을 말한다.

진신(鎭臣): 무신.

진전(陳田): 묵은 농토.

진제장(賑濟場): 흉년이 들었을 때 기민들에게 급식하기 위하여 임시로 설치한 장소.

진초(進勦): 진격하여 적을 무찌름.

진풍정(進豊呈): 보다 풍성한 진연(進宴: 웃어른께 바치는 잔치). 이때에는 가무 등 정재(呈才)가 있으며, 대비(大妃)를 위하여 베푸는 것이 통례이다.

질명(質明): 날이 밝으려 할 때.

질문(作文): 증빙 서류.

집조(執照): 외국 사람이 길을 다니는 데 편의를 위하여 내주는 문빙(文憑)을 말함.

징갱(懲羹): 한 번 혼나서 겁을 먹는다는 뜻.

징태(澄汰): 무능한 관리를 정리하는 것.

ㅊ

차관(差官): 특별한 사무를 맡겨 임시로 파견하는 관원.

차부(箚付): 상관이 위원을 파견하여 일을 처리하게 할 때 모두 차문(箚文)을 부치게 되어 있는데, 이 차문을 곧 차부라 한다.

차비 통사(差備通事): 어느 일 또는 어느 사람의 전담·전속으로 차출된 통사.

차비(差備): 특별한 사무를 맡기기 위하여 임시로 임명하는 일. 그 신분에 따라서 차비관·차비군·차비노 등이 있음.

차사원(差使員): 특별한 일을 맡아보게 하기 위하여 임시로 차출하여 보내는 관원. 대개 왕명에 따라 관찰사 등 그 일을 지휘, 감독하는 사람이 차출한다.

차중(借中): 남의 명망이나 역량을 빌어 자신을 무겁게 하는 일.

차지 내관(次知內官): 그 일을 분장한 내관.

차첩(差帖): 하급 관리에게 내리는 사령장.

차하(差下): 임명.

착어처(捉漁處): 고기 잡는 곳.

찬극(竄殛): 귀양을 보내거나 죽이거나 함.

찬양(贊襄): 임금을 도와 치적을 올리는 것.

찬출(竄黜): 귀양 보내거나 내쫓음.

참괵(斬馘): 적의 머리나 코를 벰.

참로(站路): 역로(驛路).

참방자(參榜者): 과거의 합격자.

참부대시(斬不待時): 참형(斬刑)에 처하되 시기를 기다리지 않고 곧 집행하는 것.
참소: 물이 차츰차츰 배듯이 점차적으로 참소하여 곧이 듣게 하는 것.
참주(參奏): 관리(官吏)의 비행을 지적하여 징계를 주청(奏請)하는 것. 탄핵하여 아룀.
참찬관(參贊官): 경연의 정3품 벼슬. 승정원 승지와 홍문관 부제학의 겸직이다.
참퇴법(斬退法): 후퇴하는 자를 베는 법.
참하관(參下官): 참상은 문무관의 당하(堂下) 3품에서 6품까지의 관원을 이르는 칭호로 참내라고도 한다. 참하관은 문무관의 7품 이하의 관원을 이르는 칭호로 참외관이라고도 한다.
창방(唱榜): 과거에 급제한 사람에게 증서(證書)를 주는 일.
창생(蒼生): 세상의 모든 사람.
창잔(創殘): 다친 끝에 살아남은 자.
창준(唱准): 다 쓴 뒤에 다시 읽어 보고 틀린 곳을 바로잡음.
채붕(綵棚): 유희 등에 사용할 비단으로 장식한 무대.
채수(債帥): 빚쟁이 장수.
채지(采地): 세를 받는 땅.
책문(策問): 임금이 경서의 뜻이나 정치에 관한 문제를 내어 과거에 응시한 자에게 의견을 묻는 것. 책문에 대하여 응답하는 것을 대책(對策)이라 하는데, 대책은 문과 전시 과목인 제술의 하나이다.
책형(磔刑): 사지를 찢는 형벌.
처치(處置): 사헌부나 사간원의 한 부서 또는 두 부서 모두가 어떤 일로 피혐하고 물러갔을 때에 그것이 정당한지의 여부를 가려 그들의 피혐을 받아들일 것인가 아니면 출사하도록 할 것인가를 결정해서 임금에게 아뢰는 일.
척간(擲奸): 부정을 살피어 밝혀냄.
척념(惕念): 두려워하는 마음을 가짐.
척령(鶺鴒): 형제.
척완(戚畹): 임금의 외척.
천망(天網): 하늘의 법.
천일(天日): 임금을 가리킴.
천전(遷轉): 벼슬자리를 옮김.
천총(天聰): 임금의 귀.
철권(鐵券): 공적을 기록한 책.
철주(掣肘): 남을 간섭하여 마음대로 못하게 함.
첨의(僉意): 여러 사람의 뜻.
첩(堞): 성가퀴.
첩보(牒報): 서면으로 보고함.
첩정(牒呈): 상급 아문에 공문을 보냄 또는 그 공문.
청금(靑衿): 선비 또는 학생.

청대 감합(請臺勘合): 각 관아에서 섣달그믐께 사무를 중지하고 창고의 재고 물품을 조사할 때 사헌부 감찰을 청하여 검사한 다음 장부에 확인한 도장을 찍는 일.

청대(請對): 긴급한 일이 있을 때에 임금에게 뵙기를 청하는 일.

청도(淸道): 행차에 앞서 길을 깨끗이 하는 것.

청로대(淸路隊): 임금의 거동 때에 어로의 청소를 감시하는 군대.

청신 아결(淸愼雅潔): 청백하고 신중하며 마음이 고상하고 깨끗함.

청야(淸野): 들의 곡식이나 가옥을 모두 거두거나 철거함.

청용군(聽用軍): 자원하여 편입된 군사임.

청제(靑帝): 봄의 신(神).

청현(淸顯): 청직(淸職)과 현직(顯職). 청직은 학식·행신·내력에 흠 없는 사람이라야 하는 벼슬. 즉 홍문관 등이고 현직은 동반(東班)·서반의 정직(正職).

체수(滯囚): 죄가 결정되지 않아 오래 갇혀 있는 죄수.

체신(體信): 도를 실지로 체득함.

체아직(遞兒職): 원록체아직과 군함체아직의 합칭. 현직을 떠난 문무관을 예우하여 계속 녹봉을 지급하기 위하여 만든 벼슬자리이다. 이는 재정의 뒷받침이 고려되어야 하므로 오위의 군제를 폐지하고 그 군직에 책정되어 있는 재원을 전용하여 그 일부는 실무 없는 각급 문무관을 해당 품계의 군직에 부(附)하여 일정한 녹봉을 받도록 하고 이것을 원록체아라 하며, 다른 일부는 각 관청에 정원(定員)은 적고 사무가 많은 경우에 이를 정리하기 위하여 임시로 증원된 사람을 각급 관직에 부하여 녹봉을 받으면서 소속 관청의 사무를 정리하게 하고 이를 군함체아라 칭하였음.

초기(草記): 상주문의 한 가지. 각 관아에서 정무의 사항에 관하여 간단하게 요지만 기록하여 올리는 문서.

초당(貂璫): 내시(內侍).

초도(初度): 환갑.

초방(椒房): 왕비. 왕비의 친정 친척. 후비(后妃).

초복(初覆): 사형에 해당하는 죄수를 첫 심문(審問)하여 아뢰는 일. 왕이 처음으로 정치를 잡고 교화를 베풂.

초사(招辭): 범죄 사실을 진술한 내용.

초승(超陞): 단계를 뛰어넘어 승진함.

초액(椒掖): 왕비.

초자(超資): 자급의 차례를 건너뛰어 올림.

초천(超遷): 등급을 뛰어 승진시킴.

총부(冢婦): 적장자의 아내.

총재(冢宰): 이조 판서의 별칭.

최복(衰服): 상복(喪服).

추관(秋官): 추부(秋部). 형조(刑曹)의 별칭.

추량(蒭糧): 마초(馬草)와 군량(軍糧).

추생(抽栍): 찌를 뽑는 것.
추성(秋成): 모든 곡식이 익는 가을.
추쇄(推刷): 다른 지방으로 도망간 노비를 모두 찾아내어서 본 고장으로 돌려보내는 일.
추인(芻人): 허수아비.
춘번자(春幡子): 입춘 날에 내거는 비단으로 만든 기.
춘신(春汛): 봄이 풀릴 때 해변 수비하는 일.
출방(出榜): 과거에 합격한 사람을 발표하는 것.
출신자(出身者): 무과(武科) 합격자.
출참(出站): 사신, 감사 등을 영접하고 전곡(錢穀), 역마(驛馬) 등을 지공하기 위하여 그들이 숙박하는 가까운 역에서 사람을 보내던 일을 말한다.
출척(黜陟): 관리로서 공이 있는 사람을 승진시키고 공이 없는 사람을 강등 또는 파면하는 것.
출합(出閤): 왕자가 분가해 사궁으로 나가 사는 것.
충군(充軍): 죄를 범한 자에 대한 처벌의 하나로, 군역에 충정시키는 것임.
충찬위(忠贊衛): 오위(五衛)의 하나인 충좌위(忠佐衛)의 소속 군대로서 원종공신(原從功臣) 및 그 자손이 이에 속한다.
취련(吹鍊): 쇠를 불림.
취모멱자(吹毛覓疵): 억지로 남의 허물을 찾아냄.
취복(取服): 죄인이 지은 죄를 자복하게 하는 일.
취재(取才): 재주를 시험하여 사람을 뽑는 것. 곧 과거(科擧) 이외에 인재를 뽑기 위하여 실시하는 특별 채용 시험.
취지(取旨): 임금의 윤허를 받음. 임금의 전지를 받는 것.
취칠(取漆): 옻의 채취.
치(雉): 성곽의 크기의 단위. 1치는 길이가 3장(丈), 높이가 1장임.
치계(馳啓): 임금에게 서면으로 급히 상주함.
치부(置簿): 명부.
친총(親總): 정무를 직접 총람함.
치사(致仕): 나이가 많아 벼슬을 사양하고 물러나는 것. 옛 법이 대부는 70에는 치사하는 것이 원칙이다. 당상관으로 치사하는 경우에는 예조에서 매달 고기와 술을 지급하고, 국가의 중대한 일로 인해 치사하지 못하는 70세 이상인 1품관에는 궤장을 내린다.
치우(置郵): 역참(驛站)에서 숙식하고 역마를 갈아타고 달려가는 일.
칠사(七事): 새로 임명된 수령이 대궐에 하직을 고하고 외지로 떠날 때 계관 앞에서 외며 다짐하던, 수령이 지켜야 할 일곱 가지 일. 즉 농상성(農桑盛), 호구증, 학교흥, 군정수(軍政修), 부역균(賦役均), 사송간(詞訟簡), 간활식(奸猾息).
칠조개(漆彫開)의 마음가짐: 자신의 공부가 미진함을 알고 벼슬을 원치 않는 것.
침과 운벽: 창을 베고 벽돌을 나름. 군국의 일을 염려하느라 창을 베고 누워 편히 잠자지 못한다는 뜻과, 유사시에 대비하기 위하여 벽돌을 날라 힘이 쇠약하여지는 것을 막는다는 뜻.

침과(枕戈) 상담(嘗膽): 원수 갚을 마음을 잊지 않는다는 뜻. 즉 잘 때에도 무기를 베고 자고, 항상 안일하지 않고 쓸개를 맛보면서 모든 고통을 참으며 힘을 기름을 말함.
침수혼(沈首魂): 침수혼은 죄 없이 억울하게 죽은 자를 말함.
침윤(浸潤): 물이 스며들 듯이 조금씩 오래 두고 하는 참소.
침징(侵徵): 세금 따위를 강제로 징수하는 것.

ㅌ

타락(駝酪): 우유.
타매(唾罵): 아주 더럽게 생각하고 경멸히 여겨 욕함.
타위(打圍): 임금의 사냥. 여러 사람이 짐승을 포위하고 이것을 임금이 쏘아서 잡는다.
탁지(度支): 국가 재정. 호조 판서. 호조.
탄장(彈章): 탄핵하는 글.
탈고신(奪告身): 죄를 지은 벼슬아치의 직첩(職帖)을 빼앗아 거두어들이는 것. 수직첩(收職牒).
탈정 기복(奪情起復): 부모의 상을 당하여 복을 입은 사람에게 나라의 급한 일로 인하여 출사를 명하는 것. 탈정(奪情)이라는 것은 인정을 빼앗는다는 뜻.
탑전(榻前): 임금의 자리 앞.
탕장(帑藏): 내탕(內帑) 곧 어고(御庫)에 간직된 보물을 이름.
태거(汰去): 죄과 있는 하급 관리를 파면하는 일.
태극(太極): 마음.
태복(太僕): 사복시의 별칭.
태봉(胎峯): 임금·왕비·세자 등의 태를 묻은 곳.
태평관(太平館): 중국 사신이 서울에 왔을 때에 묵게 하는 객관. 숭례문(崇禮門) 안 양생방(養生坊), 곧 지금의 태평로에 있었다.
토경(土梗): 흙으로 만든 인형.
토포악발(吐哺握髮): 먹던 밥을 뱉고 감던 머리를 거머쥠. 찾아온 사람을 급히 만나보기 위한 태도를 가리킨다.
통(通): 강서(講書) 시험에 있어서, 곧 네 등급의 성적 중 첫째 등급. 그다음 보통을 약(略), 그 아래인 열등을 조(粗), 낙제 점수인 최하를 불(不)이라 한다.
통도(痛悼): 마음이 매우 아프고 슬픔.
통문(通文): 여러 사람의 이름을 차례로 적어 돌려보는 통지문.
퇴탁(槌琢): 옥석을 갈아 다듬음. 뒤에 다시 정정함.
투료(投醪): 부하에게 고루 나누어 먹인다는 뜻.
투저(投杼): 여러 사람의 참소에는 누구든지 넘어가게 된다는 것.
투탁(投託): 남의 세력에 기대는 것.
특송(特送): 세례(歲例)로 보내는 외에 특별히 보냄.
특진관(特進官): 경연석상에서 경서를 강론하기 위해 참여하는 관원.

파루(罷漏): 통금을 해제하는 것.
파산(罷散): 파직된 사람이나 직은 없이 관계(官階)만 가진 벼슬아치.
파체(破涕): 슬픔을 기쁨으로 돌리어 생각함.
판부(判付): 주안(奏案)을 임금이 윤가함.
판적(版籍): 토지와 호적.
판하(判下): 공사에 대하여 임금이 판결하여 내림. 임금의 결재.
팔의(八議): 형벌을 감면하는 8가지 은전. 곧 의친(議親: 왕실의 일정한 친척), 의고(議故: 왕실과 고구관계로 여러 해 특별한 은덕을 입은 사람), 의공(議功: 국가에 큰 공훈을 세운 사람), 의현(議賢: 큰 덕행이 있는 현인군자), 의능(議能: 재능이 우월하여 왕업을 보좌하고 인류의 모범이 될 만한 사람), 의근(議勤: 문무관으로 각근하게 봉직하거나 사신으로 나가 공로가 현저한 사람), 의귀(議貴: 관작이 1품인 자. 문무관 3품 이상인 자. 산관 2품 이상인 자), 의빈(議賓: 전대 군왕의 자손으로 선대의 제사를 맡아 국빈이 된 자)임.
팔조목(八條目): 《대학》의 이른바 자기를 닦고 남을 다스리는 여덟 조목 격물(格物), 치지(致知), 성의(誠意), 정심(正心), 수신(修身), 제가(齊家), 치국(治國), 평천하(平天下) 임.
패금(貝錦): 의사(疑似)한 일을 참소하여 죄에 얽어 넣음.
패문(牌文): 중국의 상급 관청에서 하급 관청으로 보내는 공문인데 헌패(憲牌)라고도 한다.
패초(牌招): 승지가 왕명을 받고 신하를 부르는 것을 말한다.
편비(褊裨): 부장(副將).
편전(片箭): 길이가 짧은 화살로 멀리 갈 수 있고 촉이 날카로와서 갑옷을 뚫을 수 있다고 한다. 아기살이라고도 함.
평량자(平涼子): 패랭이.
평명(平明): 해가 뜰 무렵.
폐고(廢錮): 벼슬하지 못하게 조치한 것.
폐문(牌文): 상급 관청에서 하급 관청으로 보내는 통고 공문.
폐적(廢謫): 죄를 받아 폐출(廢黜)되거나 귀양 가는 것.
포궁(抱弓): 임금의 죽음을 슬퍼하는 말.
포륜(蒲輪): 현인을 초빙할 때 쓰는 편안한 수레.
포마(鋪馬): 각 역참(驛站)에 갖추어 두고 관용으로 쓰는 말. 역말.
포만(逋慢): 책임을 회피하여 태만한 짓을 하는 것.
포작인(鮑作人): 바다에서 조개나 미역 따위 해산물을 채취하는 사람.
포저(苞苴): 뇌물.
포피(布被): 베이불을 말하는 것인데 겉으로만 검소한 체하는 교활한 작태를 말한다.
포흠(逋欠): 조세를 바치지 않는 것.
폭로(暴露): 눈비를 무릅쓰고 한 데서 노숙함.
표하(標下): 부하.

품관(品官): 품계(品階)가 있는 관원. 정관이 아니라 각 고을에 둔 향청의 좌수, 별감 등 유향품관(留鄕品官).

풍수(風樹)의 근심: 부모가 돌아가서 효도를 못 하게 되는 근심.

풍패(豊沛)의 지역: 태조 이성계가 태어난 함흥을 자칭함. 풍패는 한 고조 유방의 고향인데, 전하여 제왕의 고향을 뜻하는 말로 쓰임.

피전 감선(避殿減膳): 나라에 변고나 재변이 있을 때 임금이 근신하는 의미로 정전을 피하고, 수라상의 음식 가짓수를 줄이는 일.

필월(筆鉞): 춘추필법.

ㅎ

하마연(下馬宴): 중국 사신이 서울에 도착하였을 때 베푸는 환영 잔치. 말에서 내리자마자 곧 차리는 잔치라는 뜻이다.

하번(下番): 나중에 번드는 사람. 번이 갈리어 나가는 사람.

하비(下批): 인사 임용에 관한 임금의 재가. 3인의 후보자 중에서 낙점을 받아 임명하는 원칙 외에, 특별히 단일 후보로 임명하거나 특명으로 제수하는 경우에 내리는 비답.

하정(下庭): 정표로 주는 예물(禮物).

하정미(下程米): 길을 출발하는 사람에게 주는 쌀.

하현궁(下玄宮): 널을 광중에 묻는 일. 재궁(梓宮)을 현궁(玄宮)에 내림. 하관(下棺).

학가(鶴駕): 동궁을 가리킴.

학궁(學宮): 성균관의 별칭.

학철(涸轍): 수레바퀴 자국에 고인 물.

학학(嗃嗃): 엄준한 모양.

한량(閑良): 무반(武班) 출신으로 아직 무과에 급제하지 못한 사람.

한림(翰林): 예문관 검열의 별칭.

한정(閑丁): 국역(國役)에 나가지 않는 장정.

한품수직(限品授職): 신분에 따라 품계를 제한하여 일정한 범위의 관직에 한하여 임용하는 것. 이를테면 2품 이상 문무관의 양첩(良妾) 자손은 정3품, 천첩(賤妾) 자손은 정5품까지로 한정하여 임용하는 것이다.

함문(緘問): 6품 이상의 관원이 경미한 죄과를 범했을 때 서면으로 추문하는 일. 이에 대한 답변을 함답(緘答)이라 한다.

함토(鹹土): 소금처럼 짠 흙.

함해(陷害): 남을 재해에 빠지게 함.

합집: 노비나 전택 등을 상속자들이 나누는 것을 분집(分執)이라 하며, 이를 혼자 독차지하는 것을 합집이라 한다.

항공(恒供): 일정한 공물.

항우(恒雨): 장마.

해방(海防): 바다를 방비하는 것.

해유(解由): 전곡(錢穀)과 그 밖의 물품 출납의 책임이 있는 관원이 갈릴 적에 후임자에게 관계 문서를 인계하고 호조(戶曹)에 보고하면 호조는 이상 유무를 확인하고 이조에 통보하여 책임을 면제시키는 것. 이때 해유첩이 발부되는데 이것이 없으면 실직에 전보되지 못한다.

해채(海菜): 미역.

해척(海尺): 어부.

해탈(解脫): 분만.

해택(海澤): 간석지.

행공 추고(行公推考): 비위의 혐의가 있는 관리에게 직무는 계속시키면서 혐의를 조사하게 하는 것.

행단(杏壇): 성묘(聖廟)를 이른 말.

행성(行成)의 치욕: 행성은 화친을 맺는 것. 춘추 시대에 오왕 부차가 오원의 반대를 무릅쓰고 월왕 구천의 화친 요구를 받아들였다가 20년 후 구천에게 멸망당한 것을 말한다.

행수 장무관(行首掌務官): 장무관은 각 관아의 장관 밑에서 직접 사무를 관장하던 관원.

행신(行贐): 길을 떠나는 사람에게 물건을 줌. 노자(路資).

행이(行移): 공문을 보냄. 이첩.

행인(行人): 사신(使臣) 또는 사자(使者).

행장(行狀): 죽은 사람의 생전의 행적(行迹)을 적은 글.

행하(行下): 여기서는 표지(標紙)의 뜻으로, 재상이 지시하는 문서를 가리킨다. 이 외에 위로금의 지급 또는 경사가 있을 때 주인이 하인에게 내려주는 금품의 뜻으로도 쓰인다.

향도(香徒): 상여꾼.

향설인(鄕舌人): 역관(譯官).

향원(鄕愿): 외모는 근후하지만 실제는 그렇지 않은 사람을 말하는 것으로, 사이비한 사람을 가리킨다.

향장(鄕長): 그 고장의 장로(長老).

향정(鄕井): 고향.

향통사(鄕通事): 지방에 배치한 역관. 주로 의주와 부산 등 대외 관계가 있는 곳에 두었다.

허령불매(虛靈不昧): 마음이 거울같이 맑고 영묘하여 무엇이든 뚜렷이 비추어 밝게 살핀다는 뜻.

허참례(許參禮): 새로 출사(出仕)하는 관원이 구관원(舊官員)에게 음식을 접대하는 예. 이 예가 있은 뒤에야 상종을 허락하여, 다시 10여 일 뒤에 면신례를 행하여야 비로소 구관원과 동석할 수 있다.

허통(許通): 벼슬길을 열어주는 일. 서얼의 차별을 없앰.

허허 실실(虛虛實實): 술수와 정도를 병행하는 것.

헌가(軒架): 걸어놓고 연주하는 악기.

헌괵(獻馘): 수급(首級)을 올림.

헌체(獻替): 임금이 옳다고 하더라도 옳지 않은 점이 있으면 옳지 않다는 것을 아뢰고 임금이 옳지 않다고 하더라도 옳은 점이 있으면 옳다고 아뢴다는 뜻으로, 선하고 바른 말을 아뢰어 임금을 보좌하는 것을 이르는 말.

험포(驗包): 조사해서 짐을 꾸림. 봇짐을 검사함.

현량과(賢良科): 육조, 홍문관, 사헌부, 사간원의 관원과 관찰사, 수령 등이 선비를 천거하여 예조에 알리면 종합하여 검토한 뒤에 합당한 자를 임금이 친림하여 대책으로 시험하는 것이었다. 당초에는 천거과라 하던 것인데 뒤에 현량과라는 이름이 만들어졌다.

현령(懸鈴): 지금 통신.

현륙(顯戮): 죄인을 장거리에서 처참하여 그 시체를 군중에게 보이는 형.

혈구(絜矩): 자신의 입장에서 남을 이해하는 것.

혈지 한안(血指汗顔): 문장에 능하지 못하여 문장을 짓는 데 매우 힘이 든다는 뜻.

협광의 은혜[挾纊之恩]: 위로해주는 두터운 은혜.

협제(協濟): 협조.

협종(脅從): 협박에 못 이겨 추종한 무리.

형석정서(衡石程書): 서류를 저울로 달아서 처리하던 일.

형여(刑餘): 형을 받아 불구가 된 자.

호갈(呼喝): 귀인 행차 때 하인이 길을 비키라고 외치는 소리.

호강(豪强): 세력이 뛰어나게 셈.

호수(戶首): 민호(民戶) 중의 수장(首長). 전지(田地) 8결(結)을 한 단위로 하여 이에 대한 공부를 바치는 책임을 맡았음.
국역에 종사하는 사람을 제외한 16세부터 60세까지의 양인 남자는 모두 군정(軍丁)으로 등록하고, 그중에서 가려서 정군(正軍)을 뽑고 나머지 군정 중에서 정군을 돕는 봉족을 내는데, 이들 정군을 호수라 한다.

호승 관자(護僧關子): 중을 보호하라는 관문.

호신(虎臣): 무신(武臣).

호초(胡椒): 후추.

혼전(魂殿): 국장 뒤에 3년 동안 신위를 모시는 궁전. 혼백을 모신 전.

홍문록 월과(弘文錄月課): 홍문록에 등록된 사람들에게 다달이 보이는 시험.

홍문록(弘文錄): 홍문관의 교리, 수찬을 선거, 임명하던 기록. 이들의 선거는 7품 이하의 홍문관 관원이 뽑을 만한 사람의 명단을 먼저 작성하면, 홍문관의 부제학 이하가 모여 의중에 있는 사람의 이름 위에 권점을 찍는데, 이를 '홍문록'이라 한다. 이것을 다시 의정, 참찬, 대제학, 이조 판서·이조 참판·이조 참의 등의 도당록을 거쳐 임금에게 올리면 차점 이상의 득점자를 교리 또는 수찬에 임명하였다.

홍제(弘濟): 널리 구제함.

홍패(紅牌): 문무의 대과(大科)에 합격한 사람에게 임금이 직접 내려주는 합격 증서임.

홍화(弘化): 덕화(德化)를 넓힘. 찬성(贊成)의 직무를 말하는 것.

화상(和尙): 중을 이르는 말.

화압(花押): 수결(手訣).

화은(花銀): 은돈.

화처(花妻): 노리개 첩.

화패(火牌): 시급[火急]한 일을 연락할 때에 쓰는 부신(符信).

환득(患得): 벼슬을 하지 못하였을 때에는 얻지 못할까 걱정하고 얻은 다음에는 잃을까 걱정한다는 뜻.

환자(還上): 흉년이 든 때이거나 춘궁기에 국가가 곡식을 빈민에게 대여했다가 풍년 들거나 추수한 뒤에 일정한 이자를 붙여 되돌려받는 것.

황극(皇極): 홍범구주(洪範九疇) 가운데에서 가장 중시되는 치도(治道)인데, 황(皇)은 대(大)의 뜻이고 극(極)은 중(中)의 뜻으로 곧 지공 지정(至公至正)한 도리를 말하는 것이다. 이것은 요순 이래로 서로 전하여 오는 정치의 대법이다.

황당선(荒唐船): 바다에 출몰(出沒)하는 타국의 배.

황당인(荒唐人): 수상쩍은 사람.

황문(黃門): 내시의 별칭.

황정(荒政): 흉년에 백성을 구제하는 정사.

황초(黃草): 마른 풀.

회강분(會講分): 회강은 한 달에 두 차례씩 왕세자가 사부 이하의 여러 관원을 모아 놓고 경사와 그 밖의 다른 진강에 대하여 복습하던 일. 분(分)은 점수.

회계(回啓): 임금의 물음에 대해 심의하여 상주(上奏)함.

회문(回文): 여러 사람이 돌려보도록 쓴 글.

회봉(回奉): 중국 사신이 돌아가는 편에 답례로 보내는 진상물(進上物) 등을 가리킴.

회시(會試): 중앙과 지방에서 초시(初試)에 합격한 사람을 서울에 모아 보이는 시험. 식년시·증광시의 복시(覆試)와 별시(別試) 등의 회강(會講)을 뜻하는 말이다.

회천(回薦): 권점을 행하고 가부를 묻는 것.

회편(回鞭): 도리깨를 말함.

획수(畫數): 점수.

횡간(橫看): 국가 예산. 보기에 편리하게 하기 위하여, 줄줄이 내려 붙여 적지 않고 요즈음의 일람표처럼 항목에 따라 줄을 긋고 가로 벌여 적은 세출 예산표

횡류(橫流): 정당한 경로를 밟지 않은 전매.

효경(梟獍): 올빼미와 이리 종류의 악수(惡獸). 효는 어미를 경은 아비를 잡아먹는 악조, 악수인데 배은망덕한 자를 이에 비유함.

효과(肴果): 어육(魚肉) 안주와 과일.

효란(淆亂): 뒤죽박죽이 되어 어지럽고 질서가 없음.

효리(孝理): 효를 근본 삼아 나라를 다스림.

후설(喉舌): 승지(承旨)를 뜻한다. 언관을 말하기도 함.

휴고(休告): 관리의 휴가.

흑각(黑角): 검은 무소뿔.

흠사(欽賜): 황제가 내림.

흠식(廞飾): 거복(車服)을 뜰에 벌임.

흠차 대인(欽差大人): 흠차는 황제가 임명하였다는 뜻. 대인은 고관에 대한 존칭으로, 대개 중국의 4품 이상의 관원에게 쓴다.

흥판(興販): 물건매매.

희생(犧牲): 제물(祭物)로 쓰는 소나 양.

힐융(詰戎): 군사를 다스림.